本书系 2020 年浙江省属高校基本科研业务费专项资金资助项目"促进教育公平的'互联网＋'教师资源均衡配置治理路径与对策研究"（项目编号：GB202003006），浙江省教育科学规划项目"教师智力流转促进新时代基础教育公平的机理、路径与成效"（项目编号：2021SCG236），浙江省教育厅一般科研项目（人文社科类）"'互联网＋'教师流动促进教育公平的模式研究"（项目编号：GZ20491080003）的研究成果之一

"Internet+"

Teacher Intelligence Mobility
A Perspective of Educational Equity

"互联网+"
教师智力流动
教育公平视角

徐刘杰 ◎著

ZHEJIANG UNIVERSITY PRESS
浙江大学出版社
·杭州·

图书在版编目(CIP)数据

"互联网＋"教师智力流动：教育公平视角 / 徐刘杰著. —杭州：浙江大学出版社，2022.12
ISBN 978-7-308-22971-5

Ⅰ．①互… Ⅱ．①徐… Ⅲ．①网络教育－研究 Ⅳ．①G434

中国版本图书馆 CIP 数据核字(2022)第 154216 号

"互联网＋"教师智力流动：教育公平视角

"HULIANWANG＋" JIAOSHI ZHILI LIUDONG：
JIAOYU GONGPING SHIJIAO

徐刘杰 著

责任编辑	朱　玲	
责任校对	高士吟	
封面设计	春天书装	
出版发行	浙江大学出版社	
	（杭州市天目山路 148 号　邮政编码 310007）	
	（网址：http://www.zjupress.com）	
排　　版	杭州朝曦图文设计有限公司	
印　　刷	广东虎彩云印刷有限公司绍兴分公司	
开　　本	787mm×1092mm　1/16	
印　　张	15.5	
字　　数	393 千	
版 印 次	2022 年 12 月第 1 版　2022 年 12 月第 1 次印刷	
书　　号	ISBN 978-7-308-22971-5	
定　　价	68.00 元	

前 言
PREFACE

我国高度重视教育公平,在制定教育政策中始终立足于教育公平立场,以满足人们对优质公平教育的需求为目的,以实现人的全面发展为目标。目前,我国教师资源分配不均,薄弱学校优质教师资源短缺等问题比较严重,制约着教育公平。为了促进教育公平,我国实施教师流动制度,为教育均衡发展提供强有力的师资保障。同时,随着"互联网+"技术的发展与普及,信息技术对教育的革命性影响作用逐渐凸显。利用"互联网+"技术实现教师流动,为农村地区和薄弱地区学校学生提供高质量、个性化的教育资源和教育服务,对于提高农村地区和薄弱地区学校教育质量,促进全体学生个性化成长,提升教育公平发展指数具有重要意义。2016年,北京市启动了《北京市中学教师开放型在线辅导计划》(以下简称"开放辅导计划"),将优质教师智力资源迁移到网络平台,通过教师智力流动,向农村地区、薄弱地区学校输送优质教师资源,以实现教师资源均衡配置,促进教育公平。在此背景下,本书遵循计算实验研究范式,对教师智力流动进行仿真研究,探索促进教育公平的教师流动机制和优化路径。

首先,基于北京市实施开放辅导的实践现状,构建了开放辅导的教师智力流动模式、机制和实施路径;分析了开放辅导的效益;根据师生参与开放辅导的行为动力学和师生辅导网络等,总结了教师智力流动实践中存在的问题。教师智力流动机制包含责任机制、审核机制、辅导实施机制、教育服务监管机制、评价机制和保障机制。基于开放辅导的教师智力流动具有规模效益,能够提高学生成绩,节约政府的教育投入,提高教育公平发展效益。但是也存在师生辅导行为的阵发性和两极分化等问题,以及教师流失问题。

其次,使用结构方程模型和路径分析方法探索了影响教师和学生参与教师智力流动的影响因素。结果发现,感知有用性、工作绩效和感知行为控制等因素直接影响教师实施在线辅导的行为意愿。辅导天数、辅导生命周期、双师年龄、平均辅导时间间隔、学生对教师的评价和辅导学生数是影响教师辅导次数的主要因素,而辅导次数、辅导学生数和辅导时长是影响教师绩效的主要因素。平均辅导时间间隔、学生对教师的评价、辅导学生数和辅导次数可以直接预测教师的流失时间。在学生层面上,学生的厌学情绪、自我接纳、自主能力、人际关系等因素会影响学生参与在线辅导的行为。

最后，遵循社会计算实验研究范式，构建了教师智力流动机制的优化系统动力学模型，运用系统动力学和数学建模方法对教师智力流动运行机制和效果进行仿真实验。引入干预教师智力流动机制的变量，对教师、学生和政府三个主体在教师智力流动体系运行中的行为表现进行了模拟。结果显示，提高绩效奖励标准能够激励教师参与开放辅导。通过提高低职称教师的后发优势可以增加低职称教师的辅导量，从而破解马太效应。延长教师辅导时间间隔，提高教师的辅导量。对学生主体的仿真结果表明，当学生成绩提高时政府需要投入的经费增加；改变家庭教育经费投入可以影响政府教育经费支出；设置差异性辅导支付机制可以缓解教育不公平，减少政府在开放辅导计划中的教育经费投入。综合开放辅导的效益分析、问题分析、师生参加开放辅导的影响因素分析以及系统仿真模拟的结果，本研究提出促进教师智力流动可持续发展的相关建议：一是建立差异性辅导支付机制，教育投入和教育资源向农村地区和薄弱地区学校的学生倾斜；二是构建转移支付机制，将开放辅导纳入教师交流轮岗范畴；三是设置虚拟职称奖励机制，鼓励低职称教师发挥后发优势，以破解教师辅导中的马太效应；四是建设家校合作的协同机制，提高家庭教育意识。

本书在以下几个方面取得了一定的创新：一是在研究方法上，遵循社会科学计算实验研究范式，使用系统动力学研究方法对现实中教师智力流动进行仿真模拟，能够发现教师智力流动系统的演化趋势和干预结果；二是在理论研究方面，从人类动力学和复杂网络理论视角创新性地分析了教师智力流动系统中师生的行为模式，丰富了人类动力学理论和复杂网络理论的研究内容，并且对研究教师资源均衡配置的主体行为变化规律提供了理论方面的借鉴；三是在实践研究方面，通过系统性地分析教师智力流动的实践问题，分析开放辅导实践主体的相互作用机制和各个主体的行为演化过程，能够指导教师智力流动的实践活动，推动教师智力流动有序高效实施。

由于作者学识水平有限，书中难免存在不妥之处，敬请各位专家和读者批评指正！

目　录
CONTENTS

第1章 绪论

党的十九大报告指出,要全面贯彻党的教育方针,推进教育公平,推动城乡义务教育一体化发展,高度重视农村义务教育,努力让每个孩子都能享有公平而有质量的教育。2021年发布的《中华人民共和国国民经济和社会发展第十四个五年规划和2035年远景目标纲要》(简称《"十四五"规划纲要》)明确提出实施乡村建设行动,把乡村建设摆在社会主义现代化建设的重要位置,提升乡村基础设施和公共服务水平。教育公共服务是乡村公共服务的一个重要内容。因此,《"十四五"规划纲要》针对乡村教育振兴和教育公平,提出2035年的发展目标和任务,即加强乡村教师队伍建设,提高乡村教师素质能力;推进基本公共教育均等化,推动义务教育优质均衡发展和城乡一体化。为了加强乡村教育,提高乡村教育质量,实现教育公平发展,我国要充分发挥在线教育优势,加强教师流动,加大城市学校与乡村学校的对口支援;推动"互联网+"教育,加强"专递课堂""名师课堂"和"名校网络课堂"的应用,将城镇优秀教育资源和教师资源输送到农村地区,促进信息技术与教育教学实践深度融合,支撑构建"互联网+教育"新生态,发展更加公平更有质量的教育,加快推进教育现代化。目前,我国乡村教育质量落后,乡村教师队伍建设不足,亟须探索"互联网+"促进乡村教育质量发展的新模式与新路径。在此背景下,本研究从教育公平视角出发,对"互联网+"教师智力流动进行研究,探索提升乡村教育质量、促进教育公平发展的教师智力流动模式,建立健全教师智力流动机制,优化"互联网+"教师智力流动促进教育公平的路径。

1.1 研究背景

1.1.1 教育公平是社会公平的重要部分

教育公平问题是社会公平问题向教育领域的延伸。教育公平问题不仅是教育研究领域内常谈常新的经典话题,也是当代社会文明发展的核心价值导向。在现代社会中,教育公平成为世界各国教育改革与发展的重要目标和基本价值理念取向,是世界各国和与教育问题有关的人最关心的问题。[①] 教育逐渐成为人类生存与社会发展的必需,也成为世界各国发展的重要主题,如何使所有人都有机会进入教育系统,享受到适合其自身发展的教育,使所有人都能获得成功,成为一种普遍的教育观念。投资教育能够带来巨大的收益[②],包括促进经济增长、改善公

---

① 查尔斯·赫梅尔. 今日的教育为了明日的世界[M]. 王静,赵穗生,译. 北京:中国对外翻译出版公司,1983:68.

② UNESCO. Teaching and learning:Achieving quality for all[EB/OL]. (2014-01-12)[2022-05-28]. http://unesdoc. unesco. org/images/0022/002256/225654c. pdf.

1

共卫生、增强社会的复原力和维护社会稳定；教育还有益于减少不平等、消除贫穷，以及建立更加公平、包容和可持续发展的社会。世界各国政府十分重视教育的公平发展问题，将公平作为教育发展与策略选择的价值理念，制定本国的教育政策，尽量消除教育不公平现象。世界各国均通过立法形式保障本国儿童受教育的权利和机会，并普遍实施一定年限的义务教育。教育公平成为现代教育发展所选择的理念之一，追求教育公平也成为全球教育发展的一大趋势。

我国高度重视社会公平发展，同样重视教育在社会公平发展过程中的作用。教育公平体现社会公平的价值追求。[①] 我国在制定教育政策中始终立足于教育公平和社会公平立场，各项政策文件的价值取向是以满足人们对优质公平教育的需求为目的，以实现人的全面发展为目标。随着教育现代化的发展以及教育脱贫攻坚战的推进，我国进一步加大了教育资源和教育公共服务的整合力度，优化了优质教育资源和教师资源的配置方式，落实了教育精准扶贫项目，确保每一个学生均能够获得优质公平的教育，确保每一个学生均能够体会到良好的教育获得感，均能够获得教育成功，得到全面的发展。

1.1.2　人们对教育公平的期望

联合国儿童基金会指出，到 2030 年，应确保所有儿童、成人都能获得高质量的教育，并缩小家庭社会经济地位高的群体与家庭社会经济地位低的群体之间在教育结果上的不公平。[②] 在社会经济水平不断提高，人类物质资源逐渐丰富的现代社会，中国的社会矛盾也发生了变化，社会主要矛盾已经转化为人民日益增长的美好生活需要和不平衡不充分的发展之间的矛盾。新时代社会主要矛盾在教育领域的具体表现是：学生和家长日益增长的对高质量教育的需求和教育质量不平衡不充分发展之间的矛盾。只有使教育发展均衡、发展充分来满足学生、家长的需求，才能化解教育矛盾。

但是，目前中国在公共教育投入上略显不足，人均教育财政经费投入水平低，公共教育经费投入在区域结构上存在不均衡问题，教育财政投入的社会效益低[③]，各地区经济发展不平衡等问题导致了教育陷入非均衡发展状态[④]，教育不公平问题依然存在。在教师资源均衡配置方面，区域之间、城乡之间的教师数量差距仍然存在，教师结构差距比较严重，质量差距呈现恶化态势，教师资源均衡配置政策执行失真问题比较严重。[⑤] 同时，教育公共服务在管理、整合、服务质量、资源共享和区域均衡发展等方面存在很大问题，严重影响了教育资源均衡配置[⑥]，以至于很难达到教育结果上的公平。[⑦]

---

① 袁利平.教育缓解相对贫困的价值意蕴、行动逻辑及制度安排[J].教育科学,2021(2):14-21.

② UNICEF. The state of the world's children 2016: A fair chance for every child[R]. UNICEF Division of Communication 3 United Nations Plaza, New York, NY 10017, USA, 2016;家庭社会经济地位(socioeconomic status,SES),是指个人或者一个群体在社会中依据其所拥有的社会资源而被界定的社会位置,常以家庭收入、父母受教育水平与父母职业作为其客观度量的主要指标.

③ 孙涛.政府责任、财政投入与基本公共教育均等[J].财政研究,2015(10):26-32.

④ 范先佐,郭清扬,付卫东.义务教育均衡发展与省级统筹[J].教育研究,2015(2):67-74.

⑤ 薛二勇,李廷洲.义务教育师资城乡均衡配置政策评估[J].教育研究,2015(8):65-73.

⑥ 张某.县域义务教育均衡发展政策指向及战略选择[J].中国教育学刊,2013(11):26-29.

⑦ 陈宪.教育公共服务均等化何以可能——基于《2011 年全国教育经费执行情况统计公告》的分析[J].探索与争鸣,2013(5):70-73.

1.1.3　教育公平的实现条件与制约因素

教育投入[①]、教育资源[②]、教师质量[③]、教育环境等被认为是实现教育公平的重要条件,教育均衡发展、经济公平与政治公平是促进教育公平的主要实现路径。[④] 在教育资源配置的过程中要对弱势群体有合理倾斜,调整分配格局,实现区域配置公平、城乡配置公平、阶层配置公平,从而改善教育发展不均衡的状况。[⑤] 很多国家和组织机构认识到教育投入、教育资源、教师质量、教育环境对实现教育公平的重要性。例如联合国儿童基金会指出,为确保所有儿童都能够学习,应为他们提供优秀的教师资源,帮助学生获得学习成功。[⑥] 美国实行农村基础教育资金优先投入政策[⑦],实行教师质量提升政策,努力提高农村教师质量[⑧],实现每一个儿童的教育机会公平[⑨],提高所有学生的学业成绩、缩小不同群体学生之间的成绩差距、提高年级的学业标准,以确保基础教育结果公平。[⑩] 英国通过颁布法案制定教师专业发展制度[⑪],应用教育技术提升教师素养,为学生提供高质量的教师资源。[⑫] 日本通过加强教师定期流动保障学生的机会平等。[⑬] 印度政府通过实施"千年发展计划(MDGs)"和"SSA 集中资助计划"保证每个孩子的入学问题。[⑭] 中国政府通过合理配置教育资源[⑮],为每个孩子提供

① 师东海,刘亚敏.21 世纪以来我国教育公平研究的回顾与反思[J].教育理论与实践,2008(28):25-28.

② 薛二勇.论教育公平发展的三个基本问题[J].教育研究,2010(10):24-32.

③ 吴永军.教育公平:当今中国基础教育发展的核心价值[J].教育发展研究,2012(18):1-6.

④ 刘亚敏,师东海.21 世纪以来我国教育公平的基本理论研究探析[J].教育理论与实践,2009(19):20-23.

⑤ 王焰,张向前.我国教育公平和社会流动互动关系研究[J].哈尔滨商业大学学报(社会科学版),2017(2):56-66.

⑥ UNICEF. A post-2015 world fit for children[EB/OL]. (2013-09-11)[2022-05-28]. https://www.unicef. org/agenda2030/files/Post_2015_OWG_review_CR_FINAL. pdf.

⑦ Adams J E & White W E. The equity consequences of school finance reform in kentucky[J]. Educational Evaluation and Policy Analysis,1997,19(2):165-184.

⑧ Evans W,Murray S & Schwab R. Toward increased centralization in public school finance[M]// Fisher R C. Intergovernmental Fiscal Relations. New York: Kuwer Academic,1997:139-172.

⑨ U. S. Department of Education,Office of Planning. Evaluation and policy development[R]. ESEA Blueprint for Reform, Washington, D. C. 2010:1-2.

⑩ 谢念湘.美国、印度和巴西基础教育公平政策比较研究[J].教学与管理,2017(12):118-121.

⑪ Department for Children,Schools and Families. Your Child, Your Schools, Our Future: Building a 21st Century School System[M]. London: The Parliamentary Bookshop, 2009:2,101,97.

⑫ 倪小敏,勾月,单中惠.21 世纪第一个十年美英两国基础教育政策的公平取向[J].外国教育研究,2011(6):37-43.

⑬ 严平. 均衡发展视野下的日本义务教育学校标准化研究[J].比较教育研究,2013(4):66-70.

⑭ Agrawal T. Educational attainment in educationally backward states of India: Some implications for the right to education act[J]. International Journal of Education Economics and Development, 2013, 4(1):89-99.

⑮ 胡锦涛在中国共产党第十八次全国代表大会上的报告[EB/OL]. (2012-11-17)[2022-05-28]. http://news. xinhuanet. com/18cpcnc/2012-11/17/c_113711665_8. htm.

公平而有质量的教育以实现教育结果意义上的公平。[①]

目前教育公平发展遇到多种因素制约。主要有来自经济层面与社会层面的外部因素，以及包括教育制度、体制、结构、布局、条件等教育系统的内部因素，它们在不同的影响机制下制约着教育公平发展。[②] 有学者指出，家庭环境、社会环境与学校环境的发展是影响教育公平的重要因素。[③] 同时，也有学者指出，教育资源，尤其是优质教育资源供给不足，是限制教育均衡发展的一个重要方面，是实现教育公平遇到的最大障碍。[④]

1.1.4　教师资源流动存在的问题

教育资源的核心是教育信息资源与教师资源[⑤]，而改进和提高学校质量的核心是教师[⑥]，教师资源是学生获得学习成功和实现个人发展，提高学校教育质量的重要因素。习近平总书记指出，一个人遇到好老师是人生的幸运，一个学校拥有好老师是学校的光荣，一个民族源源不断涌现出一批又一批好老师则是民族的希望。[⑦] 由于优质教师资源分配不均，教师投入不公平，导致学生学业成就存在较大的差距。而且，对农村学校、薄弱地区学校的教育经费投入倾斜并没有缩小它们与城市学校和经济发达地区学校之间的教育质量差距，根本原因在于两者之间在教师资源（尤其是优质教师）方面存在较大的差距。[⑧] 教师资源的均衡配置是实现教育均衡发展的关键所在[⑨]，加强农村教师队伍建设成为当前我国农村教育质量提高与城乡教育均衡发展的突破口。[⑩]

但是目前，我国教师资源分配不均[⑪]，薄弱地区学校优质教师资源短缺等问题非常严重。[⑫]

---

① 中共十九大开幕，习近平代表十八届中央委员会作报告[EB/OL].(2017-10-18)[2022-05-28]. http://www.china.com.cn/cppcc/2017-10/18/content_41752399.htm.

② 刘亚敏，师东海.21世纪以来我国教育公平的基本理论研究探析[J].教育理论与实践，2009(19)：20-23.

③ 李静.影响教育公平因素的探究[J].教育探索，2007(4)：13-14.

④ 勇鹏.教育公平观：问题和对策[J].教育发展研究，2006(10)：44-49.

⑤ 熊才平，汪学均.教育技术：研究热点及其思考[J].教育研究，2015(8)：98-108.

⑥ Department for Education. Schools white paper stresses the importance of teaching[EB/OL]. (2010-11-24)[2020-03-15]. http://www.direct.gov.uk/en/Nl1/Newsroom/DG_192689.

⑦ 尊师重教习近平[EB/OL].(2021-09-10)[2022-10-18]. http://www.xinhuanet.com/politics/leaders/2021/09/10/c_1127849719.htm? ivk_sa=1025922x.

⑧ 慕彦瑾，段晓芳.后免费时代西部农村中小学教师资源配置及使用困境——基于西部农村87所学校的调查[J].农村经济，2016(2)：112-117.

⑨ 于海波.城乡教师流动改革的多维审视与路向选择[J].东北师大学报(哲学社会科学版)，2017(2)：136-141.

⑩ 石娟，巫娜，刘义兵.加拿大偏远地区乡村教师队伍建设及其借鉴[J].比较教育研究，2017(2)：61-66.

⑪ 翟博，孙百才.中国基础教育均衡发展实证研究报告[J].教育研究，2012(5)：22-30.

⑫ 朱德全，李鹏，宋乃庆.中国义务教育均衡发展报告——基于《教育规划纲要》第三方评估的证据[J].华东师范大学学报(教育科学版)，2017(1)：63-77,121.

为合理配置教师资源,促进教育公平,我国加大教育投入,实施校长教师交流轮岗[1]、农村教师"特岗计划"[2]、公费师范生计划、国培计划[3]、硕师计划等为义务教育均衡发展提供强有力的师资保障。[4] 然而,校长教师交流轮岗政策的出台未能充分考虑到我国义务教育失衡问题严重,政策实施过程中的阻滞和失真现象严重,参加轮岗的校长和教师的福利待遇问题、职称评聘问题、教师归属感等问题缺乏相关的配套措施予以保障,导致教师流动存在很多弊端和困难,教师交流轮岗的生态环境不断恶化。[5] 特岗教师在专业理念与师德、专业知识、专业能力等方面还存在着许多亟待解决的问题,这些问题影响了"特岗计划"解决农村地区师资紧缺、结构性失衡和促进义务教育均衡发展等政策目标的实现。[6] 公费师范生计划在实施中存在很多困难和问题,例如,缺乏相应的师范生遴选与退出机制、师范生的培养目标定位不准确、课程设置不合理、教育实习不规范等。[7] 国培计划存在培训针对性不强、内容泛化、方式单一、质量监控薄弱等突出问题,导致培训效果低、效益低。[8]

1.1.5 开放辅导实现教师资源流动的创新

借助于"互联网＋"发展契机,2016年12月北京市教委启动"北京市中学教师开放型在线辅导计划"试点工程,全市16个区1万多名区级以上骨干教师参与,面向通州区31所初中学校开展首轮试点。开放辅导破除传统教师流动的弊端,破解人事流动管理的困境,将教师智力资源迁移到网络上,通过教师智力在线流动,为所有学生提供在线教学服务和学习指导,实现优质教师资源的重新配置。教师智力流动是为了满足学生对教育资源的可接入、可获得,扩大学生的选择权和选择范围,使每一个学生都可以根据自己的情况选择知识,选择教师。在现阶段,通过教育投资实现教育资源均衡配置存在许多限制,而技术能够将教育资源网络化,教师资源在线流动,这促进了教育者和受教育者的时空分离与延展,使穿越时空的互动成为可能。基于新型学习需求规律的教师智力流动是"互联网＋"时代教师流动的新取向,其实质是教师的现实服务与经验在网络空间中的共享,是通过信息化手段扩大优质教师资源覆盖面的新实践,是新时期我国教师流动机制变革和创新的

① 教育部,财政部,人力资源和社会保障部.关于推进县(区)域内义务教育学校校长教师交流轮岗的意见[EB/OL].(2014-08-15)[2022-05-28].http://www.moe.edu.cn/srcsite/A10/s7151/201408/t201408-15_174493.html.
② 张济洲.农村"特岗教师"政策实施:问题与对策[J].教育理论与实践,2012(7):26-28.
③ 教育部,财政部关于实施"中小学教师国家级培训计划"的通知[EB/OL].(2010-06-30)[2022-05-28].http://www.gov.cnzwgk2010-06/30/content_1642031.htm.
④ 张绍荣,朱德全.区域义务教育均衡发展的政策设计与路径选择[J].教育与经济,2015(1):18-22,51.
⑤ 司晓宏,杨令平.义务教育均衡发展进程中"政府悖论"现象透视[J].陕西师范大学学报(哲学社会科学版),2015(4):83-88.
⑥ 安富海."特岗教师"专业发展的问题与对策——基于对贵州威宁县和河北涞源县的调查[J].教育理论与实践,2014(10):39-43.
⑦ 高政,常宝宁.免费师范生教育存在的问题及其对策研究[J].国家教育行政学院学报,2014(7):31-35.
⑧ 教育部.关于深化中小学教师培训模式改革全面提升培训质量的指导意见[EB/OL].(2013-05-08)[2022-05-28].http://www.moe.gov.cn/srcsite/A10/s7034/201305/t20130508_151910.html.

新思维。① 开放辅导是教师智力流动的新尝试,为学生提供丰富的选择机会,通过满足学生的选择和学习需求,来实现学生在资源获得上的公平。

在开放辅导中,政府、学校、教师、家长和学生均有不同的利益追求,相互之间的博弈使得开放辅导遇到许多问题和困难。为了理清开放辅导实施中各个主体之间的博弈关系,解决开放辅导实施中教育政策执行失真问题,本研究在社会科学计算实验研究范式下,聚焦开放辅导主体的行为属性和相互作用关系,探寻实现教师智力流动的社会效益最大化的解决路径,为决策主体提供政策建议。

1.2　研究问题

利用"互联网＋"技术实现教师资源均衡配置,促进乡村教师专业发展成为人们普遍关注的研究课题,也受到我国教育部门的高度重视。我国实施"三个课堂"建设项目、人工智能助推教师队伍建设行动试点工作,发展网络教育,发挥在线教育优势,通过网络为农村地区输送优质教育资源和教师智力服务,积极探索"互联网＋"教师资源均衡配置,实现网络空间中的教师智力流动。但是,目前在研究教师智力流动方面仍然存在割裂教育系统各个主体之间的联系,没有对整个教育系统进行全面分析,难以理清政府、学校、教师、学生等主体之间的相互影响作用的问题。而且,在学生和家长参与教师智力流动相关政策实施方面的研究比较欠缺,学生和家长对政府、学校和教师参与教师智力流动是否具有影响作用,具有哪些影响作用,也是值得深入思考的问题。因此,如何促进"互联网＋"教师智力流动,如何有效调节政府、学校、教师、学生等主体之间的关系,以提高教师智力流动的效益,从而推进教育公平发展,是目前仍然需要深入研究的问题。

本研究从教育公平视角出发,以北京市开放辅导计划为研究对象,分析开放辅导在促进教育公平过程中的实施现状、实施效果和存在问题,并使用社会科学计算实验研究范畴的系统动力学和数学建模研究方法对"互联网＋"教师智力流动体系进行系统动力学仿真研究,主要涉及政府、教师、学生、家长等主体,分析各个主体行为属性以及他们之间的相互作用机制,为政府、教师、学生、家长等主体做出科学决策提供建议和改进措施。围绕"互联网＋"教师智力流动研究问题,本研究重点从以下子问题实施研究工作:

问题 1:基于开放辅导的"互联网＋"教师智力流动是否能够产生教育效益? 主要从开放辅导是否能够提高学生的学习成绩,是否能够降低政府的教育财政投入,以及是否能够缓解农村地区与城镇地区学校的教育差距三个方面进行分析。

问题 2:基于开放辅导的"互联网＋"教师智力流动是否能够促进教育公平? 主要从开放辅导是否能够缩小农村地区与城镇地区学校的教育差距(城乡学生学习成绩和城乡学生之间的数字鸿沟)进行分析。

问题 3:基于开放辅导的"互联网＋"教师智力流动实施过程中师生的参与行为存在哪些问题? 主要基于行为动力学分析探索教师和学生的行为模式和规律,以及使用复杂网络方

---

① 赵兴龙,李奕.教师走网:移动互联时代教师流动的新取向[J].教育研究,2016(4):89-96.

法分析师生的交互网络并发现师生互动的问题。

问题4:有哪些因素能够预测教师和学生参与基于开放辅导的"互联网+"教师智力流动实践活动,继而导致教师智力流动系统在运行中存在的问题? 主要通过对师生进行问卷调查,对师生参与开放辅导的行为日志数据进行路径分析来回答这一问题。

问题5:师生行为和个体特征是如何影响基于开放辅导的"互联网+"教师智力流动系统运转的,以及如何优化"互联网+"教师智力流动体系,从而提高促进教育公平的效益? 主要通过构建基于开放辅导的"互联网+"教师智力流动仿真系统并模拟分析教师智力流动的演化趋势来解决这一问题。

1.3　研究意义

1.3.1　理论意义

本研究主要利用社会科学计算实验方法论,使用系统动力学和数学建模方法,构建"互联网+"教师智力流动系统动力学模型,针对教师智力流动系统中各主体之间的相互作用、教师智力流动的影响因素等进行仿真演化,探索政府、学校、教师、学生等主体的相互作用机制,探索教师和学生的行为模式,分析教师绩效,研究教师智力流动的效益问题,丰富了"互联网+"技术支持教师资源均衡配置的研究理论与研究内容。本研究将系统动力学方法和数学建模方法运用到教师智力流动研究中,扩展了教育(教师)资源均衡配置的方法论基础,为教育研究提供理论借鉴和方法论指导。

1.3.2　实践意义

本研究的成果将应用到基于互联网的教师资源均衡配置实践中,帮助政府、学校、教师了解和认识教师资源均衡配置的主体行为及其作用关系,帮助各个主体实施行为决策,提高各主体的利益获得。本研究成果能够指导政府制定促进"互联网+"教师智力流动、促进教师资源均衡配置的政策,为提高教师资源均衡配置的整体社会效益等提供实践操作的方法建议和科学指导,实现教师资源均衡配置的优化。

1.4　研究基础

1.4.1　技术基础

(1)开放辅导实施平台——"智慧学伴"

笔者所属团队在北京师范大学未来教育高精尖创新中心支持下,已有"智慧学伴"教育公共服务平台在通州区、房山区等8个区的学校开展开放辅导,在教师智力流动方面进行了近三年的实践探索。"未来教育高精尖创新中心"是北京市政府支持的高水平国际化创新平台，是北京市首批建设的高精尖中心之一。中心的核心使命是推进北京教育公共服务从数字化转型到智能化，基于大数据，用"互联网＋"的思路助力北京教育深化综合改革，构建北京教育公共服务新模式，支持"有教无类、因材施教、终身学习、人人成才"的中国教育梦实现。

"智慧学伴"平台能够面向每一位学习者，实现"全学习过程数据的采集；知识与能力结构的建模；学习问题的诊断与改进；学科优势的发现与增强"，进而满足学习者个性发展的需要。图 1-1 至图 1-4 为"智慧学伴"平台部分页面截图。

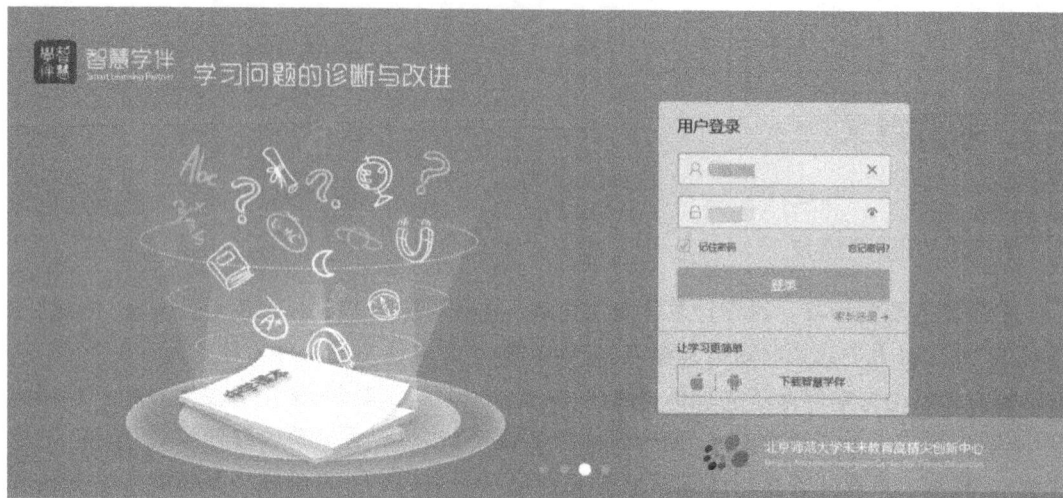

图 1-1 智慧学伴平台

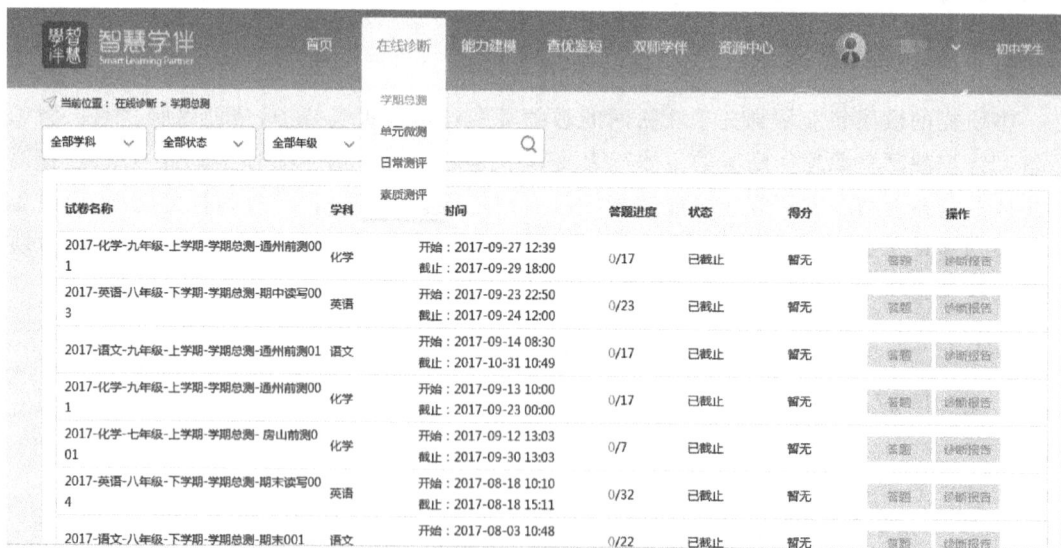

图 1-2 智慧学伴平台的在线测评系统

图 1-3　为学习者推荐的教师

图 1-4　为学习者推荐的学习同伴

(2)社会科学计算的实现工具

对具体实现计算实验的计算机技术而言,从理论上来讲,研究者可以借助复杂系统建模工具或开发环境(如 Matlab、Vensim、Swarm、RePast、NetLogo 等),或者使用通用的计算机编程语言(如 JAVA,C 等语言)设计出计算实验所用的程序和软件,或者利用系统建模软件可视化设计仿真模型。目前有很多现成的、适当的软件建模环境,通过非常简单的、接近人类自然语言的表达方式编程,甚至允许研究者通过交互界面的鼠标拖拉和参数设置,即可完成实验系统建模。

本研究主要使用 Vensim 软件进行建模仿真。Vensim(见图 1-5)可以利用图形化形式实现可视化建模,使用箭头连接两个有关系的变量,并建立变量之间的数学关系。Vensim 软件提供了多种分析方法可供用户选择:一种是结构分析工具,例如原因树和因果树功能;另一种是数据集分析工具,可以将模型运行结果以图形和表格的形式展示出来。图 1-6 是 Vensim 运行结果的可视化界面。

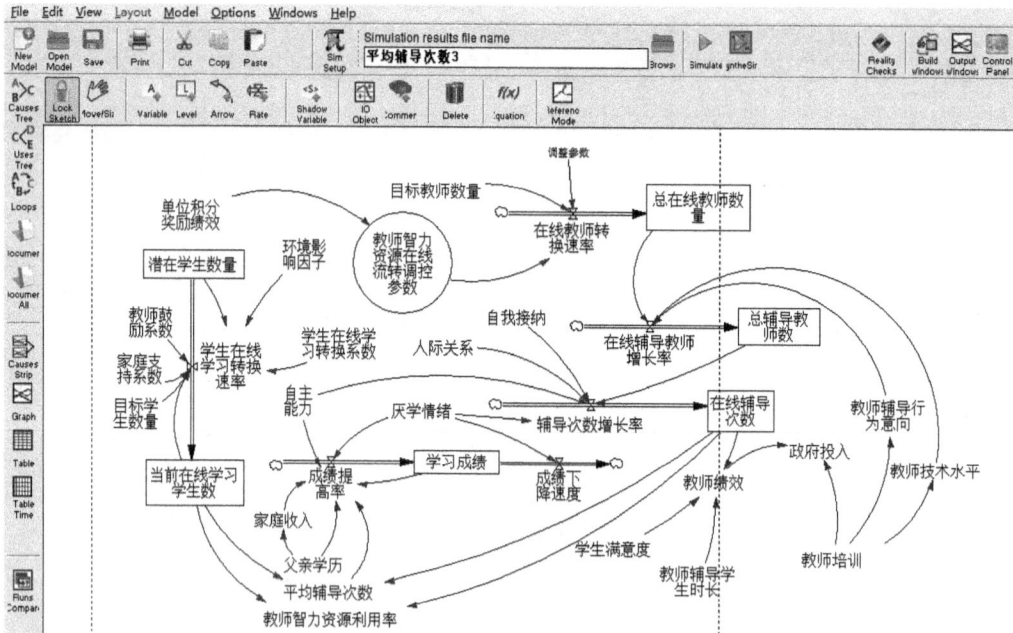

图 1-5　Vensim 的运行界面

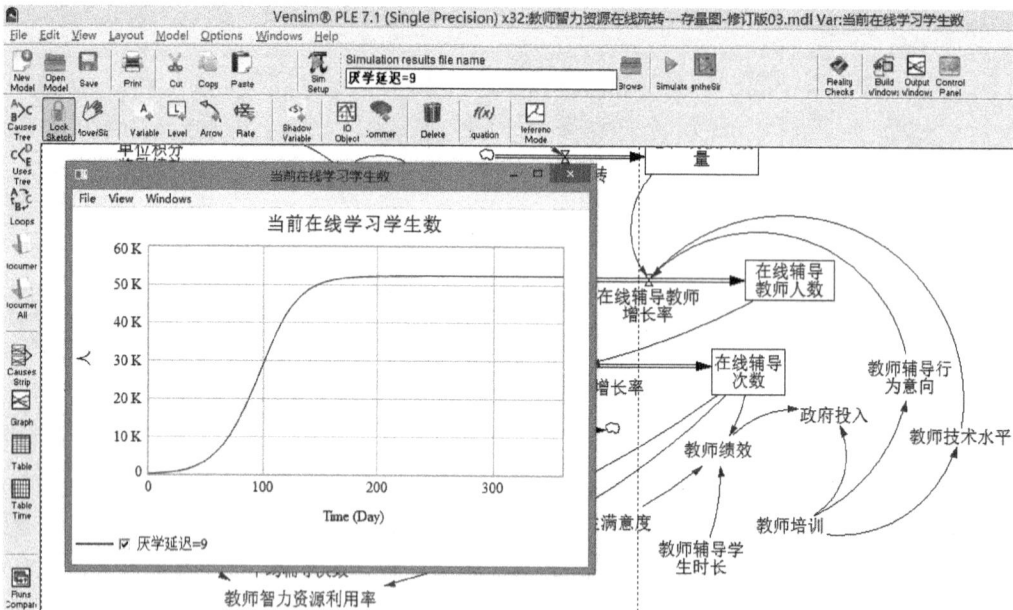

图 1-6　Vensim 的运行结果可视化

1.4.2　实践基础

本研究依托"北京市中学教师开放型在线辅导计划"，对教师智力流动促进教育公平发展开展理论研究和实践探索。中学教师开放型在线辅导强调骨干教师的智力资源在网络上流动起来，为郊区、薄弱地区学校的孩子提供服务，关注教育均衡，通过在线辅导解决孩子学习过程中的个性化问题，让孩子有实际收获。北京市教育委员会面向全北京市中学教师招募"双师"开展在线辅导,对招募的教师开展校、区和市三级资质审核,并对指导教师进行教学特长标识、开展技术操作培训。开放辅导于 2016 年首先面向北京市通州区 31 所学校的初一、初二年级学生开展试点工作。在通州试点工作中,辅导教师主要是针对学生课后个性化的需求开展在线实时辅导工作。2017 年在通州区和房山区开展开放辅导试点工作,2018年扩展为通州区、延庆区、怀柔区、密云区、平谷区、房山区、大兴区和门头沟区等 8 个区,为 189 个项目校 8 万余名初中学生提供在线辅导。

第 2 章　研究设计

2.1　概念界定

2.1.1　教师智力资源

智力资源是指能通过智力活动创造一定经济效益和社会效益的个人或组织。[①] 智力资源是一种特殊的人力资源,是从智力活动效能方面进行的界定,一般需要有较高的智力水平和智力活动能力,但具有较高学历和资历的人未必都能称其为智力资源。基于此,教师智力资源是指能够通过智力活动(一般是教学活动、课堂管理活动、学生管理活动或学习辅导活动等)促进学生学习和发展,帮助学生获得成功的教师资源。教师作为教育专业人员,其智力资源由个人的才能组成,包括技能、知识、同情心、激情、自信、魅力和领导能力等方面。[②]

教师对学生的作用就在于利用教师的智力将知识、技能传递给学生,促进学生的智力发展,帮助学生获得成功。在学习过程中,教师智力资源的主要作用是选择和设计学生学习与发展方向,选择和组织学生活动内容,激发与调动学生参与学习活动能动性,促进和帮助学生有效完成学习过程。[③] 在网络学习环境中教师智力资源的作用就在于引导、指导、督学、助学等方面,最终仍然是激励学生主动学习,促进学生发展。总而言之,教师智力资源的作用就在于激发学生在学习活动中的能动性,促进学生主动参与学习活动,并促进学生高效地完成学习活动,帮助学生获得学习成功和生活成功,促进学生个体的身心健康发展和智力发展。

2.1.2　教师智力流动

教师智力流动是教师资源配置的一种形式,是指利用技术手段将教师的智力资源输送到其他学校,实现提高流入学校教育质量的一种特殊的教师流动形式。但是,教师智力流动

---

①　夏敏.大学智力资源效能:评价与管理[J].教育研究,2007(12):70-72.

②　Chapman C, et al. Professional capital and collaborative inquiry networks for educational equity and improvement? [J]. Journal of Professional Capital and Community, 2016,1(3):178-197.

③　陈佑清.学习中心课堂中的教师地位与作用——基于对"教师主导作用"反思的理解[J].教育研究,2017(1):106-113.

有别于教师作为实体的流动,与教师交流轮岗、教师挂职等形式的教师流动不同,教师主要在网络空间中进行虚拟身份的流转,通过技术手段将教师的智力、智慧等传输给农村地区或薄弱地区学校的学生,帮助学生学习和发展。教师智力流动由于在网络空间中实施,因而能够将大数据技术、学习分析技术等应用到智力流动过程中,实现以学生个性化学习需求为导向,支持教师通过精准诊断、在线授课、在线答疑、在线辅导等方式贡献智力资源,从而帮助学生精准地获得教师智力服务。

互联网技术的发展对教师智力流动具有了使能意义。借助互联网技术和移动通信技术,打破优秀学校独享优质资源的现状,开设优秀学校与薄弱地区学校之间的资源流动渠道,利用网络促进优质教育(教师智力)资源的流动和流通。[①] 教师通过网络向学生传输知识、技能,通过在线授课、引导、指导、督导、辅导等形式帮助学生获得知识和技能,促进学生的学习和身心发展,使学生获得学习成功和生活成功,发挥教师对学生的教育功能。教师智力流动是教师服务的在线迁移,教师的智力服务外显后成为一种智力资源,向适合的学习者迁移,服务学习者的学习和成长。[②]

2.2　研究目标

本研究针对"互联网+"时代信息技术对实现教师智力流动的使能作用和教师智力流动中由于各主体之间的博弈导致的效益低等问题,以北京市开放辅导计划为例进行分析,期望达到如下目标:一是构建"互联网+"教师智力流动模式及其机制;二是发现教师和学生参与开放型在线辅导过程中的行为规律,评估教师智力流动的效益,发现基于开放辅导的教师智力流动存在的问题;三是确定影响师生参与开放辅导的各种因素,为计算仿真提供变量和关系支撑;四是通过计算仿真,模拟教师智力流动的发展趋势,提出优化教师智力流动的政策建议。

2.3　研究内容

为达成研究目标,本研究以社会科学计算研究范式为指导,首先,分析"互联网+"教师智力流动模式的理论基础,结合北京市实施的开放辅导计划,构建"互联网+"教师智力流动模式,提炼支持开放辅导有效运行的机制。其次,分析开放辅导的效益及问题,主要从开放辅导对学生学习成绩的影响,开放辅导所产生的经济效益和教育公平等方面来分析效益问题;主要通过分析师生行为动力学特征和师生交互网络特征来发现开放辅导存在的问题。再次,针对发现的开放辅导问题,探索相关的影响因素,寻找开放辅导系统中各要素之间的

---

① 李奕,徐刘杰.面向学生未来发展的教育供给侧改革研究——基于北京市深综改革的实践经验[J].中国教育学刊,2017(11):47-53.

② 赵兴龙,李奕.教师走网:移动互联时代教师流动的新取向[J].教育研究,2016(4):89-96.

因果关系,为构建开放辅导仿真系统建立基础。第四,根据开放辅导系统中主要变量之间的关系构建开放辅导仿真模型,通过计算仿真实验,模拟教师智力流动的发展趋势与发展规律,探究教师智力流动的优化机制。最后,根据计算仿真结果提出促进教师智力流动的政策建议。研究框架如图 2-1 所示。

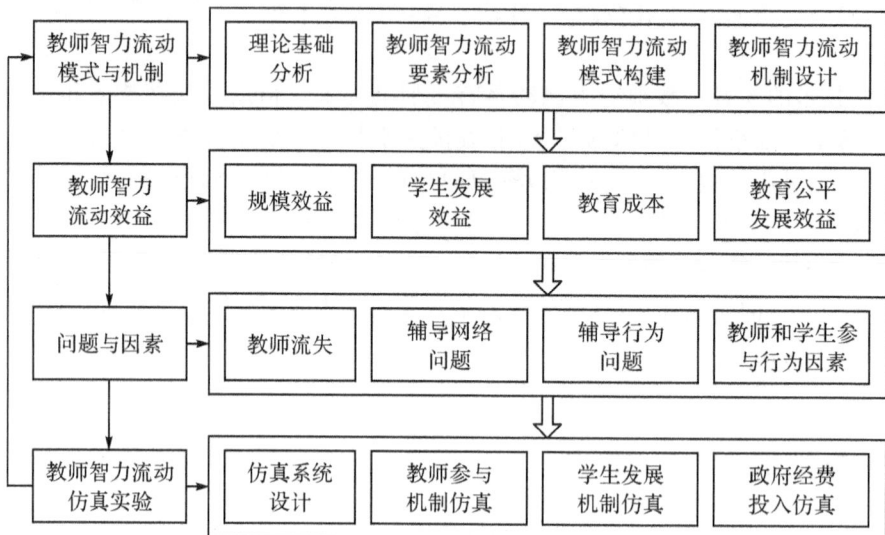

图 2-1　研究内容框架

2.3.1　"互联网＋"教师智力流动模式与机制

该部分的主要内容包括:分析传统教师(智力)流动存在的问题,构建"互联网＋"教师智力流动模式,设计支持和保障教师智力流动系统有效运行的机制。首先,从政策制度、政策执行和教师流动效益三方面分析传统教师流动存在的问题,提出"互联网＋"技术在推动教师智力流动方面的可行性。其次,以教育公平理论、共生理论、价值链理论为基础构建"互联网＋"教师智力流动模式,设计教师智力流动模式中主要的要素及其之间的关系。再次,针对教师智力流动系统的运行、教师选拔、教师和学生之间的评价、教师的绩效奖励、教师智力流动系统的管理等方面设计科学的合理的运行机制,主要包括:责任机制、审核机制、保障机制、辅导机制、评价机制、监管机制等,保障"互联网＋"教师智力流动模式的有效实施,高效运行。最后,从教师流动制度、教育供给模式、在线教研模式、在线教育模式等方面提出促进"互联网＋"教师智力流动的实施路径。

2.3.2　"互联网＋"教师智力流动效益与问题分析

该部分的主要内容包括:分析基于开放辅导的教师智力流动的效益,发现教师智力流动存在的问题。在效益分析方面,主要分析师生参与规模效益、学生学业成绩发展效益,教育成本效益和教育公平发展效益。在师生参与"互联网＋"教师智力流动问题分析方面,主要通过行为动力学分析和网络分析方法去探索师生存在的问题。分析教师在线辅导行为频次分布特征、教师辅导行为的时间间隔分布特征,学生被辅导和观看视频的频次分布特征以及学生被辅导和观看视频的时间间隔分布特征;分析师生互动网络的演化特征、师生互动网络的度分布规律。根据教师和学生参与在线辅导的行为动力学特征和网络特征发现教师智力流动存在的问题。

2.3.3 师生参与"互联网＋"教师智力流动的影响因素分析

该部分内容主要包括：针对师生参与开放辅导教师智力流动的问题，研究导致问题产生的原因，即探索影响教师和学生参与基于开放辅导的教师智力流动的主要因素。对于教师而言，主要从两方面进行分析：一方面分析影响教师辅导行为意愿的因素，主要属于教师主观方面的因素。对于教师辅导行为意愿的因素，本研究通过问卷调查，基于技术接受模型和计划行为理论，探索影响教师参与在线辅导的主观因素。另一方面分析教师辅导行为次数和教师流失时间的因素，通过教师实际参与在线辅导的行为数据来进行分析，探索影响教师辅导行为次数和教师流失时间的客观因素。对于影响教师的辅导行为次数和教师流失时间的因素来说，本研究主要通过分析教师在线辅导行为日志数据，包括教师辅导时间、活跃时间、辅导学生数、辅导时长、学生对教师的评价、教师平均辅导时间间隔、教师的绩效等数据，探索这些变量与教师辅导行为次数和教师流失时间的因果关系。对于学生而言，主要从学生的心理因素、家庭背景、个性特征等方面探索影响其参与基于开放辅导的教师智力流动的影响因素。

2.3.4 "互联网＋"教师智力流动机制优化仿真研究

该部分内容主要包括：构建"互联网＋"教师智力流动优化仿真系统，针对提出的优化方案和机制进行仿真实验研究，从而验证优化方案的科学性和有效性，提出合理高效的问题解决措施和政策建议。根据教师和学生的影响因素变量，构建教师和学生在教师智力流动实施过程中的数学模型，利用计算仿真技术对教师的数量演化、绩效进行仿真，对学生的数量、学习成绩等进行仿真，探究不同的政策激励机制对教师参与智力资源在线流动的影响作用，探究不同的辅导行为对学生的学习成绩影响作用，并对政府、教师的规模效益进行仿真，最后根据演化结果分析并总结促进教师智力流动的决策建议。

2.4 研究思路与方法

2.4.1 研究思路

本研究的总体思路包括五大部分：一是综述教师智力流动的研究现状；二是构建"互联网＋"教师智力流动模式和机制；三是以北京市开展的开放辅导计划为例分析"互联网＋"教师智力流动的效益及其存在的问题；四是通过问卷调查和教师在线辅导的日志数据，利用路径分析方法，探索导致师生参与开放辅导问题的原因以及影响因素；五是根据已发现的影响开放辅导中教师智力流动的各因素以及相互关系，对教师智力流动系统进行计算实验仿真研究，探究主体之间的相互作用机制，为政府提供促进教师智力流动的决策建议。本研究的总体思路见图 2-2。

教师智力流动研究现状	教师智力流动政策研究现状	教师智力流动研究主题分析	教师智力流动研究方法	信息技术促进教师智力流动	文献计量分析内容分析
教师智力流动模式与机制	理论基础分析	教师智力流动要素分析	教师智力流动模式构建	教师智力流动机制设计	理论演绎归纳总结
教师智力流动效益	规模效益	学生发展效益	教育成本	教育公平发展效益	统计分析比较分析
问题与因素	教师流失	辅导网络问题	辅导行为问题	教师和学生参与行为因素	人类行为动力结构方程模型
教师智力流动仿真实验	仿真系统设计	教师参与机制仿真	学生发展机制仿真	政府经费投入仿真	数学建模系统仿真

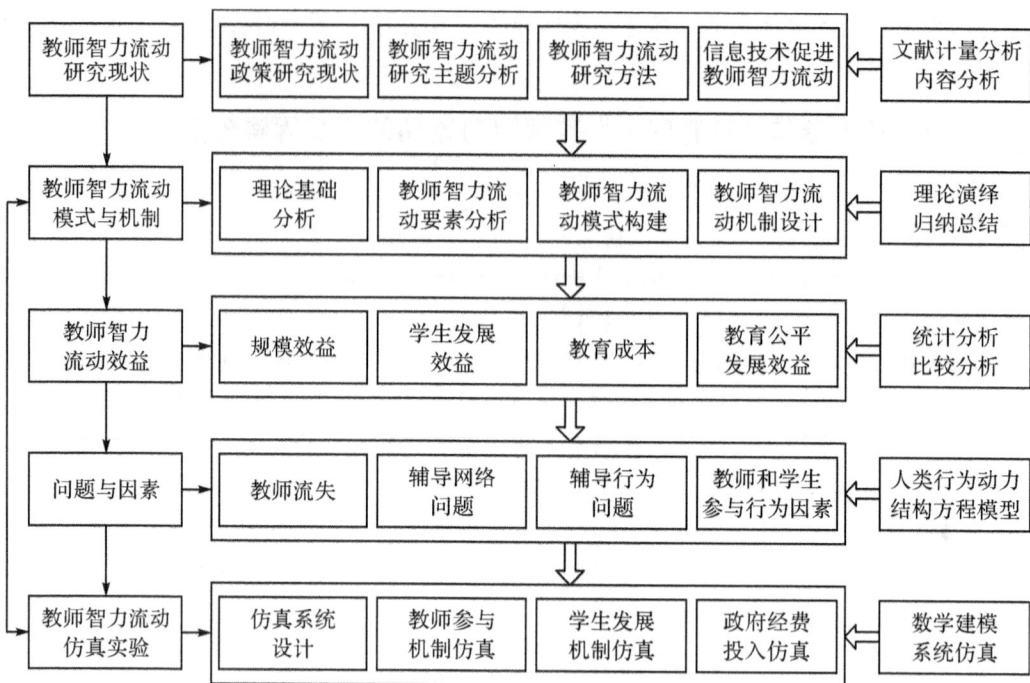

图 2-2 研究思路

第一部分：教师智力流动的研究综述。分析教师智力资源流动的主要形态及其存在的问题，讨论教师资源流动的政策、制度、实践现状和研究现状，分析教师流动研究主题、研究方法，综述信息技术促进教师流动的实践和机制，发现目前实施的教师智力资源流动机制存在的问题，引出研究问题，并建立本研究的分析模型。

第二部分：以开放辅导为案例，构建"互联网＋"教师智力流动模式，设计"互联网＋"教师智力流动机制。通过理论分析，界定"互联网＋"教师智力流动的重要因素，并明确各要素之间的作用关系，从而构建"互联网＋"教师智力流动模式。从责任主体、审核、辅导实施、评价和保障等方面设计基于开放辅导的教师智力流动机制。

第三部分：以开放辅导为案例，分析"互联网＋"教师智力流动的效益。首先使用量化研究方法统计分析开放辅导所产生的效益，如师生规模效益、学生发展效益、教育成本效益、教育公平发展效益。

第四部分：研究开放辅导计划中教师和学生参与在线辅导的问题及其影响因素。在分析"互联网＋"教师智力流动存在的问题时，主要使用行为动力学分析方法，分析教师和学生在辅导过程中的行为动力学特征；使用复杂网络方法分析教师和学生的辅导网络特征，从网络属性、度分布等角度分析网络的演化特征。根据对开放辅导效益、教师动力学特征和辅导网络特征的分析，发现师生参与开放辅导中存在的问题。对于教师来说，一方面，依据技术接受模型和计划行为理论，构建教师在线辅导影响因素的路径图，探索各个因素对教师参与在线辅导行为意愿的影响路径；另一方面，通过路径分析，利用教师在线辅导日志数据探索影响教师辅导次数和教师流失时间的影响因素。对于学生来说，主要从学生的心理因素、个性特征、家庭背景等方面探索对学生参与在线学习行为以及学习成绩的影响路径。

第五部分：遵循社会科学计算实验研究范式，使用系统动力学实验方法，结合数学建模与计算机模拟仿真技术,分析开放辅导中教师智力流动的演化趋势以及发展机制。主要分析教师和学生数量发展规律,教师和学生相互作用机制,政府奖励与教师行为改变规律,教师绩效与政府投资相关机制等。同时,仿真研究教师自身因素、教师主体之间的交互影响、外界环境等对教师智力流动的影响作用,以及所产生的复杂结果,从而探索开放辅导中教师智力在线资源的演化机制。最后通过模拟仿真来探究提高教师智力流动效益的策略和政策建议。

2.4.2 研究方法

本研究整体上采用量化研究、社会科学计算实验研究与实证分析相结合的方式,研究教师智力流动实现机制。既强调教师智力流动各主体行为特征,又结合计算机仿真技术探索教师智力流动的演化趋势和发展规律。为制定符合"互联网+"时代特征和中国国情的教师资源均衡配置政策与制度建设提供支撑,探索具备理论指导意义与可实践操作的教师智力流动途径。

(1)人类行为动力学方法

调查研究北京市实施开放辅导计划所产生的效果和效益,使用人类行为动力学方法研究教师和学生参与开放辅导过程中所表现的行为模式,结合复杂网络分析,研究师生辅导网络的演化特征,使用量化统计分析法与演绎归纳法研究教师智力流动存在的问题。

(2)结构方程模型法

对教师流动和"互联网+"教师流动相关理论进行分析,提炼教师智力流动的理论依据,构建教师和学生参与教师智力流动的理论模型,针对教师和学生角色分别设计调查问卷,根据调查数据分析影响教师和学生参与智力资源在线流动的影响因素及其之间的路径关系。

(3)数学建模与系统仿真方法

根据教师、学生、政府等各个主体之间的相互作用关系,构建教师智力流动系统动力学模型,遵循社会科学计算实验研究范式,研究不同奖励机制下教师参与智力资源在线流动的行为发展规律,研究学生在不同的辅导机制下学习成绩发展规律以及学生行为演化规律,研究政府效益演化规律,借此研究利用信息化实施教师智力流动的教师资源均衡配置理论,为信息化时代的教师资源均衡配置提供科学依据。

第3章 国内外教师流动的研究现状

教师是教育的重要资源之一,深入推进义务教育均衡发展,教师资源配置是关键。国际上一直重视教师在教育发展和教育公平实践中的重要作用。许多国家推出教师流动相关政策和法律法规以均衡配置教师资源,促进教育公平。我国相继实施教师支教项目、教师交流轮岗项目,以通过教师流动促进教师资源均衡配置,促进教育公平。教师交流轮岗是加强农村学校和薄弱地区学校教师补充配备、破解择校难题、促进教育公平、推进义务教育均衡发展的重要举措。但是传统形式的教师实体流动存在一些弊端,教师流动意愿低,教师流动效率低。为了提高教师流动意愿和效率,增强教师流动效益,国际上开始尝试利用信息技术手段支持教师智力流动。本研究以北京市开放辅导计划为例,分析"互联网＋"技术促进教师智力流动的效益和问题,并使用社会科学计算实验研究方法对互联网环境中的教师智力流动进行仿真实验研究,优化"互联网＋"教师智力流动系统。因此,以教师流动为主的教师资源均衡配置政策和实践,以及信息技术促进教师智力流动的理论和实践研究是本研究的重要基础。本研究从教师流动和教师智力流动的概念辨析、传统形式的教师流动和信息技术支持的教师智力流动等方面进行文献综述。

3.1 教师流动与教师智力流动的概念辨析

3.1.1 教师流动的概念

从广义上理解,教师流动包含学校之间的流动和跨行业的流动。[①] 跨行业的流动也称为"教师流失",是指教师离开教育工作岗位,而从事其他行业工作。跨行业的教师流动能够在一定程度上淘汰掉那些不适合从事教育行业或者不具备教育教学能力的人,从而保留优质教师资源,保障教育领域内"人—业"优化配置。[②]

学校之间的教师流动也包括两种情况:第一种情况是指教师从一所学校流入另一所学校,是教师将自己的工作单位转入另一所学校的流动,教师和学校通过双向选择而实现的教师自发的流动[③],或者称为自主性流动。第二种情况是教师在国家或地方政策和法律指导下

---

① 冯剑峰.美国中小学教师流失的特点、原因及其治理[J].教师教育研究,2018(2):121-128.
② 龙宝新.论教师专业发展取向的区域教师流动工作系统[J].教育发展研究,2017(6):27-34.
③ 方征,谢辰."县管校聘"教师流动政策的实施困境与改进[J].教育发展研究,2016(8):72-76.

的流动,即政策性流动。教师的人事关系保留在原单位,教师实体流入另一所学校,在流入学校实施教育教学或教育管理工作。① 校长教师交流轮岗、特岗计划、教师支教、对口交流等是这种教师流动的典型代表。通过教师流动实现城区学校的优质教师流入农村学校和薄弱地区学校,帮助流入学校的教师专业发展,带动农村学校和薄弱地区学校教育发展,提高教育质量。这种形式的教师流动目的在于促进师资均衡配置,缩小不同地区和学校间教育发展水平的差距,促进教育公平。本研究主要关注学校之间的政策性教师流动,不对跨行业的教师流动即教师流失做过多分析,下文提到教师流动均是指发生在教育领域内的学校之间的政策性教师流动。

教师流动的构成要素包括教师流动的主体、流动的规则,教师流动的收益和教师流动的反馈。② 教师流动的主体主要是教师、校长,他们是教师流动政策的主要执行对象,也是教师流动的主力军。流动规则是指教师流动制度对流动主体的行为、权利和义务的明确规定,对参与教师的选拔标准、教师的权益、责任、流动时间、流动教师的管理等进行了制度和措施上的约束。教师流动的收益是指产生的行动主体的获利方式和手段。教师流动的反馈是通过对教师流动的管理和评价来检视教师流动的现状、流动的效益和效率等方面的一种机制。在教师流动中需要建立教师的考核机制、教师的支持与激励机制、流动教师的评价机制等,以确保教师流动顺畅有序进行。③

3.1.2 教师智力流动的概念

智力通常是指人认识、理解客观事物并运用知识、经验等解决实际问题的能力,是活的知识力量,活的载体的能力、知识和技巧等。④ 智力流动在发展经济学中被界定为人才的流动,主要是指人的实体在国与国之间、地区与地区之间或者机构与机构之间的流动,包括智力流失、智力回流、智力环流、智力对流等多种智力流动形式。⑤ 经济学领域主要把智力流动作为一种人才引进的形式。随着"互联网+"的发展和我国教育矛盾的转化,教育领域也开始应用智力流动相关理论,以解决教育资源配置不均衡和教育发展不公平的问题。

教师智力流动是教师资源配置的一种形式,是利用技术手段将教师的智力资源输送到其他学校,实现提高流入学校教育质量的一种教师资源配置方式。安富海博士将教师智力流动定义为在教师人事岗位不变、实体不动的前提下,利用"互联网+"相关技术,将优质教师的智力服务聚合并输送到乡村薄弱学校的一种独特的教师流动形式。⑥ 教师智力流动突破了传统教师流动中教师作为人的实体流动的人力资源配置,是对教师交流轮岗,教师挂

---

① 汪丞.澳大利亚中小学教师流动管理制度特色透视——以昆士兰州为例[J].比较教育研究,2020(4):66-74.

② 谢登斌,王昭君.新型城镇化进程中城乡义务教育教师流动一体化机制及其构建[J].现代教育管理,2019(11):74-80.

③ 李先军.城乡教师交流轮岗政策的失真与对策[J].教育科学研究,2019(2):82-86.

④ 骆新华.国际人才流动与我国智力引进[J].高等工程教育研究,2000(2):37-42.

⑤ 吴建军,聂萼辉,仇怡.海外智力回流动因及其技术外溢效应研究述评[J].湖南科技大学学报(社会科学版),2015(1):107-111.

⑥ 安富海.学习空间支持的智力流动:破解民族地区教师交流困境的有效途径[J].电化教育研究,2017(9):102-107.

职、对口帮扶等教师实体流动的一种线上转化和创新。赵兴龙和李奕博士使用"教师走网"来表示教师智力流动,指教师利用"互联网＋"相关技术将自己的智力资源(包括教师答疑、学习辅导、直播教学等)共享在网络空间,帮助学生获得学习成功、提高学生学习体验的创新性的教师流动形式。[①]

教师智力流动的特征是教师实体、人事关系与岗位不分离,即人岗不动;教师的智力服务在线流动,即教师通过网络平台提供智力服务;教师的虚拟身份在线流动,即教师在网络空间中具有一种身份,这种身份不是属于某个具体的学校,而是属于教育系统;教师的教学服务和教育经验在线共享,即教师在开放的网络空间中共享自己的服务和经验,并与其他教师相互交流、分享,实现教师智力资源的萃取、积淀和升华。[②] 教师智力流动的核心要素包括优秀教师、网络学习空间、教师流动保障机制。[③] 总的来说,教师智力流动是教师流动的一种特殊形式,主要利用"互联网＋"技术将教师智力输送到农村地区和薄弱地区学校,供师生利用,从而实现技术支持的教师资源均衡配置,实现教育公平发展。

综合来说,教师流动是一个广泛的概念,包含教师智力流动形式;教师智力流动是基于特定环境的教师流动的特殊形式。可以说,教师智力流动是对教师流动的补充,能够扩大教师流动的主体和范围,扩展教师资源和教师服务的受益面,加强流动教师与农村学生和农村教师之间的互动联系。教师流动与教师智力流动之间的异同如表 3-1 所示。教师流动和教师智力流动都是以中小学教师为主,面向基础教育阶段的城乡学校而实施。教师流动的目标是通过城乡教师双向流动,带动农村地区学校教师专业发展,提高学校教育质量,实现教育均衡发展。教师智力流动由于以"互联网＋"新技术做支撑,面向农村学校学生个体,能够实现个性化教育,促进学生个性化发展,实现教育公平。教师流动是以教师实体流动为主的城镇学校教师与农村学校教师的双向流动,城镇学校教师流向农村,农村学校教师流向城镇学校,双向的教师流动能够促进城乡教师专业发展。教师智力流动以教师虚拟身份在线流转为主,将教师智力资源流转到网络空间,通过对农村学校教师和学生进行指导、协作教研等活动实现教师智力流动的目的。城市教师可以主动与农村教师联系,农村教师也可以主动与城镇教师联系,两者可以开展基于互联网的观摩课、听评课、网络协同教研等活动。

3.2 传统形式的教师流动相关研究

受到地区经济发展不平衡、人口分布差异、地理位置差异、人口种族观念、教育观念等影响,世界各个国家和地区均存在不同程度的教育资源配置失衡问题,其中教师资源分配不均衡问题是各个国家和地区普遍关注的问题,是教育结果不公平的直接原因之一。世界各国和地区在教师资源均衡配置方面做出了很多实践,主要通过鼓励教师实体流动到薄弱地区学校和农村学校,以提高薄弱地区学校和农村学校教师数量和质量。

① 赵兴龙,李奕.教师走网:移动互联时代教师流动的新取向[J].教育研究,2016(4):89-96.
② 赵兴龙,李奕.教师走网:移动互联时代教师流动的新取向[J].教育研究,2016(4):89-96.
③ 安富海.学习空间支持的智力流动:破解民族地区教师交流困境的有效途径[J].电化教育研究,2017(9):102-107.

表 3-1 教师流动和教师智力流动的异同

维度	教师流动	教师智力流动
流动主体	中小学教师	中小学教师
流动目标	提高农村学校教育质量,促进教师专业发展,实现教育均衡发展	促进学生个性化发展,实现教育公平
流动形式	教师实体流动	教师虚拟身份流动,智力资源在线流转
流动模式	短期交流、柔性流动、刚性流动	基于互联网的教师柔性流动
流动方向	城镇学校与农村学校教师的双向流动	城乡学校教师的双向互动
流动范围	全国范围内流动	区域(市域、县域)范围流动
流动规则	政策形式规定流动,以严格的教师流动制度约束教师	地方政府以项目文件形式制定流动规章制度,制度实施严格性较差
流动效益	流动成本高	流动成本低
流动时间	一般1～5年	时间不限制,鼓励每天在线指导学生学习
技术支持	不依赖于技术	基于"互联网＋"新技术
政策支持	国家和地方政府颁布相关政策,政策性流动为主	尚未有相关政策支持,地方政府以项目形式实施教师流动,鼓励性流动为主

3.2.1 国外教师流动的研究现状

(1)国外教师流动的问题与对策

国际上普遍存在着教师资源不足、优秀教师短缺等问题,尤其在贫困落后地区、偏远农村地区学校,教师资源匮乏问题比较严重。很多国家认识到教师对教育的重要作用,通过制定政策、立法等手段加强教师智力流动,通过均衡配置城乡之间、经济发达地区和落后地区学校之间的教师资源以促进学校之间、区域之间的教育公平发展。但是国外在教师流动促进教师资源均衡配置方面仍然存在一些问题,研究者也在努力寻找解决方案和对策。

美国在农村的公立学校面临很多挑战,其中教育资源分配不均、教育经费投入不足、教师队伍建设落后等问题比较突出,严重制约了农村学校教育发展。[①] 一是,在美国,偏远地区和农村地区存在较多的小规模学校,而这些小规模学校拥有的教师数量非常少,对教师的需求量比较大。例如,美国内华达州仅有一位教师的小规模小学学校就有21所。[②] 二是,美国偏远地区学校、贫困地区学校教师缺勤率比较高,对学生造成不良影响,例如,与经济发达地区学校的教师相比,贫困地区学校的教师其缺勤天数相对较多。[③] 三是,美国贫困地区学校

---

① Hernandez F，Mantle-Bromley C & Riley B. Preparing effective teachers for every community[EB/OL]. (2015-02-19)[2022-05-28]. http://www. shankerinstitute. orgblogpreparing-effective-teachers-every-community.

② Scott R J. Teaching and learning in remote schools：A silemma beyond rural education[R]. Information from the National Information Center for Handicapped Children and Youth，1984.

③ Clotfelter C T，Ladd H F & Vigdor J L. Are teacher absences worth worrying about in the United States? [J]. Education，2009，4(2)：115-149.

面临着教师流失率高的问题。[1] 四是，贫困地区学校教师质量低，素质普遍不高。美国国家教育统计中心（NCES）数据显示，农村地区的教师学位低于全国平均水平。[2] 为了解决偏远地区和贫穷落后的农村地区学校教师短缺问题，美国主要采取以下措施：第一，提高教师工资待遇。例如，2006 年，美国国会拨款 9900 万美元用于教师奖励基金（Teacher Incentive Fund），改革教师薪酬，改善教师分配。2010 年和 2011 年，美国分别拨款 4 亿美元和 3.99 亿美元用于提高教师待遇。第二，拓宽教师供给渠道，招聘其他行业人员从事教育事业。例如，美国在"选择性教师计划"（alternative pathway programs）项目中，招收具有教育情怀但不具备教师资格的大学毕业生，对他们实施教师教育培训，帮助他们获得教师资格证书，并将他们输送到农村学校，以此增加农村学校教师数量。[3] 第三，加强教师培训，提高教师质量。例如，"为美国而教"项目则通过教师培训，提高欠发达地区的教师质量，并鼓励毕业大学生到农村地区和欠发达地区学校任教，向这部分地区输送优质教师资源。通过为教师提供社会支持，加强欠发达地区教师与城镇学校教师的交流互动，为他们提供更多的个人成长机会。这些措施大大提高了欠发达地区学校教师的留任率，减少了教师的流失率。[4] 在"家乡教师项目"（grow-your-own-teacher program）实践中，大学生通过两年社区学校学习和两年大学学习并获得证书后，去往自己家乡的农村学校从教和支教[5]；同时对城郊地区、农村地区的非专业教师人员进行教师资格培训，为农村学校输送了大量优秀教师资源，提高了农村学校教师队伍质量。[6] Ajayi 研究了社会公正教学（social justice teaching）项目在教师培训中的作用，指出加强教师培训，为农村教师培训提供支持，培养教师社会公正信念，帮助教师提高专业能力，帮助教师应对社会和教育不公平问题，有助于解决农村教育落后问题，促进美国农村教育公平发展。[7]

英国中小学教师短缺问题比较严重，面临着师资力量培养不足的问题，富裕学校和贫困

① Johnson S M. The workplace matters：Teacher quality, retention, and effectiveness. Working Paper[R]. National Education Association Research Department，2006.

② National Center for Education Statistics. Number and percentage distribution of public elementary and secondary school teachers, by locale and selected characteristics：2011—2012[EB/OL]. (2020-12-27) [2022-05-28]. https://nces. ed. gov/surveys/ruraled/teachers. asp.

③ Spooner M. Overview and framework：Successes and challenges for alternative routes to certification[M]//Dangel J R & Guyton E M (Eds.). Research on Alternative and Non-traditional Education：Teacher Education Yearbook XIII. Lanham, MD：Association of Teacher Educators with Scarecrow Education，2005：3-9.

④ Rooks D. The Unintended consequences of cohorts：How social relationships can influence the retention of rural teachers recruited by cohort-based alternative pathway programs[J]. Journal of Research in Rural Education, 2018，33(9)：1-22.

⑤ Amanda M. Within and beyond a grow-your-own-teacher program：Documenting the contextualized preparation and professional development experiences of critically conscious Latina teachers[J]. Teaching Education，2018，29(4)：357-369.

⑥ Holloway D L. Using research to ensure quality teaching in rural schools[J]. Journal of Research in Rural Education，2002，(3)：138-153.

⑦ Ajayi L. Preservice Teachers' perspectives on their preparation for social justice teaching[J]. The Educational Forum, 2017，81(1)：52-67.

学校在教师资源质量上差异悬殊。另外，教师工作量繁重、收入低、教师专业发展困难等原因导致英国中小学教师流失严重。为了应对日益严重的教师流失危机，英国政府推出相关政策和措施，进行问责制改革，增强教学改革的稳定性，提高课堂管理效率，减轻教师工作负担，提高教师收入，促进教师专业发展。① 英国在批准实施了教育行动区计划和学校联盟战略之后，为贫困城市和农村提供了大量经费支持和教师资源支持，例如，2018 年，英国计划投入 5.08 亿英镑用以补贴全国教师；2019 年，英国教育部发布政策为初入职场的中小学数学和物理教师提供每人 2000 英镑的现金补贴②，通过增加教师收入提高教师留任率，并吸引大量教师向贫困城市和农村学校流动，在一定程度上缓解了贫困地区学校对教师的需求。③ 另外，英国大量聘用国外教师，在 2005 年英国大约聘用了 4.3 万名外国教师④，保障了英国学生能够享受到均等的优质教育资源。苏格兰通过实施学校发展联盟项目（school improvement partnerships in scotland，SIPP）以加强学校内部、学校之间的合作探究，通过教师跨校合作，共同发展学校和教师专业资本。⑤ 这些措施在一定程度上提高了英国教师的专业能力，极大地促进了教师资源的均衡发展和均衡配置，在提高学生学习成绩方面发挥了积极作用。

法国面临比较严重的教育不公平问题，尤其是基础教育和移民子女教育上，在师资配置、教学水平上都存在非常大的差距。在"优先教育区"政策的支持下，法国通过提高薄弱地区和农村地区学校的教师待遇、教师教育培训机会和其他方面的福利待遇，从而吸引了大批优秀教师向薄弱地区和农村地区流动，在促进教师资源均衡配置方面取得了极大的成功。⑥ 加拿大在缩小城乡教育差距，改善偏远农村地区合格教师短缺和教师流失严重等问题上采取加大教育投入，通过多种手段和方法补充优质教师，例如招聘代课教师、课程专家、助教等人员，吸纳更多的人员加入农村教师队伍，并通过当地社区大学、政府机构与中小学校合作培养教师来提高农村地区学校教师数量和质量。⑦ 另外，偏远农村地区的学校可以申请聘请不具备教师资格证书但是具有特殊专业技能的人员到学校任教，解决了特殊学科教师资源短缺的问题。⑧ 但是这仅限于特殊学科，例如劳动技能。在主要学科方面还是需要聘请具有教师资格证书的人员，因而无法保障主学科教师的数量和质量。澳大利亚各地区在经济发

① 肖海燕，彭虹斌. 英国中小学教师流失：特征、原因及其应对策略[J]. 比较教育研究，2020(4)：58-65,74.

② 都昌满. 英国试行以现金补贴留住数学和物理学科教师[J]. 世界教育信息，2019(14)：76.

③ 耿红卫，赵婉琪. 美、英、日基础教育资源优化配置情况分析及启示[J]. 湖北科技学院学报，2019(4)：136-139.

④ 李娜. 国际教师流动对中国的启示——以 UNESCO 成员国发展中国家教师向发达国家流动现状为例[J]. 中国现代教育装备，2018(18)：63-66.

⑤ Chapman C，et al. Professional capital and collaborative inquiry networks for educational equity and improvement?［J］. Journal of Professional Capital and Community，2016，1(3)：178-197.

⑥ 孔凡琴，邓涛. 日、美、法三国基础教育师资配置均衡化的实践与经验[J]. 外国教育研究，2007(10)：23-27.

⑦ 石娟，巫娜，刘义兵. 加拿大偏远地区乡村教师队伍建设及其借鉴[J]. 比较教育研究，2017(2)：61-66.

⑧ 谢晓宇. 加拿大卓越教师培养计划：目标与路径[J]. 全球教育展望，2016(10)：114-120.

展上存在较大的差异,导致地区之间、地区内部、学校之间教育发展水平不均衡。澳大利亚的农村学校缺乏优质教师,而且农村学校的教师流失比较严重。[①] 为了缩小教育差距,促进教育公平,澳大利亚政府通过改善农村教育环境和生活环境,为教师提供更多支持和帮助,以吸引大学毕业生和城镇教师去农村学校任教。[②] 澳大利亚政府和各州通过法律制度手段推动教师流动,将教师纳入国家公务员范畴,设置多种教师流动类型,实行流动积分机制,对流动教师进行学区安置,提供流动经费资助,保障教师工作。[③]

非洲许多国家存在严重的教师失衡问题,农村学校教师流失严重,在城乡之间教师配置极度失衡。[④] 为了解决农村地区和贫穷地区教师资源短缺问题,非洲国家招聘大学毕业生和没有获得教师资格证书的人员投入学校教育中,在一定程度上缓解了教师短缺问题,但是这一类教师的教学质量却难以得到保证,学生得不到优质的甚至是合格的学校教育。[⑤] 为了解决这一问题,很多国家对未取得教师资格证书的教师进行长期培训,或者在实习大学生中招募教师。[⑥]

亚洲很多国家,包括发展中国家(如印度)、发达国家(如日本、韩国),均面临优秀教师短缺,教师资源配置不均衡等问题。印度贫富差距严重,城乡教育差距悬殊,贫穷地区学校教师严重不足,而且贫穷地区学校教师的缺勤率非常高,导致贫穷地区学校教育质量低,教育不公平现象不断恶化。[⑦] 为了解决教师不足问题,印度允许学校招聘代课教师,招聘不具备教师资格的人员从事教育事业,以至于很多只接受过 10～15 天培训的人员成为教师(Para-Teachers)。[⑧] 但是这并没有改变正式教师不足所带来的问题,而且临时教师质量差,导致教育质量低。[⑨] 在日本,20 世纪 50 年代提出重点发展城市经济,开展中小学撤点并校的"统废合"运动,使得优秀教师选择前往大城市求职,农村学校和山区学校很难招聘到优秀教师,导致城乡之间的教育差距不断扩大,与教育公平发展理念相违背。为了缓解城乡教师质量差

① Trinidad S, et al. Going bush: Preparing pre-service teachers to teach in regional Western Australia [J]. Australian and International Journal of Rural Education, 2012, 22(1): 39-56.

② Kline J & Walker-Gibbs B. Graduate teacher preparation for rural schools in victoria and queensland [J]. Australian Journal of Teacher Education, 2015, 40(3): 68-88.

③ 汪丞. 澳大利亚中小学教师流动管理制度特色透视——以昆士兰州为例[J]. 比较教育研究, 2020, 42(4): 66-74.

④ Tao S. Using the Capability Approach to improve female teacher deployment to rural schools in Nigeria [J]. International Journal of Educational Development, 2014(39): 92-99.

⑤ Mukeredzi T G. The nature of professional learning needs of rural secondary school teachers: voices of professionally unqualified teachers in rural zimbabwe[J]. SAGE Open, 2016, 6(2): 1-12.

⑥ Mhishi M, Bhukuvhani C E & Sana A F. Science teacher training programme in rural schools: An ODL lesson from zimbabwe[J]. International Review of Research in Open and Distance Learning, 2012, 13 (1), 72-86.

⑦ Kremer M, et al. Teacher absence in india: a snapshot[J]. Journal of the European Economic Association, 2005, 3(2-3): 658-667.

⑧ Blum N & Diwan R. Small, multigrade schools and increasing access to primary education in India: National context and NGO initiatives[J]. Research Monograph, 2007(17): 13.

⑨ Herrmann M A & Rockoff J E. Worker absence and productivity: Evidence from teaching[J]. Journal of Labor Economics, 2012, 30(4): 749-782.

距,提高农村学校和山区学校教育质量,日本加强城乡教师双向流动,提高教师工资,超过公务员工资待遇,各项政策向流动教师倾斜,在经济保障与专业发展方面提供优越待遇。[①] 日本建立了教师"定期流动制度",实施县域内教师流动和跨县域教师流动,促进教师专业发展,合理地配置教师资源,在促进县域教师资源均衡,保持各学校师资水平的均衡化等方面发挥了积极效用。[②] 在日本,每年小学教师的流动人数稳定在6万左右,为总人数的一到两成,这种大规模的教师流动为提高农村地区和山区学校教育质量,促进学生发展提供了保障。韩国不同地域学校教育质量落差大,农村地区、边远岛屿地区学校教育质量落后严重,小规模学校数量大、教育质量低,乡村小规模学校教师数量、留任率和能力素质等方面均落后于城市学校水平。为了提高农村和边远岛屿地区教育质量,促进教育公平,韩国通过立法实现教师流动,在"城乡教师互换制度"支持下通过城市学校和农村学校教师的双向流动,提升了农村教师专业素养,促进了城乡教师均衡配置。[③]

（2）国外教师流动政策相关研究

教师是义务教育改革的关键性资源,是推动教育改革发展的重要力量。为解决教师资源配置失衡问题,许多国家推出政策法规,通过加大教育投入、加强教师培训、促进教师流动、鼓励优秀大学毕业生去贫穷落后地区的学校执教等多种方式以解决教师资源分配不均衡问题,以消除教育不平等现象。

美国在师资分配方面存在很多问题,偏远地区和薄弱地区学校师资短缺,教师向优秀学校和经济发达地区流动严重,导致各地师资分配不均、农村基础教育相对落后等问题。为了提高教育质量,促进教育公平,美国各届政府先后签署了相关法律,例如,1991年,老布什总统签署《美国2000年教育战略》,1994年,克林顿总统签署《美国教育改革法》,2002年,小布什政府推出《不让一个孩子掉队法》(No Child Left Behind Act,简称NCLB),2015年,奥巴马正式签署《每一个学生都成功法》(Every Student Succeeds Act,简称ESSA)。[④] 这些法案在教育质量评估、教育问责制度、教师队伍建设等方面进行了改革,重视基础教育公平问题,重视教师教育问题。尤其在教师资源均衡配置方面,美国启动了很多政策项目。例如,2000年,克林顿政府通过了"农村教育成就项目"[⑤],2009年,奥巴马政府通过教育改革以培养优秀教师,并促进优秀教师公平分配。[⑥] 美国面向师资缺乏学校实施"军转教项目"(troops-to-teachers program)来扩大教师选拔范围,通过培训退伍军人,鼓励他们从事教育事业。[⑦] 但

---

① 吴璇,王宏方.日本中小学教师流动的政策体系——基于法律演化的视角[J].上海教育科研,2020(4):17,48-52.

② 汪丞,方彤.日本教师"定期流动制"对我国区域内师资均衡发展的启示[J].中国教育学刊,2005(4):59-62.

③ 武芳,刘善槐.乡村小规模学校如何突破教师队伍建设难题?——基于大国型、先发型、文化同源型国家的比较研究[J].教育学术月刊,2020(2):43-49.

④ 陶西平,顾海良,张力,等.《每一个学生都成功法》七人谈[J].华东师范大学学报(教育科学版),2016(2):1-15.

⑤ 傅松涛,杨彬.美国农村社区基础教育现状与改革方略[J].比较教育研究,2004(9):47-52.

⑥ Obama B H. Remarks on education reform[N]. Daily Compilation of Presidential Documents. Washington,2009-07-24.

⑦ 罗婷.美国加州中小学师资短缺的现状及治理策略[J].世界教育信息,2019(12):60-65.

是这一项目针对的军人教育学历一般比较低,教师质量难以满足学校和学生对高质量教育的需求。美国通过实施"城市教师驻校模式"改革①和家乡教师项目,加大教育投入,鼓励优秀教师流动到薄弱地区学校,通过教师一对一指导,培养农村地区和薄弱地区的本地教师,提高薄弱地区学校教师专业发展水平。② 但是存在教师流失率高,驻校教师责任和工作规范不明确,教师为学校带来的教育效益难以衡量等问题。为了能储备充足的优秀教师资源,确保各地区拥有充分的教育机会和较高的教育质量,美国政府设立创新基金,用于奖励产生较高教学效果的教师,例如,美国颁布《2009年美国复苏与再投资法案》,设置力争上游基金(Race to the Top Fund),投入43.5亿美元,鼓励各州为教师与校长提供额外的薪酬,助力贫困地区学校留住高质量教师。③ 美国设立"职业阶梯计划",实施"教师服务奖励"政策,鼓励专家型教师和高级教师为落后地区、薄弱地区学校提供培训、指导,或者去薄弱地区学校任教,使农村教师岗位工资高于城市,且要求城镇教师下乡支教。④

英国为了解决贫困落后学校教师短缺问题,解决教育质量发展不均衡,先后出台了许多措施,颁布相应法律法规以推动教师流动、均衡配置教师资源,实现教育公平。1998年,英国政府实施"教育行动区计划",根据"积极差别待遇"的理念,为贫困的城市和乡村学校提供教育补助和资金支持。⑤ 2003年,英国政府发起"伦敦挑战"项目,以改善伦敦地区的薄弱学校,并于2008年发起"国家挑战"计划,将"伦敦挑战"计划推广到全国。⑥ 2010年,英国颁布《特许学校法》,为成为特许学校的薄弱学校提供优质教师资源和教育经费,帮助薄弱学校提高教育质量。英国政府推动学校联盟战略,在联盟学校之间共享教师资源和服务,让学生接受均等的教育资源。⑦ 2013年,英国推出英国版的"军转教项目",为退伍军人提供教师教育从而帮助他们获得教师资格,鼓励退伍军人从事教育行业,为解决教师不足发挥了作用。⑧但是,学历低的教师和专业知识不足的教师加入教师队伍中,降低了教师整体质量,教师的教学效果受到限制,难以满足学生的学习需求。

欧盟通过启动"网络伙伴学校"(e-Twinning)项目,鼓励欧洲的中小学借助互联网和信息技术进行协作,加强欧盟成员方之间的教师交流和互动,以促进教师专业发展。⑨ 但是,优

① Keller B. "Residencies" set up to train urban teachers at school sites[J]. Education Week, 2006, 26(10): 14.

② Sawchuk S. Teacher "residencies" get federal funding to augment training[J]. Education Week, 2009, 29(7): 8-10.

③ 胡欣,饶从满. 美国公立学校教师离职原因的理论解释[J]. 外国中小学教育, 2019(4): 72-80.

④ U. S. Department of Education. Guidance on the State Fiscal Stabilization Fund Program[EB/OL]. (2009-04-02)[2022-05-28]. https://www2.ed.gov/programs/statestabilization/guidance.pdf.

⑤ 陈武林. 公平与优质:英美两国基础教育均衡发展政策评介[J]. 外国中小学教育, 2010(10): 8.

⑥ 张济洲. "国家挑战计划"——英国政府改造薄弱学校的新举措[J]. 外国中小学教育, 2008(10): 21-24.

⑦ 耿红卫,赵婉琪. 美、英、日基础教育资源优化配置情况分析及启示[J]. 湖北科技学院学报, 2019 (4): 136-139.

⑧ Mark P. From troops to teachers: Changing careers and narrative identities[J]. Journal of Education for Teaching, 2019, 45(3): 335-347.

⑨ 梁林梅,许波,陈圣日,等. 以网络校际协作促进区域教育均衡发展的案例研究——以宁波市江东区为例[J]. 远程教育杂志, 2015(3): 103-112.

秀教师向经济发达国家和地区流动的现象严重,经济落后地区很难获得优秀教师。德国通过制定政策法规以明确各级政府的教育职责,制定《教师教育标准》和《各州通用型教师教育学科和教学法内容要求》,统一规划各州教师教育要求和标准,保证各州在教师教育质量方面达到同等水平,促进全国范围内教师资源配置的均等化;另外,加大教育投入,提高教师待遇,以促进教育(教师)资源均衡配置。① 芬兰严格规范教师学历和培训质量,改善学校内部条件,建立良好的学校学习氛围来吸引教师向农村学校流动,提高农村和薄弱地区学校的教师保留率,促进教育质量的均衡化。②③ 芬兰通过建立教师、助教、特殊教师和多学科小组四个层次的学生帮助系统来促进每一个学生的学习和发展,以实现教育结果意义上的公平。④法国制定《教育方向指导法》,规定针对教育不平等现状应制定教师均衡配置的政策,以解决教育不公平问题,该规定有效保障了法国各地区的师资队伍建设。同时,法国还制定了教师编制政策和优先教育区政策,规定按照全国学生人数和教育发展情况来确定教师编制数量,并指导各地区的教师配置额度,优先考虑不利地区的教师队伍建设,为其分配高质量教师,以达到一个合理的生师比,实现地区之间、学校之间教师资源的均衡发展。⑤

为了解决偏远乡村教师短缺和原住民教育问题,加拿大通过研发新的原住民中小学教育立法,加大偏远地区教育投入,设置文化督导机制,设置多样化的教职岗位,鼓励薄弱地区和农村学校采取多种形式聘任不同专业和不同级别的教育人员,例如,聘任代课教师、助教、文化督导员、课程专家等人员,以补充农村教师队伍。⑥ 但是这导致教师质量出现下降的风险,一些没有获得教师资格证书的教师加入了教师队伍。加拿大部分地区通过制定教育计划,采用先进教学方法,拓展教师补充途径等,有效地解决了农村学校教师质量低的难题。⑦加拿大纽芬兰省主要从加强政府、学校、教师、家长、社会等多元主体之间的协作,提高职前教师教育质量,加大对偏远农村地区的教育投资,完善偏远农村地区各项基础设施等,以解决农村教师短缺问题。⑧

亚洲的许多国家从教育经费投入、教师资源补充、教师培训等方面出台相应政策和法规,鼓励优秀教师向薄弱地区和农村学校流动,实现教师资源均衡配置。例如,印度政府为解决农村初等教育教师发展数量不足、结构失调、专业水平不高、队伍不稳定等困境,采取了

---

①　孙进.德国促进基础教育均衡发展的政策分析[J].教育发展研究,2012(7):68-73.

②　Sahlberg P. Education reform for raising economic competitiveness[J]. Journal of Educational Change, 2006,7(4):259-287.

③　Lea Kuusilehto-Awale, Tapio Lahtero. 公平与质量并行:实现卓越的全民教育——芬兰的经验[J].胡森,译.比较教育研究,2012(3):7-12.

④　皮拥军.OECD国家推进教育公平的典范——韩国和芬兰[J].比较教育研究,2007(2):6-10.

⑤　孔凡琴,邓涛.日、美、法三国基础教育师资配置均衡化的实践与经验[J].外国教育研究,2007(10):23-27.

⑥　Dawn C. Wallin. Rural education: A review of provincial and territorial initiatives[R]. Manitoba Education, Citizenship and Youth, 2009;20,10,21.

⑦　Northwest Territores Education, Culture and Employment. Strategy for Teacher Education in the Northwest Territories: 2007—2015[EB/OL]. (2018-12-21)[2022-05-28]. http://www.ece.gov.nt.ca.

⑧　Government of Newfoundland and Labrador, Department of Education. Education and Our Future: A Road Map to Innovation and Excellence[R]. 2006;17.

多样化的教师补充策略，主要包括采取多种形式聘请不同类型的教师，改善教师的工作环境，加强在职教师的培训，以及拓宽与稳定师资来源。[①][②] 但是也存在一些问题，如招聘的教师来源复杂导致教师质量参差不齐，一些学历低、专业水平差的人员也成为教师。日本和韩国严格规定教师流动范围、流动操作程序、流动年限以及制定合理的教师激励机制[③]，以均衡配置校际教师资源，促进义务教育均衡发展。[④] 日本制定多项法律文件如《国家公务员法》《地方公务员法》《地方教育行政组织及运营法》《偏僻地区教育振兴法》《偏僻地区教育振兴法施行令》等，对教师流动进行详细规范，使教师流动制度化，以推动教师均衡配置，促进教育公平。在相关法律文件中规定文部省、都道府县及市町村教委在提高偏远地区学校教育质量中的不同职责，明确国家应改善偏远地区的教育环境，通过提供额外补助来提高教师待遇。同时，规定市、町、村政府有义务为偏远地区学校教师提供进修机会，促进教师专业发展。[⑤] 日本通过法律规定将教师定性为公务员，使教师流动受到法律约束和保护。但是也存在一些不足之处，法律法规强制性的特征没有考虑教师的流动意愿，教师在不适合的教学环境中难以得到成长，教师专业发展受到限制。另外，教师流动需要层层审核，程序烦琐、固化，可变性和灵活性不足。韩国颁布相应法律，如在《教育公务员法》《提高教师社会地位特别法》中规定教师公务员身份，规范教师流动制度，规定各教育部门在偏远地区教师队伍建设的职责和权力，教师工资由国家统一发放。对于流动教师，韩国政府提高流动到偏远地区学校教师的津贴待遇，补偿流动教师利益和价值上的损失。[⑥] 韩国政府通过法律强制实施教师流动，但同时也充分尊重教师个人意愿，做到政策强制与教师自愿相结合。另外，韩国政府颁布《岛屿、偏僻地区教育振兴法》，规定在岛屿及偏僻地区任教教师所享有的权利，如享有津贴发放及住房，公费参加教师培训。[⑦]

虽然国际上对教师流动政策的关注点存在差异，但是在解决教师资源分配不均衡的问题上具有一些共通之处。例如，很多国家都提出加大教育投入，为农村地区和偏远贫穷地区的教师提供额外补助；通过招聘多种学历水平教师或者代课教师补充农村学校教师队伍，鼓励大学毕业生回到家乡任教，并提供资金支持；鼓励城镇教师到农村学校任教，加强城镇教师向下流动；加强农村学校教师培训等。有关教师流动的政策在教师资源均衡配置方面也

① Mehta A C. Elementary education in rural India：Where do we stand? Analytical tables 2011—2012 [EB/OL]. (2012-11-12)[2022-05-28]. http://www. dise. in/Downloads/Publications/Publications 2011-12/Elementary Education in Rural India. pdf.

② Anju S. Demonstrating a situated learning approach for in-service teacher education in rural India：The Quality Education Programme in Rajasthan[J]. Teaching and Teacher Education，2012(28)：1009-1017.

③ 汪丞.日本"教师定期流动制"对我国区域内师资均衡发展的启示[J].中国教育学刊,2005(4)：59-62.

④ 夏茂林,冯文全,冯碧瑛.日韩两国中小学教师定期流动制度比较与启示[J].教师教育研究,2012(3);92-96.

⑤ 吴璇,王宏方.日本中小学教师流动的政策体系——基于法律演化的视角[J].上海教育科研,2020(4);17,48-52.

⑥ 王怀宇,张静.看国外怎样谋划义务教育阶段教育平等[N].中国教育报,2006-03-21(3).

⑦ 李靓.韩国中小学教师城乡流动制度对我国流动现状的启示[J].湖北经济学院学报(人文社会科学版),2016(11);182-185.

取得了一些效果,例如,在政策激励下农村教师得到了很多补充,在教师结构上得到一些改善;提高了农村教师的学历和教师质量,农村教师流失率降低。但同时也存在一些问题,例如,财政激励政策使得政府财政支出增加,教师流动政策仅仅关注如何增加农村学校的教师,保住农村学校教师不流失,但是却没有站在学生视角制定相关政策,在提高学生学业成绩方面效果欠佳。而且,农村地区和薄弱地区学校招聘了大量代课教师和低学历水平的教师,致使教育质量低,学生发展受到限制。

(3)国外教师流动的研究主题分析

为了了解国外有关教师流动、教师资源均衡配置方面的研究现状,以关键词"teacher turnover""teacher move""teacher & educational equity""teacher attrition"为检索词,在 web of sciences 数据库中进行检索(检索时间为 2021 年 1 月 17 日),共检索到文献 1348 篇,剔除重复文献和不相关的文献,最后剩余 1165 篇。使用 CiteSpace 软件对文献进行关键词共现分析,见图 3-1。可知,国外研究者在研究教师流动和教师资源均衡配置时主要涉及的关键词有教师流动、教师留存、教师职业满意度、教育公平、学生学习成就、教师流失等。

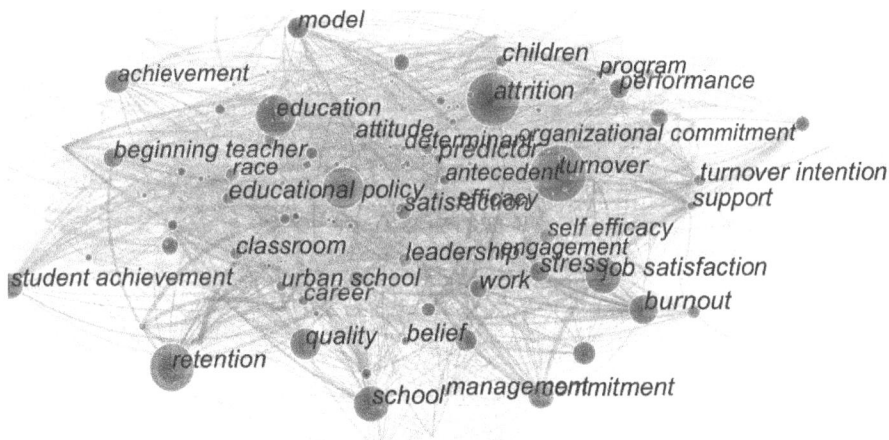

图 3-1　国外文献关键词共现分析结果

使用 CiteSpace 对所选文献进行主题聚类分析,在 CiteSpace 软件中分析类别选择"key-word"和"term",以一年为切片,并使用时间线可视化方式展示研究发展趋势,见图 3-2。可见,国外在教师流动研究上,相关研究主题主要为教师流动意向(turnover intention)、学生成就(student achievement)、教师流动(teacher attrition)、儿童发展(children development)、领导力(leadership)、教育改革(reform)、教师教育(teacher education)、教师管理(teacher management)。可知,早期阶段国外的研究者主要关注教师流动的意愿、学生的学业发展、教师流动模式、儿童发展、教师入职工资、教师绩效等。2004—2012 年,主要在教师和校长的领导力、教师流动与存留、教师质量、学生学业成绩、教师离职等方面开展研究,对城区学校教师流动、公立学校教师流动的研究也开始细致化,人们开始关注教师流动的影响因素以及教师流动对学生学习成绩和教学质量的影响。在研究方法上,元分析方法、量化研究和基于证据的研究方法得到较多的应用。2013 年至今,国外开始对区域教育改革、教师教育、教育(教师)管理等方面进行研究,在教师流动上不仅涉及教师资源配置,还开始关注校长的流动问题;不仅涉及基础教育的教师资源配置研究,还开始对学前教育教师流动进行了研究；不仅关注学校教师流动，还开始从教育系统层面考虑教育改革和教师管理问题。

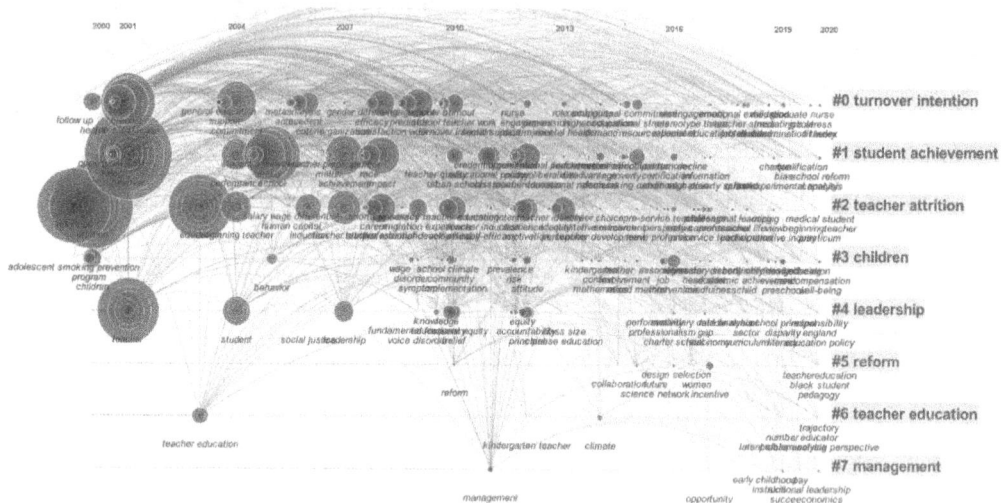

图 3-2　国外文献主题聚类分析结果

对国外文献主题聚类结果进行综合分析，可以将国外有关教师流动的研究归为三大类：一是教师流动实践研究，包括教师流动意愿研究、教师流动现状研究、教师流动效果研究；二是教师专业发展研究，包括教师领导力研究、教师教育研究；三是教育改革研究，包括教学法研究、教育投入研究、教师管理研究等。

在教师流动实践研究方面，国际上很多国家面临着教师短缺和教师流失问题[1]，也努力通过制定和实施教育政策推动教师流动，鼓励教师前往落后地区学校工作，招募大学生到薄弱地区学校工作，以此来改善教师不足问题。教师流动受到多种因素影响，教师工作量、教师合作和教师对学生在校纪律的感知能够影响教师工作满意度，专业发展程度高的教师、工作效率高的教师对工作的满意度较高，教师流动意愿比较低。[2] 教师动机和教师承诺能够影响教师流动，政治因素、经济因素和家庭因素也是影响教师流动的重要原因。[3] 同时，复杂的学生结构和学校的社会环境所产生的教学困难也会导致教师流失。[4] Lee 和 Fuller 对教育投入在教师资源均衡配置方面进行了实证研究，结果发现，教育投入增加使学校能够招聘更多的新教师，适度地减少了班级规模和教师工作时间，而且学生学习成绩得到显著提高，但是一些贫困学校更多地将新手教师分配给第二语言学习者（例如移民学生），导致这些学生

①　Kretchmar K，Sondel B & Ferrare J J. The Power of the network：Teach for America's impact on the deregulation of teacher education[J]. Educational Policy，2018，32(3)：423-453.

②　Toropova A，Myrberg E & Johansson S. Teacher job satisfaction：The importance of school working conditions and teacher characteristics[J]. Educational Review，2020. doi：10.1080/00131911.2019.1705247.

③　de Villiers R & Weda Z. Zimbabwean teachers in South Africa：A transient greener pasture[J]. South African Journal of Education，2017，37(3)：1-9. doi：10.15700/saje.v37n3a1410.

④　Barbieri G，Rossetti C & Sestito P. The determinants of teacher mobility：Evidence using Italian teachers' transfer applications[J]. Economics of Education Review，2011，30(6)：1430-1444.

的学习成绩落后。① 教师过度流动会降低学生的学业成绩,配置教师资源时要避免出现弱势学生分层和扩大成绩差距的不良后果。为了促进教师有效流动,减少教师流失,需要改善学校工作条件,提高教师工资待遇以及实施教师绩效工资制度。②

在教师专业发展研究方面,许多研究者指出,教师资源是促进教育公平的重要因素之一,加强教师队伍力量对于实现教育公平和社会正义具有重要作用。③ 教师缺少专业发展的途径和机会是教师流失的因素之一,因此,需要加强农村地区和经济落后地区教师的专业发展,为教师提供丰富的培训机会,提高教师留任率,加强城市地区学校教师向农村地区学校流动。④ 针对农村新入职教师流失率高的问题,有研究者建议加强新手教师与专家教师的交流,为新入职教师提供更多的教学支持、学习指导和专业培训,提高新入职教师的自我效能感,能够减少新入职教师的流失率,延长新入职教师在农村学校任教的时间。⑤ 在开展教师教育中应将社会公平作为职前教师准备工作要素的基本标准,并且必须在社会公平框架基础上开展教师培训。⑥ 加强校长和教师领导力培养,为新教师提供高质量的指导和入职培训,并通过专业发展或共同决策角色留住经验丰富的教师,这对于改善教育质量,实现教育公平具有积极作用。⑦

在教育改革研究方面,国际上很多国家的政策制定者鼓励开展教育改革⑧,这些改革有效推动了教师由经济发达地区学校向经济落后地区学校流动,由优势学校向弱势学校流动,提高了家庭社会经济地位低的学生的成绩⑨⑩,提高了弱势学校的教育质量,促进了教育公平。在教育投入方面,学校支付给教师的工资额度、学校在招聘教育人力资源和购买教育内

---

① Lee J H & Fuller B. Does progressive finance alter school organizations and raise schievement? The case of los angeles[J]. Educational Policy, 2020(37). doi: 10.1177/0895904820901472.

② Simon N S & Johnson S M. Teacher turnover in high-poverty schools: What we know and can do [J]. Teachers College Record, 2015,117(3): 1-36.

③ Martin A D. The agentic capacities of mundane objects for educational equity: Narratives of material entanglements in a culturally diverse urban classroom[J]. Educational Research for Social Change, 2019, 8(1): 86-100. doi: 10.17159/2221-4070/2018/v8i1a6.

④ Lazarev V, Toby M, Zacamy J, Lin L & Newman D. Indicators of successful teacher recruitment and retention in Oklahoma rural schools (REL 2018-275)[EB/OL]. (2017-10-05)[2019-02-04]. https://ies.ed.govnceeedlabs/regions/southwest/pdf/REL_2018275.pdf.

⑤ Nguyen T D. Examining the teacher labor market in different rural contexts: Variations by urbanicity and rural states. AERA Open[J]. 2020, 6(4). doi: 10.1177/2332858420966336.

⑥ Goodwin A L & Darity K. Social justice teacher educators: What kind of knowing is needed? [J]. Journal of Education for Teaching, 2019,45(1): 63-81.

⑦ Sorensen L C and Ladd H F. The Hidden Costs of Teacher Turnover[J]. AERA Open, 2020,6 (1). doi: 10.1177/2332858420905812.

⑧ Jackson C K, Johnson R C & Persico C. The effects of school spending on educational and economic outcomes: Evidence from school finance reforms[J]. Quarterly Journal of Economics, 2015,131(1): 157-218.

⑨ Johnson R C. Children of the Dream: Why School Integration Works[M]. New York: Basci Books,2019.

⑩ Lafortune J, Rothstein J & Schanzenbach D W. School finance reform and the distribution of student achievement[J]. American Economic Journal: Applied Economics, 2018,10(2): 1-26.

容资源方面所支付的资金额度会影响学校教育质量发展和教育公平。[1] 在教学改革方面，教学方式、学校和课程设置是影响教育不公平的重要因素，因此，通过教育改革，实施先进的教学方式，改善学校环境，改革课程内容和学科设置，是改善教师流动，促进教育公平的重要手段。[2] 在一些小规模学校进行教育改革，改革课程和教学法能够提高弱势学生的成绩，从而促进教育公平。[3]

(4)国外教师流动的研究方法分析

在教师流动研究方法方面，国外研究者主要使用量化的实证研究方法对教师流动、教师流失、乡村薄弱学校教师职业发展、教师领导力发展等进行研究。例如，Orlich 通过对 717 名爱达荷州学校教师进行调查研究，以分析教师流失速率、教师的流动性和损失情况，探究爱达荷州教师流动的原因，以及导致教师不满的一般因素。[4] Pedersen 通过调查研究探索了教师流动的主要因素。[5] Athanases 通过设置实验，让教师被试以小组形式讨论教师与教育公平的相关问题，通过分析教师讨论文本内容以研究教师对教育公平的影响关系。[6] Chapman 等对教师的专业资本、社会资本进行实证研究，以分析教师专业对教育公平的影响，提出基于协作探究网络的教师流动能够促进教师专业发展，促进教育公平。[7] Rodríguez 等通过对新墨西哥州三年级学生阅读能力与优质教师、儿童保育提供者、学校人口统计学特征等之间的关系的研究发现，增加薄弱地区学校优质教师数量能够提高学生的阅读能力，从而促进教育结果公平。[8] Torres 对新加坡教师的工作满意度调查发现，分布式领导与教师工作满意度有正相关关系，提高校长的分布式领导力和教师的领导力能够提高教师流动效益。[9]

同时，国外学者也不乏使用定性研究方法对教师流动进行研究的案例。例如，Heineke 通过定性的纵向案例研究方法对亚利桑那州教师流动问题进行分析，发现通过提高教师资

① Malen B, et al. The challenges of advancing fiscal equity in a resource-strained context[J]. Educational Policy，2017，31(5)：615-642.

② Hansen K Y & Gustafsson J E. Identifying the key source of deteriorating educational equity in Sweden between 1998 and 2014[J]. International Journal of Educational Research，2019(93)：79-90.

③ Warner M T & Ready D D. Equity, access, and mathematics coursetaking within purposely created small high schools[J]. Educational Policy，2019，33(5)：761-804.

④ Orlich D C. Idaho teacher turnover 1965-selected analysis of problem[J]. Journal of Teacher Education，1967，18(4)：447-453.

⑤ Pedersen K G. Teacher turnover in metropolitan setting[J]. Education and Urban Society，1972，4(2)：177-196.

⑥ Athanases S Z & Martin K J. Learning to advocate for educational equity in a teacher credential program[J]. Teaching and Teacher Education，2006(22)：627-646.

⑦ Chapman C, et al. Professional capital and collaborative inquiry networks for educational equity and improvement? [J]. Journal of Professional Capital and Community，2016，1(3)：178-197.

⑧ Rodríguez C, Amador A & Tarango B A. Mapping educational equity and reform policy in the borderlands：LatCrit spatial analysis of grade retention[J]. Equity & Excellence in Education，2016，49(2)：228-240.

⑨ Torres D G. Distributed leadership and teacher job satisfaction in Singapore[J]. Journal of Educational Administration，2018，56(1)：127-142.

格、提供教师培训加强教师专业发展能够提高教师保留率,减少薄弱地区学校的教师流失。[①] Ajayi在访谈基础上对职前教师的社会公平教学观念进行了研究,发现教育制度、教学资源、学校条件等方面的约束限制了教师流动,限制了教师发挥促进教育公平的作用。[②] MacVicar等对苏格兰的农村教师奖励政策做了定性分析,发现提高农村教师的奖励能够提高他们保留下来的概率。[③] Makoelle通过案例研究和定性分析研究了农村教师和学生的学习发展以及向城镇学校的转化,发现城乡之间教师质量存在很大差异,农村教师和城市教师难以相互容纳,因而,城乡之间的教师流动和教师均衡问题难以解决。[④]

3.2.2　国内教师流动的研究现状

(1)国内教师流动的问题与对策

教师流动政策要实现的目标主要在于,既要缩小县域义务教育学校师资差距、改善其优质教师资源的配置,又要增加义务教育教师多种经验积累、提高其工作热情和创新能力,还要打破教育的封闭状态,使义务教育学校办学始终充满活力。[⑤] 但是,受到教育系统各要素以及政府部门、学校、教师等主体的主客观因素影响,我国在教师流动实践过程中存在一些不足和困境。

教师流动政策的实施出现了执行活动及结果偏离原有政策预期目标的失真行为,并没有达到促进教师资源均衡配置的目的,没有实现薄弱地区和学校教育质量提高的目的。[⑥] 一项对于西部地区教师流动的调查结果表明,在教师流动过程中缺乏教育资金支持,激励和补偿措施不力,教师的政策认同和流动意愿普遍较低,致使政策执行陷入困境。[⑦] 教师流动政策与城镇学校的利益存在冲突,不能满足流动教师的利益诉求,在管理流动教师方面存在困难。[⑧] 鲍传友和西胜男通过对北京市M县流动教师的调查结果表明,流动教师的选拔标准偏低,教师与专业不对应,导致流动教师难以为提升流入学校的教育质量做出贡献,难以提高学生学业成绩。[⑨]

①　Heineke A J. The invisible revolving door：The issue of teacher attrition in English language development classrooms in Arizona[J]. Lang Policy，2018(17)：77-98.

②　Ajayi L. Preservice teachers' perspectives on their preparation for social justice teaching[J]. The Educational Forum，2017,81(1)：52-67.

③　MccViar R，Clarke G，Hogg D R. Scotland's GP Rural Fellowship：An initiative that has impacted on rural recruitment and retention[J]. Rural and Remote Health，2016(16)：3550-3558.

④　Makoelle T M. Inclusion and Exclusion-Rural Teachers and Learners' Experiences：Cases in the Free-State Province[J]. Anthropologist，2014,18(3)：1097-1104.

⑤　王昌善,贺青梅.我国县域义务教育学校教师流动制度:应为、难为与可为[J].湖南师范大学教育科学学报,2015(4):75-80,86.

⑥　王昌善,胡之骐.我国县域义务教育学校教师流动制度的科学设计与有效实施[J].当代教育科学,2014(24):24-25,46.

⑦　邢俊利,葛新斌.我国西部边远地区教师轮岗政策的执行困境与破解——基于西藏教师轮岗政策执行的调查分析[J].教师教育研究,2018(6):31-36.

⑧　李先军.城乡教师交流轮岗政策的失真与对策[J].教育科学研究,2019(2):82-86.

⑨　鲍传友,西胜男.城乡教师交流的政策问题及其改进——以北京市M县为例[J].教育研究,2010(1):18-22,58.

城市对乡村所产生的空间剥夺、空间排斥、空间隔离等效应,使得优质社会资源脱离乡村,进一步导致优质教师资源难以向农村学校流动。[1] 张家军和许娇通过对城乡教师流动的调查显示,教师在互动途径和互动时间上存在差异,在互动认知和互动需求上存在显著差异。[2] 这些差异导致参与流动的教师之间存在差异,存在一部分教师流动意愿和积极性不高,甚至对流动产生抵触心理,造成流动效果低的问题。安晓敏和佟艳杰通过对全国 18 个省 33 个县 6220 名参加轮岗交流的教师进行调查分析,结果发现,对轮岗交流教师机会成本进行补偿,有利于扩大高度交流意愿教师的比重;教师轮岗交流意愿受流入校客观条件以及流入校支持的影响。[3] 张建伟和王光明通过对天津市交流轮岗教师的调查发现,骨干教师交流比例大,政策宣传力度、教师交流意愿与流动效果正相关,工作兴趣、专业发展是影响教师流动的主要因素。[4] 为了实现教师流动政策目标,有学者提出应致力于消除县域内教师交流轮岗面临的结构性、制度性障碍,补齐乡村学校师资数量与结构的短板,因地制宜探索多元化交流轮岗形式,并在政策实施中做到规范选拔和人文管理。[5] 也有学者建议建立定期的校长教师流动制度、搭建教师流动信息共享平台、完善激励机制等方法,促进教师合理流动。[6] 汪丞博士建议在制定教师流动政策时应重新确立政策工具的价值取向,兼顾国家战略、学校利益和教师诉求的平衡;加强对政策工具执行效率的评估,完善教师交流相关制度;加强教师交流政策与其他政策的融合,推动配套制度改革,以逐步实现全员流动,促进师资均衡配置。[7]

(2)国内教师流动政策相关研究

教师资源是学生获得学习成功和实现个人发展,提高学校教育质量的重要因素。学生学业成就的差距本质上是由于高质量教师资源投入不公平所致。我国对农村学校的经费投入倾斜并没有缩小城乡之间的教育质量差距,根本原因在于没有解决教师资源的差距。[8] 教师资源的均衡配置是实现教育均衡发展的关键所在[9],加强乡村教师队伍建设成为当前我国乡村教育质量提高与城乡教育均衡发展的突破口。[10] 由于教师在教育教学质量保证、学生学

① 尹建锋.城乡教师流动的空间正义及其实现[J].教育研究,2020(1):136-147.

② 张家军,许娇.城乡中小学教师交流互动的调查研究[J].西南大学学报(社会科学版),2019(3):82-91.

③ 安晓敏,佟艳杰.教师轮岗交流意愿影响因素研究[J].教育科学,2019(3):43-50.

④ 张建伟,王光明.教师交流轮岗政策实施研究——基于天津市 16 个区县的样本分析[J].教育理论与实践,2018(29):32-35.

⑤ 王艳玲.云南省县域内教师交流轮岗意愿调查:基于 3115 份数据的分析[J].教师教育研究,2020(2):95-101.

⑥ 何鑫,陈卓,田丽慧.2000—2018 年乡村教师队伍建设研究热点与演化趋势研究——基于 CNKI 核心期刊的统计实践探析[J].技术经济,2020(4):154-163.

⑦ 汪丞.教师定期交流的政策困境与对策——基于政策工具的视角[J].教师教育研究,2020(1):20-26.

⑧ 慕彦瑾,段晓芳.后免费时代西部农村中小学教师资源配置及使用困境——基于西部农村 87 所学校的调查[J].农村经济,2016(2):112-117.

⑨ 于海波.城乡教师流动改革的多维审视与路向选择[J].东北师大学报(哲学社会科学版),2017(2):136-141.

⑩ 石娟,巫娜,刘义兵.加拿大偏远地区乡村教师队伍建设及其借鉴[J].比较教育研究,2017(2):61-66.

业发展和身心发展中的重要地位和作用,许多国家和地区非常重视教师资源的均衡配置。在教师资源分配中对弱势群体合理倾斜,调整分配格局,实现区域配置公平、城乡配置公平,从而改善教育发展不公平的状况。有学者对我国教师流动政策文本进行内容分析,以探索我国教师流动相关政策的演化路径,探究教师流动政策研究关注的热点和前沿问题,预测教师流动研究的发展趋势,并为教师流动政策创新发展和"互联网＋"教师流动政策制定提供借鉴。

①我国教师流动政策文本分析

为了吸引优秀人才成为教育者,平衡各学校之间存在的师资配置方面的差距,中国在义务教育阶段逐步建立并完善农村教师补充机制,努力提高农村义务教育质量。我国从1996年以来,颁布并实施了系列促进教师资源城乡均衡配置的政策规定,如校长教师交流轮岗政策、特岗教师计划、免费师范生培养政策、国培计划、校际联盟等,通过学校之间的帮扶实现教师专业发展[①],从行政角度推动教师资源流动,实现城乡教师资源均衡配置,促进农村地区、薄弱地区学校的教育质量提升。同时,我国大力实施诸如"公费师范生计划""国培计划""硕师计划"等为义务教育均衡发展提供强有力的师资保障。[②] 另外,我国在政策文本中也鼓励开展基于网络的教师协同教研和线下面对面交流活动,以促进教师的专业发展、促进教育教学观念的转变,提高农村地区和边远贫困地区学校的教师质量和教育质量。[③]

2004年,教育部、国务院西部开发办印发的《2004—2010年西部地区教育事业发展规划》指出,要加强教师培养工作,为西部地区特别是农村地区培养留得住、下得去、用得上的合格教师。继续实施"大学生志愿服务西部计划",鼓励志愿者到西部地区任教。建立、健全教师交流制度和到农村任教服务期限制度,促进教师合理流动。鼓励城镇教师到农村从事1～3年的教学工作,城镇中小学教师晋升高级教师职务,应有1年以上的在乡任教经历。继续实施好"东部地区学校对口支援西部贫困地区学校工程"和"西部大中城市学校对口支援本省(自治区、直辖市)贫困地区学校工程"及"对口支援西部地区高等学校计划"。启动"县对县"教育对口支援和职业学校对口支援工作。在对口支援工作中,要充分发挥支援地区所派教师的传、帮、带作用。2006年,教育部、财政部、人事部、中央编办等部门印发的《关于实施农村义务教育阶段学校教师特设岗位计划的通知》指出,为进一步加强农村教师队伍建设,促进义务教育均衡发展,决定实施农村义务教育阶段学校教师特设岗位计划,通过公开招募高校毕业生到西部"两基"攻坚县县以下农村义务教育阶段学校任教,引导和鼓励高校毕业生从事农村教育工作,逐步解决农村师资总量不足和结构不合理等问题,提高农村教师队伍的整体素质。这个文件中明确规定了特设岗位教师聘期为三年,并对实施范围和资金安排、实施原则和步骤、特设岗位教师的招聘等事项进行了规定。从2006年开始,我国每年都发布相关文件招聘特岗教师,在实施后的第二年招聘的特岗教师就达到1.8万人,此后每年招聘的特岗教师人数都在增加,2020年教育部更是计划在全国范围招聘10.5万名特岗教

① 林君芬,张静然.以信息化推进义务教育均衡发展——访广东省教育厅罗伟其厅长[J].中国电化教育,2010(10):28-32.

② 张绍荣,朱德全.区域义务教育均衡发展的政策设计与路径选择[J].教育与经济,2015(1):18-22,51.

③ 梁林梅,许波,陈圣日,等.以网络校际协作促进区域教育均衡发展的案例研究——以宁波市江东区为例[J].远程教育杂志,2015(3):103-112.

师。我国实施的教师特设岗位计划,鼓励高校毕业生到农村学校任教,激发了县级学校、乡镇学校招聘优秀大学生的动力,对提高农村义务教育质量发挥了一定作用。[①] 2014 年 8 月,教育部、财政部、人力资源和社会保障部联合印发《关于推进县(区)域内义务教育学校校长教师交流轮岗的意见》,以缩小校级教育差距为主,实施义务教育学校校长、教师交流轮岗,引导优秀教师向农村学校、薄弱学校流动,加强农村学校、薄弱学校的校长与教师的有效流动,以合理重新配置教师资源,提高农村义务教育质量,促进城乡义务教育均衡发展,全面促进教育公平。[②] 在教师交流轮岗制度中,明确规定实施"县管校聘"的中小学教师管理体制,切实推动城镇优秀教师、骨干教师向农村学校流动,明确规定骨干教师和教学经验丰富的教师参加流动,以确保优秀教师真正流动到农村学校。[③] 2015 年,国务院办公厅印发的《乡村教师支持计划(2015—2020 年)》提出,推动城镇优秀教师向乡村学校流动,全面推进义务教育教师队伍"县管校聘"管理体制改革,为组织城市教师到乡村学校任教提供制度保障;各地要采取定期交流、跨校竞聘、学区一体化管理、学校联盟、对口支援、乡镇中心学校教师走教等多种途径和方式,重点引导优秀校长和骨干教师向乡村学校流动;县域内重点推动县城学校教师到乡村学校交流轮岗,乡镇范围内重点推动中心学校教师到村小学、教学点交流轮岗。2020 年,教育部、中央组织部、中央编办、国家发展改革委、财政部及人力资源和社会保障部六部门印发的《关于加强新时代乡村教师队伍建设的意见》指出,为了加强新时代乡村教师队伍建设,努力造就一支热爱乡村、数量充足、素质优良、充满活力的乡村教师队伍,要"畅通城乡一体配置渠道,重点引导优秀人才向乡村学校流动",主要从健全县域交流轮岗机制、加强城乡一体流动、多种形式配备乡村教师三方面开展相关工作。

在教师流动政策文本分析方面,王昌善、贺青梅学者对我国 31 个省(自治区、直辖市)出台的教师流动政策文本与相关调研报告进行了分析,从政策类型、功能目标、组成要素、运作模式、保障措施与理论基础六个方面分析了我国县域义务教育学校教师流动制度的现状。[④]分析结果显示我国教师流动政策主要有支教政策和教师轮岗交流政策两种类型,主要功能目标在于促进城乡教师均衡发展,实现优质教师资源均衡配置,提升城乡教育质量,实现教育公平。例如,教育部等三部委就明确指出,教师轮岗交流政策的目标主要是加强边远贫困地区乡村学校教师补充配备,建立城乡教师队伍一体化发展机制,解决城市择校难题、促进义务教育均衡发展,深化教师人事制度综合改革。[⑤] 而所有这些政策目标的核心,指向的是通过教师流动实现区域内的教育均衡。可见,从教育政策的意图来看,行政部门希望通过教师的定期流动,给乡村学校或薄弱地区学校输入优秀校长和骨干教师。[⑥] 我国教师流

① 任丽梅.教育部:今年农村教师特岗计划开始实施[N].中国改革报,2007-01-18(003).

② 朱德全,李鹏,宋乃庆.中国义务教育均衡发展报告——基于《教育规划纲要》第三方评估的证据[J].华东师范大学学报(教育科学版),2017(1):63-77,121.

③ 张晓文,张旭.从颁布到落地:32 份《乡村教师支持计划》文本分析[J].现代教育管理,2017(2):69-78.

④ 王昌善,贺青梅.我国县域义务教育学校教师流动制度:现状、问题与对策——基于 31 个省(自治区、直辖市)现行相关政策文本的分析[J].湖南师范大学教育科学学报,2014(5):5-12,27.

⑤ 每所学校都能有好的校长和教师——教育部等三部委就印发校长教师交流轮岗文件答记者问[EB/OL].(2014-09-02)[2022-05-28].http://www.gov.cn/xinwen/2014-09/02/content_2743993.htm.

⑥ 操太圣,卢乃桂."县管校聘"模式下的轮岗教师管理审思[J].教育研究,2018(2):58-63.

动政策主要涉及交流对象、交流比例、交流类型、交流期限、交流范围与交流方式等六个方面的规定与制度建设。我国教师流动政策文本具有以下四个特点：一是政策价值诉求旨在促进城乡义务教育均衡发展；二是政策内容重心的关注点具有持续性和动态性；三是政策发展趋向从"鼓励引导"走向"制度安排"；四是政策形式表现的权威性和协同性不断增强。①

我国有关教师流动的政策文件从以下几个方面对教师流动进行了宏观层面上的指导和规划：一是创新教师流动的方式方法，鼓励采用多种形式开展教师流动；二是强调教师流动政策的执行力；三是设计了包括财政投入、绩效激励、评优评先等相关的保障机制；四是改革交流教师的管理机制，明确流动教师的责任主体，关注对流动教师的监督和评价。② 虽然以上政策和措施在一定程度上缓解了薄弱地区学校教师资源短缺问题，但是这些措施并没有达到应有的教育公平效果，存在许多问题和局限性。主要表现在，"特岗计划"在财政支出上造成国家财政供养压力，"特岗计划"的扩大化与攀比化倾向进一步加剧了中央财政负担。③在校长教师交流轮岗实施过程中存在"县"管职能部门多，使得行政协调难；教师权益缺乏保障，导致教师参与流动的积极性偏低；④政府、学校、教师等利益相关者对交流轮岗政策的认同不够统一；交流轮岗的体制机制不够完善，缺乏有效的组织领导体制，缺乏科学有效的交流轮岗人员遴选机制，缺乏完善细致的使用管理机制，缺乏科学的评价监测机制。⑤ 因此，在制定教师流动政策时需要从指向公平、原则公平和制度公平三方面明确政策的价值取向，强化教育政策设计过程中的程序民主，提高教育政策执行情境的实践适应性，尊重教师的个体意愿与内在发展动机，建立城乡教师流动的培训服务体系。⑥

②我国教师流动政策研究分析

对我国教师流动政策研究文献进行计量分析，可以将我国教师流动政策研究划分为两个阶段。

第一阶段（从 1998 年至 2007 年），研究文献中出现的关键词分布情况如表 3-2 所示。该阶段研究者主要针对基础教育教师轮岗及其制度建设开展研究，目标是为了实现师资配置均衡化，通过教师流动到农村学校，加强农村学校教师培训，提高农村学校的教育教学质量。同时，研究者通过介绍日本、韩国、美国等国际上有关教师轮岗政策的制定、实施现状、问题和对策等，对中国教师轮岗政策的制定和有效实施提供借鉴作用。

① 李茂森.中国城乡教师交流政策的梳理与反思[J].当代教育论坛,2020(5):113-121.

② 张家军,许娇.城乡中小学教师交流互动的调查研究[J].西南大学学报(社会科学版),2019(3):82-91.

③ 宋婷娜,郑新蓉.从"补工资"到"补机制"："特岗教师"工资性补助政策的实施效果[J].北京大学教育评论,2017(2):39-52.

④ 方征,谢辰."县管校聘"教师流动政策的实施困境与改进[J].教育发展研究,2016(8):72-76.

⑤ 司晓宏,杨令平.西部县域校长教师交流轮岗政策执行中的问题与对策[J].教育研究,2015(8):74-80.

⑥ 周国斌,杨兆山.论城乡教师交流政策的完善与落实[J].教育研究,2017(11):100-104.

表 3-2　1998—2007 年教师流动政策研究文献的关键词分布（部分）

频次	中心性	年份	关键词	频次	中心性	年份	关键词
3	0.10	1998	日本	2	0.00	2005	流动
3	0.06	2005	基础教育	2	0.00	1998	服务人员
2	0.02	1999	教师轮岗	1	0.01	2002	农村
2	0.01	1998	公务员	1	0.01	2002	全员培训
2	0.01	2005	师资配置均衡化	1	0.01	1998	地方教育委员会
2	0.01	2005	教师	1	0.01	1998	地方公务员法
2	0.00	1998	轮岗制度	1	0.00	2000	教学方式

有效推进教师轮岗政策，通过立法使教师轮岗和教师流动具有法律保障，实现教师流动的法制化，是该阶段研究者提出的重要建议。这一阶段我国相继出台了一些政策法规以推动教师流动，切实促进教师资源均衡配置。例如，1999 年印发的《中共中央国务院关于深化教育改革，全面推进素质教育的决定》指出，协调和促进教师的合理流动，鼓励大中城市骨干教师到基础薄弱学校任教或兼职，中小城市（镇）学校教师以各种方式到农村缺编学校任教，加强农村与薄弱学校教师队伍建设。2002 年，教育部颁布实施的《中小学教师队伍建设"十五"计划》提出，建立教师转任交流制度，鼓励和组织城镇教师到农村学校或薄弱学校任教。2003 年，《国务院关于进一步加强农村教育工作的决定》强调，建立区域内城乡"校对校"教师定期交流制度，加强东西部地区教师之间的交流。2006 年，我国修订并实施了《中华人民共和国义务教育法》，规定要均衡配置县级区域内学校师资力量，组织校长、教师的培训和流动，加强对薄弱学校的建设。

第二阶段（2008 年至今），教师流动政策的研究文献增加迅速，关键词的数量迅猛增加，由第一阶段的 49 个增加到 821 个，可见有关教师流动政策的研究范围不断扩大，研究主题逐渐细化、深入。2008 年至今出现的高频关键词分布情况如表 3-3 所示。其中，"免费师范生"关键词出现的频次最高，其次为"教师流动""教育政策""特岗教师""教师交流""义务教育""公费师范生"等。研究者由关注基础教育转变为关注义务教育阶段的教师流动，免费师范生的培养成为补充农村教师队伍的重要手段，教师流动政策开始聚焦义务教育阶段的教育均衡和教育公平。教师轮岗仍然是教师流动研究的重要方面，是教师流动政策中不断强调的内容。

表 3-3　2008 年至今教师流动政策研究文献的关键词分布（部分）

频次	中心性	年份	关键词	频次	中心性	年份	关键词
167	0.80	2008	免费师范生	9	0.05	2009	免费师范生政策
63	0.39	2008	教师流动	9	0.05	2009	教师轮岗制
36	0.31	2009	教育政策	15	0.04	2008	师范生免费教育
41	0.30	2008	特岗教师	10	0.04	2010	对策
27	0.16	2008	教师交流	7	0.04	2011	政策执行
23	0.11	2010	义务教育	4	0.04	2009	中小学

频次	中心性	年份	关键词	频次	中心性	年份	关键词
19	0.10	2009	公费师范生	4	0.04	2012	定向培养
20	0.07	2010	特岗计划	10	0.03	2008	教育公平
11	0.06	2011	农村教师	7	0.03	2008	师范教育
9	0.06	2013	农村教育	5	0.03	2011	教师队伍建设

2008年至今,我国推出了一系列教师流动政策,不断完善教师流动体制机制,加快了教师流动政策体系化发展。如2010年,教育部印发的《关于贯彻落实科学发展观进一步推进义务教育均衡发展的意见》提出,要健全城乡教师交流机制。同年,《国家中长期教育改革和发展规划纲要(2010—2020年)》强调要建立健全义务教育学校教师和校长流动机制,并将校长教师轮岗作为职称评定的条件。2012年,我国发布三项与教师流动相关的文件以推动骨干教师到农村任教工作。一是,国务院办公厅转发教育部等部门《关于完善和推进师范生免费教育意见》的通知,提出科学制订免费师范生招生计划,健全免费师范生录取和退出机制,到城镇学校工作的免费师范生,应到农村义务教育学校任教服务2年,并要求逐步在全国推广师范生免费教育政策;鼓励支持地方结合实际选择部分师范院校实行师范生免费教育,为农村中小学和幼儿园培养大批下得去、留得住、干得好的骨干教师。二是,教育部、中央编办、国家发展改革委、财政部、人力资源和社会保障部印发的《关于大力推进农村义务教育教师队伍建设的意见》指出,建立健全城乡教师校长轮岗交流制度,引导、鼓励优秀教师到乡村薄弱学校或教学点工作。三是,《国务院关于加强教师队伍建设的意见》提出,建立县(区)域内义务教育学校教师校长轮岗交流机制,促进教师资源合理配置。2014年,教育部、财政部、人力资源和社会保障部联合印发《关于推进县(区)域内义务教育学校校长教师交流轮岗的意见》,从工作目标、流动对象、方式方法、激励保障机制、管理体制、责任主体等方面对建立和完善义务教育校长教师交流轮岗制度、推进校长教师优质资源的合理配置做出了全面、细致的部署,以实现县(区)域内校长教师交流轮岗的制度化、常态化,实现县(区)域内校长教师资源均衡配置。2015年,国务院办公厅印发的《乡村教师支持计划(2015—2020年)》提出,推动城镇优秀教师向乡村学校流动,全面推进义务教育教师队伍"县管校聘"管理体制改革,为组织城市教师到乡村学校任教提供制度保障。2018年,中共中央、国务院印发的《关于全面深化新时代教师队伍建设改革的意见》提出,要优化义务教育教师资源配置,实行义务教育教师"县管校聘",深入推进县域内义务教育学校教师、校长交流轮岗,实行教师聘期制、校长任期制管理,推动城镇优秀教师、校长向乡村学校、薄弱学校流动。2020年,教育部、中央组织部、中央编办、国家发展改革委、财政部及人力资源和社会保障部六部门印发《关于加强新时代乡村教师队伍建设的意见》,从加强师德师风建设、创新编制管理、畅通城乡一体配置渠道、创新教师教育模式、拓展职业成长通道等方面对加强新时代乡村教师队伍建设的措施和意见进行了详细规划。纵观国家有关教师流动的宏观政策演进,义务教育教师流动作为实现教育均衡和教育公平的战略地位不断提高,政策颁发的主体由教育部转变为多个部委和国务院,义务教育教师流动政策逐渐体系化。

综合以上分析,我国教师流动政策研究具有以下特点:一是,教师流动政策主要针对义务教育阶段而制定和实施,参加流动的对象是义务教育阶段学校的教师和校长,而且流动教师和校长主要来自公办学校。教师流动制度是由教育行政部门推动的义务教育阶段的公立中小学教师的人事制度安排,包括城乡教师轮换制和区域教师轮换制、水平流动和垂直流动、流动中人事关系随迁和保留等①,但不包括教师的工作单位转变、职业转变等自然流动现象,且未涉及私立学校教师的流动或流失。二是,教师流动政策的制定旨在促进教师交流,尤其是促进城乡之间的教师交流。通过城乡之间、优质学校和薄弱学校之间的教师交流,一方面补充农村地区、薄弱学校的师资短板,解决农村教育师资薄弱问题。另一方面加强教师专业发展,提高教师素养,特别是要加强农村学校、薄弱学校的教师队伍建设,带动农村学校的师资发展。教师交流是日常教师培训的主途径,优质学校的优秀教师将其教学理念、教学方式、教学文化等带入农村学校、薄弱学校,则优秀教师的教学风范成为农村学校的示范型优质培训资源②,有助于农村教师专业培训,促进农村教师专业发展。三是,教师流动政策的价值指向教育均衡发展和教育公平。教育公平的根本是教育资源配置的均衡,教师资源是教育资源的核心,教师流动就是通过重新配置优质教师资源,实现教育资源的均衡配置。③教师流动政策努力推动教师资源在区域之间、学校之间的合理配置,提高贫穷地区和薄弱学校的教育质量,实现城乡教育、学校教育的高位均衡。④ 四是,校长教师轮岗及其制度建设成为教师流动政策研究中比较重要的研究主题。校长教师轮岗是校长教师在城市(县城)学校和乡镇(农村)学校、中心学校和边远学校、优质学校和薄弱学校之间进行科学、合理、有序双向流动。⑤ 教师轮岗制是为了教师的成长和学校发展,县级及以上教育行政部门对所属行政区域内的教师有计划地组织,在不同学校间进行定期或不定期的交流任教的制度,成为一些地方教育行政部门调配师资、遏制"择校热"、促进中小学教育均衡发展的新举措。⑥ 校长教师轮岗制度和机制建设是有效实施轮岗的保障,对职能划分、权责分配、轮岗形式等进行明确的规范是有效实施教师流动的关键所在,在推动教师流动的可持续发展方面具有重要意义。

(3)国内教师流动的研究主题分析

中国城乡学校之间、不同经济发展水平的区域之间在教师数量、教师结构、教师质量等方面存在较大的差距,而且这种差距随着社会发展和经济发展的拉大呈现恶化态势,农村地区和贫穷落后地区的教师流动政策执行失真问题比较严重。⑦ 我国农村师资队伍扩张面临的主要挑战包括教师薪酬不高、农村教师部署不合理等。⑧ 边远地区、薄弱地区的生师比相当高,教师少、学生多、教师整体素质偏低成为制约教育质量提升的重要因素。⑨ 另外,区域

① 杜新秀,戴育红.公办中小学教师流动意向调查报告——以广州市 H 区为例[J].现代中小学教育,2018(1):52-56.

② 龙宝新.论教师专业发展取向的区域教师流动工作系统[J].教育发展研究,2017(6):27-34.

③ 熊才平,汪学均.教育技术:研究热点及其思考[J].教育研究,2015(8):98-108.

④ 周国斌,杨兆山.论城乡教师交流政策的完善与落实[J].教育研究,2017(11):100-104.

⑤ 徐玉特.校长教师交流轮岗体制机制的困境与破解[J].教育理论与实践,2016(4):21-25.

⑥ 马焕灵,景方瑞.地方中小学教师轮岗制政策失真问题管窥[J].教师教育研究,2009(2):61-64.

⑦ 薛二勇,李廷洲.义务教育师资城乡均衡配置政策评估[J].教育研究,2015(8):65-73.

⑧ Xue E & Li T. Analysis of policies to develop the teaching force in rural areas of China[J]. KEDI Journal of Educational Policy, 2017,14(2):41-60.

⑨ 李慧勤,刘虹.县域间义务教育均衡发展的影响因素及对策思考——以云南省为例[J].教育研究,2012(6):86-90.

之间和学校之间也存在师资方面的差距,例如城市中的打工子弟学校与公立学校之间存在较大的差距,打工子弟学校同样面临缺少优质教师资源的问题,它们在教师数量和质量方面与公立学校相比存在很大差距。[①] 城乡、学校之间在师资配置方面仍然参差不齐,优质教师的流失问题,骨干教师交流轮岗形式的流动问题仍然突出,表现出均衡发展水平与办学环境、特色发展、质量提高以及活力提升等还有较大差距。[②]

在研究主题上,国内主要针对教师资源、免费师范生、教育质量、教师流动、教师资源配置、教育资源等方面开展理论和实践研究。其中,对义务教育(包括民族地区的义务教育[③])中教师流动的研究居多。从教师流动研究的时间发展趋势来看,21 世纪的初期阶段,人们主要针对教师定期流动制度[④]、城乡一体化[⑤]等进行现状分析、政策和制度研究;同时关注教师流动和教师交流,主要研究通过教师流动和教师交流带动欠发达地区的教师专业发展和教育发展,提高欠发达地区的教育水平。在 2010 年前后人们开始关注教育均衡发展,主要通过教育资源均衡配置、提高教师专业发展和教师队伍建设来实现城乡教育均衡发展,同时在信息技术逐渐普及之后人们开始对教育技术和信息技术在教师资源配置和城乡一体化中的应用进行研究。近几年主要针对中小学教师流动、教师交流制度、农村教师流失等开展研究并提出相关对策建议,而且实证研究类文献数量逐渐增加。

在教师流动效果研究上,我国在解决教师资源配置失衡问题上采取了很多措施,开展了多年教师流动实践活动,取得了相当大的成果,在促进农村教育发展,提升教师质量方面发挥了巨大作用。例如,对内蒙古的 8 个县进行的调查结果显示,自 2015 年至 2018 年初,8 个县累计招聘 2105 名教师加入义务教育阶段学校,投入 1.14 亿元支持教师培训,实施了 17.9 万人次的教师培训,有 226 名校长和 1952 名教师参加了交流轮岗[⑥],有效补充了农村教师队伍,提高了农村教师质量结构。在教师交流轮岗和农村教师支持方面,全国 32 个省级单位(不包含港澳台地区)制订了相应的实施方案,以适应本地对教师交流轮岗的需求。在公费师范生培养方面,2019 年,全国有 28 个省份制定并实行了地方师范生公费教育政策,为农村学校和贫困地区的中小学校输送了 4 万余名高校毕业生;2019 年,通过"特岗计划"、援藏援疆万名教师支教计划、"三区"人才支持计划教师专项计划等为新疆地区的学校输送了 3 万多名优质教师。[⑦]可见,我国在教师流动实践上取得了丰富的成果,在促进城乡和区域教育均衡发展方面取得了很大的成功。对于学生而言,在教师流动实践过程中通过教育教学能影响并促进学生发

① Wang X, et al. The education gap of China's migrant children and rural counterparts[J]. The Journal of Development Studies, 2017, 53(11): 1865-1881.

② 张茂聪,刘信阳. 县域义务教育优质均衡发展:基于内发发展理论的构想[J]. 教育研究,2015(12): 67-72.

③ 杨军. 西北少数民族地区师资均衡配置的现状、问题与对策[J]. 中国教育学刊,2007(7):24-27,35.

④ 楼世洲,李士安. 构建城乡中小学教师定期流动机制的政策研究[J]. 教育发展研究,2007(19):1-4.

⑤ 熊才平,吴瑞华. 以信息技术促进教师资源配置城乡一体化[J]. 教育研究,2007(3):83-86.

⑥ 教育部. 国家教育督导检查组对内蒙古自治区 8 个县(旗、市、区)义务教育均衡发展督导检查反馈意见[EB/OL]. (2018-10-27)[2020-01-05]. http://www.moe.gov.cn/jyb_xwfb/moe_2082/zl_2018n/2018_zl85/201811/t20181112_354363.html.

⑦ 姚振. 任友群:2020 年教师政策支撑体系将更加"全方位、全领域"[EB/OL]. (2020-03-16)[2020-03-25]. http://www.moe.gov.cn/s78/A10/moe_882/202003/t20200316_431788.html.

展，提高学生的学业成绩，提升学校教育质量；对于教师而言，通过指导和交流协作能够促进教师的专业发展。[1] 教师流动能够实现区域优质教师资源共享，从而缩小区域内教育差距，推进教育均衡发展，遏制义务教育"择校热"现象，从而促进教育公平发展。[2] 在教师流动中，采用城乡教师双向流动的方式有助于城镇教师和农村教师互相学习，实现共同发展。[3]

在教师流动经费支出方面，有研究者通过对河南省教师流动的经费支出调研发现，河南省每年用于实施教师交流轮岗制度的成本达到 3.15 亿元。[4] 由于成本较高造成了政府财政压力，将交流轮岗作为职称评审和荣誉称号评审的标准，可以适度降低政府的财政支出，但是不能完全替代给予教师的货币补助。叶忠和王海英对教师流动中的教师和学校两个主体的成本与收益进行了分析，对于教师而言，存在货币性成本、时间成本、心理成本和专业发展成本，其可获得经济收益、精神收益和专业发展收益；对于学校而言，其管理成本和培训成本增加，但是同样能够获得管理收益和学校发展收益。[5]

综上分析，我国学者对教师流动研究涉及教师流动现状和问题分析、教师流动效果分析、教师流动成本与效益分析、教师流动影响因素分析等方面，相关研究对完善教师流动制度，发现教师流动规律，提高教师流动效益等产生了较好的指导作用。但是，对于教师流动所涉及的教育行政部门、学校、教师、学生和家长等主体之间的相互作用研究相对较少。教师流动实践中，教育行政部门、学校、教师对实施教师流动存在不同的利益追求，产生不同的行为决策，各主体之间的博弈对于实施教师流动具有重要意义，能够寻找教育行政部门、学校和教师之间的平衡状态，使教师流动顺利开展并使各个主体获得最大收益，从而提高教师流动的效率和效益。因而需要对教育行政部门、学校、教师等主体之间的博弈进行研究，发现各主体相互作用规律，各主体行为决策规律，对于教育行政部门做出科学合理的决策具有重要意义。另外，对于信息技术支持教师流动的理论和实践研究也是一个重要的主题，是信息技术对教育产生重大变革作用的一种体现，国内研究者在信息技术支持教师流动方面的实践和研究工作对于深化教育信息化发展，创新教师流动模式，促进教育公平发展具有重要意义。

（4）国内教师流动的研究方法分析

国内学者在开展教师流动所使用的研究方法上，主要出现以下几种趋势：

一是使用内容分析法对文献和政策文本进行分析。例如，袁桂林教授通过分析中央和部分省份关于教师交流轮岗政策文本总结出教师交流轮岗政策的特征与落实情况，以及对教师交流轮岗制度存在的认知误区与偏见，在此基础上提出了四点应对措施。[6] 但是，从政

---

① 钟亚妮，叶菊艳，卢乃桂.轮岗交流教师的学习领导信念、行为与影响：基于北京市 Z 区的调查[J].教育发展研究,2018(4):51-58,64.

② 杨跃.论教师交流制度的正义性[J].全球教育展望,2016(9):118-128.

③ 钟亚妮，叶菊艳，卢乃桂.轮岗交流教师的学习领导信念、行为与影响：基于北京市 Z 区的调查[J].教育发展研究,2018(4):51-58,64.

④ 全世文.教师交流轮岗制度的政策成本估算——基于对河南省城镇教师的调查[J].教育与经济,2018(5):73-81.

⑤ 叶忠，王海英.教师城乡交流的成本收益分析[J].教育科学研究,2009(2):21-23.

⑥ 袁桂林.如何防止城乡教师交流轮岗制度空转[J].探索与争鸣,2015(9):87-90.

策文本中分析问题主要还是分析政府职能对教师的影响,并没有涉及政府、学校、教师等主体之间的交互影响作用。徐玉特通过对文献和政策文本进行分析总结了校长教师交流轮岗存在的问题,结合问题提出相应的对策建议。[①] 李潮海和徐文娜通过对政策文本和已有研究文献进行分析,总结了我国在实施教师交流轮岗中存在的问题和障碍,并提出了政策建议。[②] 姜超和邬志辉通过文献梳理和理论辨析,分析了影响校长教师交流轮岗的行政机制、市场机制、公民机制和文化机制问题,提出依据四种机制的各自优点,克服它们的不足之处,使其在整个校长教师交流轮岗工作的不同环节中发挥不同的作用。[③] 胡林龙和周辉在文献分析的基础上对教师交流轮岗与聘任合同以及教师资源聚集和均衡等问题进行了理论论证,从实践角度提出完善教师交流轮岗和教师聘任合同制度的建议。[④] 安富海通过调查分析了民族地区教师交流遭遇的困境,使用理论演绎的方法对学习空间支持教师智力资源流动的核心要素、实施路径和机制进行分析。[⑤] 张建雷通过概念辨析、理论演绎对教师交流轮岗存在的问题进行分析,并对制度化进行论证,提出推进制度化的对策和建议。[⑥] 内容分析法虽然能够深入了解政策文本的制定特征、价值取向等,以及已有研究的关注主题、发现的结果与存在的问题,但是并未能发现教师流动的实际实施现状、教师流动中各主体之间的相互作用关系及其产生的结果。另外,定性分析结果难以对教师流动具有客观的、直观的了解。

二是使用问卷调查和访谈方法对教师流动现状和政策进行问题剖析。例如,司晓宏和杨令平通过对西部县域校长教师交流轮岗政策执行情况进行调查分析,总结了在实施中面临利益相关者对政策的认识不统一,交流轮岗的体制机制不完善,缺乏经费支持等问题与矛盾,通过归纳演绎提出了提高教师交流轮岗效果的政策建议。[⑦] 但是作者并没有详细介绍调查范围和样本数,仅仅限于西部县域范围,代表了西部经济欠发达地区,无法代表经济中上发达水平地区教师交流现状。而且仅仅论述了利益相关者的看法,并没有对相关者之间的相互作用关系进行论述,主要还是针对政府职能提出政策建议。王光明等通过对天津市16个区参加2015年交流轮岗的教师进行了问卷调查,总结分析了教师交流轮岗取得的效果和存在的问题,并提出政策建议。[⑧] 李改通过对地市教育局长的调查和访谈分析了教育主管部门对教师交流轮岗政策的执行现状、存在的问题,并提出政策建议。[⑨] 问卷与访谈结合能够

① 徐玉特.校长教师交流轮岗体制机制的困境与破解[J].教育理论与实践,2016(4):21-25.
② 李潮海,徐文娜.校长教师交流的困境分析与实践建构[J].中国教育学刊,2015(1):16-19.
③ 姜超,邬志辉.校长教师交流轮岗机制:类型、评价和建议[J].现代教育管理,2015(11):80-85.
④ 胡林龙,周辉.我国中小学教师交流轮岗与聘任合同的冲突与协调[J].教育科学,2017(4):43-48.
⑤ 安富海.学习空间支持的智力流动:破解民族地区教师交流困境的有效途径[J].电化教育研究,2017(9):102-107.
⑥ 张建雷.论教师交流轮岗的制度化[J].教育评论,2016(7):92-95.
⑦ 司晓宏,杨令平.西部县域校长教师交流轮岗政策执行中的问题与对策[J].教育研究,2015(8):74-80.
⑧ 王光明,张永健,卫倩平.教师交流轮岗政策研究——以天津市义务教育为例[J].天津师范大学学报(社会科学版),2017(6):44-48.
⑨ 李改.推进教师交流工作的现状与政策建议——来自全国部分市、县教育局长培训班的调研报告[J].人民教育,2014(7):29-31.

充分了解事务本质，但是调查样本量小，地域分布广，难以全面反映教育主管部门对教师交流轮岗制度的看法和认识。另外，问卷调查法受调查对象认知、价值观等方面的影响，调查结果往往会存在主观性强、结果不真实等问题。

三是使用比较研究法通过对国外教师均衡配置相关政策和实践进行分析，对中国教师资源配置提供政策建议。例如，张雅光通过比较研究分析了国外义务教育师资均衡配置经验，结合文献分析国内师资均衡配置存在的问题，提出了相应的政策建议。[①] 彭佑兰、许树沛比较分析了美国 TFA 计划，并对中国特岗计划实施提出了建议。[②] 李跃雪、邬志辉将美国 Teach for America、英国 Teach First 招募教师条件与中国吉林省参与特岗计划的教师招募条件进行了比较研究，为特岗计划招聘条件的完善提供借鉴。[③] 对国外相关研究的分析虽然能够让我们了解教师流动的国际发展现状和国际经验，但是国际经验是否适用于中国国情，仍然需要在实践中去检验，然而由于政策的制定具有滞后性和延时性，不能够在短时间内就借鉴应用国际经验。同时，在应用之后对效果的评估也存在滞后性。如果评估结果不理想，则再进行改变也无法弥补已经造成的损失。

在教师资源流转的研究方法方面，目前主要使用定性和定量方法以及两者结合对政策实施效果进行研究。在定性研究方法应用上，研究者主要使用文献分析、访谈、现象学、案例研究、政策研究构建、比较研究等方法对政策文本的可行性和有效性、政策实施中的问题和困难等进行分析。虽然使用定性和定量或者混合研究方法能够解决教师流动相关研究问题，能够指导研究者开展教师流动研究，发现问题和提出解决方案，但是相对于复杂的教师流动系统，目前使用的定量和定性或者混合研究方法难以发现教育行政部门、学校和教师等多主体之间的博弈过程以及结果，也难以对提出的教师流动修正方案或改进政策进行实验研究，难以验证研究所提出的政策的效果。因此，需要使用新的研究方法，对教育行政部门、学校和教师进行主体属性分析，对各主体间的博弈进行研究，对教师流动改进政策和干预手段进行仿真模拟，从而通过仿真系统模拟改进政策对教师流动的促进和完善作用，帮助教育行政部门制定科学合理的教育政策。

3.3　信息技术促进教师智力流动的相关研究

3.3.1　信息技术促进教师智力流动的模型与机制

国际上普遍面临着薄弱地区和农村地区教师资源不足、教师流失严重的问题，许多国家通过制定政策法规以推动教师流动，鼓励和吸引城镇学校的优秀教师向农村地区和薄弱地区学校流动，以实现教师资源的均衡配置，提高农村地区和薄弱地区的教育质量。但是在实施过程中也存在很多问题，一是通过加大农村地区学校教育经费投入，提高教师工资待遇和

---

① 张雅光.城乡义务教育师资均衡配置的国际经验与启示[J].外国中小学教育，2017(1)：8-14.

② 彭佑兰，许树沛.美国 TFA 计划及对我国"特岗计划"的启示[J].教育发展研究，2010(10)：69-73.

③ 李跃雪，邬志辉.TFA、TF 与特岗计划：招募条件的比较与反思[J].外国中小学教育，2014(7)：40-45.

生活补助等来吸引教师向农村学校流动,从而加大了政府教育支出负担。二是在教师流动政策执行方面存在困境和障碍,如学校保护本地优秀教师,流动教师质量低,造成政策执行失真,不能达到教师流动的目标。三是很多国家通过降低教师招聘标准,通过招聘未获得教师资格的人员加入教师队伍,反而使农村学校教师质量低,无法提高整体教育质量。四是实施人岗流动,教师实体流动,教师流动意愿低,工作积极性不高,难以发挥教师作用。五是对流动教师的管理存在漏洞,流动教师成为"三不管"人员。① 随着信息技术的发展,"互联网+"教育的深入推动,借助互联网实现教师流动,教师在网络学习空间为农村地区学生提供教学服务,与农村地区教师协同备课、协同网络教研,实现共同发展。"互联网+"教师流动改变了教师实体流动形式,实现教师人岗不动,智力资源在线流动,能够解决上述存在的诸多问题。

为了促进教师资源均衡配置,利用信息技术一方面扩大优质教师的教学辐射面,为薄弱地区学校的学生提供名校名师的教学服务,另一方面通过开展真实、同步、高效的网络教研,帮助薄弱地区和农村学校教师专业发展。② 利用信息技术共享优质教师资源,使农村学校学生能够享有名师的教学服务,拥有名师的虚拟身份,达到教师数量的"增加"和质量的提升,促进教师资源均衡发展。③ 利用信息技术供给教师资源和服务,打破已有教育供给和教师配备的固定配置、时空界限,实现教师和学生的精准匹配,从学生获得均等的教育机会上升到教育体验的直接获得,实现教育公平的转型升级。④ 为每位学生提供与其相匹配的个性化教学辅导服务,实现精准化、个性化、多样化的在线教育服务供给。⑤

在信息技术促进教师智力流动的模型和机制研究方面,很多学者在理论和实践方面做了深入研究,取得了丰富的成果。熊才平指出,信息技术能够促进城乡教师资源均衡配置,提出了网络支教模型⑥和网络教研互动模型⑦。在网络支教模型中,利用网络教学平台实现城市学校课堂教学实时传输给农村学校课堂,实现教学"班班通"。农村学校通过网络平台接受城市学校教师现场授课,并参与教学活动。城乡教师之间、学生之间通过网络实现实时互动。这种模式实现了城市学校优秀教师智力资源的在线流动,为乡村薄弱学校提供优质课堂教学。在网络教研活动模型中,授课教师在本地课堂自然状态下授课,观摩教师和点评专家在异地终端实时观看教学,教学结束后开通授课教室、点评终端和所有观摩终端的双向视频,所有观摩终端的教师都可以与授课教师、点评专家进行互动交流和研讨。但是,该模式主要以课堂教学为主,城市学校的教师面向农村地区学校的班级实施教学,教学活动实施难度大,远程教师对农村学校班级的管理和组织困难,难以做到面对学生个体实施个性化教学和辅导。

王继新提出"互联网+"教学点的双轨数字学校,实现了协同创新机制、应用导向机制和

① 熊才平,吴瑞华.以信息技术促进教师资源配置城乡一体化[J].教育研究,2007(3):83-86.

② 熊才平,丁继红,葛军,等.信息技术促进教育公平整体推进策略的转移逻辑[J].教育研究,2016(11):39-46.

③ 汪基德,刘革.教育信息化促进基础教育均衡发展[J].教育研究,2017(3):110-112.

④ 尹后庆.建立和完善公共教育服务体系的思考[J].教育发展研究,2009(1):22-24.

⑤ 陈玲,余胜泉,杨丹.个性化教育公共服务模式的新探索——"双师服务"实施路径探究[J].中国电化教育,2017(7):2-8.

⑥ 熊才平,吴瑞华.以信息技术促进教师资源配置城乡一体化[J].教育研究,2007(3):83-86.

⑦ 熊才平,何向阳,吴瑞华.论信息技术对教育发展的革命性影响[J].教育研究,2012(6):22-29.

技术支持机制的建设与创新。[①] 城镇学校优秀教师利用双轨数字学校可以实施多媒体课堂教学、同步互动混合课堂教学和同步互动专递课堂教学，为农村教学点和薄弱地区学校提供教学服务，解决农村教学点和薄弱地区学校师资不足、学科教师不全的问题。双轨数字学校模型中提出了具体的信息技术融合课程的教学模式和城乡教师协同机制，能够有效指导城乡学校教师的工作开展，但是该模型对两所合作学校的工作安排和教师要求比较高，农村教学点教师工作内容和职责需要做出详细规定。由于城市学校教师授课，农村教学点教师成为助教，这势必造成农村教师心理落差。

安富海针对民族地区教师交流困境构建了学习空间支持的教师智力流动机制，包括人岗不动、优质师资和网络学习空间三个核心要素，通过构建智力流动的协同机制、约束机制和激励保障机制实现教师资源均衡配置，促进优质教师资源共享，实现民族地区义务教育均衡发展。[②] 学习空间支持的教师智力流动机制对协同、约束和激励机制进行了论述，但是在管理机制、评估机制、主体责任等方面还需要加强，如何保障学习空间的教师智力流动的长期可持续性发展，如何评估教师智力流动的效益等方面还需要提出更具体的方案。

赵兴龙和李奕依据北京市的中学教师开放型在线辅导实践构建了教师走网体系，从名师先行、学生选择、服务折算、身份流转、职称评定和协同创新等机制方面对教师走网进行了详细阐述，指出教师走网的实质是教师的现实服务与经验在虚拟网络中的共享，具有人岗不动、服务线上流动、身份线上流转、教师服务线上共享等特征，是通过信息化手段扩大优质教师资源覆盖面的新实践，是新时期我国教师流动机制变革和创新的新思维。[③] 教师走网体系中教师和学生的双盲辅导，会受到学生在接受陌生教师辅导时的心理影响，导致辅导效果欠佳，可能会出现教师辅导自己的学生，学生选择自己的教师，导致城市优秀教师不能针对农村学校的学生实施长久的、持续性的辅导。同时，学生选择教师辅导的机制导致教师在线人数受学生在线人数的影响，会出现教师人数和学生人数以及学生需求不匹配的现象。

3.3.2　信息技术促进教师智力流动的应用研究

在利用信息技术促进教师智力流动机制的实施方面，国际上一些国家和我国进行了大量的实践活动。美国利用网络教育为偏远农村地区的未来教师提供培训，以增加农村地区教师数量，提升教师质量。[④] 加拿大通过开设网络课程，为偏远地区和农村学校教师提供教学服务和教师培训，以提高农村地区学校教师专业发展。[⑤] 中国在信息技术促进教师流动方面所做的

---

① 王继新，施枫，吴秀圆．"互联网＋"教学点：新城镇化进程中的义务教育均衡发展实践[J]．中国电化教育，2016(1)：86-94．

② 安富海．学习空间支持的智力流动：破解民族地区教师交流困境的有效途径[J]．电化教育研究，2017(9)：102-107．

③ 赵兴龙，李奕．教师走网：移动互联时代教师流动的新取向[J]．教育研究，2016(4)：89-96．

④ Brownell M T，Bishop A M & Sindelar P T．Republication of "NCLB and the demand for highly qualified teachers：Challenges and solutions for rural schools"[J]．Rural Special Education Quarterly，20178，37(1)：4-11．

⑤ Nancy S N & Fahy P J．Attracting，preparing，and retaining under-represented populations in rural and remote alberta-north communities[J]．International Review of Research in Open and Distance Learning，2011，12(4)：36-53．

研究和实践非常丰富,例如,云南省利用远程同步互动课堂帮助城乡学校的教师开展同步教学、互动教研、互动培训、名师课堂等教学活动,实现城市学校优秀教师智力资源向农村学校流动,促进城乡优质教学资源的均衡发展。[①] 江苏省淮安市实施城乡学校结对,利用网络教学平台开展专递课堂、直播课堂、互动课堂等多种教学形式,实现城乡优质教师资源共享。[②] 浙江省舟山市在继承传统的教师实体流动模式基础上,通过教师智力资源在网络空间的流动,对农村学生实施直播教学,促进了优质教师资源的城乡共享。[③] 广东省通过实施"千校扶千校""教育资源下乡行动""校际协作联盟活动""同步课堂""视像中国"等项目[④],在利用信息技术促进教师流动、促进城乡学校协同发展中取得了丰富的经验。实践证明,信息技术在促进教师资源配置方面突破了传统的教师实体流动方式,基于信息技术的教师智力流动不仅能够促进城乡教师交流活动,加强城乡教师资源共享,而且能够改善教师专业发展公平感。[⑤] 但是,以上基于互联网的教师智力流动的实践过程中,教师个体面向学生群体进行授课,是班级课堂教学的线上照搬,教师难以远程管理和组织教学和学习活动,难以实现针对学生个体的个性化教育。而且,基于互联网的教师智力流动机制中缺乏对城市学校和农村学校教师职责、工作、评估等方面的设计与规定,以及对流动教师的管理、评价、监督和奖励等机制不完善,责任主体不明确。

2016 年,北京市开展开放辅导计划,面向全市中学教师招募在线辅导教师,为初中学生提供免费的在线教育辅导服务,试点校区是通州区 31 所学校[⑥],在 2018 年试点区增加为 8个。通过招募北京市优秀骨干教师参与智力资源在线流动,并对教师在线辅导进行培训,提高教师在线辅导技能,为学生供给优质教师资源。[⑦] 开放辅导实现为学生提供精准教育服务,真正给学生以资源和服务的支持,在线的课程服务需要由学生自选,而不再是学校或家长指定,扩大了学生自主选择权,不断提升学生的实际获得感。[⑧]

在开放辅导实践中,利用大数据和学习分析技术对学生进行精准化学情分析,为每位学生提供个性化的、多样化的教学辅导服务,培养并保护学生的学习兴趣,增强学生的实际获得感。开放辅导帮助教师提高专业能力,为促进教育公平提供一条可行路径。陈玲博士分析了开放辅导的实施路径,主要有实时在线辅导和微课学习两种辅导形式。[⑨] 开放辅导实现

---

① 王宇娇,林海云.云南城乡优质教育资源多元共享机制研究[J].昆明学院学报,2018(6):112-116.

② 虞克凡.移动课堂促进城乡教育均衡发展——以淮安市青浦区为例[J].中国教育信息化,2014(16):6-8.

③ 方奇敏,熊才平.舟山市教师资源配置非均衡发展:现状、对策与实证[J].中国电化教育,2006(12):13-15.

④ 赵建华,徐旭辉,彭红光,等.以信息化促进城乡学校协同发展的案例研究[J].电化教育研究,2010(11):10-18.

⑤ 吴筱萌,雍文静,何政权,等.区域网络教研改进教师专业发展公平感的效能研究——以重庆市某区为案例[J].现代教育技术,2015(5):65-71.

⑥ 牟艳娜.双师服务:探索穿越边界的基础教育公共服务提供方式[J].中小学信息技术教育,2017(1):21-23.

⑦ 祁靖一,牟艳娜.互联网将为学生赋能:开放、跨界和丰富连接——专访北京市教委副主任李奕[J].中小学信息技术教育,2017(1):27-30.

⑧ 李奕.追求公平与质量:不断提升学生的实际获得感[N].光明日报,2016-3-22(15).

⑨ 陈玲,余胜泉,杨丹.个性化教育公共服务模式的新探索——"双师服务"实施路径探究[J].中国电化教育,2017(7):2-8.

了教师智力线下流动到线上流动的转变,实现了从面向群体的教师流动到面向个体的教师流动,实现了从满足共性需求到兼顾共性需求和个性需求的教师流动,是基于互联网的教师流动的创新。但是,开放辅导计划在实施过程中仍然面临较大的挑战和困难。首先,提供在线个性化教育服务对教师具有一定的挑战,教师需要付出更多的时间和精力,同时教师在线教学能力成为制约开放辅导质量的主要因素。其次,学生在合理应用个性化教育公共服务上具有一定的挑战,学生在线学习的需求、学生的自主学习能力等成为影响学生在开放辅导中获得收益的因素。①

　　开放辅导是教师对学习者提供指导与帮助的一种在线教学方式。在这种方式中师生关系发生了变化,学生成为教学系统的中心,教师成为学生学习的设计者、支持者、学习同伴。在缺乏面对面沟通的条件下,开放辅导是保障网上教学质量的重要途径。理想状态下,好的教学效果依赖于教师、教学内容、学生和教学环境之间的相互协调。② 对于在线辅导而言,教学质量取决于辅导教师和学生的积极参与。③ 提高开放辅导质量的关键是使辅导教师和学生之间,以及学生和学生之间通过网络平台建立和谐的互动关系。④ 英国开放大学通过为学生提供详细的在线学习帮助,开发丰富的高质量网络课程,在学习准备阶段、辅导阶段和评价阶段为学生提供即时在线辅导,帮助学生解决问题,获得新知识。⑤ 在实践中,我国在线辅导教师尚缺少在线辅导技术选择、设计和支持方法层面的明确指导。⑥ 为提高教师在线辅导质量,教师需要掌握激励、聆听、提问和反馈四类核心策略。⑦

　　综合以上分析发现,信息技术为教师智力流动提供了新形式,创新了教师流动模式,但是在实践过程中和机制建设方面存在一些问题。利用网络平台开展互动课堂教学和网络教研容易忽视农村学校教师的作用,使得农村学校教师成为助教,容易造成农村地区教师心理上对自己作用的低认知,不知道自己的作用,产生抵触心理。同时,农村学校教师的不作为,造成教师资源浪费。不管是城市学校教师还是农村学校教师对教师智力流动缺乏心理认同;教师间合作与组织间协调不畅⑧,城市教师和农村教师在管理学生和教室,以及学习活动中的协作不顺畅,教学活动和学习活动组织难,教学管理困难,远程教师难以管理本地学生,不能实现个性化学习,甚至实施以学生为中心的教学都存在困难。教研活动的组织与管理困难,容易导致教研活动"形"散"神"也散。⑨

　　① 陈玲,刘静,余胜泉.个性化在线教育公共服务推进过程中的关键问题思考——对北京市中学教师开放型在线辅导计划的实践反思[J].中国电化教育,2019(11):80-90.

　　② 朱肖川.论教学模式要素的一致性关系[J].重庆广播电视大学学报,2010(1):16-18.

　　③ 戴仁俊.网络教学有效性的内涵分析[J].中国远程教育,2009(2):36-38.

　　④ 王永固,李晓娟.网络教学的良性互动设计[J].远程教育杂志,2005(3):33-36.

　　⑤ 朱肖川.英国开放大学在线辅导的经验分析和启示[J].中国远程教育,2012(3):42-48,84.

　　⑥ 马东明,冯晓英.在线辅导技术的选择、设计与支持:辅导教师技术维度的能力[J].中国电化教育,2012(9):37-41.

　　⑦ 冯晓英.在线辅导的策略:辅导教师教学维度的能力[J].中国电化教育,2012(8):40-45.

　　⑧ 罗江华,王静贤,周文君.乡村教师参与网络研修:条件、问题及调整策略[J].教育研究,2018(10):138-146.

　　⑨ 戴红斌.网络视频教研促进农村教师专业发展[J].中小学信息技术教育,2011(4):77-79.

3.4 教师流动研究现状述评

世界各国为实现教师资源均衡配置,推出了许多政策、法规,通过加大教育投入、加强教师培训、完善教育制度等措施以推进教师流动,对加强薄弱地区学校教师专业发展,提高薄弱地区学校教学质量,实现教师资源均衡配置,促进教育公平发展起到积极作用。同时也发现,社会系统的复杂性、主体自身行为属性的复杂性、教师流动中主体之间复杂的相互作用关系,以及社会经济发展、文化发展等环境因素的影响,使得教师流动遇到较大障碍,教师资源均衡配置难以实现。

在教师流动政策方面,政策制定和执行都是为了解决教育资源分配不均衡问题,解决人们对优质教育需求与教育发展不充分不公平之间的矛盾。政策的制定回应了教育发展的需要。教师流动政策文本体现了以教育公平发展的价值导向,努力通过向薄弱地区和农村地区输送优秀教师资源,增加薄弱地区和农村地区学校的教师数量,提高教师质量,从而提高农村教育水平,实现教育公平。以美国为代表的教育分权型国家,联邦政府在教育政策的控制力方面较弱,各州政府可以自己制定相应的政策法规。美国分权制的政体能够使各州根据各自的具体情况进行教育改革,制定相应的教师配置政策,符合美国国情特点及生产力发展需要。但是,美国仍然强调法律法规对教师流动的强有力保证,各项与教师配置有关的政策的落实都有强制保障。美国联邦政府在教师资源配置方面的调控政策具有极强的针对性,注重面对贫困地区学校、薄弱地区学校、少数民族和移民群体的教育扶持,不放弃每一个孩子,让每一个孩子都成功。国际上一些中央集权的国家,如日本、韩国、新加坡等,制定并颁发教师流动政策的主体是国家机构和地方教育行政部门,教育政策的控制力比较强。我国制定并推出教师流动政策的主体基本是国家机关,以教育部为主体制定并颁发教师流动政策,省市各级政府对政策进行解释、执行,或者以国家教师流动政策为框架制定并颁发具有各省市自身特征的教师流动政策。教师流动政策具有良好的控制结构,教育部和各个省市教育厅的控制权比较大,能够保证政策的执行。虽然制定和颁发教师流动政策的主体是教育部和省市各级教育部门,具有较强的权威性,但是在县级以及学校层面执行政策时出现了权威分裂,导致学校执行不够,执行力较弱,出现"上有政策,下有对策"的局面。同时,教育政策在流动教师的管理、职称评定、生活补助等方面的制度不完善,导致流动教师的工作条件、生活条件得不到保障。有关教师流动的政策未能清晰阐释流动教师的责任、义务、权利和权益。流动教师管理比较混乱,对流动教师监督、管理和评价主体不明确,针对流动教师的约束机制不清晰。

在教师流动的相关研究方面,以教师人岗流动为主的教师流动虽然能够在某种程度上缓解薄弱地区学校师资短缺问题,能够带动薄弱地区学校教师专业发展,但是仍然存在学校和教师参与不积极,政策执行不力,教师流动效率低,不能达到预期的教师资源配置效果,造成教育政策失效、教育经费浪费、教育管理混乱等问题。国外教师流动主要表现在两个方面,一是教师职业变换,脱离原来的教师职业转向其他行业;另一个是教师从一个学校转向另一个学校。很多研究发现,教师流动主要受到教师工资待遇、学校条件和文化氛围、教育制度、教师工作满意度等方面的影响。为了破解教师实体流动存在的困难和问题,包括我国在内的很多国家开始探索利用信息技术实施教师流动,促进边远地区和农村地区学校教师发展。虽然在信息技术促进教师流动方面开展了许多研究,也取得了相当大的成果,但是目前的研究主要以面向学生群体的共性需求为主,解决的是学生群体对优秀教师资源需求的困难,没有针对学生个体的个性化学习提出教师流动的解决方案。

在教师流动的研究方法方面,研究者使用定性分析、定量分析或者多种方法组合对教师资源配置和流动政策进行理论和实证分析,通过问题导向提出促进教师资源均衡配置和流动的政策建议。但是由于定性研究本身存在的局限性,例如定性研究受研究者主观经验和研究者个人的主观因素,比如素养、心智品质、眼光、观察能力、交往能力,特别是悟性等方面的影响比较严重[①],使得教师流动政策研究存在一定局限性,缺少实践与理论上的一致性和事实上的可检验性。而且,传统的定性、定量研究方法是从结果出发解释或论证社会现象,从一个对象的性质推导另一种性质,体现的是还原论的思想[②],却难以从整体论视角出发考察教师流动所涉及的教育系统,未能对教师流动系统中政府、学校、教师、学生、家长等各个主体行为属性以及之间的相互作用关系进行论述。同时,定量研究方法难以处理人的认知、情感态度、心理和行为等这些难以量化的因素;[③]定量分析在解释变量因果关系时,往往只能关注其共变关系,却无法区分这种关系的真假。[④] 在教师流动实施过程中,由于政府领导、学校领导、教师、学生(家长)等主体在认知水平、情感态度、心理状态等方面存在差异性,对教师流动政策的认识和理解不一致,而这种不一致却难以通过定量研究方法进行量化分析。

由于社会系统的复杂性,上述方法的结合对于充分揭示社会系统整体性现象及动态演化的复杂性来说,仍然存在不足之处。同时,由于政策实施涉及多种利益主体,在现实社会中由于人之间的差异性,对利益追求的差异性,导致主体之间存在复杂的博弈关系,而在现有理论分析类文献中难以体现多主体之间的复杂关系。问卷调查、访谈等实证分析是在政策实施之后才能运用的方法,对于政策实施来说,调查结果反映的问题具有滞后性。在现有实证分析类文献中,仍然存在的问题是未能对多元主体进行系统的关系梳理和博弈论证,在表示现实教育系统中各个主体之间的相互作用上存在一定的缺陷。

因此,要充分分析和揭示社会系统的系统复杂性,必须考虑系统中众多主体的自主性和异质性;考虑动态环境对社会系统宏观结构与主体微观行为的影响;考虑社会系统不同层次之间的相互作用与行为涌现;考虑社会系统演化的分岔与对路径依赖等。[⑤] 为有效分析开放辅导教师智力流动政策实施效果和存在问题,本研究遵循社会科学计算实验研究范式,对开放辅导相关主体进行建模,构建教师智力流动动力系统,通过仿真实验分析主体之间的相互作用关系,以及主体属性变化对开放辅导政策实施效果产生的影响,不仅能够及时发现开放辅导政策实施的问题,而且能够针对主体属性给出政策有效实施的条件。

教师智力流动是一项庞大的复杂系统工程,相关主体在教育政策、教育制度、社会发展

① 风笑天.定性研究与定量研究的差别及其结合[J].江苏行政学院学报,2017(2):68-74.
② 刘劲杨.论整体论与还原论之争[J].中国人民大学学报,2014(3):63-71.
③ 盛昭瀚,张军,杜建国,等.社会科学计算实验理论与应用[M].上海:上海三联书店,2009:55.
④ 张学军.结构方程建模应用中的十大问题[J].统计与决策,2007(5):130-132.
⑤ 盛昭瀚,张军,杜建国,等.社会科学计算实验理论与应用[M].上海:上海三联书店,2009:87-93.

等外部环境影响下,通过合作博弈与利益协调而形成的自组织复杂网络,既需要研究其成员之间如何建立有效的协调策略机制以及成员之间合作的实现,同时还需要研究主体微观行为特征为基础的教师智力流动系统中整体结构和良好性能的形成机制。目前,在教师智力流动研究中仍然是分解教育系统,从政府、学校、教师等独立主体角度分析教师智力流动政策的弊端、实施过程中遇到的问题和障碍,缺乏从整体论视角对政府、学校、教师等多元主体的相互作用关系进行分析,使我们无法真正认识到政府行为对学校和教师的影响,学校和教师行为对政府产生哪些影响作用。而且,无论是定性研究方法还是定量研究方法都无法从整体上对教师智力流动这一复杂系统进行全面分析,并且难以对复杂的教育系统中各个主体之间的相互作用关系进行全面、详细地界定和分析。

开放辅导作为"互联网+"时代对教师智力流动的创新探索,将优秀骨干教师智力流动到网络空间,为学生提供实时在线的一对一辅导,实现学生个性化学习,能够提升学生学习获得感。本研究应用社会科学计算实验研究的方法论,对现实社会系统进行建模,设计系统中各个主体的行为属性,依据主体之间的相互作用关系设计仿真模拟规则,通过调整各个主体行为属性的取值,观察系统中其他主体的行为变化以及整个系统的演化过程,对开放辅导中教师智力流动所涉及的各个主体能够进行全面的、准确的了解,能够对教师智力流动政策的实施结果做出科学的评价和预测,为系统中各个主体决策提供科学合理的依据。

第4章 "互联网＋"教师智力流动模式

开放辅导计划将教师智力流动到网络空间,使在校学生在课外学习中能够享受到来自优秀教师的实时辅导。北京市依托"智慧学伴"平台,支持教师通过在线实时辅导、问答辅导、微课辅导和直播课教学等方式,支持学生个性化学习,拓展学生的学习资源,促进教师智力资源"流动",通过教师智力流动为学生提供精准化、个性化、多样化的在线教育服务,实现优质教育资源的跨地区共享。开放辅导打破既定的教育供给模式,能够促进优秀师资得到有效流动和配置,有利于深化基础公共教育综合改革,能够实际提升学生、家长和教师的教育获得感。对学生而言,通过基于学科知识点的精准诊断,获得全市优质教师资源的精准匹配及其一对一的在线辅导,满足个性化、多样化、精准化学习需要;对家长而言,减轻孩子的课外辅导带来的额外经济负担,并保障孩子课外辅导的质量;对教师而言,由走校转向走网,由基于教师实体的智力流动转向基于虚拟身份的智力流动,能够提高教师流动意愿。从2016年9月开始在通州区试点运行,到2018年在通州区、房山区、延庆区、密云区、怀柔区、平谷区、大兴区和门头沟区等8个区进行推广试点,经过三年的实践,开放辅导计划在实现教师智力流动方面取得了一定的成绩和效果,但是仍然存在一些不足和限制。本研究主要基于开放辅导计划的实践经验构建"互联网＋"教师智力流动模式,并从政府、教师、学生等视角建立健全支持"互联网＋"教师智力流动有效运行的机制和实施路径。

4.1 传统教师（智力）流动的问题分析

2017年,习近平总书记在党的十九大报告中指出,中国特色社会主义进入新时代,我国社会主要矛盾已经转化为人民日益增长的美好生活需要和不平衡不充分的发展之间的矛盾。[①] 我国社会主要矛盾反映在教育上,即是人民对更高质量更加公平的教育的需求和不平衡不充分的教育发展之间的矛盾。在新时代,我国教育公平已经从实现配置公平、机会公平转向实现获得公平和结果公平。而促进教育公平的根本举措是均衡配置教育资源。作为教育资源的核心组件,教师资源均衡配置直接影响教育获得公平和教育结果公平。但是,教师资源均衡配置是所有教育资源均衡配置中最难以实现的。为了实现城乡教师资源均衡配置,国内外积极推动教师流动,鼓励城镇优秀教师流向贫穷落后地区学校,以补充落后地区

---

① 党的十九大报告（2017年10月18日）[EB/OL].（2017-10-18）[2022-10-18]. https://news.12371.cn/2018/10/31/ARTI1540950310102294.shtml.

学校教师力量,提高学校教育质量。例如,日本、韩国以法律手段推动教师流动,具有强制性和全员性。日本规定教师在一所学校任职6~10年必须流动到其他学校任教。韩国在《韩国教师互换制度》中规定,每隔2~4年,教师要在本地城乡学校之间进行流动。法国实行教师国家公务员制度,统一调配教师资源,实施学区间流动和学区内流动,以保障各地师资均衡,实现教育公平。① 我国制定各种教师流动管理政策,如支教、送教下乡、县管校聘、教师交流轮岗、无校籍管理、共享教师、远程教育、教师自主交流等形式,鼓励优秀教师到乡村学校任职,带动乡村学校发展,提高乡村教育质量。但是,我国在教师流动实践中存在许多问题和困难,限制了教师流动实现教育公平的目标达成。

首先,在教师流动实践方面,存在教师流动政策的运行缺陷,教师单向流动现象比较严重,教师流动比例低、流动意愿不强、动机弱。例如,有学者指出,教师流动政策存在政策规约下的城乡教师流动出口狭窄、政策裹挟下的教师流动效果式微、复杂利益关系易致流动目标异化等问题。② 王艳玲对云南省5个县3115位教师的调查结果显示,县域内教师流动意愿低,主要原因在于流入学校在乡村,离家远且交通不便,流动教师无法照顾孩子和家庭,流动教师难以适应乡村学校的教学岗位。③ 教师流动意愿低导致在选拔流动教师时出现一些问题,流动教师为了职称评比等功利性目的才参加流动,或者教师被强制流动,存在工作短视问题。④ 而在交流轮岗期间,流动教师出工不出力,对乡村学校发展和学生发展没有发挥作用。流动教师在流入学校往往扮演着"适应者""服从者"与"局外人"角色,参与流入学校的治理工作不足,没有成为学校管理和教育治理的"领导者"角色,流动教师的作用和价值没有得到体现。⑤ 同时,学校参加教师流动的内驱力调动不充分,被动执行教师流动政策。学校为了自身利益不受损,往往选择新教师参加流动,导致"末位淘汰型""锻炼青年型""镀金型"及"排斥异己型"等各形各色"消极交流"现象的出现。

其次,在教师流动政策方面,教师流动政策体系不完善,政策执行失真现象严重。自1997年在《中华人民共和国国务院公报》中提出建立教师流动的有效机制,实行教师定期交流制度以来,教师流动政策实施了20多年,在这期间不断完善教师流动政策,在流动教师选拔机制、教师职称评比机制、教师绩效奖励机制、教师补助发放机制、教师工作管理机制、教师评估机制等方面均逐步完善。但是仍然存在政策体系不完备的问题。有学者指出,教师流动政策缺乏合理的法理基础,流动教师的权利与义务不统一,流动教师在流入学校的工作范畴和职责不明确。⑥ 虽然教师流动政策规定了教师参加交流轮岗的义务,但是在教师的选择权(例如流入学校、流动期限)、申诉权、教师利益保障、教师参与流入学校事务、教师管理等方面的规定不完善;在教师编制、岗位与聘任之间的内在关系方面以及流动教师作为"单

① 常宝宁.法国义务教育扶持政策与我国教育均衡发展的政策选择[J].比较教育研究,2015(4):33-38.
② 仲米领.城乡义务教育教师流动政策常规变迁的问题研究[J].教师教育研究,2020(6):54-59.
③ 王艳玲.云南省县域内教师交流轮岗意愿调查:基于3115份数据的分析[J].教师教育研究,2020(2):95-101.
④ 毛春华.义务教育教师交流轮岗存在的问题、成因与对策[J].教学与管理,2019(18):39-41.
⑤ 宋萍萍,黎万红.轮岗教师的共同体实践:样态及其优化[J].教育发展研究,2018(4):45-50.
⑥ 汪丞.教师定期交流的政策困境与对策——基于政策工具的视角[J].教师教育研究,2020(1):20-26.

位人"(或"学校人")与"系统人"的身份认定方面还存在制度上的不完善问题。[①] 而且,教师流动政策对城镇学校和流动教师的利益诉求关注不够。政策上的不完善导致教师流动政策执行存在失真现象。教师流动政策旨在鼓励并推动城镇优秀(骨干)教师流转到乡村学校,一般在乡村学校任职 1～3 年。这就使教师流动与城镇学校利益和教师利益产生了冲突,城镇学校不愿意选派优秀(骨干)教师流动,城镇学校教师不愿意离开家庭去乡村学校任教。因此,在教师流动政策执行过程中,一些学校没有根据乡村学校的需要来选派教师,隐藏优秀教师,选择青年教师或者新手教师,甚至有学校将教师流动政策异化为一种教师管理手段,将其视为消除"无效教师"的契机。[②] 另外,教师为了个人利益(如评职称)才选择流动,产生被动流动或者消极流动现象,在政策实施中出现制度异化、流动私利化等不良现象。[③] 为了有效实施教师流动,教师流动政策应兼顾国家战略、学校利益和教师诉求的平衡;教育行政部门应强化对乡镇学校执行教师交流轮岗政策的考核问责;细化交流轮岗政策中对流动教师的激励与支持措施;建立适合乡村特点的流动教师评价制度;[④]构建"三位一体"的利益平衡机制和城乡一体化教师流动机制;构筑开放适宜的教师流动环境;[⑤]加强教师交流政策与其他政策的融合,推动配套制度改革,以逐步实现全员流动,促进师资均衡配置。

再次,在教师流动效益方面,存在教师流动成本高,效益低问题。主要表现在以下几个方面。其一,教师流动政策缺少对教师流动促进教师专业发展和学校高质量发展的建设举措进行详细设计,不管是流动教师还是乡村教师,不仅难以通过流动实现专业水平的提升,乡村学校也难以真正从教师流动中受益,严重影响了政策效能的实现。[⑥] 其二,参加流动的骨干教师在流入学校并未真正发挥领导者角色的引领和先导作用,未能引导乡村学校有效开展教育变革,因而,流动教师在有效提升城乡交流效益、促进教育均衡发展的功能上大大受限,甚至可能会影响教育生态的健康发展,与教师流动政策的预期目标有着较大距离。[⑦]其三,在促进学生发展方面,教师流动带来的效益也很低。有研究发现,新教师、成熟教师和资深教师三者在促进乡村学生发展方面的效果存在显著差异,成熟教师和资深教师并没有发挥出促进学生发展的作用,反而新教师在学生发展、促进学校整体发展、提升课堂教学、改变教师、改变外部关系等方面发挥了主要作用;而且,轮岗教师教龄越大,表现略为被动,工作成效低于新教师。[⑧] 其四,教师流动经费投入高,但是没有获得高效益、高效率,造成效率效益与公平的不匹配、不对等。例如,有研究发现,城镇教师参与交流轮岗的平均补助标准是每人 1.59 万元/年,河南省用于执行教师交流轮岗制度的政策成本为 3.15 亿元/年,占年

① 李茂森."县管校聘"实施方案研究与再思考——基于浙、皖、粤、鲁、闽等 5 省"县管校聘"改革实施意见的内容分析[J].教育发展研究,2019(2):67-72.

② 李先军.城乡教师交流轮岗政策的失真与对策[J].教育科学研究,2019(2):82-86.

③ 谢延龙.我国教师流动制度的困境与出路[J].教育发展研究,2015(22):21-25.

④ 李先军.城乡教师交流轮岗政策的失真与对策[J].教育科学研究,2019(2):82-86.

⑤ 谢登斌.新型城镇化进程中义务教育教师合理流动的背离与合致[J].教育科学,2019(1):9-15.

⑥ 汪丞.教师定期交流的政策困境与对策——基于政策工具的视角[J].教师教育研究,2020(1):20-26.

⑦ 操太圣,卢乃桂."县管校聘"模式下的轮岗教师管理审思[J].教育研究,2018(2):58-63.

⑧ 刘佳旺,沈伟.轮岗教师的交流现状及其能动行为研究——基于上海五区的实地调研[J].教师教育研究,2017(1):47-55.

度财政性教育经费总额的 0.24%。[①] 总之,教师流动实现的教育公平仍然是低效的公平、表面的公平,仍然停留在为贫穷落后地区学校的学生提供获得教育资源的机会公平和起点公平层面上,没有深入促进学生个性化成长和全面发展的教育过程公平,没有深入帮助每一个学生获得成功的教育结果公平。

随着"互联网＋"技术、人工智能、5G、物联网技术的发展,教师流动实践也得到了极大的推进,拓展了利用新技术扩大优质教师资源覆盖面的新实践,助推新时期我国教师流动机制变革和创新发展。[②] 我国从中央到地方政府开始探索新技术实现教师智力流动的新模式。例如,2018 年 4 月,教育部印发的《教育信息化 2.0 行动计划》提出,实施网络学习空间覆盖行动和网络扶智工程攻坚行动,推进网络学习空间在网络教学、资源共享、教育管理、综合素质评价等方面的应用,使网络学习空间真正成为广大师生利用信息技术开展教与学活动的主阵地;引导教育发达地区与薄弱地区通过信息化实现结对帮扶,以专递课堂、名师课堂、名校网络课堂等方式,开展联校网教、数字学校建设与应用,实现"互联网＋"条件下的区域教育资源均衡配置机制,缩小区域、城乡、校际差距,缓解教育数字鸿沟问题,实现公平而有质量的教育。2018 年 8 月,教育部办公厅印发《关于开展人工智能助推教师队伍建设行动试点工作的通知》,在宁夏和北京外国语大学开展人工智能助推教师队伍建设行动试点工作,探索人工智能助推教师管理优化、助推教师教育改革、助推教育教学创新、助推教育精准扶贫的新路径,通过教育发达地区高水平学校与宁夏贫困地区学校结对,建立远程同步智能课堂,实现教师"智能手拉手",推动优质教育资源同步共享,助力贫困地区教师发展与学生成长。2020 年 3 月,教育部印发的《关于加强"三个课堂"应用的指导意见》指出,进一步加强"专递课堂""名师课堂"和"名校网络课堂"应用,创新"互联网＋"教育模式,向农村地区学校输送城镇优秀教师智力资源,帮助农村薄弱学校和教学点开齐开足开好国家规定课程,以优秀教师带动普通教师水平提升,使名师资源得到更大范围共享,促进教师专业发展,满足学生对个性化发展和高质量教育的需求。以上均是我国从国家层面开展新技术助推教师智力资源流动的新探索,利用新技术扩大优秀教师资源覆盖面,向农村地区学校输送智力资源,帮助农村学校提高教育质量,提升农村学校教师专业水平,促进农村学生全面发展,从而促进教育公平。

在"互联网＋"教师智力资源流动上,很多地方政府也开展了很多实践创新。如甘肃省首创"互联网＋"师范院校智力资源共享模式,为贫困地区薄弱学校共享师范院校"准教师",促进区域教育均衡发展。[③] 河南省嵩县、河北省威县等地区加强政府、学校与企业合作,通过购买企业网络平台、优质教师资源和网络教育资源,开展直播教学、双师课堂,将优秀教师的教学服务输送给薄弱学校。湖北省开展了以双轨数字学校为基础的"互联网＋"教学点模式的实践探索,将多个教学共同体连接在一起,形成一所独立建制、分层管理、虚实结合的学校,并由当地政府和教育行政主管部门进行统筹安排。[④] "互联网＋"教学点模式将农村教学

① 全世文.教师交流轮岗制度的政策成本估算——基于对河南省城镇教师的调查[J].教育与经济,2018(5):73-81.

② 赵兴龙,李奕.教师走网:移动互联时代教师流动的新取向[J].教育研究,2016(4):89-96.

③ 郭绍青,雷虹.技术赋能乡村教师队伍建设[J].中国电化教育,2021(4):98-108.

④ 王继新,施枫,吴秀圆."互联网＋"教学点:新城镇化进程中的义务教育均衡发展实践[J].中国电化教育,2016(1):86-94.

点与乡镇中心校、城市优秀学校有机结合,通过同步互动混合课堂、同步互动专递课堂、多媒体课堂等形式向农村教学点和薄弱学校输送优质教育资源和教师服务,帮助农村教学点和薄弱学校开齐、开好课。但是,以上模式也存在一些缺陷和不足。例如,在"三个课堂"模式中,当辖区内小规模学校数量较多时,无法组织足够数量的教师为小规模学校开出课程。在甘肃省的"互联网＋"师范院校智力资源共享模式中,本科学生或者研究生教学经验不足,教学质量差,能保证开齐课,但是无法保证教学质量,对于农村学生发展来说,存在限制。在以上模式中,教师面向的是以班级为单位的学生群体,虽然保证了学生获得优质教师资源和教师服务的起点公平,但是忽视了学生个性特征,无法根据学生个性特征提供个性化的学习支持和教学服务,忽视了学生个性化发展。在购买企业教师服务和教育资源方面存在教师管理问题,如教师准入、评价、淘汰等保障机制与管理制度是否完善,学校如何保证企业教师、教育服务和教育资源的高质量供给,如何管理教师的意识问题等,这些在一定程度上会带来教师管理上的潜在问题。

为了解决边远乡村教育质量低、乡村学生无法获得优质教育资源和教师服务的问题,以及破除学生个性化发展和教师管理困境,北京市在开放辅导计划中,面向市属公立学校招募优秀教师,通过智慧教学平台向北京市远郊山区和乡村学校学生提供一对一在线辅导、一对多直播教学、微课教学辅导和答疑服务。"开放辅导"体现了从面向群体的供给到面向个体的精准、个性化、适应性的供给方式创新,体现了共性需求和个性需求兼顾的教育供给结构的完善。[①] 开放辅导以"智慧学伴"平台为依托,借助学生学习数据分析精确地了解每位学生个性化的学习需求,并通过对每位教师教学数据和教学特长的标记实现精准匹配和推荐,实现了学生个性化问题解决和精准扬长学习,帮助学生了解、增强自己特长和优势的同时,促进学生适应中考和高考增强自我选择性的需要,正是体现了由政府主导的、从面向群体的供给到面向个体的精准、个性化、适应性的供给方式创新,享受优质师资资源和个性化服务供给,通过精准扶贫帮助缩小义务教育城乡、区域、学校之间的差距。

4.2 "互联网＋"教师智力流动模式构建

4.2.1 "互联网＋"教师智力流动模式构建的依据

(1)教育公平理论

教育公平指的是每个社会成员享有同等的受教育的权利和机会,享有同等的公共教育资源服务,享有同等的教育对待,享有同等的取得学业成就和就业前景的机会。[②] 教育公平包括教育起点公平、教育过程公平和教育结果公平。[③] 教育起点公平是指确保人人都享有平

① 陈玲,余胜泉,杨丹.个性化教育公共服务模式的新探索——"双师服务"实施路径探究[J].中国电化教育,2017(7):2-8.

② 周洪宇.教育公平论[M].北京:人民教育出版社,2010:11.

③ Husen T.Social Influences of educational attainment:Research perspectives on educational equality[J].OECD Publications Center,1975:182-186.

等接受教育的权利、义务和机会。教育过程公平是指向受教育者提供相对平等的受教育条件并使其获得平等的教育对待,消除外部的经济障碍和社会障碍对每一个人学业的影响。教育结果公平是指受教育者获得与其天赋相应的发展的机会,每个学生接受同等水平的教育后能获得进步,达到一个最基本的目标水准,具体包括教育质量的公平和学生学业评价的实质性公平。目前,我国进入新发展阶段,教育公平的内涵也得到了深入发展,对教育公平也有了新的诉求。新发展阶段,教育公平的核心价值在于致力于构建公平而有质量的教育理念,将深切关注投向每个学生,关注每个学生的智慧绽放,注重每个学生的幸福人生。[1] 这也是马克思主义教育公平理论对实现人的全面发展的要求。马克思主义教育公平理论把教育公平的实现同人的解放和全面发展结合起来,面向教育现代化,"五育"并举,促进人的全面发展。[2]

教育公平通过宏观和微观两条途径实现。[3] 从宏观途径来看,教育公平要求国家从社会整体发展需求和人民个体发展需要的视角合理、统一、均衡地配置教育资源。宏观途径对应了教育起点公平,即要根据社会发展情况向受教育者提供教育资源,保证受教育者获得教育资源的平等机会。从微观途径来看,教育公平要求实现教学过程中的公平,即在学校教育过程中,教师要帮助每个学生获得进步,实现个性化发展。微观途径对应了教育过程公平和教育结果公平。可见,教师对实现教育公平具有重要作用。教师是教育资源的重要内核,对学生学业成绩具有重要影响作用。[4] Olson指出,优秀教师能够对学生学业成绩产生非常大的影响,能显著提高学生的学业成绩。[5] Darling-Hammond和Baratz-Snowden认为优秀教师是一种稀缺资源,而且优秀师资的合理均衡配置影响教育公平。[6] 因此,均衡配置优秀教师资源是实现教育公平发展的内在必由之路,已成为教育公平和均衡发展的重要现实需求。[7] 我国以多种形式推动教师智力流转,以解决城乡教师配置差异问题,解决薄弱地区教师质量差问题、教师数量少问题和教师结构不合理等问题。

(2)共生理论

共生理论由德国真菌学家德贝里(Anton de Bary)提出,用于解释不同生物间共同生存、相互依存、共同演化的过程和规律。自20世纪中后期,共生理论被应用于哲学、经济学、社会学、管理学、教育学等领域。共生理论由共生单元(symbiosis unit)、共生模式(symbiosis mode)和共生环境(symbiosis environment)三大要素组成,共生单元和共生模式共同决定系统的演化方式及效率,共生环境容纳并限制系统发展。[8] 在社会学领域,共生单元是人和人构成的组织,是共生关系的主体,也是社会系统中的基本能量;共生模式(即共生关系)是以资源为纽带的共生单元之间的相互依存、相互作用的形式,可分为寄生、偏利共生、非对称互

---

① 崔梅,葛敏.新时代新教育公平论析[J].学校党建与思想教育,2018(6):89-92.

② 袁振国,翟博,杨银付.共和国教育公平之路[M].上海:华东师范大学出版社,2019:26-44.

③ 李晓燕.教师法律素养与教育公平的实现[J].陕西师范大学学报(哲学社会科学版),2018(2):135-138.

④ 曾家延,丁巧燕.西方学习机会测评50年研究述评[J].全球教育展望,2018(1):68-82.

⑤ Olson L. Finding and Keeping Competent Teachers[J]. Education Week,2000(1):3-13.

⑥ Darling-Hammond L. A good teacher in every classroom:Preparing the highly qualified teacher our children deserve[J]. Educational Horizons,2007(4):111-132.

⑦ 成俊华,王爱玲.我国教师资源配置研究的现状及反思[J].教育理论与实践,2018(14):36-39.

⑧ 袁纯清.共生理论——兼论小型经济[M].北京:经济科学出版社,1998:1-30.

惠共生、对称互惠共生;共生环境是维系各个共生主体之间共生关系的环境因素的总和。[①]
由于社会资源具有稀缺性以及受共生环境的约束,共生单元需要建立各种共生关系,合理配
置资源,最大限度地满足共生主体对资源的需求。[②]

　　共生理论为"互联网＋"教师智力流动提供了一个全新视角(见图4-1),有利于分析和解
决教师智力流动系统涉及的城镇优秀教师和乡村教师协同专业发展、城镇学校学生和乡村
学校学生共同发展的问题。在教师智力流动的共生系统中,共生单元主要包括参与教师智
力流动的教师个体、教师所属的学校个体、学生和家长个体以及管辖学校和教师的政府个体
等。其中,政府通过制定政策、提供经费支持、建设环境来引导学校和教师参与智力流动,规
范学校和教师流动责任和义务。学校作为教师和学生的所属单位,负责教师智力资源的管
理、学生管理等工作。教师通过智力资源和服务的流动为乡村学校教师和学生提供支持,帮
助他们获得专业发展和学业成功,从而发挥其作用和价值。学生和家长是教师智力流动的
受益者,他们的需求是教师智力流动的方向。在教师智力流动的共生系统中,共生单元在教
师智力流动过程中不断交流互动,实现协同发展。在教师智力流动过程中,政府、学校、教
师、学生和家长等共生主体之间的协同合作关系构成了教师智力流动系统中主体单元的共
生模式,可以分为由政府主导的教师智力流动共生模式、市场主导的教师智力流动共生模
式。教师智力流动的共生环境包括技术环境、政策环境、经济环境、社会环境等。"互联网
＋"教师智力流动的共生系统能够产生提高薄弱学校学生学业成绩,帮助学生获得成功的直
接收益,也将产生教育公平和社会公平的间接收益。而且,在"互联网＋"教师智力流动的共
生系统中存在由单利共生(single beneficial symbiosis)到差异互利共生(differentia-ted &
mutually beneficial symbiosis),再到均衡互利共生(balanced and mutually beneficial symbi-
osis)的演化逻辑。[③]

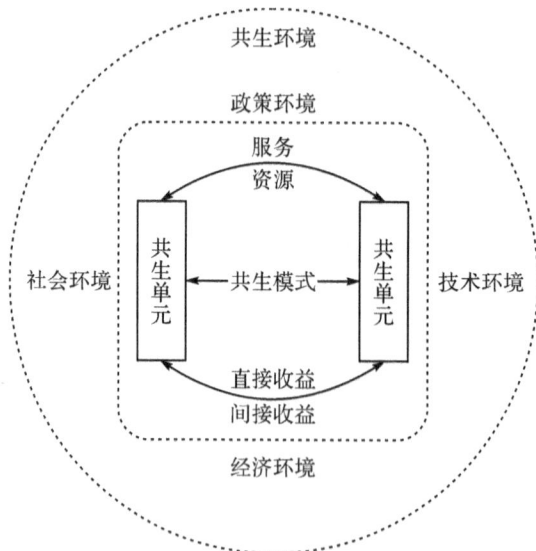

图 4-1　"互联网＋"教师智力流动系统的共生机理

　　① 胡守钧.社会共生论[M].上海:复旦大学出版社,2012:7-8.
　　② 秦悦.共生理论视角下基础教育师资均衡配置研究[D].天津:天津商业大学,2020:11.
　　③ 蒋开东,詹国彬.共生理论视角下高校协同创新模式与路径研究[J].科研管理,2020(4):123-130.

(3)价值链理论

1985年,美国迈克尔·波特(Michael Porter)教授[①]在其著作《竞争优势》(*Competitive Advantage：Creating and Sustaining Superior Performance*)一书中提出价值链理论。该理论认为,所有企业都是设计、生产、营销、交付和支持产品一系列活动的集合体,企业通过价值活动来追求利润。价值活动是企业开展的具有实体和技术独特性的活动,是企业为买方生产有价值产品的基础,包括基本活动(primary activities)和辅助活动(support activities)。基本活动是指与企业价值创造直接相关的活动,包括生产、销售、运输和售后服务等具体活动,是企业价值生成的基本载体;辅助活动是指对企业价值生成的基本活动进行支持的辅助性条件,包括提供技术、采购、人力资源、基础设施等。在企业价值生成中,基本活动与辅助活动相互关联、互为支持,两者是一个有机统一的整体,共同围绕价值创造发挥着作用。[②] 每项生产经营活动都是价值创造不可或缺的环节,这些活动的分工和协作,形成了企业的价值创造链。[③]

教师智力流动是教师资源供给的一种形式,是从教师智力资源和服务的设计、开发、流动、共享到应用的价值增值流程,具备价值链的一般特征。从乡村薄弱学校教师和学生的需求到教师智力流动的规划,从教育公共服务平台的建设到运行管理,从教师智力资源和服务的设计、开发、流动到使用、评价、反馈等环节都充满了相应的价值节点,形成一个有机的价值链。根据波特构建的价值链模型,可以描绘出教师智力流动价值链,如图4-2所示。乡村学校教师和学生作为教师智力资源和服务的使用主体,除了在使用教师智力资源和服务过程中付出相应的学习成本外,还应该发挥其在需求分析、效果评价和反馈方面的比较优势,提升教师智力资源和服务的价值,提升教师专业发展。城镇优秀教师作为教师智力流动的主体,在教师智力流动的整个过程中,处于价值链的中游,拥有教育资源设计、开发和服务的核心竞争力。教师智力流动就是进一步凸显教师作为公共性的人力资源,其价值实现具有公益性特征,在教师智力流动过程中应强化教师承担国家使命和公共教育服务的职责。[④] 在教师智力流动过程中,政府的组织效应最终也是服务于社会效应,即促进教育公平和社会公平;在强调教育投入、教师智力资源和服务质量监管与评价的同时,更应该强调教师智力资源的公共性和共享性。因此,政府应确立公办中小学教师作为国家公务员的特殊法律地位,让广大教师从自己作为教育人的专业角度和系统人的事业角度来重新审视教师智力流动,从社会、学校、教师、学生(家庭)角度审视教师智力流动产生的价值。

4.2.2 "互联网＋"教师智力流动模式的构建思路

实现教育公平是一项复杂的系统工程,需要政府、学校、教师、学生(家长)、社会等多种主体协同作业来完成。教师智力流动为促进教育公平提供了一种可行路径。利用"互联网＋"技术创建智慧教育环境,将城镇优秀教师智力资源和服务在网络环境中流动起来,为乡

---

① 迈克尔·波特.竞争优势[M].陈丽芳,译.北京:中信出版社,2014:29-50.

② 王伟玲.基于价值链的工业数据治理:模型构建与实践指向[J].科技管理研究,2020(21):233-239.

③ 任福兵,孙美玲.基于价值链理论的政府开放数据价值增值过程与机理研究[J].情报资料工作,2021(4):56-63.

④ 操太圣.轮岗教师作为具有公共性的人力资源[J].教育发展研究,2018(4):3.

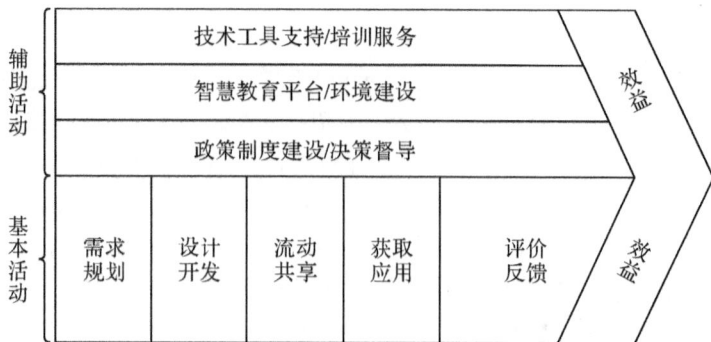

图 4-2　教师智力流动价值链

村学校提供优质的教育服务,一方面帮助乡村学校教师提高专业发展水平,帮助乡村学校学生提高学业成绩、获得学业成功;另一方面,拓宽城镇优秀教师服务覆盖面,丰富城镇教师教学经历和经验,提升城镇教师专业素养。这就要求在"互联网＋"教师智力流动系统运行过程中需要政府、学校、教师、学生、家长等主体实现共生,即共生单元要协调共存、协同作业,实现互惠互利、共同发展。依据教育公平理论、共生理论和价值链理论,本研究构建了"互联网＋"教师智力流动模式,如图 4-3 所示。

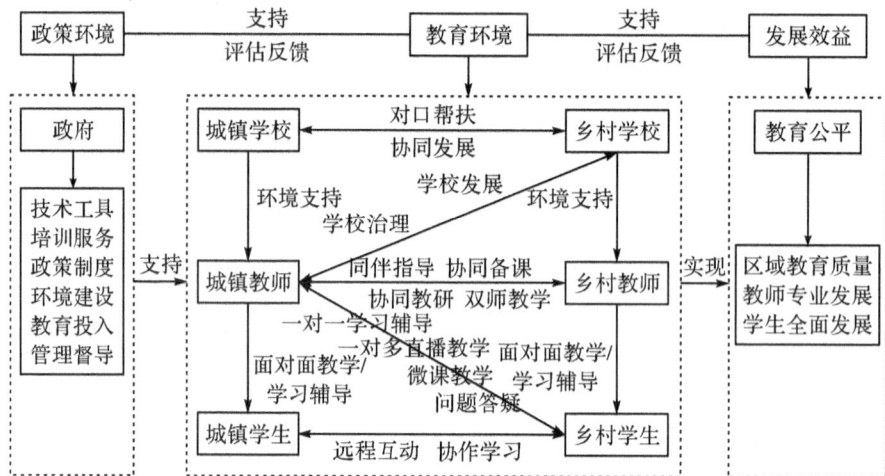

图 4-3　"互联网＋"教师智力流动模式

　　首先,"互联网＋"教师智力流动系统的运行需要有良好的政策环境做基础,而创建政策环境的主体是政府。一是,政府能够利用自己的权力职能制定政策、建立教师智力流动制度,通过政策手段推动学校和教师积极参与智力流动。二是,政府能够利用自己强大的财政系统为教师智力流动提供资金支持,利用绩效奖励机制加强学校和教师实施智力流动的外部动机。三是,政府能够组织大规模的教师培训活动,为教师开展教师智力流动活动提供技术工具支持,并培训教师使其获得技术能力,能够在"互联网＋"环境中顺利开展教学、教研等活动。

　　其次,"互联网＋"教师智力流动系统是在教育环境中运行的,由学校、教师实施教育教学活动,并作用于学生主体。一是,在教师智力流动系统中要实现城镇学校与乡村学校的对口帮扶,形成区域学校共同体,城镇学校向乡村学校输送优秀骨干教师,乡村学校向城镇学校选派青年教师接受培训和教师教育,实现城乡学校协同发展。二是,城镇学校教师在学校支持下,利用"互联网＋"技术、人工智能向乡村学校输送智力资源和服务,通过参与乡村学校治理促进乡村学校发展;通过实施同伴指导、协同备课、协同教研、双师教学等活动促进乡村学校教师专业发展;通过一对一学习辅导、一对多直播教学、微课教学、问题答疑等活动面向乡村学生开展教育教学活动,提高学生学习成绩,促进学生全面个性化发展。三是,组织城镇教师和乡村教师利用智慧教育环境开展双师课堂,城镇教师与乡村教师协同授课,组织城镇学生与乡村学生远程互动,开展在线协作学习。四是,城镇学校教师和乡村学校教师分别对本校学生进行线下面对面授课和学习辅导,不妨碍本校教育教学活动。通过城镇学校教师、乡村学校教师、城镇学校学生和乡村学校学生的相互联通来实现城镇学校与乡村学校的联结,加强城乡学校协同发展。

再次,"互联网＋"教师智力流动的最终目标是实现教育公平,这是教师智力流动的价值所在,主要表现在促进校际之间的教育公平、区域之间的教育公平和城乡之间的教育公平,以促进全体学生个性化发展、提高教师专业发展水平、全面提高学校教育质量和区域教育质量、实现公平优质教育发展为评估标准。教育公平既要满足人人享有平等的受教育权,还要实现不同学生之间获得公平的发展前景。通过教师智力流动,为乡村学校提供优质教育资源和教师服务,帮助乡村学校开齐、开足、开好学科课程,保障乡村学校获得充足的、高质量的教育资源和教育服务。一是,向乡村学校输送优秀骨干教师,改变乡村学校教师结构,增加乡村学校高质量教师的数量,缩小校际之间在教师资源上的差距。二是,通过城镇优秀教师与乡村学校教师的联结,为乡村年轻教师分派城镇优秀教师作为指导教师,开展同伴指导,以师徒制形式加强城镇教师与乡村教师的交流互动,并鼓励城镇教师与乡村教师协同备课、协同教研。城镇优秀教师听评乡村青年教师授课,乡村青年教师观摩城镇优秀教师授课,借助"互联网＋"技术、人工智能、大数据技术开展协同教研活动,加强乡村学校教师专业发展,缩小学校之间在教师质量上的差距。三是,城镇优秀教师与乡村教师协同授课,利用网络学习空间开展异地同步教学,城镇优秀教师作为主讲教师,面向本地学生面对面授课,并面向乡村学生开展直播教学;乡村教师作为助教负责管理乡村学生班级,以双师教学形式向乡村学校输送优质教师服务,缩小学校之间在教育质量上的差距。通过提高乡村学校教师专业水平带动乡村学校教育质量,提高乡村学校学生学业成就,逐渐缩小学校之间、区域之间和城乡之间教育差距。

4.3 "互联网＋"教师智力流动的机制

中国在教师资源均衡配置上存在不均衡问题,教育不公平现象比较严重。城市学校由于先进的教学设施和教学资源支持,学校领导和教师能够实施以学生为中心的学习和教学,教师专业发展能力和教师质量显著高于农村学校教师,教学质量也优于农村学校的教学质量。[①] 利用信息技术手段促进教师资源均衡配置受到很多国家和研究者的关注,通

---

① Hallinger P & Liu S. Leadership and teacher learning in urban and rural schools in China: Meeting the dual challenges of equity and effectiveness[J]. International Journal of Educational Development,2016 (51):163-173.

过应用技术手段支持教师开展在线教学和辅导，帮助弱势学校的学生开展在线学习。在线辅导是指教师在网络学习环境中对学习者提供指导与学习支持的一种教学方式。教师利用互联网手段为学习者解答学习问题，为学习者辅导家庭作业，能够提高学生的学习成绩和学术发展水平。[1][2]

在知识经济时代，教育对人才培养的重要性越发突出。与此同时，随着我国社会矛盾的变化，人们对优质教育资源的需求也越来越高，使得统筹教育资源均衡配置、推动教育公平发展成为政府需要优先考虑的问题。2010 年，《国家中长期教育改革和发展规划纲要（2010—2020 年）》明确提出，要均衡配置教师资源和教育内容资源，通过缩小区域间教育差距、城乡之间和校际之间的教育差距实现教育均衡发展。2017 年，党的十九大报告明确指出，要加快教育现代化，推进教育公平，努力让每个孩子都能享有公平而有质量的教育。2018 年，教育部印发的《教育信息化 2.0 行动计划》明确指出，教育信息化具有突破时空限制、快速复制传播、呈现手段丰富的独特优势，必将成为促进教育公平、提高教育质量的有效手段。

加强教育资源均衡配置，促进教育公平成为政府实施教育改革的重要目的。开放辅导是指利用教育信息化手段，通过大数据学情分析，精细化地诊断学生学习问题，挖掘学生个性化学习需求，并为学生提供个性化、精准的教学辅导，实现教师智力流动。北京市实施开放辅导计划是为了提高弱势家庭孩子的学习成绩，帮助弱势家庭孩子获得学习成功，缓解教育不公平现状。该计划鼓励北京市中学教师为边远地区和薄弱地区学校的学生提供在线学习辅导，并由政府支付教师辅导费用，减轻弱势家庭的经济负担，减少弱势家庭与优势家庭之间的差距，以促进教育公平发展。

依托"智慧学伴"平台，鼓励中学教师发挥自身教育特长和优势，自主开放教学资源，提供多种形式的在线辅导和教学服务，学生根据自己的需求，提前预约、自主选择合适的教师开展在线学习，及时解决学习过程中的困难和问题，帮助学生补短板、发展兴趣和特长。以"互联网＋"和大数据深化创新教育基本公共服务供给方式，实现教师服务属性精细化的萃取和在线流动，为学生提供精准化、个性化、多样化的在线教育服务供给，从而促进优质教育资源供给侧结构性改革和个性化教育服务模式的创新，保护、发现并发展学生的个性和特长，探索并培养学生在未来教育的开放式学习环境中学习方式的转变和养成，增强学生及其家长的实际获得感。

教师智力流动的有效以及高效实施需要政府、学校、教师、学生、家长等多主体的参与和协同，并有经费支持、人力资源支持、技术支持等一系列的支持条件，这就需要构建一套合理的机制（见图 4-4），以指导和引导教师智力流动的有序和高效实施。"互联网＋"教师智力流动机制包含以政府为主体的责任机制、针对流动教师资质的审核机制、以学生为中心的辅导（教育教学活动）实施机制、以师生为主体的评价机制和以效益为指针的保障机制。

---

① Malik K，Martinez N，Romero J，Schubel S & Janowicz P A. Mixed-methods study of online and written organic chemistry homework[J]. Journal of Chemical Education，2014，91(11)：1804-1809.

② Richards-Babb M & Jackson J K. Gendered responses to online homework use in general chemistry [J]. Chemistry Education Research and Practice，2011，12(4)：409-419.

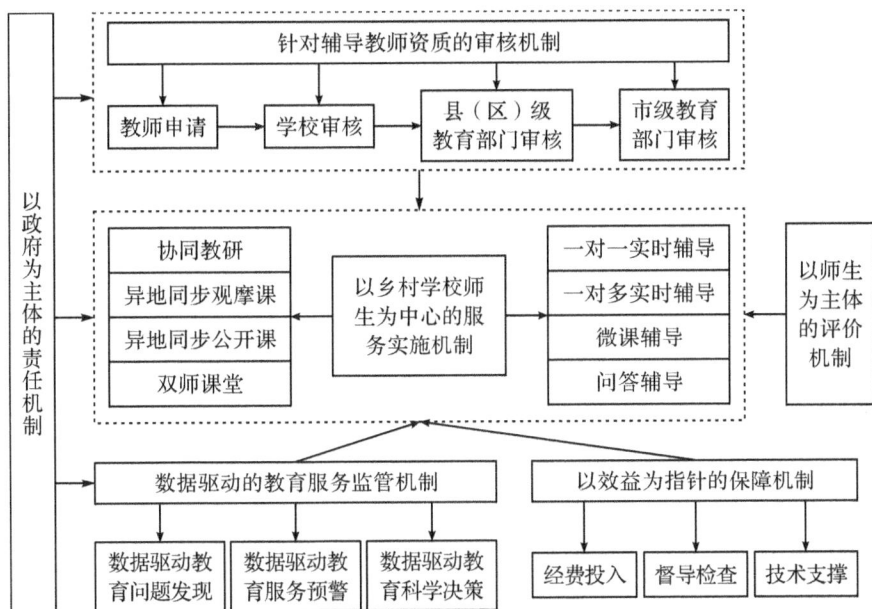

图 4-4 基于开放辅导的教师智力流动机制

4.3.1 以政府为主体的责任机制

在我国推动教育资源均衡配置的相关政策制定和实施过程中,政府成为主要的责任主体,并担负了教育资源配置的相关职能。由于政府的行政职权、社会经济资本分配职权,政府有能力在全国范围内推动教育资源均衡配置,推动教师流动,并且政府能够站在社会公平的高度,建立一个制度化或法制化形式的、有效的、可施行的教育发展方式,这种方式能够坚持以人为本,能够促进人的全面发展,能够带动社会与经济发展,能够实现人与社会经济发展相协调以及社会经济的可持续发展。[①] 国家或者地方政府作为责任主体行使教育资源配置职能,主要从社会整体出发,对全国或者部分省市教育资源(包括教师资源)进行全局性的规划,依据各地区人口、经济发展等需求合理协调分配教育资源和师资力量,对各个地区在教育资源配置方面提供服务并施以监督。另外,学校是教育资源配置的主要阵地,学校应协同政府职责,做好管理教师工作,并向上级政府提供反馈信息,在自己的权限范围内依据实际情况对本校教育资源和教师资源配置进行合理调整,以达到资源配置效益最优化。[②]

在开放辅导计划中,要明确政府责任主体及其在开放辅导中需要承担的责任内容和范围,并以责任为依托实施开放辅导计划。开放辅导计划通过教师在线辅导学生,利用互联网实现教师资源均衡配置,提高农村地区和边远落后地区的教育质量,缓解城乡之间教育差距,这是政府主体的正义责任。由于开放辅导涉及北京市中小学教师的权利和福利,政府应当通过支付辅导费用,提供荣誉奖励,或者其他转移支付方式为教师提供相应的福利待遇,保障教师的权利。因此,政府在开放辅导中负有法律责任。法律制度是教育资源配置和教师流动的基本规约,在调整教育资源配置失衡以及对弱势群体进行教育补偿方面也必须以

---

① 李玲馨.教育公共性与有为政府分析[J].阜阳师范学院学报(社会科学版),2010(1):141-145.
② 刘一飞,刘礼想,刁永锋,等.义务教育师资协同配置均衡发展研究[J].教学与管理,2017(15):38-41.

法律制度作为基本依据。[①] 在开放辅导的实际实施过程中,首先,在法律制度约束下规定各级政府的权力和责任。例如,开放辅导的经费来源由北京市市级资金保障,开放辅导教师的招募由北京市教育委员会依法实施,并尊重教师的自主选择权利。其次,以法律制度形式有效实施教师在线辅导,保证教师的工作时间,保障学生的课内学习和课外活动时间,不能以增加学生负担为代价而实施辅导。最后,北京市政府建立了监督机制,切实保障开放辅导有序高效实施,实现教师资源流动效益的最大化。

北京市政府在开放辅导计划中的责任主要有,一是组织实施。北京市教委成立中学教师开放型在线辅导计划协调小组,负责宏观决策与整体规划。下设协调小组办公室,负责在线辅导计划项目方案、实施细则与标准规范的制定,参与辅导教师的准入审核、辅导监管、工作量认定,"智慧学伴"平台的运营,在线辅导执行情况大数据分析与信息发布以及各参与方的组织协调等工作。同时,规定各区教委成立区级协调小组及办公室,负责本区中学教师参加开放辅导计划的整体安排和过程监管。各中学和教师研修机构成立校级协调小组,负责本校(机构)教师参加开放辅导和中学生参加在线学习的组织管理工作。二是招募教师。开放辅导面向北京市中学和教师研修机构的区级及以上级别的骨干教师招募在线辅导教师,同时鼓励在岗普通教师积极参与,根据开放辅导的实施情况适时扩展到有资质的教育机构,即面向北京市所有合格的学科教师招募在线辅导教师。同时,规定教师辅导任务量。辅导教师每周在线时长不少于2小时不多于10小时,在周一至周五18点至22点,双休日及法定节假日的8点至22点为学生提供在线辅导。

4.3.2 针对流动教师资质的审核机制

为了保证教师智力流动系统运行过程中的教育质量,满足学生个性化学习的需求,北京市教委面向北京市招募优秀教师的方式选择智力流动教师,鼓励高职称级别的教师或者骨干教师积极提出申请。同时为了保障参与智力流动的教师数量,也鼓励普通教师积极申请。教师所在学校、区级教育委员会和市教委等逐层对教师进行审核,审核通过的教师才能实施在线辅导。教师在线申报时需要填写基本信息和辅导专长两部分信息。基本信息包括教师姓名、性别、学科、职称、骨干教师类别、所在区和单位名称、任教学段和年级等;辅导专长包括教师擅长的学科知识点、知识领域、研究领域等内容。教师提交申请信息后,首先由教师所在学校负责教师申报信息的审核,并对教师在线辅导情况进行监督。学校审核通过后经由区教委、市教委进行审核,完成三级审核后申报教师被纳入在线教师库,并可进入"智慧学伴"平台开始为学生提供在线辅导服务。

4.3.3 以乡村师生为中心的服务实施机制

"互联网＋"教师智力流动主要面向乡村薄弱学校输送城镇优秀教师智力资源和教育服务,帮助乡村学校教师和学生获得专业发展和全面个性化成长。在面向乡村教师专业发展方面,形成以乡村教师专业发展为中心的实践共同体,城乡教师建立认知学徒关系,实施一对一指导,开展协同备课、协同教研、双师教学,实施基于网络空间的异地同步公开课和观摩

---

① 许丽英.论教育补偿机制的构建——义务教育资源均衡配置的实现路径探讨[J].教育发展研究, 2010(19):31-35.

课。组织城镇优秀教师听评乡村教师授课,发现问题,给予指导;组织乡村教师观摩优秀教师授课,学习先进经验和教学理念。在面向学生发展方面,开展以学生为中心的教育服务,例如,通过"双师课堂""专递课堂""名师课堂"和"名校网络课堂"等形式与农村教师协同作业,共同开展教学活动,开展协同教研,实现城乡教师共同专业发展。

学生学习新知识往往基于已有的知识基础,因此帮助学生建立新知识与已有知识的联系对于学生学习新知识具有重要意义,这就要求教师应了解学生的兴趣、背景、能力,并在此基础上设计好教学内容[①],做到以学生为中心的教学。开放辅导计划借助于"智慧学伴"平台、大数据技术和学习分析技术等帮助教师开展在线辅导,并对学生进行精准测评,以准确了解学生的学习状态、发现学生的学习问题,采用适合学生个性化特征的辅导方式,为学生提供个性化的、精准化的在线辅导服务。在开放辅导中,学生是学习的主体,是教师服务的对象,教师应做到以学生为中心,注重学生学习的主体地位,为学生提供多样化的辅导形式,帮助学生获得学习成功。辅导教师主要通过四种形式对学生进行在线辅导,分别是一对一实时在线辅导、一对多直播教学、问答辅导和微课辅导。

一对一实时在线辅导。教师一对一实时在线辅导是开放辅导中非常重要的功能模块。学生在智慧教育系统中发起辅导申请或者提前预约辅导教师;教师接受申请和预约,在规定的时间内实施一对一学习辅导活动。在辅导中,教师使用点阵笔书写,师生可以使用语音、文字或者图片进行交流,实现对学习者的个性化指导。

一对多直播教学。在一对多辅导中教师提前设定辅导专题和时间,面向多名学生开展实时直播教学,授课过程会被录制保存,供学生回放学习。在直播教学过程中,学生可以与教师互动,与学习同伴交流讨论。在直播课模块中教师可以管理学生,授予学生发言、书写等权限,通过语音、文字等形式组织学生交流讨论。教师可以添加PPT或者其他学习资料,学生能够观看教师的讲义内容。一些辅助性工具可以帮助教师更加灵活地实施教学和管理教学资源。

问答辅导。在问答中心板块,教师可以解答学生提出的问题。学生可以指定某位教师解答问题,也可以让所有的教师解答。辅导教师接受问题请教申请后,就可以对学生进行问题讲解。或者教师根据自己的学科、任教年级、专业专长等检索问题,通过输入文字进行解答,也可将解题思路、解答过程写在白纸上,然后拍照上传。

微课辅导。在异步辅导情况下,教师可以开发教学设计,录制教学视频,上传到"智慧学伴"平台。学生可以浏览微课,教师能够跟踪学生的学习进度,指导学生讨论、参加测试。在设计微课时,"智慧学伴"为教师提供各种在线学习活动,教师可以将活动绑定到自己的微课上,学生可以开展课堂提问、交流讨论、投票、评价等活动。

4.3.4 以师生为主体的评价机制

开放辅导计划设置教师和学生相互评价的机制。由于教师对学生实施在线辅导的公益性以及教师参加在线辅导的自愿性,在设计教师评价机制方面,弱化了教育主管部门、学校领导对参加开放辅导的教师的评价。借鉴学生评教的思想,将学生作为教育的消费者,让学生成为评价教师的主体。在学生评教的理念下,学生评教有助于保证教育质量,能够帮助教

---

① 杜星月,李志河.基于混合式学习的学习空间构建研究[J].现代教育技术,2016(6):34-40.

师和学校领导者改进教学质量，提升学校管理效率。同时，学生评教成为教学的数据支撑和证据来源。大学生评教制度作为质量保障机制，是学生实现选择权利的具体形式和途径，为院校教育教学动态改革提供了有效信息。[①] 在"开放辅导"计划中，学习者拥有评价辅导教师的权利。即在辅导结束后，学生根据教师辅导情况和自己的满意度给教师打分。学习者对辅导教师进行评价，一方面，学生的评价可作为教师辅导质量的评价标准，另一方面，学生的评价可以激励教师不断提高在线辅导质量，成为激发教师不断成长和发展的一种动力。学生对教师进行评价是体现以学生为中心的一个方面，能够提醒教师在辅导学生过程中要注意将学习者放在主体位置，教师作为教学和学习的主导者、引导者、协作者，教师辅导是为了学生学业发展。

同时，教师也可以根据学生的表现对学生进行打分、撰写评语等。"智慧学伴"平台自动记录每个学生每个月在线学习时长、所支付的学分、对教师的评价、教师给予的评价以及负面网络行为等信息，并计入学生数据库。对故意恶评、发布其他不良信息等负面行为的学生，由市级协调小组办公室逐级反馈到学校，由学校对学生进行干预和指导。同时，云平台记录在线教师辅导数据，建立在线辅导时长和绩效相结合的评价体系，为每位在线教师建立在线辅导档案。市级协调小组办公室制定工作量考核标准，根据云平台每学期汇总的数据，对参与在线辅导的教师进行工作量考核评价，计算教师的辅导绩效，并发放相应的辅导费用。同时，教师的辅导绩效也作为教师申请骨干教师的参考标准，北京市在评定骨干教师时优先考虑辅导考核优秀、辅导绩效高的教师。

4.3.5　数据驱动的教育服务监管机制

互联网、大数据、人工智能等技术的发展与应用提升了教育治理能力，助推教育管理信息化、教育决策智能化、教育公共服务供给个性化、教育评价科学化。大数据技术的应用所带来的智能信息收集与筛选、系统任务识别以及辅助决策行为等，为解决教育治理问题提供了重要的技术支撑，形成了一套通过数据驱动和算法辅助决策的管理系统。[②] 数据驱动的教育治理，能够帮助人们进行科学决策。通过大数据构建教育预测模型，能够协助教育主管部门准确判断教育系统发展形势，科学把握教育系统发展程度，准确预测教育系统未来发展趋势，提前统筹教育治理和科学决策。数据驱动的教育治理能够有效提升教育主管部门的教育治理和教育服务供给能力，实时监管教育系统发展过程，预警教育系统中各主体的发展问题。大数据必将在教育服务监管中大有作为，或将成为提高教育服务监管效益的创新驱动力。

利用人工智能、大数据技术开展教育监管，是目前教育治理的一个趋势。针对"互联网＋"教师智力流动实施基于大数据的动态监管，不仅能够为乡村学校提供精准化、个性化教育服务，还能及时发现师生异常行为，对教师流动进行预测和干预。首先，采集乡村学生的学习全过程数据并进行分析，可以精准诊断乡村学生的学习问题，确定学生的学习需求，支

---

① 高洋.美国高校年度报告中文化—认知调查——基于正当性的制度视角分析[J].比较教育研究，2021(3):79-85,111.

② 靳澜涛.从教育治理到教育治理现代化的内在逻辑及其价值理性[J].中国电化教育，2021(10):51-56.

持流动教师为乡村学生提供精准化、个性化的教育服务,帮助流动教师开展数据驱动的教学改革,做到教学个性化,从而促进学生个性化发展。其次,对乡村教师的教学、教研活动进行大数据分析,发现乡村教师的教学问题,反馈给流动教师和乡村教师,支持流动教师针对乡村教师个性化教学问题解决的学徒式培训,支持城乡教师开展数据驱动的协同教研,支持城市优秀流动教师一对一指导乡村教师,帮助乡村教师改善教学,提高乡村教师的专业发展水平。再次,利用大数据分析流动教师、乡村学校师生的教学和学习行为,能够及时发现或预测师生的异常行为,支持教育部门和学校决策,调整、改善师生行为。数据驱动的教育服务管理强化了教师流动的监控和预警,发现教师流动异常行为后可及时采取措施,对流动教师、乡村师生发出预告,并提供校正方案,有效防止事后补救的滞后性,提高教师流动效率。

4.3.6 以效益为指针的保障机制

要推动开放辅导计划得以实施,还需要建立一套保障机制,从经费支持、管理监督和技术支持等方面保障学校、教师和学生能够顺利、高效地参与在线辅导和学习,提高开放辅导的效率和效益。

首先,经费投入。开放辅导计划所需经费主要由辅导费用和组织管理费用构成,由北京市市级资金保障。辅导费用主要用于支付辅导教师的辅导报酬。在计算辅导教师报酬时,根据辅导教师辅导的学生数、辅导时长、学生给教师的评价等折算成相应的绩效积分,将积分乘以10换算成辅导费用(以元为计量单位)。同时,为了鼓励优秀教师参与,在计算教师辅导费用时针对不同级别的教师设置不同的系数。其中,普通教师(即没有职称或不是骨干教师的辅导教师)的辅导费用系数为1,市级学科带头人和骨干教师的辅导费用系数为1.2,正高级教师和特级教师的辅导费用系数为1.4。组织管理经费包括北京市中学教师开放型"智慧学伴"平台建设与管理、市区两级协调小组办公室统筹协调与管理所需经费、面向各区辅导教师和学生的培训等经费。开放辅导计划实施经费纳入北京市市级财政预算,组织管理经费纳入北京市教委部门预算,按照项目管理办法进行预算管理。

其次,管理监督。市教委要指导市级协调小组办公室建设好支持北京市中学教师和学生参与开放辅导的"智慧学伴"平台,利用信息化手段确保精准施策。各区教委和中学要高度重视开放辅导计划的落实,结合实际分层次制定各自的实施方案,安排专人负责方案推进,积极组织相关教师参加开放型在线辅导。各中学学校组织学生积极上网获取教师开放型在线辅导服务。各区级协调小组和办公室负责本区在线教师的管理、指导工作,并督促各中学和研修机构做好在线教师的申报、审核、培训、过程跟踪和监督。在市级协调小组办公室的协助下组织成立在线辅导专家指导团,在学校申报的基础上审核教师辅导专长,针对学生学习特点和实际需求并结合学科教学改革和中考改革方案,做好本区在线辅导的方案设计、工作培训和指导服务,指导、督促所在区各中学做好面向本校学生家长的宣传工作、面向学生的技术培训工作和学生网络应用习惯的引导工作,并定期进行在线辅导抽检。实际协调小组办公室建立监督检查专家组,对中学教师在线辅导的各环节工作进行全程监督。对在线辅导的实施管理和监督检查形式主要采用网络核查的方式。对于在线实施管理和监督检查中出现严重问题的教师,将取消其在线辅导资格。

第三,技术支撑。北京市教委委托第三方机构成立开放型教师开放辅导计划运营主体,由市级协调小组办公室负责统筹协调。第三方机构负责建设"智慧学伴"平台,支持实现开放辅导项目教师的申报、审核、在线辅导管理和实施,以及在线辅导分类别、分层次的数据统计、分析、监控等功能。另外,第三方机构负责对教师和学生进行技术培训,让教师和学生都能够熟练使用辅导云平台工具进行在线辅导和学习。

4.4 "互联网＋"教师智力流动的路径

为了有效实施"互联网＋"教师智力流动模式,切实发挥教师智力流动作用,提高教育公共服务供给效率和效益,促进教育公平,不仅要建设科学合理的流动机制,还要设计切实可行的教师智力流动路径。由于"互联网＋"教师智力流动是一个复杂的系统,需要政府、学校、教师、学生(家长)等多主体协同参与,完善教师流动制度,创新教育供给模式,创新在线教研模式,创新在线教育模式,开展双师教学活动,为乡村学校提供优质教师资源、开展个性化教育,促进城乡教师协同发展,增强乡村学生对优质公平教育的获得感,促进教育公平。

4.4.1 完善教师流动制度,实现公益化优秀教师区域共享

进入"十四五"发展阶段,我国将建设高质量教育体系作为重要工作之一,提出坚持教育公益性原则,深化教育改革,推进基本公共教育均等化,建设高素质专业化教师队伍,促进教育公平。教师流动是推进教育公平的可行途径,对于均衡配置优质教师资源、提高乡村教育质量具有重要作用。但是,教师流动制度还存在一些缺陷。一是,教师流动制度在内容上重实质正义轻程序正义,重国家和社会层面的宏观价值取向,轻学校和教师层面的微观价值取向。规定了城镇教师向乡村学校流动,但是对于乡村学校教师向城镇学校流动的规定比较模糊;明确了教师流动在于提高乡村教育质量,促进城乡教育公平,但是没有明确流动学校和流动教师的利益,学校和教师利益保障机制不完善。二是,在实施中出现制度异化、流动私利化、流动上的单向性、无序性等不良现象。三是,对义务教育领域教师流动的义务均等性和公共治理性重视不够,使得流动教师的义务和职责不明确,无法融入流入学校教育治理中,难以发挥作用。因此,应重新确立政策工具的价值取向,兼顾国家战略、学校利益和教师诉求的平衡,完善教师流动制度,加强教师交流政策与其他政策的融合,推动配套制度改革,以逐步实现全员流动,促进师资均衡配置。①

完善"互联网＋"教师智力流动制度应重新界定教师作为一种教育资源的属性,承认教师作为人力资源而具有的公共性特征,关注教师流动政策的教育价值,这也是坚持教育公益性原则的必然要求。"互联网＋"技术赋予了教师资源新的特征,使教师除了具有线下实体身份外,还可具备线上虚拟身份。这就为教师从"学校人"向"系统人"转变提供了条件。可以建设教师的双重身份,线下属于具体的某个学校,线上属于区域教育系统。教师以"系统

---

① 汪丞.教师定期交流的政策困境与对策——基于政策工具的视角[J].教师教育研究,2020(1):20-26.

人"身份,通过在线教育形式向乡村学校输送教育服务。作为"学校人",教师在物理空间中可以常态地到农村学校交流任教,但是难以实现超出常态化而超期或者长期地在农村交流任教。如果实现"互联网＋""系统人"的虚拟身份流动,则教师不会离开城市优势空间,不会在农村劣势空间中工作,而利用网络空间将自己的智力资源和服务输送到乡村学校,从而实现超长期的教师流动。这样,在坚持教育公益化原则基础上,利用"互联网＋"技术,加强对公共教师资源和教师服务的合理配置,在区域内实现优质教师均衡配置,带动区域教育高质量发展,促进区域教育公平。

4.4.2 创新教育供给模式,实施个性化教育公共服务供给

传统教师流动仍然是面对学生群体开展教学活动,属于面向学生群体的教育公共服务供给。在"互联网＋"时代,对教育结果公平的追求要求我们面向学生个体提供优质教育服务,使每一个学生都能够获得学习成功和个性化发展。因此,需要创新"互联网＋"新时代教育供给模式,实现面向个体的精准化、个性化、适应性的教育供给。[①] 在教育供给模式方面,适当放宽区域教育机构和学校权力,鼓励区域教育部门、学校通过各种方式丰富教育供给来源,建立服务于学生关键能力发展的统一战线。变革教育公共服务供给结构,转变自上而下的、线性的教师流动模式为网络化的、非线性的教师智力流动模式,使城镇学校和乡村学校的教师能够双向流动,利用学校各自的优势开展城乡教师培养工作,使城乡教师均能够在流动中获得专业发展;畅通教育供给渠道,开设优秀学校与薄弱学校之间的资源流转渠道,利用网络促进优质教师智力资源的流动和流通,全方位为学生综合素质和关键能力发展提供坚固的支持。

实施精准化、个性化、适应性的教育公共服务供给,需要对教师和学生进行精准诊断,发现师生的真实需求。而利用大数据技术能够对所有师生的教学和学习全过程数据进行深度挖掘和分析,从师生整体和个体层面进行分析,一方面,发现教师和学生整体上的教学规律和学习规律,发现教师群体和学生群体分别存在的教学问题和学习问题;另一方面,发现教师和学生个体存在的个性化的教与学问题,并确定教师教学风格和学生的学习风格,明确教师和学生在教学和学习中的需求,依据教师和学生的个性化特征推荐合适的、优质的教育资源和服务,开展教师培训,助推教师专业发展,并支持学生学业学习。

4.4.3 创新在线教研模式,促进精准化城乡教师协同发展

"互联网＋"教师智力流动不只是向乡村学校学生提供教育资源和教育服务,而且,仅仅依靠城镇优秀教师为乡村学校提供教育服务而改变乡村学校教育质量低的问题,很难做到持续性和高效率。通过教师智力流动,提高乡村教师专业发展水平,从向乡村学校"输血"变为帮扶乡村学校"造血"。因此,利用"互联网＋"技术、人工智能支持城乡学校教师结对帮扶,创新在线教研模式,加强城乡教师实践共同体建设,加大乡村教师培训力度,提升乡村教师专业素养。在城乡教师教研方面,组建城镇优秀教师和乡村青年教师的师徒制培养模式,城镇教师一对一指导乡村教师。在日常教学中,指导教师听评乡村教师的常规课,课中借助互联网、人工智能技术对乡村教师进行记录和评价;课后指导教师和乡村教师交

---

① 余胜泉,汪晓凤."互联网＋"时代的教育供给转型与变革[J].开放教育研究,2017(1):29-36.

流互动,研课磨课,帮助乡村教师认识自己教学优势和不足,改进教学模式,改善教学方式;指导教师和乡村教师进行反思,针对乡村教师上课情况,指导教师的指导工作和乡村教师培养情况进行反思。利用"互联网＋"技术开展城乡教师一对一指导,能够长期执行,不仅能解决传统教师集中培训中受训教师无法获得专家长期指导的问题,还能够在教学实践中指导乡村教师运用教育学理论,创新教育教学模式,使用新的教学技术和工具,提高教学效率和效果。

为了提高城乡教师在线教研活动效果,需要明确教师上课存在的问题,寻找合适的解决方案,加强城乡教师交流互动,强化理论知识在实践教学中的应用。利用智慧教研平台,城镇优秀教师在听评课中,记录教师上课情况,例如,教师教学行为数据、问题设计、教学方法、教学模式、与学生互动等数据。智慧教研平台对教师的教学数据进行智能分析,得出教师教学活动存在的问题,给予教师精准化的教学问题诊断,并提出解决方案。指导教师与乡村授课教师一起开展基于数据的教研活动,做到有的放矢,提高在线教研效率和效果。另外,乡村教师观摩指导教师的授课,学习指导教师教学设计、教学组织、学生管理、应急管理等技能,提高乡村教师教学能力。在协同教研过程中,按照教师专业标准培养更多高素质教师人才,突出培养教师的智商、情商和情怀。培养教师教学技能、教学管理、学生管理等方面的智慧;关注教师的情感发展,激励教师形成正确的人生态度和价值观,形成在教师职业发展过程中不断自我完善的内在动力;培养教师的教学智慧,有效提高教师培育学生的能力,提高教师帮助学生发展的能力。[①]

4.4.4　创新在线教育模式,强化混合式双师协同精准教学

"互联网＋"教师智力流动主要以虚拟智慧教育环境为载体,通过在线教育向乡村学校输送教学服务,帮助乡村学生获得新知、培养智慧,实现个性化全面发展。为了提高"互联网＋"教师智力流动效果,教师在课堂教学中可以实施翻转课堂教学模式,实施基于网络的问题探究教学模式,实施基于虚拟仿真的实验探究教学模式,根据教学内容、学生特征有效开展教学活动,加强学生动手实践能力、知识建构能力、问题解决能力和批判性思维能力。建构网络学习空间人人通,支持学生开展移动学习、泛在学习、混合学习,综合多种学习方式以刺激学生学习兴趣,培养学生自主学习能力、自我管理能力、自我反思能力和实践创新能力等综合素质。同时,利用"互联网＋"新技术针对学生需求,开展一对一在线教学,针对学生个体情况实施学习辅导;利用直播教学平台,开展城镇教师面向乡村学生的一对多直播教学,扩大优秀教师资源和教学服务的覆盖面,提高在线教育效益;基于微课视频开展基于微课的翻转课堂教学,鼓励乡村学生利用智慧教育平台进行自适应的自主学习;基于智慧教育平台的问题广场版块,向学生提供异步学习辅导服务。通过多种在线教育模式,将线下教育(智力)资源数字化,形成可供线上传输和共享的教育资源,拓展线上教育供给形式,融合线下教育供给内容,为学校、教师和学生提供优质教育资源和智力资源,有效促进教育公平,提高教学质量,促进学生关键能力和综合素质培养和发展。

基于学科教育,开展双师教学,解决乡村学校由于缺教师而产生的开不齐、开不足、开不

---

① 李奕,徐刘杰.面向学生未来发展的教育供给侧改革研究——基于北京市深综改革的实践经验[J].中国教育学刊,2017(11):47-53.

好课程的问题。在双师课堂教学中,城镇优秀教师作为主讲教师传授知识,乡村教师作为助教组织乡村学生认真参与学习活动,管理学生,辅导学生,评价学生。双师课堂教学可以使城镇优秀的音乐、美术、体育等教师通过网络环境向乡村学生传授新知识,也可以使乡村教师观摩优质课,实现学生和教师的共同发展。同时,借助互联网技术搭建网络学习空间,通过网络拓展教育供给形式以适应学生多元发展的需求,适应学生个性化成长的需求。为学生提供个性化的学习资源、学习路径、学习策略、学习活动、学习指导,帮助学生实现全面而又具有个性化特征的发展。"互联网＋"教师智力流动系统将学校物理空间与虚拟学习空间相融合,打造跨越时空限制的立体化的育人空间;将物理空间中的教学活动与虚拟学习空间中的学习活动相融合,打造灵活多样的教学模式;将线下教师资源与网络学习资源相融合,供给丰富优质的学习支持服务,切实提高教学效果,提高学生关键能力,促进学生发展。

4.5　本章小结

　　本章首先分析了传统教师(智力)流动存在的问题,然后基于教育公平理论、共生理论和价值链理论构建了"互联网＋"教师智力流动模式。在该模式中,政府为教师智力流动创建政策环境,学校、教师、学生共同构成了教师智力流动的教育环境,通过政府、学校、教师、学生的协同从而实现教育公平。在"互联网＋"教师智力流动模式中,城镇优秀教师参与乡村学校教育治理,面向乡村学生提供教学和学习辅导服务,与乡村教师一对一结对、开展协同教研活动;通过社会化问答社区为学生提供异步的问题解决服务;通过在线实时一对一辅导为学生提供个性化教学和学习指导服务;通过开发微课为学生提供丰富的优质的学习资源,支持学生自主学习;通过开展在线直播教学为学生提供实时的在线互动课堂,扩大骨干教师的受益面。为了保障"互联网＋"教师智力流动模式的高效实施,需要政府、学校、教师、学生、家长等多主体的参与和协同,并有经费支持、人力资源支持、技术支持等一系列的支持条件。基于此,本研究构建的开放辅导机制以指导和引导开放辅导的有序和高效实施。在开放辅导机制中,以政府为主体的责任机制为大规模开放在线辅导项目的有效实施提供管理主体。在针对辅导教师资质的审核机制中,实施学校、区教委、市教委等三级审核制度,保障优秀教师申请成为在线辅导教师,保证辅导教师的质量。以学生为中心的辅导实施机制要求辅导教师在开展在线辅导过程中要以学习者为中心,摒弃传统以教师为中心的教学方式,依据最新的科学的教育理念,以辅导教师为主导,以学生为主体开展高效的在线辅导活动,满足学生的学习需求,保障学生的学业发展。以师生为主体的评价机制是指针对每一次辅导活动,教师对学生进行评价,一是帮助学生家长了解自己孩子的学习情况和学习状态,助推家长提供有效的家庭教育;二是帮助学生自己了解自己的学习状态和学习情况,指导学生改变学习策略和方法,改善自己的学习,提高学习效率;三是每一位辅导教师对学生的评价都成为学生的一种标签,能够使其他辅导教师快速准确地了解该学生,从而实现因材施教,提高辅导的效率和效果。以效益为指针的保障机制主要规范政府、学校、教师和学生的行为准则,开放在线辅导项目主要为了促进学生的学业发展和身心发展,提高教师的在线辅导技能和在线教学能力,降低政府的教育投入,提高教师和学生的实际获得感。最后提出了四条促进"互联网＋"教师智力流动的路径,从完善教师流动制度,创新教育供给模式,创新在线教研模式,创新在线教育模式四个方面,立足于政府、学校、教师、学生等共生单元设计推动教师智力流动顺利运行的共生模式和共生环境,以推动城乡教师资源均衡配置,促进教育公平。

第5章　"互联网＋"教师智力流动效益

人们普遍使用教育投入与教育产出来衡量教育效益,学校规模(师生参与水平)、生师比、教育成本等能够反映教育效益。[1][2] 有学者将教育规模(教师数量和学生数量)、生师比、生均经费、教师学历、职称、教龄、管理水平、设施设备、学生的学业成绩、学习动机、身心发展状况等纳入评估教育效益的指标。[3][4] 有一些研究主要从学业成绩来评估教育效益,例如,Dewey 等通过研究发现,生均费用、教师工龄、班级规模等均与学业成绩之间存在显著关系。[5] 莱文(Levin)等使用教学改革项目(同伴辅导项目、计算机辅助教育项目等)对小学生阅读成绩和数学成绩产生的效果来评估教学改革项目的效益。他们的研究结果发现,同伴辅导项目中学生的学习成绩要高于计算机辅助教学项目中学生的学习成绩,从而得出同伴辅导项目的效益要高于计算机辅助教学的效益。[6] 以开放辅导计划为基础的"互联网＋"教师智力流动是否能够产生良好的教育效益,需要经过量化评估给以判断。本章主要从参加开放辅导的师生规模(即教育规模)效益、学生发展效益、教育成本效益以及开放辅导在促进教育公平发展上的效果等方面来评估基于开放辅导的"互联网＋"教师智力流动的效益。

5.1　师生规模效益

5.1.1　教师规模

开放辅导计划通过招募北京市优秀教师为边远地区学生提供在线辅导,旨在提高学生的学习成绩。参与开放辅导教师的数量和质量是评估开放辅导投入和效益的指标,本研究主要从教师的教龄、职称和荣誉称号等几个指标来分析。收集从 2016 年 9 月至 2018 年 6 月期间面向通州区学生实施辅导的教师信息,从教龄、职称和荣誉称号三个维度统计教师的

① 傅维利,刘伟.学校规模调控的依据与改进对策[J].教育研究,2013(1):44-52.

② 韩素贞.高等教育效益的国际比较[J].上海高教研究,1998(6):55-59.

③ 申美云,张秀琴.教育成本、规模效益与中小学布局结构调整研究[J].教育发展研究,2004(12):85-88.

④ 雷万鹏.教育信息化政策研究的三个误区[J].教育研究与实验,2018(6):1-6.

⑤ Dewey J, Husted T A & Kenny L W. The Ineffec-tiveness of school inputs: A product of misspecification? [J]. Economics of Education Review, 2000,19(1):27-45.

⑥ 马丁·卡诺依.教育经济学国际百科全书:第二版[M].闵维方,等译.北京:高等教育出版社,2000:498.

数量、教师辅导学生的数量和辅导学生的次数。共有 3342 名教师和 7999 名通州区学生参与开放辅导，辅导学生 153253 次。

首先，从教龄分布上来看，参与在线辅导的教师教龄分布情况如表 5-1 所示。从参与教师人数来看，教龄在 11～15 年、16～20 年、21～25 年区间的教师参与人数最多，教龄在 26～30 年、0～5 年的教师人数次之，教龄在 36～50 年的教师参与人数非常少。由此可见，参与在线辅导的教师教学经验比较丰富，又都处于中青年阶段，是学校教学的主力军，也是辅导教师群体的主要成员。从辅导学生数来看，在 0～5 年、11～15 年、26～30 年、16～20 年、21～25 年教龄阶段的教师辅导的学生数逐次增加。从辅导次数来看，教龄在 0～5 年、11～15 年、26～30 年、16～20 年、21～25 年区间的教师的辅导次数依次增加，教龄在 6～10 年和 31 年以上的教师的辅导次数都比较少。15 年以下教龄、35 年以上教龄的教师辅导学生的数量较少，辅导的次数比较少。15 年教龄以下的教师，教学经验相对较少，辅导学生需要更多的精力和时间。而教龄越大的教师，对于技术的接受程度和熟悉程度受限，辅导学生的精力有限。另外，由于对辅导教师的奖励对于教龄比较高的教师和教龄比较低的教师吸引力也影响这一类教师参与在线辅导的积极性。具有较高教龄的教师对于外部奖励的期待比较弱，而对于较低教龄的教师来说，由在线辅导带来的物质奖励和精神奖励比较少，和付出的努力不成比例，因此参与的积极性也受到限制。

从平均辅导学生数和平均辅导次数来看，教龄在 26～30 年的教师的平均辅导学生数最大，31～35 年教龄的教师平均辅导学生数次之。教龄在 21～25 年、16～20 年、0～5 年的教师的平均辅导学生数依次减少。从平均辅导次数来看，教龄在 21～25 年的教师具有最多的平均辅导次数，教龄在 26～30 年的教师次之，教龄在 31～35 年、16～20 年、0～5 年的教师的平均辅导次数依次减少。由此可知，教龄在 11～35 年区间的教师是辅导的主力军，结合教师数、辅导学生数来看，他们在实施开放辅导计划中占据比较大的比例。而教龄在 0～5 年的新手教师参与辅导的积极性也非常高。

表 5-1　不同教龄教师的人数分布和在线辅导情况

教龄/年	教师数/人	辅导学生数/人	辅导次数/人	平均辅导学生数/生师比	平均辅导次数/次
0～5	342	7197	13382	21.04	39.13
6～10	224	3955	6378	17.66	28.47
11～15	523	9869	14895	18.87	28.48
16～20	833	19838	36474	23.82	43.79
21～25	952	27585	57061	28.98	59.94
26～30	354	12338	20003	34.85	56.51
31～35	103	3346	4862	32.49	47.20
36～40	6	87	112	14.50	18.67
41～45	4	73	80	18.25	20.00
46～50	1	6	6	6.00	6.00

其次，从教师职称分布来看，统计结果如表 5-2 所示。在职称分布上，参与在线辅导的教师主要以高级职称和一级职称教师为主，分别有 1770 位和 1052 位教师；二级职称和没有

职称的教师人数次之,分别为 322 位和 183 位;具有三级职称和正高级职称的教师人数最少。从辅导次数来看,高级职称、一级和二级职称的教师的辅导次数远远大于其他级别的教师的辅导次数。但是从人均辅导次数来看,正高级职称的教师平均辅导次数最多,其次是高级教师、二级教师和三级教师,无职称的教师人均辅导次数最少。由此可知,正高级职称的教师参与辅导的数量虽然不多(这可能与正高级职称的教师总数量少有关),但是参与辅导的积极性非常高,效率高。从教师的平均辅导学生数即生师比来看,三级职称教师平均辅导学生数最大,生师比为 20.6,二级职称教师的平均辅导学生数次之,达到 19.96,高级职称教师的平均辅导次数最小,为 9.60,无职称教师与学生的生师比为 10.51,平均每名无职称教师辅导了 10.5 名学生。可见,高级职称教师与无职称教师平均情况下辅导的学生数比较少,中级职称教师平均情况下辅导的学生数比较大。由生师比可以判断,高级职称教师在辅导学生数上还有非常大的提高空间,通过加强这一类教师的辅导行为能够满足大群体学生的辅导需求。

表 5-2　教师的职称分布与辅导学生数

项目	正高级教师	高级教师	一级教师	二级教师	三级教师	无职称教师
教师人数/人	10	1770	1052	322	5	183
辅导学生次数/次	1088	88641	43351	14908	226	5031
辅导学生数/人	112	16999	12789	6427	103	1923
人均辅导次数/次	108.800	50.080	41.208	46.298	45.200	27.481
生师比	11.20	9.60	12.16	19.96	20.60	10.51

第三,从教师荣誉称号分布来看,统计分析结果如表 5-3 所示。在荣誉称号上,参与在线辅导的教师中区级骨干教师数量最多,占所有教师的 53.41%,其次为无称号教师(占比为 24.75%)、区级学科带头人(占比为 9.93%)和市级骨干教师(占比为 8.08%)。市级学科带头人和特级教师数量最少。从辅导学生次数来看,区级骨干教师和无称号教师辅导次数非常多,市级骨干教师和区级学科带头人次之,特级教师、市级学科带头人最少。从辅导学生数上看,区级骨干教师和无称号教师辅导学生数最多,分别辅导了 16340 名学生和 11905 名学生,其次为市级骨干教师(辅导学生数为 6101 名)和区级学科带头人(辅导学生数为 5805名),而特级教师和市级学科带头人辅导学生数非常少。

从荣誉称号上来分析生师比可知,学生数与区级骨干教师数比例最小,为 9.51,表明平均情况下每位区级骨干教师辅导了 9.51 名学生。学生与市级学科带头人的生师比最大,达到 29.74,表明市级学科带头人平均情况下辅导了近 30 名学生。市级骨干教师和特级教师的生师比也比较大,表明这两类教师平均情况下辅导的学生数比较多。整体来看,在近三年的辅导中,生师比都很高,任一级别荣誉称号的教师平均情况下辅导的学生数比较少。当学生在线学习行为集中爆发时,教师人数不足的问题就变得非常明显,有大量学生在相当长时间内无法有效接受教师辅导。这就需要鼓励更多的教师在线,积极辅导学生,减少学生等待辅导时间。同时需要做好技术支持,减少网络因素造成的无效辅导和辅导连接失效等问题。教师在线时间增加能够辅导的学生数和辅导学生次数会相应增多,这能够缓解学生辅导集中爆发时产生的需求不能得到满足的问题。

表 5-3　教师的荣誉称号分布与辅导学生数

项目	特级教师/人	市级学科带头人	市级骨干教师	区级学科带头人	区级骨干教师	无称号教师
教师人数/人	90	38	270	332	1785	827
辅导次数/次	4506	1913	14173	13295	76606	42752
辅导人数/人	1996	1130	6101	5805	16340	11905
平均辅导次数/次	50.07	50.34	52.49	40.05	42.92	51.70
生师比	22.18	29.74	22.60	17.48	9.15	14.40

5.1.2　学生规模

学生数据主要以 2018 年 8 个辅导试点区的学生为主，来自 220 所学校的 3 万多名学生参与了开放辅导在线学习，详细分布情况见表 5-4。其中，通州区、密云区、房山区和平谷区参加在线辅导的学生数最多，分别为 7299 人、6123 人、5690 人和 5376 人，学生提问次数、一对一辅导次数和互动课次数数量非常多。门头沟区参与人数少，只有 187 人。

表 5-4　2018 年北京市参加在线辅导的学生分布

区域	学生数/人	提问次数/次	1 对 1 辅导次数/次	互动课次数/次
大兴区	2745	1359	7126	8225
房山区	5690	28437	83681	22435
怀柔区	2291	17133	24840	14531
门头沟区	187	58	675	1040
密云区	6123	69400	122457	71286
平谷区	5376	51419	68208	22287
通州区	7299	32577	172480	19846
延庆区	2939	39207	47190	56006
总计	32650	239590	526657	215661

计算参与在线辅导的生师比以评估师生参与的规模效益，结果如表 5-5 所示。可知，2016 年共有 1509 名教师参与在线辅导，共辅导的学生数达 3896 名，生师比达 2.58。2017 年参与的教师数有所减少，共有 1350 位教师参与在线辅导，辅导的学生数量也出现了下降现象，减少为 2461 名，生师比却比 2016 年有所减少，达到 1.82。2018 年参与在线辅导的教师数增加迅速，发展为 3243 名。辅导的学生数呈指数级增长趋势，达到 32650 名。但是由于教师的增加速度与学生的增加速度严重不一致，导致 2018 年的生师比非常大，达到 10.07，一名教师需要辅导 10 名学生。生师比的提高一方面表明教师辅导的学生数增加，有更多的学生能够得到教师的一对一辅导，另一方面也产生在线辅导教师不足的问题，在同一时间段内出现学生集中需求辅导时不能满足学生学习的需求。

从整体看，2016—2018 年三年期间，参与教师人数为 3342 名，辅导学生人数为 34768 名，生师比为 10.4,平均每名教师辅导 11 位学生。在一对一在线辅导中,教师是独占的,教师能够接触和辅导的学生数是有限的。同时,可能由于教师在线辅导时间有限,教师无法接触更多的学生。但是较小的生师比可能会为学生带来益处,教师能够在较少的学生身上花费较多的时间和精力,为学生提供优质的学习服务。另外,学生在线求助教师辅导行为比较集中,由于学生主要集中在放学后的三四个小时内实施在线学习,而大量的学生涌现在网络环境中,需要相当数量的教师存在,才能满足一对一在线辅导的需求。

表 5-5　2016—2018 年三年期间参与在线辅导的生师比

年份	教师数/人	学生数/人	生师比
2016	1509	3896	2.58
2017	1350	2461	1.82
2018	3243	32650	10.07
三年	3342*	34768*	10.4

注:* 数据剔除了三年里重复参加的教师数。

5.2　学生发展效益

很多研究使用学生的学习成绩来衡量参加课外辅导的效果。[①] 人们普遍关注课外辅导是否能够提高学生的学习成绩,但是相关研究在两者之间的因果关系上仍然未能达成共识。有研究指出,学生学业成绩的变化受到参与课外辅导的时长和补习类型的影响[②],这一类研究认为参加课外辅导能够提高学生的学习成绩,例如,胡咏梅等通过分析 PISA 2012 的数据发现,对于家庭社会经济地位低的学生来说,参加课外辅导不仅能够提高学生的数学成绩,而且会缩小家庭社会经济地位高的学生与家庭社会经济地位低的学生之间的成绩差距。[③]但是也有研究指出,对于中学生来说,参加课外辅导并不能提高学生的学习成绩。[④] 本研究对通州区参加开放辅导的学生的学业成绩变化进行分析,通过统计参加辅导前后学生学业成绩变化以判断开放辅导对学生学业成绩变化的效应量,并以此评估开放辅导在促进教育公平方面的作用。

本研究选择通州区 2018 年参加辅导的初二学生在下学期初和下学期末两次成绩进行比较(两次考试均由通州区教育部门统一组织、使用统一试卷,面向全区所有初中学生实施的考试),以分析参加辅导学生的成绩变化。同时将参加辅导和未参加辅导的学生学业成绩

---

① 胡咏梅,王亚男.中小学生家庭对子女课外教育的投资及效果分析[J].首都师范大学学报(社会科学版),2019(5):167-188.

② 李佳丽.不同类型影子教育对小学生学业成绩的影响——及其对教育不均等的启示[J].教育科学,2017(5):16-25.

③ 胡咏梅,范文凤,丁维莉.影子教育是否扩大教育结果的不均等——基于 PISA 2012 上海数据的经验研究[J].北京大学教育评论,2015(3):29-46,188.

④ 刘珊珊,杨向东.课外辅导对学生学业成绩影响效应的元分析[J].教育发展研究,2015(22):5-64.

进行比较，以分析参与开放辅导和不参与开放辅导对学生成绩的影响。由于初二学生参与开放辅导主要针对语文（满分100）、数学（满分100）、英语（满分60）等主科目进行，因此在计算学生的总成绩时主要包括语文、数学和英语科目的成绩。

参加辅导的学生在学期初和学期末两次考试成绩的独立样本 t 检验结果如表 5-6 所示。可知，参加辅导学生学期末的成绩（平均数＝187.26，标准差＝39.853）显著大于学期初的成绩（平均数＝180.90，标准差＝39.519），$t(3255) = -4.542$，$p < 0.001$。这表明学生经过一个学期的课外开放辅导，成绩得到了提高，而且这种提高具有显著性。

表 5-6　2018 年下学期通州区学生学习成绩差异性比较

学期	N	平均数	标准差	t	df	显著性（双尾）	d
学期初	1628	180.90	39.519	-4.542	3255	0.000	0.16
学期末	1629	187.26	39.853				

对参加辅导的学生和未参加辅导的学生进行学习成绩的比较，结果如表 5-7 所示。可知，参加辅导的学生（平均数＝187.26，标准差＝39.853）的期末总成绩显著高于未参加辅导的学生（平均数＝177.15，标准差＝45.645）的期末总成绩，$t(3786.34) = -7.473$，$p < 0.001$。这表明，学生参加开放辅导能够有效提高学习成绩。

表 5-7　2018 年下学期参加辅导和未辅导学生的学习成绩比较

学期	N	平均数	标准差	t	df	显著性（双尾）	d
未辅导	2439	177.15	45.645	-7.473	3786.340	0.000	0.24
辅导	1628	187.26	39.853				

通过上述分析可以发现，学生参加辅导能够显著提高他们的学习成绩，而且与未参加辅导的学生相比，参加课外开放辅导能够使他们获得更高的分数。这表明开放辅导在提高学习成绩方面具有积极的促进作用。

5.3　教育成本效益

通过提供公共教育服务，促进教育资源公平配置以实现教育公平是政府行为的重要内容，主要表现在政府通过教育公共财政投入，实现基础教育资源均衡配置。教育投入是计算教育效益的一个变量[①]，而政府在教育财政投入选择过程中，最突出的问题就是效益问题，或者说是公平与效率问题，主要表现在政府如何在不增加教育投入的情况下实现教育资源的公平配置，实现教育效益最大化。[②] 在开放辅导计划中，教育投入主要用于支付教师辅导所产生的费用。政府购买教师的服务并免费提供给学生，这就节约了家庭教育经费支出，使得

---

① 薛浩，陈万明.高校教育投入与办学效益——基于三阶段 DEA 和 Malmquist 指数分析[J].南通大学学报（社会科学版），2015（1）：115-121.

② 廖楚晖.政府教育支出区域间不平衡的动态分析[J].经济研究，2004（6）：41-49.

家庭社会经济地位低的学生也能够享受到优质教育资源和优秀教师的服务。这在缩减教育鸿沟方面发挥了巨大作用，能够有效促进教育公平。在开放辅导教育经费计算中主要根据教师辅导学生的时长、辅导学生数等计算教师的绩效积分，再根据绩效积分计算教师辅导费用，即政府用于支持开放辅导计划的教育投入。

开放辅导计划每一学期实施一轮，在 2018 年上学期实施了第三轮开放辅导工作，这一轮辅导主要面向北京市通州区、延庆区、怀柔区、密云区、平谷区和房山区等六个区的学校实施，共有 2322 名双师面向 16258 名学生进行了在线辅导，累计辅导次数 117687 次，累计辅导时长 24555 小时。针对一对一实时在线辅导、直播课、问答中心辅导和微课辅导的参与学生数、辅导时间等计算出每一类别辅导的绩效积分和总绩效，结果见表 5-8。

表 5-8 2018 年上学期开放辅导的绩效统计

序号	区域	人数/人	一对一辅导/人	直播课/人	问答中心/人	微课/人	总积分/分	总绩效/分
1	密云	316	135679.3	181.7	26194	100.9	162155.9	1658541.4
2	延庆	178	47945.2	1202.8	35038	95.0	84281.0	852426.0
3	平谷	159	50821.0	226.1	8685	79.0	59811.1	613076.9
4	昌平	126	24195.9	0.0	21924	104.0	46223.9	494386.8
5	房山	260	29512.3	469.6	10659	49.9	40690.8	409269.2
6	海淀	277	31436.5	561.0	7735	206.3	39938.8	405289.5
7	通州	270	35689.5	202.7	1609	190.8	37692.0	392291.9
8	怀柔	118	18529.4	0.0	9977	20.0	28526.4	295872.5
9	丰台	73	7749.8	0.0	14183	81.4	22014.2	233237.9
10	东城	184	15173.0	4.8	1502	205.1	16884.9	170507.9
11	朝阳	136	11539.5	0.0	2578	159.7	14277.2	147903.1
12	石景山	55	7122.1	35.1	862	69.0	8088.2	81673.8
13	西城	100	5372.0	115.7	2310	86.7	7884.3	79762.5
14	顺义区	18	6382.2	0.0	208	15.0	6605.2	66167.9
15	门头沟	18	3053.5	0.0	298	30.0	3381.5	34599.5
16	大兴	28	2361.1	43.2	75	29.6	2508.9	25119.8
17	燕山	6	29.6	0.0	28	0.0	57.6	576.0
	总计	2322	432592	3042.8	143865	1522.3	581022.1	5960702.6

2018 年上半年北京市支付给教师的辅导经费总共为 5960703 元。将支付开放辅导的教育经费折算成生均教育经费支出则为 367 元。与 2018 年北京市生均教育经费支出相比，2018 年北京市普通初中的生均一般公共预算教育事业费支出为 59768 元，生均一般公共预算公用经费支出为 21603 元。[①] 开放辅导计划中生均教育经费支出所占比例比较小，仅占生

---

① 北京市教育委员会. 关于本市 2018 年教育经费执行情况的公告[EB/OL]. (2019-11-22)[2020-02-10]. http://www.beijing.gov.cn/zfxxgk/110003/cwjf53/2019-11/22/content_665769904ce34dfe9cd29de3f-6737f5f.shtml.

均教育事业经费支出的 0.61％,占生均公共预算经费支出的 1.7％。

对 2018 年至 2019 年两年期间,北京市实施开放辅导所产生的绩效进行计算,结果如表 5-9 所示。两年期间共有 3426 名教师参与,政府支付给教师的辅导费用共计 30481818 元,人均每年获得的辅导费用为 4448.6 元。分别统计在线一对一辅导、一对多直播课辅导、微课辅导和问答辅导的时长和教师获得的绩效奖励,一对一辅导时长为 117986 小时,绩效奖励 20729674 元;直播课辅导的时长为 16997 小时,支付给教师的绩效奖励为 1887231 元;微课辅导时长为 132 小时,教师获得的辅导绩效奖励为 14703 元;问答中心辅导的时长为 70703 小时,支付给教师的绩效奖励为 7850210 元。

将每一类别的辅导时长与北京市 X 培训机构(上市公司)的价格相乘,计算出相应时长对应的课外辅导费用,并将两者进行比较,结果见表 5-9。在 2018 年至 2019 年两年期间共有 56993 名学生参与开放辅导,接受辅导时长共计 205818 小时,人均辅导时间为 3.6 小时,生均辅导费用支出为 534.8 元,合 148.57 元/小时。与学生在培训机构参加课外辅导的支出相比,在同等辅导时长下,一对一辅导为家庭教育支出节约了 20919384 元,直播课、微课和问答辅导分别为家庭教育支出节约了 1087244 元、8397 元和 4522815 元。可见,开放辅导计划能够降低家庭教育经费支出,缓解家庭经济负担。

表 5-9　2018—2019 年开放辅导费用与培训机构的比较

辅导形式	教师数/人	辅导时长/小时	绩效积分	绩效奖励/元	X 机构价格/元	X 机构费用合计/元	节约资金/元
一对一	3071	117986	2072967	20729674	353	41649058	20919384
直播课	395	16997	188723	1887231	175	2974475	1087244
微课	610	132	1470	14703	175	23100	8397
问答中心	989	70703	785021	7850210	175	12373025	4522815
总计	3426	205818	3048181	30481818	—	57019658	26537840

开放辅导计划在于通过政府支付教育辅导费用,帮助家庭社会经济地位低的学生享受优质教育资源和优秀教师服务,缩小家庭社会经济地位低的学生与社会经济地位高的学生在家庭教育支出方面的差距。我国家庭教育经费支出较低,人均家庭教育经费投入非常低[1],尤其是农村家庭和社会经济地位低的家庭在教育支出方面更少。但是,与此同时,家庭在为孩子教育进行投入的意愿上却比较强,大部分家长都愿意为孩子提供课外辅导,不管是社会经济地位低的家庭还是社会经济地位高的家庭,能够为孩子提供课外辅导的家庭占比达到一半,整体上超过 56％ 的家庭愿意为孩子提供课外辅导。[2] 然而,城市家庭与农村家庭在教育经费投入上差距比较大,例如,2014 年《中国家庭追踪调查》显示,城市家庭在校外补习方面的支出为 2572.5 元,是农村家庭校外补习支出的 9 倍多,从校外补习支出占家庭教

---

① 陈亚囡.家庭教育指导需要政府支持之思考[J].理论界,2014(5):196-198.
② 刘保中."鸿沟"与"鄙视链":家庭教育投入的阶层差异——基于北上广特大城市的实证分析[J].北京工业大学学报(社会科学版),2018(2):8-16.

育总支出的比重上看,城市家庭为 46.6％,明显高于农村家庭的 11.7％。[①] 另外,政府对家庭教育重视不够、投入不足也造成了家庭对教育不重视,无法有效开展教育活动的现状。[②]

政府加大教育公共事业经费投入,目的在于消除教育不公平,增强人们对优质教育的需求,提升人们对教育的获得感。但是由于家庭经济地位不同,家庭在教育支出上的差距逐渐拉大,这在一定程度上削减了政府在教育公平发展上所做的努力,重塑了教育不公平。[③] 北京市开展的开放辅导计划在一定程度上为家庭经济地位低的学生提供免费的教育辅导,试图缓解由于教育经费支出不平等带来的教育不公平问题。因此,在评估开放辅导的教育效益方面,政府为家庭教育支持节省的资金,成为政府社会效益评估的一个指标。本研究通过将开放辅导的费用与同等辅导量的课外辅导费用进行比较,以分析开放辅导为家庭节省的教育支出情况。

主要从两方面进行比较,一是从政府视角出发进行比较。以课外培训机构提供的线上教育价格为基准,依据学生参与开放辅导的时间计算出学生在培训机构参与同等时长的课外辅导所支出的教育费用,从而比较在课外培训机构中同等时间下需要支出的教育费用。二是从家庭视角出发进行比较。将开放辅导计划中生均教育支出与家庭平均教育支出进行比较,以分析开放辅导计划为家庭教育支出节约的程度。从政府和家庭两种视角来比较开放教育的经费支出,以评估其效益。

首先,从政府视角出发进行比较。将学生参与开放辅导的时间等价于在课外培训机构的线上补习所支付的费用,例如,与国内一家上市培训机构 X 提供的在线一对一教学(平均价格约为 350 元/小时)进行比较。2018 年上学期,北京市参与开放辅导的六个区的 16258 名学生总共接受辅导 24555 小时,则支付费用为:$24555 \times 350 = 8594250$(元)。与北京市支付给教师的辅导费用 5960703 元相比,节省 2633547 元。

另外,与其他形式的教师资源配置模式(例如,校长教师交流轮岗)相比,根据北京市 2016 年发布的《关于进一步推进义务教育学校校长教师交流轮岗的指导意见》的规定,参与交流轮岗的教师不转人事关系,工资福利待遇由教师所在的原单位发放,交流期满结束后回原学校工作。交流轮岗期间可以享受农村教师岗位生活补助政策。根据 2016 年北京市教育委员会、北京市人力资源和社会保障局、北京市财政局联合发布的《北京市乡村教师岗位生活补助发放办法》,门头沟、怀柔区、平谷区、密云区、延庆区、房山区、昌平区学校的教师,每人每月可享受 2100 元的生活补助,合计每人每年 25200 元;对于通州区、顺义区、大兴区的教师,每人每月可享受 1900 元的生活补助,合计每人每年 22800 元;对于海淀区和朝阳区乡村学校的教师,每人每月可享受 1800 元的生活补助,合计每人每年 21600 元。按照最低补助标准(21600 元)计算,教师交流轮岗模式下政府支付的人均成本比支付给参与开放辅导的教师人均成本高出 17151 元。《教育部办公厅关于 2018 年乡村教师生活补助实施情况的通报》中的数据显示,2018 年北京市针对交流轮岗教师给予的补助金额为每人每月 2661

① 刘保中.我国城乡家庭教育投入状况的比较研究——基于 CFPS(2014)数据的实证分析[J].中国青年研究,2017(12):45-52.

② 王振存,周岸.新时代家庭教育问题及应对策略[J].中国教育科学(中英文),2019(4):50-58.

③ 李佳丽,何瑞珠.家庭教育时间投入、经济投入和青少年发展:社会资本、文化资本和影子教育阐释[J].中国青年研究,2019(8):97-105.

元,合每人每年 31932 元[①],超出教师开放辅导人均支出约 27483 元。可见,如果实施开放辅导形式的教师流动,则会为政府节省大约 86％的教育支出。

其次,从家庭课外辅导费用支出视角出发进行比较。2018 年上学期,共有 16258 名学生接受了 24555 小时的在线辅导,生均辅导时间为 1.51 小时,生均辅导费用支出为 367 元,合243 元/小时,比培训机构的平均费用低 107 元。可知,开放辅导计划能够为家庭在课外培训上的教育费用支出节约近 30.6％的。有调查研究指出,农村家庭在学生参加课外学业补习上的花费为小学阶段平均每学期将近 610 元,中学阶段的学生每学期约为 1388 元,[②]这增加了社会经济地位低家庭的经济负担。而开放辅导计划通过政府支付家庭的课外辅导方面的教育支出,减轻了家庭教育支出,缓解了社会经济地位低家庭的经济负担。

但是需要指出的是,随着教师和学生参加开放辅导的数量和次数增加,政府每年投入的教育经费也在增加。例如,2018 年上半年北京市投入开放辅导的费用接近 600 万元,但是 2018 年和 2019 年两年的费用超过 3000 万元,平均每年 1500 万元。可见,政府投入开放辅导计划中的资金增加速度比较快,这在一定程度上增加了政府的财政压力。杨宗凯等指出,在教育资源均衡配置中,如何在不增加政府投入的基础上,以信息技术解决中国优质教育资源配置失衡问题,是教育公共服务均衡化研究的重要内容之一。[③] 开放辅导在理论上能够实现教师资源在区域间的均衡配置,虽然相对于其他形式的教师流动经费投入而言,开放辅导的投入费用较小,但是从长远来看,开放辅导的教育经费却逐年上升。同时,由于开放辅导是免费面向城镇学校学生和农村学校学生,城镇学校学生和农村学校学生均能够从中获益,这对于缩减城乡教育差距并不一定能够发挥作用。反而由于城乡学生在数字鸿沟上的差距和家庭教育经费支出上的差距会造成城乡学生在教育结果上的不公平越来越严重。[④]

如何缩减城乡学生在教育结果上的不公平,同时还能够减少政府在开放辅导上的教育投入,是本研究关心的一个问题。鉴于开放辅导是为边远薄弱地区和农村学校学生提供优质教师智力服务的一项公益性工程,本研究提出开放辅导向薄弱地区和农村学校学生倾斜的建议。即对于薄弱地区和农村地区的学生,可以免费享受开放辅导;而对于城镇学生则收取一定的辅导费用。有研究者根据我国不同经济水平家庭的孩子在数学科目上的课外辅导情况和辅导费用支出分析结果提议,政府可以对成绩落后且家庭社会经济地位低的学生提供辅导费用补贴,帮助困难学生获得充分的优质教育资源,提高他们的学习成绩,缩小与家庭经济地位高的学生的差距。[⑤] 在开放辅导计划中,政府可以向农村家庭和社会经济地位低

① 教育部办公厅关于 2018 年乡村教师生活补助实施情况的通报[EB/OL]. (2019-03-26)[2020-02-10]. http://www.moe.gov.cn/srcsite/A10/s7030/201904/t20190404_376664.html.

② 胡咏梅,王亚男.中小学生家庭对子女课外教育的投资及效果分析[J].首都师范大学学报(社会科学版),2019(5):167-188.

③ 杨宗凯,熊才平,吴瑞华,等.信息技术促进基础教育公共服务均等化研究前景预判[J].中国电化教育,2015(1):70-76.

④ 庞红卫.信息技术与新的教育不公平——"数字鸿沟"的出现与应对[J].教育理论与实践,2015(10):22-26.

⑤ 薛海平.从学校教育到影子教育:教育竞争与社会再生产[J].北京大学教育评论,2015(3):47-69,188-189.

的家庭倾斜,免费提供课外辅导。而对于家庭社会经济地位高的学生则采取部分收费原则,以缩小教育结果差距。同时,面向部分学生家庭收费的开放辅导能够减少政府在开放辅导计划上的教育财政支出。

5.4　本章小结

以大规模开放在线辅导项目为载体的"互联网＋"教师智力流动产生了良好的教育效益。首先,在教师参与规模效益上,北京市教育主管部门面向北京市所有中小学教师招募在线辅导教师,并提供辅导资金支持,这使得每年都有大批的教师(尤其是骨干教师和高级职称教师)参与到开放在线辅导项目中,为学生提供了丰富的、优质的学习辅导和学习资源,保证了学生在线学习的需求。在学生参与人数方面,220 多所试验区初中学校的 3 万多名学生依托"智慧学伴"平台开展了在线学习和在线辅导活动,参与人次达到 98 万。在学生发展效益方面,大规模开放在线辅导能够显著提高学生的学习成绩。在辅导过程中,教师能够针对学习者的个性化需求和学习者的个性特征提供个性化的一对一辅导,满足学生的学习需求,为学生提供精准化的诊断,根据诊断结果提供有效的教学和学习辅导方案,实现了因材施教,达到促进学生学业提升的目的。在教育成本投入方面,大规模开放在线辅导项目主要成本支出包括教师和学生使用技术的培训、在线学习云平台的开发和维护、教师辅导学生的绩效等方面。与学生参加付费的课外培训费用相比,学生参加开放在线辅导能够降低学生家庭的教育成本。同时,大规模开放在线辅导项目由于参与教师和学生规模大,在规模效益达到一定程度时,就出现了成本效益,即降低了政府教育财政支出。大规模开放在线辅导在教育公平发展方面的教育效益也是需要重点关注的方面,在后续内容中将对开放在线辅导项目的教育公平发展效益进行分析。

第6章 "互联网十"教师智力流动促进教育公平的效果

目前,世界上很多国家,如美国[①]、英国[②]、中国[③]和非洲的一些国家[④]等都存在严重的教师短缺和教师流失率高的问题,这给学校教育和学生发展带来了挑战,导致教育不公平。优秀教师往往被分配给更好的城市学校和更有优势的学生[⑤],而教育质量差和经济水平落后的农村学校不仅很难招聘到优秀教师[⑥],而且面临本校优秀教师流失的问题。[⑦] 这进一步恶化了学生无法获得优秀教师的教学服务现象,使得经济落后地区学校的学生难以提高学习成绩,获得学业成功。另外,家庭社会经济地位高的学生能通过获得高质量的私人课外辅导而获得学习上的帮助,而昂贵的辅导费用阻止了边远地区和农村地区的孩子获得优质的课外辅导的机会[⑧],这将扩大不同群体之间的学业不平等,恶化教育不公平。[⑨]

信息技术在解决边远地区和农村地区的教育问题上具有较大的潜力,利用互联网开展远程教育和在线学习,能够帮助人们获得优质教育资源和教学服务,使边缘化群体获得更大

① Garcia E & Weiss E. How teachers view their own professional status: A snapshot[J]. Phi Delta Kappan, 2020(6): 14-18.

② Moses I, et al. Who wants to become a teacher? Typology of student-teachers' commitment to teaching[J]. Journal of Education for Teaching, 2017(4): 444-457.

③ Lin E, et al. Initial motivations for teaching: Comparison between preservice teachers in the United States and China[J]. Asia-Pacific Journal of Teacher Education, 2012(3): 227-248.

④ de Villiers R & Weda Z. Zimbabwean teachers in South Africa: A transient greener pasture[J]. South African Journal of Education, 2017(3):1-9. doi: 10.15700/saje. v37n3a1410.

⑤ Li F & Sass T R. Teacher quality and teacher mobility[J]. Education Finance and Policy, 2017 (3): 396-418.

⑥ Trinidad S, et al. Going bush: Preparing pre-service teachers to teach in regional Western Australia [J]. Australian and International Journal of Rural Education. 2012,22(1): 39-56.

⑦ Wronowski M L. Filling the void: A grounded theory approach to addressing teacher recruitment and retention in urban schools[J]. Education and Urban Society, 2018(6): 548-574.

⑧ Sriprakash A, et al. Normative development in rural India: "School readiness" and early childhood care and education[J]. Comparative Education, 2020. doi: 10.1080/03050068. 2020. 1725350.

⑨ Sun L X, et al. Are there educational and psychological benefits from private supplementary tutoring in Mainland China? Evidence from the China Education Panel Survey, 2013—2015[J]. International Journal of Educational Development, 2020(10). doi: 10.1016/j. ijedudev. 2019. 102144.

的平等机会,促进教育公平。[①] 但是人们也担心农村地区和城市地区学生之间存在数字鸿沟。[②] 城市的学生能够接入互联网和智能设备,获得丰富的教育资源,而农村地区学生受到网络和智能终端的限制,无法获得丰富的教育资源和教师服务,随着信息和通信技术的应用发展,两者之间可能会出现更加复杂的数字鸿沟,甚至会不断加大[③],进一步加重教育不公平。

在中国,教育不公平问题依然存在。农村学校缺少充足的优秀教师,农村学生无法获得优秀教师的教学服务,与城市学生存在相当大的教育差距。[④] 为了促进城乡教育公平发展,北京市利用"互联网＋"新技术为边远地区、农村地区的学生提供个性化的学习辅导,帮助学生解决学习问题,提高学生的学习成绩。经过三年的实践,开放辅导是否缩小了数字鸿沟,促进了教育公平? 本研究拟通过回答以下问题来开展研究:①农村学生在接受教师在线辅导方面(辅导次数、辅导时长、参与辅导的学生数)是否与城市学生存在差异? ②开放辅导是否能够提高农村学生的学习成绩以及在成绩变化上农村学生与城市学生是否存在差异? ③哪些因素能够预测学生的学习成绩?

6.1 问题分析

教育资源和教育的获得机会是造成教育不平等的根源。[⑤] 经济发展落后的农村地区由于缺乏充足的教育资金、教育资源和教师资源等,可能无法向所有学生提供公平的教育。尽管很多国家和地区向贫困地区的学校提供额外的教育资金支持,但是在满足贫困学生的需求方面,他们实际上比中产阶级学校拥有的资金要少,仍然难以实现教育公平,数以百万计的低收入家庭儿童和流动子女仍然无法获得公平的教育机会。[⑥] 在不平等的社会结构背景下,社会地位使学生在接受教育方面产生了不平等的分层,家庭社会经济地位低的学生获得的优质教育资源比家庭社会经济高的学生要少,受教育机会少,接受不到高质量的公平的教育。[⑦] 政策制定者需要寻求结构性或制度性变革的补救措施,以提供平等的资源(包括物质

---

① Pelliccione L, et al. An evidence-based case for quality online initial teacher education[J]. Australasian Journal of Educational Technology, 2019(6): 64-79.

② Rohs M & Ganz M. MOOCs and the claim of education for all: A disillusion by empirical data[J]. International Review of Research in Open and Distributed Learning, 2015(6): 1-19.

③ Wei K K, et al. Conceptualizing and testing a social cognitive model of the digital divide[J]. Information Systems Research, 2011(1): 170-187.

④ Xue E & Li T. Analysis of policies to develop the teaching force in rural areas of China[J]. Kedi Journal of Educational Policy, 2017, 14(2): 41-60.

⑤ Ee J & Gandara P. The impact of immigration enforcement on the nation's schools[J]. American Educational Research Journal, 2020(32). doi: 10.3102/0002831219862998.

⑥ Stadler Z. Funding for students in poverty must be a priority[EB/OL]. (2016-12-08)[2022-05-28]. https://medium.com/edbuild/funding-for-students-in-poverty-must-be-a-priority-5af726a185dc.

⑦ Scott J T, Moses M S, Finnigan K, Trujillo T & Jackson D. Law and order in school and society: How discipline and policing policies harm students of color, and what we can do about it[EB/OL]. (2017-06-08)[2022-06-25]. http://nepc.colorado.edu/publication/law-and-order.

资源和人力资源)①、学习环境和学习支持②，支持弱势学生获得公平的优质教育。通过向低SES家庭和学校投入更多教育资源能够提高学生的学业成绩。③

教师的公平分配对学生平等地接受教育同样重要。在弱势学校中，教师和学生之间在文化和数量上的不匹配，造成学校教师无法满足学生的学习需求，学生得不到优秀教师的支持和辅导④，导致教育不公平。如果不改善教师资源配置，即使不断增加教育投入也很难提高学生的成绩，这是因为接受高质量教师的教学，低SES学生的成绩能够得到提高，而接受低质量教师的教学，学生的学习成绩却很难得到提升。⑤ 因此，对于贫困地区的学校来说，需要聘请更优秀的教师来教授学生。Rodríguez等通过对新墨西哥州三年级学生阅读能力与优质教师、儿童保育提供者、学生人口统计学特征等之间的关系进行的研究发现，增加薄弱地区学校优质教师数量能够提高学生的阅读能力，从而促进教育公平。⑥

由于学校之间的差距，学生无法在学校内获得更多的优质教育资源和教师服务，为了提高学生的成绩，保持学习上的优势，世界各地的家庭越来越多地发现，有必要投资于私人辅导。⑦ 但是，学者们也认识到课外辅导在学习成果不平等和社会分层中起到一定的作用。⑧ 关于课外付费辅导和学校教育之间关系的研究表明，通过扩大学校教育规模，实施义务教育来促进教育公平的目标可能会被私人辅导所颠覆。⑨ 这是因为，不同家庭在获得私人辅导方面存在差异，高SES家庭可能为孩子提供更多的优质课外辅导，而低SES家庭只能提供少

---

① Orfield G & Frankenberg E. Brown at 60：Great progress，a long retreat and an uncertain future [EB/OL]．（2014-05-15）[2022-06-25]．https://civilrightsproject. ucla. edu/research/k-12-education/integration-and-diversity/brown-at-60-great-progress-a-long-retreat-and-an-uncertain-future.

② Barajas-Lopez F & Ishimaru A M. "Darles el lugar"：A place for nondominant family knowing in educational equity[J]．Urban Education，2020(1)：38-65.

③ Lafortune J，Rothstein J & Schanzenbach D W. School finance reform and the distribution of student achievement[J]．American Economic Journal：Applied Economics，2018(2)：1-26.

④ Little S J & Welsh R O. Rac(e)ing to punishment? Applying theory to racial disparities in disciplinary outcomes[J]．Race Ethnicity and Education，2020(21)．doi：10. 1080/13613324. 2019. 1599344.

⑤ Lee J H & Fuller B. Does progressive finance alter school organizations and raise achievement? The case of Los Angeles[J]．Educational Policy，2020(37)．doi：10. 1177/0895904820901472.

⑥ Rodríguez C，Amador A & Tarango B A. Mapping educational equity and reform policy in the borderlands：LatCrit spatial analysis of grade retention[J]．Equity & Excellence in Education，2016，49(2)：228-240.

⑦ Bray M，et al. The challenges of measuring outside-school-time educational activities：experiences and lessons from the programme for international student assessment (PISA)[J]．Comparative Education Review，2020(1)：87-106.

⑧ Edwards D B，et al. Spatializing a global education phenomenon：private tutoring and mobility theory in Cambodia[J]．Journal of Education Policy，2020(5)．doi：10. 1080/02680939. 2019. 1610192.

⑨ Bray M & Kwo O. Regulating private tutoring for public good：Policy options for supplementary education in Asia[R]．Hong Kong：Comparative Education Research Centre (CERC)，The University of Hong Kong，and Bangkok：UNESCO，2014. 51.

量的低质量的课外辅导,或者不为孩子提供课外辅导。[1]

在我国,城市学校和农村学校在教师资源上存在很大差别,城市学校的教师质量普遍高,在学历、职称上优于农村学校。[2] 城市学校由于先进的教学设施和教学资源支持,学校领导和教师能够实施以学生为中心的学习和教学,教师专业发展能力和教师质量显著高于农村学校教师,教学质量也优于农村教师。[3] 农村学校教师质量低,无法为学生提供优质的教育资源和教学服务,而家庭收入低的农村学生无法获得足够的优质课外辅导[4],这就导致城乡之间的教育不公平现象越来越严重。如何为农村学生和贫困家庭学生提供更多的优质教育资源和教育服务是我国面临的一个难题。

新技术为全球学生提供了机会,有助于教育民主化。[5] 利用智能终端设备和互联网可以帮助学生获得教育内容,丰富的学习资源能够支持学生自主学习,满足学生的个性化学习需求。[6] 教师进行教学创新,可以超越传统的课堂授课方式,通过在线教学和在线辅导为学生提供教育服务和学习支持,从而使任何阶层的学生都能够平等地获取教育资源。应用信息与通信技术支持教师开展在线教学和学习辅导,帮助学习者解决学习问题,为学习者辅导家庭作业,能够提高学生的学习成绩和学术发展。[7] 但是,也有学者对技术在解决教育公平上的作用产生消极观点,甚至指出,由于个人因素、家庭社会经济地位的影响,不同群体之间的数字鸿沟增大了,教育不公平现象更加严重。例如,有研究者指出,MOOC或者远程教育并没有缩小数字鸿沟,反而加大了不同家庭社会经济地位学习者之间的数字鸿沟。[8] 家庭社会经济地位高的学生能够利用技术获得更多的学习资源,获得更多的知识,而家庭社会经济地位低的学生在利用技术获得知识方面存在一定差距,与家庭社会经济地位高的学生之间的鸿沟越来越大。[9] 因此,为了缩小数字鸿沟,尤其是缩小使用鸿沟和

① Liu J Y & Bray M. Evolving micro-level processes of demand for private supplementary tutoring: patterns and implications at primary and lower secondary levels in China[J]. Educational Studies, 2020(2): 170-187.

② Wei Y & Zhou S. Are better teachers more likely to move? Examining teacher mobility in rural China[J]. Asia-Pacific Education Researcher, 2019(2): 171-179.

③ Hallinger P & Liu S. Leadership and teacher learning in urban and rural schools in China: Meeting the dual challenges of equity and effectiveness[J]. International Journal of Educational Development, 2016 (51): 163-173.

④ Zhang W & Bray M. Equalising schooling, unequalising private supplementary tutoring: Access and tracking through shadow education in China[J]. Oxford Review of Education, 2018(2): 221-238.

⑤ Montiel I, et al. New ways of teaching: Using technology and mobile apps to educate on societal grand challenges[J]. Journal of Business Ethics, 2020(2): 243-251.

⑥ Sua T Y. Democratization of secondary education in Malaysia: Emerging problems and challenges of educational reform[J]. International Journal of Educational Development, 2012(1): 53-64.

⑦ Malik K, et al. Mixed-methods study of online and written organic chemistry homework[J]. Journal of Chemical Education, 2014, 91(11): 1804-1809.

⑧ Lembani R, et al. The same course, different access: The digital divide between urban and rural distance education students in South Africa[J]. Journal of Geography in Higher Education, 2020(1): 70-84.

⑨ Kimmons R, et al. Mining social media divides: An analysis of K-12 US School uses of Twitter [J]. Learning Media and Technology, 2018(3): 307-325.

知识差距,需要为弱势学生群体提供技术设备,为他们提供额外的学习指导,激发他们的动机,使学习者获得使用技术的技能。[①]

6.2 研究设计

6.2.1 研究对象

本研究的样本主要来自通州区农村地区和城镇地区接受在线一对一辅导的学生。通州区由4个城市区域和11个乡镇农村区域构成,是城乡接合的一个区。通州区有41所中学,其中在城市区域的学校有16所,共有在校生9399人;在农村区域的学校有25所,共有在校生7378名。2016年至2018年期间,共有7999名初中学生参与开放辅导,在这些学生中,年龄最小的为10岁,最大的为16岁,平均年龄为13.8岁。学生的详细信息见表6-1。

表 6-1　参加开放辅导的学生信息

项目	类型	学生数/人	比例/%
性别	男生	3788	47.36
	女生	4211	52.64
入学时间	2014	126	1.58
	2015	2231	27.89
	2016	3067	38.34
	2017	2575	32.19
区域	农村学校	5647	70.60
	城市学校	2352	29.40
学生总数		7999	100.00

6.2.2 数据收集与分析

本研究主要收集的数据包括每一位学生被辅导的总时长和总次数、每一位学生被多少位教师辅导、每一位教师辅导学生的总时长和总次数、每一位教师辅导的学生数,以及学生的学习成绩等。本研究选取通州区2018年参加开放辅导的初二学生在秋季学期初和学期末两次考试中的成绩进行比较分析,共获得1628名参加辅导的初二年级学生的两次考试成绩。在1628名学生中,城市学校的学生有490名,其中243名男生,247名女生;农村学生有1138名,男生498名,女生640名。另外,为了比较未参加辅导学生和参加辅导学生的学习成绩,本研究选取了通州区未参加辅导的初二学生,共有2641名,其中城市学生有761人,

---

① Soomro K A, et al. Digital divide among higher education faculty[J]. International Journal of Educational Technology in Higher Education, 2020(1). doi: 10.1186/s41239-020-00191-5.

男生有 414 名,女生有 347 名;农村学生有 1880 人,男生有 1073 名,女生有 807 名。

在分析农村学生与城市学生在辅导方面的差异时,主要使用统计分析方法,对两种地区学生的辅导次数、辅导时长、辅导的教师数等进行独立样本 t 检验,以判断农村学生和城市学生在接受辅导方面是否存在差异,分析两类学生在使用技术获取教育资源和教育服务方面的数字鸿沟,据此可以判断城乡学生之间的教育起点公平和过程公平差异。使用独立样本 t 检验分析农村地区和城镇地区学生学习成绩变化量以及期末学习成绩是否存在差异,并根据学生的期末考试成绩和成绩增值来判断农村学生和城市学生在接受辅导后的成果公平情况。

6.3 城乡学生的数字鸿沟分析结果

6.3.1 城乡学生参加一对一辅导次数的差异

在一对一辅导次数上,农村学生共接受 53332 次辅导,人均接受 9.44 次辅导;城市学生接受 22930 次,人均接受 9.75 次辅导。农村学生与城市学生接受辅导次数相差不大。独立样本 t 检验结果显示(见表 6-2),农村学校的学生与城市学校的学生在辅导次数上没有显著性差异($t=-0.486,p>0.05$)。农村学生能够接受与城市学生等同的教师辅导,在接触教育资源和教育服务上不存在显著性差异。这表明在教育起点公平上农村学生和城市学生并没有显著差异,保证了两者在接触教育资源和教育服务上的起点公平。

表 6-2 农村学生和城市学生辅导次数的独立样本 t 检验

	城乡标记	N	均值	标准差	t	d
辅导次数	乡村学校	5647	9.44	23.678	-0.486	0.01
	城市学校	2352	9.75	29.607		

6.3.2 城乡学生参加一对一辅导时长的差异

农村学生总辅导时长为 453856.18 分钟,人均辅导时长为 80.39 分钟,城市学生总辅导时长为 185619.77 分钟,人均辅导时长为 78.92 分钟。在总时长方面农村学生远大于城市学生,但是两者的平均辅导时长差距较小。这表明,农村学生在接受辅导方面能够得到教师的充分指导,缩小了与城市学生获得教师指导方面的鸿沟,这促进了教育过程公平。虽然农村学生人均辅导时长大于城市学生的人均辅导时长,但是由于农村学生的总辅导时长很大,这就使得农村学生的辅导时长分布比较分散。由独立样本 t 检验结果可知(见表 6-3),在辅导时长上,农村学生和城市学生之间不存在显著差异($t=0.232,p>0.05$)。在利用开放辅导实施在线学习中,农村学生能够与城市学生达到相等的程度,农村学生和城市学生在利用教育资源的"使用鸿沟"方面不存在显著性差距。

表 6-3　农村学生和城市学生辅导时长的独立样本 t 检验

	城乡标记	N	均值	标准差	t	d
辅导时长	乡村学校	5647	4823.33	15319.604	0.232	0.01
	城市学校	2352	4735.20	15777.978		

6.3.3　城乡学生接受辅导的教师数量差异

对不同类型学校的学生在接受辅导教师数上进行差异检验,结果见表 6-4。在学生接受多少位教师辅导方面,农村学生平均接受 7.24 名教师的辅导,城市学生平均接受 7.56 名教师的辅导。辅导城市学生的教师数比辅导农村学生的教师数要多一些,但是两者之间不具有显著性差异($t=-0.885,p>0.05$)。这表明,通过开放辅导使得教师资源在农村学校和城市学校的分配不存在显著差异,农村学生能够获得与城市学生同等数量的优秀教师的服务。这在优秀教师资源配置上基本达到了均衡水平,促进了农村学校和城市学校在教师资源配置方面的公平。

表 6-4　辅导农村学生和城市学生的教师数的独立样本 t 检验

	城乡标记	N	均值	标准差	t	d
辅导教师数	乡村学校	5647	7.24	15.56	-0.885	0.02
	城市学校	2352	7.56	14.05		

关于农村学生和城市学生在辅导类别上的差异分析结果表明,农村学校和城市学校的学生在辅导时长、辅导次数和辅导教师数上并没有显著性差异,农村学生能够达到和城市学生一样的辅导水平,接受等时、等量的辅导。城市和农村学生在使用技术获取优质资源的鸿沟方面得到了缓解,缩小了两者在技术利用上的"使用鸿沟"。这也是教育过程公平的表现。

6.4　城乡学生的学习成绩差异分析结果

为了分析开放辅导在教育结果公平上的作用,本研究对农村学生和城市学生参加开放辅导后的成绩变化情况进行分析。对通州区 1628 名来自农村学校和城市学校的学生成绩变化量进行统计分析。结果如表 6-5 所示。

表 6-5　参加辅导的农村学生和城市学生成绩变化量的独立样本 t 检验

	城乡标记	N	均值	标准差	t	d
成绩增值	乡村学校	1138	6.28	12.45	-0.37	0.02
	城市学校	490	6.52	11.72		

结果显示,对于 2018 年学期初和学期末的学习成绩变化来说,农村学生增加量的平均值(均值=6.28)小于城市学生的成绩增加量(均值=6.52),但是两者并没有显著性差异($t=-0.371,p>0.05$)。这表明农村学生和城市学生在成绩提高方面达到了同等水平,农

村学生能够在开放辅导中获益,获得与城市学生同等程度的学习成绩提高率。

为了进一步评估开放在线辅导是否促进了教育结果公平,我们对农村学生与城市学生的学习成绩进行了方差分析,将学生分成参加辅导的农村学生、参加辅导的城市学生、未参加辅导的农村学生和未参加辅导的城市学生四组,对这四组学生的学习成绩进行比较分析(见表6-6)。四组学生学业成绩的 F 检验结果都比较显著,说明参加辅导的农村学生、参加辅导的城市学生、未参加辅导的农村学生和未参加辅导的城市学生在学业成绩上具有统计学意义的显著性差异。参加辅导的城市学生的平均成绩最高(均值＝192.88,标准差＝39.58),其次是未参加辅导的城市学生(均值＝190.53,标准差＝41.05),排在第三位的是参加辅导的农村学生(均值＝181.47,标准差＝41.17),未参加辅导的农村学生的成绩最低(均值＝169.94,标准差＝48.01)。

表6-6 四组学生学业成绩的方差分析

变量	分组	N	均值	标准差	F
学业成绩	未参加辅导的农村学生	1880	169.94	48.01	65.53***
	未参加辅导的城市学生	761	190.53	41.05	
	参加辅导的农村学生	1138	181.47	41.17	
	参加辅导的城市学生	490	192.88	39.58	
	总计	4269	179.72	45.01	

注:*** 表示 $p < 0.001$。

为了进一步比较四组学生之间在学业成绩上的内部差异,本文采用 Tamhane 多重比较检验,结果如表6-7所示。参加辅导的农村学生和参加辅导的城市学生在学习成绩上具有显著性差异,农村学生的成绩显著低于城市学校学生的学习成绩。虽然农村学生参与了与城市学生同等程度的开放辅导,但是两者之间在学业成绩上仍然存在显著差异。这可能的原因是城市学生和农村学生获得了同等程度的学习辅导,两类学生在学业表现上获得的成绩增值没有显著差异。这也表明了农村学生与城市学生之间在教育结果公平上仍然存在显著差距。然而,与未参加辅导的农村学生和未参加辅导的城市学生的成绩差值相比较而言,参加辅导的农村学生与未参加辅导的城市学生在学习成绩上的差距缩小了。与未参加辅导的农村学生和参加辅导的城市学生的成绩差值相比较而言,参加辅导的农村学生与参加辅导的城市学生之间的成绩差值也减小了。这表明,参加开放在线辅导能够提高农村学生的学习成绩,减小农村学生与城市学生之间的差距,缓解教育不公平。

表6-7 四组学生平均成绩的多重比较检验

(I)城乡辅导分类	(J)城乡辅导分类	均值差(I-J)	标准误	显著性
未参加辅导的农村学生	未参加辅导的城市学生	-20.588*	1.855	0.000
	参加辅导的农村学生	-11.531*	1.681	0.000
	参加辅导的城市学生	-22.938*	1.926	0.000
参加辅导的农村学生	未参加辅导的农村学生	11.531*	1.681	0.000
	未参加辅导的城市学生	-9.056*	1.953	0.000
	参加辅导的城市学生	-11.406*	2.020	0.000

续表

（I）城乡辅导分类	（J）城乡辅导分类	均值差（I−J）	标准误	显著性
参加辅导的城市学生	参加辅导的农村学生	22.938*	1.926	0.000
	未参加辅导的城市学生	2.350	2.167	0.859
	参加辅导的农村学生	11.406*	2.020	0.000

注：*表示 $p < 0.05$。

但是，参加辅导的农村学生和参加辅导的城市学生之间的学习成绩差异依然存在。城市学生中参加辅导学生的学习成绩仍然显著大于参加辅导的农村学生的学习成绩。这表明，虽然农村学生接受了与城市学生同等程度的开放辅导，但是他们最终的学业成绩仍然存在显著差异。也正是城市学生和农村学生获得了同等程度的学习辅导，才使得两类学生群体在学业表现上获得的成绩提高量没有显著差异，期末考试成绩仍然维持当初的差距。这也表明了农村学生与城市学生之间在教育结果公平上仍然存在显著差距。城乡学生在参加辅导后均能够提高成绩，他们之间的差距在辅导作用下依然存在。为了缩小城乡之间的差距，保持教育的正义，则需要为农村学生提供更多的优质教育资源和学习服务。在教育资源分配和教育服务供给方面，需要向农村地区的学校和学生倾斜。城乡之间的教育差距是长期积累的结果，并不能短期内就依靠教育公共服务的供给而消除。需要长期坚持向农村倾斜政策，不断缩小城乡之间的差距，最终实现城乡之间在教育结果上的公平发展。

虽然在线辅导没有完全改变农村学生和城市学生的学习成绩差距，但是，农村学生和城市学生在利用开放辅导方面的数字鸿沟却呈现缩小趋势，而且，参加辅导能够提高学生的学习成绩，缩小农村学生与未参加辅导的城市学生之间的差距。鉴于课外补习对家庭社会经济地位低的学生的学习效应，有研究者建议政府和学校为家庭经济收入较低且学业成绩较差的学生提供必要的课外补习机会，免收其补习费用[①]，这样能够缩小教育鸿沟，缓解教育不公平。开放辅导通过政府买单免费向农村学校提供优质课外辅导资源，将优秀教师的智力资源流动到农村学校，帮助农村学生获得学习成功，提高他们的学习获得感，促进农村学生的发展，并促进教育公平发展。如果要进一步缩小城乡之间的教育结果不公平，还需要实施更长时间的开放辅导，需要长期为农村学生提供丰富的、优秀的教育资源和教育服务。

6.5 预测学习成绩的变量分析结果

为了确定哪些变量能够影响学生的学习成绩，本研究对学习成绩进行了回归分析。假设线性回归方程为：

学习成绩 $= \alpha \times$ 区域 $+ \rho \times$ 性别 $+ \gamma \times$ 辅导次数 $+ \delta \times$ 辅导时长 $+ \theta \times$ 辅导教师数 $+ \varepsilon$

以期末成绩为因变量，学生性别（男＝1，女＝2）、区域（农村学校＝1，城市学校＝2）、辅导次数、辅导时长和学生接受辅导的教师数量为自变量，回归分析模型和结果见表 6-8 和

---

① 胡咏梅,范文凤,丁维莉.影子教育是否扩大教育结果的不均等——基于 PISA 2012 上海数据的经验研究[J].北京大学教育评论,2015(3):29-46,188.

表 6-9。在回归方程中,辅导次数[$\beta=-0.152, t(1623)=-1.234, p>0.05$]和辅导一位学生的教师数[$\beta=0.025, t(1623)=0.213, p>0.05$]在预测学生成绩上不具有显著性。而辅导时长[$\beta=0.095, t(1623)=2.05, p<0.05$]、区域[$\beta=0.228, t(1623)=9.495, p<0.05$]、性别[$\beta=0.176, t(1623)=7.401, p<0.05$]能够显著地正向预测学生的学习成绩。最终的学习成绩的回归方程为:

$$学习成绩 = 0.228 \times 区域 + 0.176 \times 性别 + 0.095 \times 辅导时长$$

即接受辅导时间越多的学生学习成绩越好,当学生接受辅导时长增加 10 个小时,成绩能够提高 1 分。城市学生的学习成绩好于农村学校的学生,女生的学习成绩好于男生。

表 6-8 学习成绩回归分析的模型

模型	R	R^2	调整后的 R^2	标准估算的错误	更改统计量					Durbin-Watson (U)
					R^2 变化	F 更改	$df1$	$df2$	显著性 F 更改	
1	0.291	0.085	0.082	38.2021	0.085	29.983	5	1623	0.000	1.807

表 6-9 学习成绩回归分析结果

模型	非标准化系数		标准系数	t	显著性	相关性			共线性统计	
	B	标准错误	Beta			零阶	分部	部件	容许	VIF
(常量)	139.605	4.263		32.744	0.000					
辅导次数	−0.085	0.069	−0.152	−1.234	0.218	−0.068	−0.031	−0.029	0.037	27.000
辅导时长	0.009	0.004	0.095	2.046	0.041	−0.036	0.051	0.049	0.263	3.808
教师数	0.029	0.137	0.025	0.213	0.831	−0.069	0.005	0.005	0.041	24.317
区域	19.783	2.083	0.228	9.495	0.000	0.221	0.229	0.226	0.981	1.019
性别	14.099	1.905	0.176	7.401	0.000	0.165	0.181	0.176	0.996	1.004

6.6 讨论与建议

本研究调查了农村学生和城市学生参加开放辅导的差异情况、参加开放辅导后的成绩变化情况,以及预测学生成绩的因素。结果显示,参与开放辅导的农村学生数量大,农村学生和城市学生在辅导量和成绩提高率上不存在显著差异,但是农村学生和城市学生在期末考试成绩上存在显著差异。对影响学生学习成绩因素上的分析发现,性别、区域、辅导时长能够预测学习成绩,而辅导次数和辅导学生的教师数对学习成绩没有显著影响。本研究从以下方面展开讨论并提出促进教育公平的政策建议。

6.6.1 "互联网+"教师智力流动缩小了城乡学生的数字鸿沟

开放辅导计划旨在为农村地区的学生提供优质的学习指导和教学服务,让农村学生能够获得与城市学生同样的教育资源,提高农村学生的学习成绩,促进教育公平发展。研究结果表明,农村学生能够获得与城市学生同等水平的教育服务,两者在辅导次数、辅导时长和辅导教师数方面不存在显著差异。人们认为，接受教育机会的不平等和接受优质教师教学服务的不平等导致学生个人发展机会的差异，也导致了教育不公平。开放辅导面向北京市所有中学招募辅导教师，为边远地区学生提供免费的教育服务，学生在课外时间利用互联网技术在线向教师求助，获得实时学习辅导，这种免费的、持续性的学习辅导使传统的制度性和与家庭社会经济地位相关的教育障碍不再存在。在开放辅导中，农村学生和城市学生已经跨越了技术接入鸿沟和技术使用鸿沟，享受均等的学习辅导机会，能够获取同等数量和同等质量的教育资源和学习服务。开放的在线教学和学习辅导正在为来自不同家庭社会经济地位的学生的培养做出重要贡献，使边缘化群体获得更大的平等的受教育机会。[1]

有研究指出，数字鸿沟与家庭社会经济地位、农村与城市环境、性别、教育水平以及数字媒体在家庭中的使用方式有关，也与购买力和硬件的使用有关。[2] 低收入家庭和高收入家庭之间、教育水平低和教育水平高的个体之间、农村和城市之间存在明显的数字鸿沟。[3] 但是，本研究结果表明，城市学生和农村学生之间的技术和资源使用鸿沟在缩小，甚至消除了数字鸿沟。随着互联网技术的普及和智能终端设备价格的降低，技术接入鸿沟逐渐缩小，例如，在中国，智能终端设备越来越普及，网络覆盖率达到98％。开放辅导计划免费为边远地区的学生提供在线学习辅导，使得资源和服务的接入鸿沟在缩小。农村地区和家庭社会经济地位低的学生能够通过技术获取优质教育资源和教师服务而获益。另外，借助"互联网＋"新技术对学生进行精准诊断，实施个性化的一对一学习辅导，一方面能够给予学生更多的支持和关注，有效解决学生学习问题，帮助学生实现学习成功；另一方面能够加强师生互动，激励学生、监督学生，培养学生自主学习能力。

对数字鸿沟现象的研究表明，仅仅向个人提供获得信息和通信技术的机会，可能不足以确保他们适当地利用媒介来满足他们的需要和期望。[4] 学生还应具备适当的技术知识和技能，以便有意义地利用现有技术，从而对他们的学习产生积极影响。[5] 在影响学习者的数字鸿沟方面，是否能够在家中获得技术、如何使用技术以及态度可能会影响技术在学习中的使用。[6] 在开放型在线辅导计划中，北京市教委组织专业技术人员对学生和教师进行技术培训，使学生和教师都能够掌握开放辅导系统的使用方法，帮助师生掌握相应的技术能力，这在一定程度上减少了数字技能鸿沟对学生使用技术、获取教育资源的限制。

---

① Pelliccione L，et al. An evidence-based case for quality online initial teacher education[J]. Austral-asian Journal of Educational Technology，2019(6)：64-79.

② Warschauer M & Matuchniak T. New technology and digital worlds：Analyzing evidence of equity in access，use，and outcomes[J]. Review of Research in Education，2010(1)：179-225.

③ Haight M，et al. Revisiting the digital divide in Canada：The impact of demographic factors on access to the internet，level of online activity，and social networking site usage[J]. Information，Communication & Society，2014(4)：503-519.

④ Hargittai E. Second-level digital divide：Differences in people's online skills[J]. First Monday，2002，7(4). doi：10.5210/fm.vji4.942.

⑤ Restal P & Laferrière T. Digital equity and intercultural education[J]. Education and Information Technologies，2015(4)：743-756.

⑥ Hockly N & Dudeney G. Current and Future Digital Trends in ELT[J]. RELC Journal，2018(2)：164-178.

6.6.2 "互联网＋"教师智力流动提高了农村学生的学习成绩

开放辅导能够提高学生的学习成绩,使农村学生在学习成绩增值上获得与城市学生同等程度的增加。已有研究指出,信息技术能够使偏远地区和农村学生获得与城市学生同等水平的学习绩效和学业成就[①],学习者之间的数字鸿沟已经超越了获取公平和能力公平,变得更加包容,从而为学习结果公平铺平了道路。[②] 课外辅导在一定程度上能够对家庭社会经济地位低的学生学习成绩的影响产生中介效应,家庭社会经济地位低的学生通过课外辅导能够提高学习成绩。[③] 本研究结果表明,农村学生参加在线辅导,获得优秀教师的学习指导,能够缩小与城市未参加辅导学生之间的差距。这表明,通过向农村学生提供优质的教育服务,能够提高他们的学习成绩,缩小城乡学生之间的数字鸿沟,缓解 SES 造成的教育不公平。

但是,农村学生和城市学生在学业成绩上仍然存在显著差距,教育结果不公平仍然存在。这可能是因为,在实施开放辅导之前,农村学生和城市学生就已经存在较大的教育差距。由于城市学生和农村学生均能够通过一对一辅导获得同等程度的学习成绩增值,从而维持了前期两者之间的学习差距。我们认为,如果要缩小农村学生和城市学生之间的教育差距,必须向农村学生提供更多更优质的教育资源,为农村学生额外提供丰富的学习指导和学习支持。如果不能做到这一点,一些研究者的悲观观点可能就会成为现实:尽管创新的学习技术有可能提高学习效果,但最终可能会加剧现有的数字鸿沟和教育不公平。[④] 随着"互联网＋"新技术应用的深入推进,可能会出现更高水平的数字鸿沟,基于信息素养和学习成果的不公平会进一步加剧。[⑤] 因此,学校需要更好地了解学生的阶层差异,并确保数字政策和课堂策略的设计考虑到这些差异。[⑥] 为了避免这种差距,教师需要相互协作,为农村学生提供额外的更加优质的教育资源和学习服务,培养学生技术素养、信息素养和学会学习的能力。

6.6.3 性别、区域和辅导时长是影响学生学习成绩的主要因素

学生性别、区域和辅导时长能够预测学生的学习成绩。在开放辅导中女生获益更大,这表明在性别之间将会存在教育不公平问题,这与已有研究结果一致。沈晓婧指出,在考试和

---

① Pelliccione L，et al. An evidence-based case for quality online initial teacher education[J]. Australasian Journal of Educational Technology，2019(6)：64-79.

② Adhikari J，et al. Evolving digital divides in information literacy and learning outcomes：A byod journey in a secondary school[J]. International Journal of Information and Learning Technology，2017(4)：290-306.

③ Atalmis E H，et al. How does private tutoring mediate the effects of socio-economic status on mathematics performance? Evidence from Turkey[J]. Policy Futures in Education，2016(8)：1135-1152.

④ Hansen J D & Reich J. Democratizing education? Examining access and usage patterns in massive open online courses[J]. Science，2015，350(6265)：1245-1248.

⑤ Wei K K，et al. Conceptualizing and testing a social cognitive model of the digital divide[J]. Information Systems Research，2011(1)：170-187.

⑥ Darvin R. Social class and the unequal digital literacies of youth[J]. Language and Literacy，2018(3)：26-45.

学历教育中女性优势高于男性。[①] Sun 等指出，课外辅导与男生、农村学生和父母从事非精英职业的学生的总分呈负相关。[②] 然而，对于人均教育投入在前 50％的学生和城市学生来说，课外辅导与他们的学习成绩呈正相关。这一结果与本研究的结论相一致。来自发达地区、优质学校和城市家庭的学生，由于家庭经济的优势，他们的父母愿意投入更多的金钱和时间成本，因而他们更容易获得课外辅导。[③] 课外辅导可能对具有经济优势的学生更有利，虽然经济地位低的学生能够从开放辅导中获益，但是在学习成绩上与具有优势的群体相比还是存在较大的差距。这有可能会导致一个问题，扩大不同群体之间学业成绩的不平等。

但是也有研究显示，课外辅导对学生的学习成绩并没有显著性作用。例如，Smyth 通过对爱尔兰学生参加课外补习的现象进行分析发现，接受过课外补习的学生与没有接受过课外补习的学生相比，他们在期末考试成绩上并没有显著性差异。[④] Smyth 认为有两方面原因，一是接受课外辅导的学生成绩已经达到一个门槛，他们很难再通过课外补习获得学习成绩的提高；二是因为课外补习的时间有限，在较短的时间内课外补习作用很难发挥。这也表明如果要想提高学习成绩，学生需要参加足够长时间的课外辅导。本研究结果表明，参加课外辅导时间多的学生学习成绩提高效果好，而参加课外辅导时间少的学生学习成绩提高效果差。为了提高农村学生的学习成绩，减少农村学生由于家庭社会经济地位和地理位置因素带来的教育差距，需要提高农村学生参加开放辅导的时长。教师在对农村学生进行辅导时，可多一些耐心和包容，为农村学生提供更长时间的学习辅导。

6.6.4 实施"互联网＋"教师智力流动促进教育公平的建议

(1)教育服务供给向农村地区倾斜，缓解地区差异带来的不公平

在教育服务供给方面应向农村学校倾斜，政府以政策、法规等工具手段推动城镇学校和骨干教师向农村地区输送更多的优质教育资源和教师服务。加强优质教育内容资源供给，大力推动人力资源和教育服务供给。遵循平等性、补偿性和差异性原则，制定向农村倾斜的教育服务供给政策，通过向农村学校提供丰富的优质教育服务以实现平等性公平、补偿性公平和差异性公平。[⑤] 通过城乡结对、城乡互助、教师流动等形式，鼓励城镇学校为农村地区提供丰富的教育服务，实现教育平等性公平；在教育服务供给中优先考虑农村学校，建立健全城镇骨干教师帮扶农村学校教师、服务农村学生的可持续发展机制，实现教育补偿性公平；加强城乡教师协同供给教育服务，针对农村学生个体特征提供精准化的教育服务，根据学生的个性化特征进行差异化教学，帮助农村学生获得学习成功，促进教育差异性公平。

① 沈晓婧.公平还是固化——80 后与 90 后教育机会变迁的研究[J].中国青年研究，2019(12)：69，102-108.

② Sun L X，et al. Are there educational and psychological benefits from private supplementary tutoring in Mainland China? Evidence from the China Education Panel Survey，2013—2015[J]. International Journal of Educational Development，2020(10). doi：10.1016/j.ijedudev.2019.102144.

③ Clark K. Practical applications of technology as a key to reducing the digital divide among African-American youth[J]. Journal of Children and Media，2017(2)：252-255.

④ Smyth E. The more，the better? Intensity of involvement in private tuition and examination performance[J]. Educational Research and Evaluation，2008(5)：465-476.

⑤ 褚宏启.新时代需要什么样的教育公平：研究问题域与政策工具箱[J].教育研究，2020(2)：4-16.

(2)关注性别之间的教育公平,促进全体学生全面发展

教育公平的实质是教育结果公平,核心内涵是确保教育质量,关键在于公平促进学生全面发展和个性发展。[①] 研究建议改革教育评价体系,进一步完善考试机制,引导教育活动和教育评价注重全体学生的个性化发展和全面发展。在教育过程中需要重视男生和女生在学习上的差异,针对性别特征给予学生合适的、个性化的教育和学习支持,提高学生的自主学习能力和数字胜任力。在教学上,转变教师性别观念,在教学过程中实现性别公平,在教育评价上,采取过程性评价、表现性评价,注重学生关键能力、创新思维、问题解决能力等方面的培养,降低总结性评价和单一考试对男生的不利作用。通过完善评价机制来促进全体学生获得全面、平等、和谐、自由发展。

(3)加强"互联网＋"教师智力流动,利用大数据支持学生个性化学习

充分发挥信息技术变革教育的功能,利用技术手段开展在线教育、学习辅导,为农村学生提供城镇优秀骨干教师的智力资源和数字化服务,实现"互联网＋"教师智力流动。基于大数据技术、人工智能、学习分析技术等支持的学习分析体系、自适应专家系统、持续追踪服务系统等对学生进行精准诊断,发现学生所需,为学生提供合适的教育服务,提供最佳学习路径,帮助学生学习和成长。[②] 为了推动教师智力流动,政府层面,调动城市优秀骨干教师利用互联网为农村学校提供智力资源;学校层面,提高师生信息技术素养,满足学生对数字工具和技术、优质教育资源和优秀教师的需求;教师层面,给农村学生提供个性化的一对一学习辅导,帮助学生解决学习问题,提升学生学习获得感;家长层面,给学生提供学习工具、学习空间、学习关怀,转变家长教育理念。通过政府、学校、教师和家长给予学生更多的学习支持,缩小由于家庭社会经济地位差距带来的学习支持差距和学生发展差距,从而促进教育公平。

6.7 本章小结

以开放型在线辅导项目为载体的"互联网＋"教师智力流动的最终目的是促进乡村学生全面发展,实现城乡教育公平。在开放型在线辅导项目中,一对一在线辅导是实时的、双向连通的,教师和学生可以通过语音进行交流,为乡村学生提供实时的学习指导,增强学习体验。通过为学生提供丰富的教育资源和个性化的教育服务,帮助学生解决学习问题,提高学生的学习自信和自我效能感,使学生真正产生教育获得感和个人成功感,增强乡村学生的教育公平感。"互联网＋"教师流动以大规模开放辅导模式向农村地区输送优质教师智力资源,为农村学生提供丰富的教育服务,有利于促进教育公平。对北京市 2016—2018 年实施"互联网＋"教师智力流动的相关数据,从教育公平视角出发进行量化分析,结果显示,在以开放型在线辅导项目为载体的"互联网＋"教师智力流动实践中,乡村学生能够获得与城市学生同等程度的辅导次数、辅导时长和辅导教师数,乡村学生与城市学生之间的数字鸿沟显

---

① 胡钦太,刘丽清,丁娜. 教育公平视域中在线教育的困境与出路[J]. 中国电化教育,2020(8):14-21.
② 赵兴龙,李奕. 教师走网:移动互联时代教师流动的新取向[J]. 教育研究,2016(4):89-96.

著缩小。而且,接受一对一辅导的乡村学生的学习成绩获得显著提高,与城市学生之间的差距逐渐缩小。可见,以开放型在线辅导项目为载体的"互联网＋"教师智力流动能够切实缩小城乡数字鸿沟,为乡村学生提供充足的、丰富的优质教育资源和教育服务,实现了教育起点公平和教育过程公平。但是,城乡学生在期末考试成绩上仍然存在显著差异,城乡学生之间的教育结果不公平问题依然存在。这需要长期坚持实施开放型在线辅导项目,持续性地为乡村学生提供优质教育资源和教育服务,不断缩小城乡之间的教育结果差距。最后对影响学生学习成绩的因素进行回归分析,结果发现,性别、区域和辅导时长显著影响学习成绩。基于此,在实施"互联网＋"教师智力流动促进教育公平的实践过程中需要在教育服务、教育资源供给等方面向农村地区倾斜,关注性别之间的教育公平,保障女生获得优质教育服务,但是也要关注男生在教育结果上与女生之间的差距。

第7章 "互联网＋"教师智力流动实施问题分析

《国家中长期教育改革和发展规划纲要（2010—2020年）》中提出了"信息技术对教育发展具有革命性影响"的重要论断，高度重视信息技术促进教育发展的重要作用。利用"互联网＋"技术创建智慧在线学习环境，支持城镇优秀教师通过网络为边远地区和农村地区学生提供一对一实时辅导、直播课教学、问题答疑、微课教学等服务和学习支持，能够使弱势群体学生获得优质教育资源和教师资源，缩小城乡学生之间获取优质教育的差距，增强农村学生的教育获得感。"互联网＋"教师智力流动产生了规模效益，节约了教育成本，提高了学生的学习成绩，缩小了城乡学生之间的教育差距，促进了教育公平，对教育发展产生了非常大的积极影响。但是，在实践中，由于教师通过网络实施在线辅导和教学活动，与学生之间的空间隔离造成了师生之间互动的距离感、弱联系感，师生之间的互动受教师主导，或者受问题引导比较严重。同时，教师智力流动实践过程中，教师的行为模式和行为规律，学生参与在线学习的行为模式和行为规律等表现出师生参与"互联网＋"教师智力流动实践所存在的问题。本章从人类行为动力学和复杂网络视角出发对师生参与"互联网＋"教师智力流动实践所表现的行为模式和规律进行分析，以发现教师智力流动实践中存在的问题，并探索问题产生的原因和解决方案，为推进"互联网＋"教师智力流动更有效地开展奠定基础。

7.1 教师参与教师智力流动的行为问题分析

研究现实世界和网络空间中的人类活动模式至关重要，因为它提供了个人行为如何影响社会和经济结果的洞察力。[1] 人们对社会、经济、工程和技术等人类动力学领域的需求很大，了解人类的活动模式，对促进社会发展有着重要影响。越来越多的实证研究，如书信来往[2]、电子

---

[1] Malmgren R D, et al. A Poissonian explanation for heavy tails in emails[J]. Proceedings of the National Academy of Science of the United States of America, 2008, 105(47): 18153-18158.

[2] Oliveira J G, Barabási A L. Human dynamics: Darwin and Einstein correspondence patterns[J]. Nature, 2005(437): 1251.

邮件通信[①]、大规模人类移动[②]、网络信息获取[③]、微博发帖[④]、手机充值行为[⑤]、集体行为的在线社交网络[⑥]等,表明人类动力学遵循幂律分布,且具有重尾特征,这意味着人们的行为活动中,存在长时间的行为沉寂与短时间内的阵发现象。[⑦]

　　随着网络通信技术的发展和普及,在线学习和网络娱乐活动不断增加,产生了大量的网络数据,为分析人类的行为模式提供了良好的数据基础。在网络学习环境中,学习者行为受到了大量的关注和研究。[⑧][⑨][⑩] 学习者的行为,如观看视频、在线讨论、提问与回答、知识分享与建构、互动等,对学习成绩有显著影响。[⑪][⑫] 然而,目前关于大规模学习者网络学习行为模式以及教师和学习者的行为特征尚不清楚。对于网络学习来说,学习者的行为动力学还有待进一步研究。本研究探索了开放辅导环境中教师和学生的在线辅导和学习模式,并分析教师和学生实施开放辅导与学习的动力学特征。开放辅导和学习模式以及在线学习的动力学分析可以为了解教师和学生的行为特征提供基础,帮助人们预测学生和教师在实施开放辅导和学习时的行为。

7.1.1　数据来源与分析过程

　　本研究使用的数据来源于"智能学伴"平台。平台提供在线教师的申请与审核、在线辅导与在线学习的管理和实施、在线辅导数据的统计、分析与可视化等服务和功能。从"智慧

① Barabási A L. The origin of bursts and heavy tails in human dynamics[J]. Nature, 2005, 435 (7039): 207.

② Zhang H T, et al. Spatiotemporal property and predictability of large-scale human mobility[J]. Physica A: Statistical Mechanics and Its Applications, 2018(40): 40-48.

③ Dezsö Z, et al. Dynamics of information access on the web[J]. Physical Review, 2006(73): 66-132.

④ Jiang Z, et al. Understanding human dynamics in microblog posting activities[J]. Journal of Statistical Mechanics: Theory and Experiment, 2013, 2(2): P02006.

⑤ Wang P & Ma Q. From heavy-tailed to exponential distribution of inter-event time in cellphone top-up behavior[J]. Physica A: Statistical Mechanics and its Applications, 2017(473): 10-17.

⑥ Liu J G, et al. Collective iteration behavior for online social networks[J]. Physica A: Statistical Mechanics and its Applications, 2018(499): 490-497.

⑦ Barabási A L. The origin of bursts and heavy tails in human dynamics[J]. Nature, 2005, 435 (7039): 207.

⑧ Kizilcec R F, Perez-Sanagustin M & Maldonado J J. Self-regulated learning strategies predict learner behavior and goal attainment in Massive Open Online Courses[J]. Computers & Education, 2017 (104): 18-33.

⑨ Li L Y & Tsai C C. Accessing online learning material: Quantitative behavior patterns and their effects on motivation and learning performance[J]. Computers & Education, 2017(114): 286-297.

⑩ Zhang S, et al. Interactive networks and social knowledge construction behavioral patterns in primary school teachers' online collaborative learning activities[J]. Computers & Education, 2017 (104): 1-17.

⑪ Baran B & Keles E. Case study discussion experiences of computer education and instructional technologies students about instructional design on an asynchronous environment[J]. Turkish Online Journal of Educational Technology, 2011, 10(1): 58-70.

⑫ Liu E Z, Cheng S & Lin C H. The effects of using online Q & A discussion forums with different characteristics as a learning resource[J]. The Asia-Pacific Education Researcher, 2013, 22(4): 667-675.

学伴"平台的数据库中获取一对一辅导数据和微视频观看数据。数据来自2016年9月至2018年6月。共有32911名学生参与了一对一的在线辅导和微视频学习。在一对一辅导中,21286名学生和3342名教师生成了153253条辅导数据记录。在观看微视频方面,有181491人观看了20252名学生的视频记录。数据格式包括学生ID、教师ID、一对一在线辅导ID、一对一辅导时间、视频观看时间。本研究使用了一对一辅导时间数据、微视频观看时间数据、教师和学生的标识符(ID)。具体见表7-1和表7-2。

表7-1 一对一在线辅导数据格式

辅导事件编号	教师ID	学生ID	辅导时间
2004415440—1525132934320	2029127027	2003084230	2018/3/26 13:00
2026209784—1525133494664	2003853439	2003525600	2016/12/15 19:09
2003798242—1525133573709	2003875165	2003785805	2017/7/3 20:56

表7-2 学生观看视频的数据格式

学生ID	微视频观看时间
2002778852	2018/4/29 13:07:51
2002778852	2018/5/3 10:58:10
2033156761	2018/5/3 10:58:48

本研究主要分析教师和学生参与在线辅导行为的阵发性,分析学生观看微视频行为的阵发性。分别绘制教师与学生参与一对一在线辅导事件和学生观看视频时间的时间序列图。从事件的时间序列图中,可以分析事件的时间间隔和突发性,从而分析教师的辅导行为和学生的微视频观看行为的时间分布特征。同时,为了研究教师在线辅导和学生观看微视频行为的动力学特征,本研究测量了辅导时间间隔和观看微视频的时间间隔在群体水平上的概率分布,并分析了相应时间段内教师和学生的数量分布。

7.1.2 教师参与开放辅导行为的频次分布

本研究从教师辅导行为的频次分布来分析教师辅导行为的动力学特征。教师辅导行为频次的双对数分布情况如图7-1所示。通过数据拟合发现,教师辅导行为的频次近似于符合指数为−1.01的幂律函数,说明在"智慧学伴"平台中,教师辅导行为的频次分布是异质的。也就是说,大部分教师在三年的时间段内只进行了少量的辅导活动,而一些非常活跃的教师能够进行大量的辅导活动。图7-1所示的教师辅导行为模型存在重尾现象,这意味着大量的教师实施的辅导行为频次非常低,辅导的学生比较少。在"智慧学伴"平台上,有10685名教师申请并成功成为辅导教师。但是只有3342位辅导教师执行了在线辅导,68.7%的辅导教师没有实施在线辅导行为。在3342位辅导教师中,有82.5%的辅导教师的辅导次数低于10次。但是,在153253份辅导记录中,只有21.5%的辅导教师实施了79.2%的辅导行为。这与"二八定律"结果相一致。

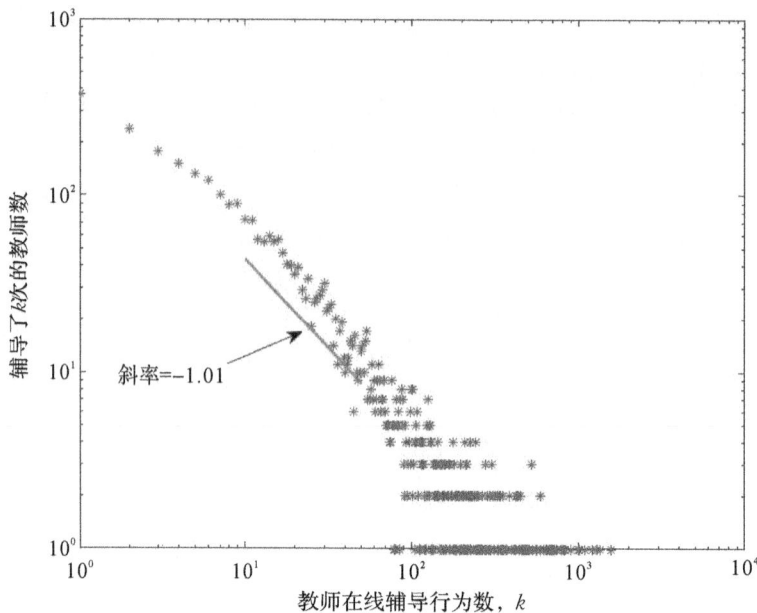

图 7-1 教师辅导行为频次的双对数分布情况

7.1.3 教师参与开放辅导行为的时间间隔分布

为了研究教师群体辅导行为的特征,本研究测量了辅导行为事件的时间间隔在个体和群体水平上的概率分布。辅导行为的时间间隔分布是指同一位教师连续两次辅导行为之间的时间间隔。通过分析教师辅导行为的时间间隔分布,能够了解教师的在线辅导模式。开放辅导计划自 2016 年 11 月至 2018 年 6 月共实施了四个学期,每个学期为期 3 个月,共有 4 轮辅导。其中,第 1 轮辅导于 2016 年实施,第 2 轮和第 3 轮辅导分别于 2017 年上半年和下半年实施,第 4 轮辅导于 2018 年上半年实施。将四轮教师辅导行为按照学期进行统一化处理,即每个学期的开始时间和结束时间分别记为 0 和 1000000。这样,将这四轮进行组合,绘制出教师辅导行为模式图,结果如图 7-2 所示。图 7-2 中,横轴代表时间,每条竖线代表一位教师的一次辅导行为。而相邻两条竖线之间的距离就是两个连续辅导行为的时间间隔。第一行显示所有教师的辅导行为时间序列,其余三行分别显示三位典型的教师代表的辅导行为序列。我们根据辅导行为的频次将教师分为三个层级。第一层级的辅导行为频次大于 1000;第二层级的辅导行为频次小于 1000,大于 100;第三层级的辅导行为频次小于 100。我们从这三个层级中分别选择一位教师,分析他们的辅导行为模式。第 1 名教师实施了 1585 次辅导行为,第 50 名教师实施了 426 次辅导行为,第 1800 名教师实施了 10 次辅导行为。

图 7-2(a)显示了所有教师的辅导行为时间间隔分布模式。研究发现,每个学期的初期阶段,教师的辅导行为数量较少,辅导行为之间的间隔时间比较长。每个学期的中期,出现了大量的辅导行为,辅导间隔时间开始变短。每个学期末,教师在线辅导的时间间隔相对较短,在接近学期结束时有较长的时间间隔。从时间间隔分布来看,教师的在线辅导行为具有阵发性特征。

图 7-2(b)、(c)和(d)分别是三位教师的辅导行为时间间隔分布模式。按照辅导行为的频次排序,选择了排在第 1 位、第 50 位和第 1800 位的三位教师,并对他们的辅导行为

时间间隔分布模式进行了分析。前两名教师的辅导行为呈现出阵发性特征。在学期的中期阶段,教师的辅导行为比较集中,时间间隔比较短;但在学期的开始和结束时,教师的辅导行为时间间隔相对较长。这些结果与所有教师的辅导行为时间间隔分布模式一致。对于教师 T1 来说,在本学期的初期阶段,辅导行为出现了阵发性现象。学期中、期末有几次较小的阵发性辅导,即存在少量的集中辅导行为。但总体上看,教师 T1 的辅导行为分布较为均匀。

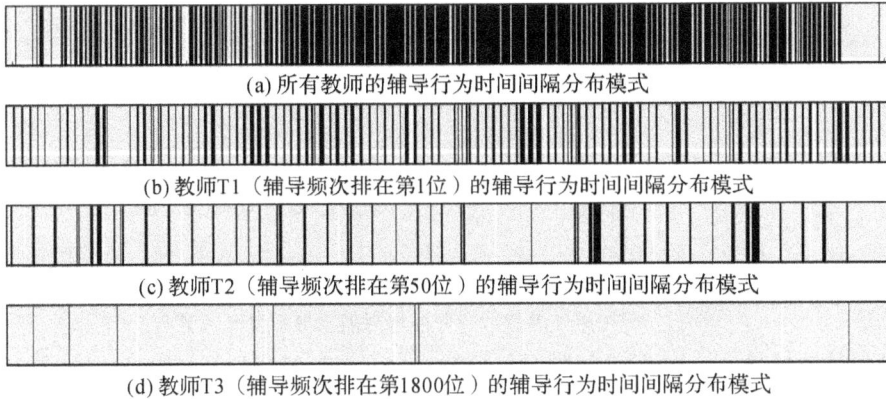

(a) 所有教师的辅导行为时间间隔分布模式

(b) 教师T1（辅导频次排在第1位）的辅导行为时间间隔分布模式

(c) 教师T2（辅导频次排在第50位）的辅导行为时间间隔分布模式

(d) 教师T3（辅导频次排在第1800位）的辅导行为时间间隔分布模式

图 7-2 教师在线辅导行为时间间隔分布模式

对于教师 T2(第 50 位)来说,辅导行为主要存在于每学期的上半学期,且辅导行为呈均匀分布状态,但没有出现明显的集中爆发(阵发性)现象。下半学期,该教师出现了两次辅导行为的阵发特征,辅导行为的频次更高,但在时间分布上存在较长的时间间隔。与教师 T1 相比,教师 T2 的辅导行为频次较少,行为分布稀疏,时间间隔较长。对于教师 T3(第 1800 位),由于其辅导行为较少,辅导行为不存在明显的阵发性。总体而言,教师 T2 的辅导行为分布较为均匀,教师 T3 的参与度非常低,辅导行为的时间间隔比其他两位教师要长。

分析教师在线辅导行为的时间间隔分布模式,并观察在线辅导行为时间间隔的 τ 值,即天数。为了在双对数坐标系中能够在横坐标中显示从 10^0 至 10^2 的坐标系,本研究对时间间隔进行了处理:对于一位教师而言,第一次辅导时间记为1,第二次辅导时间如果和第一次辅导时间相同,即在同一天,则第二次辅导时间和第一次辅导时间的时间间隔记为1,以此类推。这样,对于同一位教师而言,在同一天发生的多次辅导之间的时间间隔均等于1,相邻两天发生的辅导行为的时间间隔记为2。利用所有教师的辅导行为时间数据,计算出教师辅导学生的时间间隔的双对数分布情况,如图 7-3 所示。横坐标表示时间间隔,纵坐标表示在某个时间间隔值上对应的教师辅导行为频次,可知,教师辅导行为的概率分布遵循幂律公式 $P(\tau) = \tau^\gamma$,且 $\gamma = -2.71$。其中,$P(\tau)$ 是指教师发生辅导行为频次的概率。大部分教师辅导行为之间的辅导时间间隔比较短,较少的辅导行为之间的辅导时间间隔比较长。统计结果显示,在所有教师辅导行为次数中,67.40％的辅导发生在同一天,11.20％的辅导是在连续两天内实施的,只有 3.78％的教师辅导行为的时间间隔超过 10 天。由此可以发现,教师辅导学生的时间比较集中,在当天或者连续两天内辅导学生的次数非常多,但是之后教师会间隔比较长的时间继续实施辅导,或者教师就流失掉而不再参加辅导。

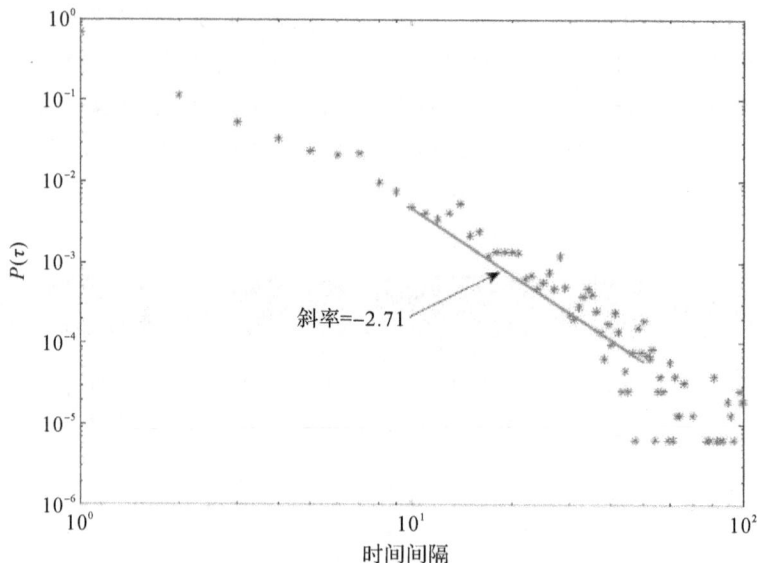

图 7-3　教师群体辅导行为时间间隔的双对数分布情况

教师群体的辅导行为时间间隔分布呈幂律分布,表明教师辅导行为存在动力学上的阵发性特征[1][2],即高活跃期与长时间不活跃期相分离。虽然这种行为的不均匀分布的起源是高度不同的,但它被认为是人类动力学的一个固有特征。Goh 和 Barabasi[3] 提出了一种衡量阵发性(使用 B 表示)的方法,其定义如下:

$$B = \frac{\sigma_\tau - m_\tau}{\sigma_\tau + m_\tau}$$

在这个函数中,m_τ 表示平均时间间隔,σ_τ 表示时间间隔的标准差。当 m_τ 和 σ_τ 有意义时,B 值包含于区间$(-1,1)$。当 B 接近于 1 时,表示阵发性强,并且时间间隔的分布存在重尾特性。当 B 接近 0 时,表示阵发性为中性,时间间隔分布呈泊松分布。当 B 等于-1 时,表示存在一个完全规律的具有周期性的时间间隔信号,并且时间间隔分布具有重尾现象。在本研究中,所有教师的辅导行为时间间隔的 $m_\tau = 1990.30$,$\sigma_\tau = 11918.42$,计算得到教师的辅导行为的时间间隔阵发性 B 为 0.71,这表明教师在线辅导的时间间隔分布存在较强的阵发性,而且,教师的辅导行为时间间隔分布具有重尾现象。

7.1.4　教师参与开放辅导的行为问题解释

随着网络学习环境的发展与普及,网络学习者的数量也在不断增加。对网上冲浪行为、网上购物行为和在线社区互动行为的研究不仅能够发现和了解人们的网上行为模式和人的行为动态发展规律,而且还可以预测人的未来行为。在本研究中,为了了解教师的在线辅导

---

[1]　Barabási A L. The origin of bursts and heavy tails in human dynamics[J]. Nature，2005，435(7039)：207.

[2]　Mryglod O，et al. Inter-event time distributions of human multi-level activity in a virtual world[J]. Physica A：Statistical Mechanics and Its Applications，2015(419)：681-690.

[3]　Goh K I, Barabasi A L. Burstiness and memory in complex systems[J]. Europhysics Letters，2008(81)：48002.

行为模式,对教师在线辅导行为的动力学特征进行了分析。理解教师在线辅导行为模式不仅对教师的动态建模至关重要,而且对教师在过去的表现如何影响和预测个人层面的未来行为也至关重要。

随着大数据技术和统计分析技术的发展和应用,人们有可能通过收集和分析大样本来研究人类行为动态发展的规律和模式。通过对中学教师参与开放辅导行为模式的分析,本研究发现教师的在线辅导行为符合幂律分布,并且具有重尾特征。

教师数量和在线辅导频次均证实了幂律分布,并且具有重尾特征。即约20％的教师的辅导频次非常大,而80％的教师的辅导频次很小。教师参与在线辅导受到多种因素的影响,例如政府的政策激励,学校领导的支持,教师的技术水平,教师的外部和内部动机等。一些研究者提出了多种机制来解释人类行为中的重尾现象,包括基于决策的排队过程[①],记忆机制[②],兴趣自适应[③]等。在本研究中,任务驱动机制和动机驱动机制可以用来解释教师在线辅导行为模式的重尾现象。教师在线辅导的激励机制不够完善,在加强外部奖励的同时,激发教师的内在动机对提高教师网络辅导的行为数量和积极性具有重要作用。与传统课堂教学相比,网络学习仍然缺乏足够的监督和激励机制。

7.2 学生参与教师智力流动的行为问题分析

在"智慧学伴"平台上,学生主要以在线接受作业辅导和观看微课视频的形式开展学习活动。本研究主要从学生接受在线辅导和观看微课视频两方面的行为数据来分析学生参与在线学习的动力学特征,分析的维度包括学生在线学习的行为频次分布和学生在线学习行为的时间间隔分布。

7.2.1 学生接受辅导行为频次分布特征

图 7-4 显示了学生接受在线辅导行为频次的双对数分布情况。图 7-4 中横坐标为学生接受教师辅导行为的频次 k,纵坐标为接受教师辅导频次为 k 的学生人数。由图 7-4 可知,随着学生接受辅导行为的频次增加,学生人数逐渐减少。大部分学生在整个过程中接受了非常少的辅导,而一些非常活跃的学生能够接受比较多的在线辅导,这一类学生学习的行为频次比较高,学习积极性比较高。整体而言,接受高频次辅导的学生数量非常少,更多的学生在很长一段时间内仅仅接受了少数几次的在线辅导。

① Vazquez A. Exact results for the Barabasi model of human dynamics[J]. Physical Review Letters. 2005,95(24):248701.

② Vazquez A. Impact of memory on human dynamics[J]. Physica A:Statistical Mechanics and Its Applications,2007(373):747-752.

③ Hong W, et al. Heavy-tailed statistics in short-message communication[J]. Chinese Physics Letters,2009,Lett,26:028902. doi:10-1088/0256-307x/2612/028902.

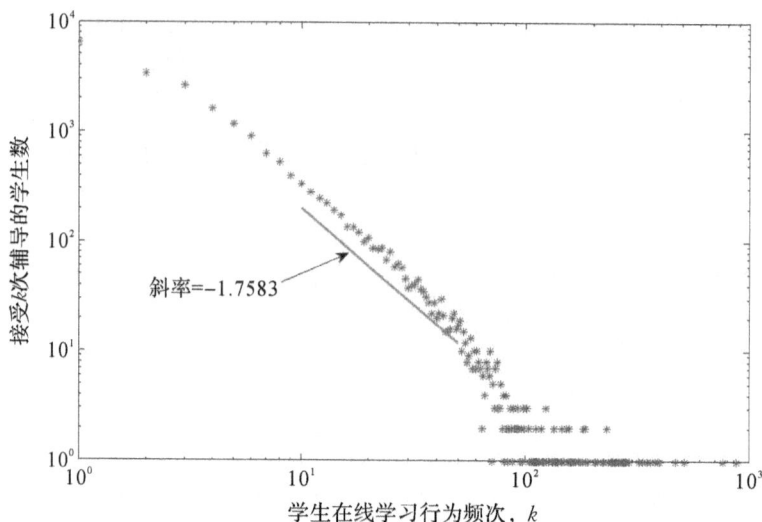

图 7-4　学生接受在线辅导行为频次的双对数分布情况

由图 7-4 可知，接受在线辅导行为的学生分布服从幂律函数，指数为－1.7583。结果表明，接受学习辅导的学生存在一定的异质性，更多的学生接受辅导行为数量非常少，少部分学生接受了大量的在线辅导。由于受学生学习需求、学习条件、学习偏好等因素的影响，学生对网络在线学习（如辅导）的选择存在差异。从图 7-4 可以看出幂律衰减曲线发展缓慢，说明接受 k 次辅导行为的学生人数分布模型存在重尾现象。在本研究的数据集中，99.3％的学生得到的辅导行为少于 80 次，平均每个学生得到 6.11 次辅导。但在接受 80 次以上辅导的学生中，0.7％的学生平均接受了 170.87 次辅导。可见，学生在接受在线辅导行为方面存在较强的异质性特征。

7.2.2　学生接受辅导行为的时间间隔分布特征

图 7-5 为学生接受辅导行为的时间间隔分布模式。依据学生接受辅导行为的频次进行层次划分，将接受辅导行为频次大于或等于 200 次的学生归为第一层次（S1）；接受辅导行为频次小于 200 次，大于或等于 50 次的学生归为第二层次（S2）；接受辅导行为频次小于 50 次的学生归为第三层次（S3）。分别从三个层次中选出一名学生，计算并绘制学生接受辅导行为的时间分布模式图，结果如图 7-5 所示。图 7-5（a）为全体学生接受辅导行为的时间间隔分布模式，与教师辅导行为的时间间隔分布模式相一致。学生的在线辅导行为分布比较均匀，每个学期都参加了在线辅导。但是在每个学期，学生接受在线辅导主要集中在中期阶段，在学期初期阶段和学期末阶段学生接受在线辅导的行为频次比较少，时间间隔比较长。此外，学生的辅导行为存在阵发性现象。

对于学生 S1 来说，其接受了 876 次辅导。在学期初，该学生的连续的被辅导行为之间存在相对较短的时间间隔，紧随其后的是一个更长的时间间隔，然后被辅导行为的频次增加，但辅导行为数量仍然很少。在学期末该学生接受辅导行为的时间间隔非常长。对于这个学生来说，随着时间的推移，时间间隔逐渐延长。

对于第二个层次的学生来说，接受辅导的概率比较小，连续两次接受辅导的时间间隔较长。以学生 S2 为例，其在 2016 年至 2018 年上半年期间共接受了 161 次辅导，接受辅导行为之间存在较长的时间间隔。从图 7-5(c)中的竖线宽度来看,该学生很少表现出被辅导行为的阵发性特征。即该学生在接受辅导行为上不存在连续的集中辅导行为,在线学习行为比较分散。

对于学生 S3 而言,共接受了 10 次辅导。在整个学期中很少参与在线辅导,连续两次被辅导活动的时间间隔比较长。与前两个层级的学生相比,第三层级学生的被辅导行为较少,辅导行为的时间间隔非常长。从图 7-5(d)中很难观察到该层级学生被辅导行为的阵发性。但是,处于这一层级的学生人数相当多,占总学生人数的 98%。

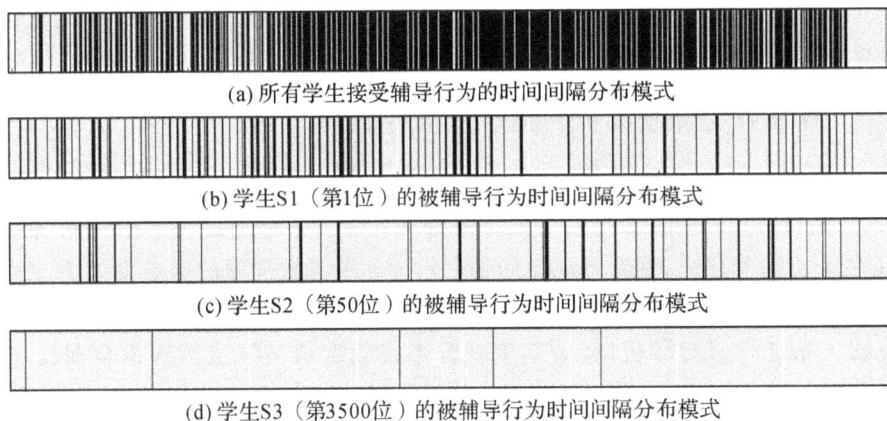

(a) 所有学生接受辅导行为的时间间隔分布模式

(b) 学生S1 (第1位) 的被辅导行为时间间隔分布模式

(c) 学生S2 (第50位) 的被辅导行为时间间隔分布模式

(d) 学生S3 (第3500位) 的被辅导行为时间间隔分布模式

图 7-5　学生接受辅导行为的时间间隔分布模式

对被辅导学生的辅导行为时间间隔进行曲线拟合分析,采用双对数坐标轴显示拟合曲线,结果如图 7-6 所示。横坐标表示学生接受辅导行为的时间间隔,用 τ 表示。纵坐标表示被辅导学生的行为概率分布,用 $P(\tau)$ 表示,即接受辅导行为时间间隔为 τ 的学生分布概率。

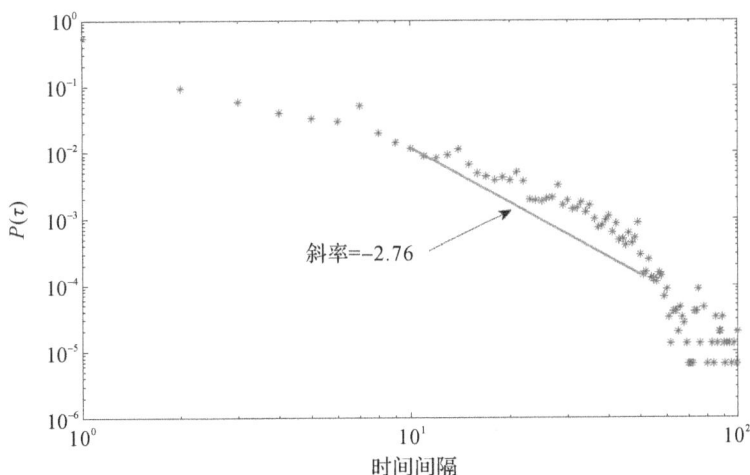

斜率=−2.76

图 7-6　被辅导学生的时间间隔双对数分布情况

可知,学生接受辅导行为的时间间隔分布呈幂律特征,幂律函数可使用 $P(\tau) \sim \tau^{\gamma}$ 形式表达,其中,$\gamma = -2.76$。这意味着,对于学生接受辅导行为的时间间隔分布来说,学生数量比例在时间间隔分布上具有较强的异质性,且表现出重尾现象。接受辅导行为的时间间隔比较短的学生数量分布概率非常大,即大部分学生更可能是接受一次辅导。结合前面关于学生接受辅导行为次数分布分析,大部分学生只接受了一次辅导,由图 7-6 可知,接受一次辅导的学生人数比例非常大,接近于1。因此,该研究中,并不是大部分学生能够坚持每天都接受辅导，而是他们的辅导次数本身就很少。对于辅导次数大于 1 的学生来说，存在较大数量的辅导行为发生在较短的时间间隔区间内。然而，也有一些学生向教师寻求帮助或辅导的时间间隔较长，他们的在线辅导（学习）频次较低。学生实施在线辅导行为主要是因为学生在做作业时遇到了问题，需要教师的帮助来解决问题。而学生接受辅导行为的时间异质性表明了学生对网络在线辅导的需求不同。

对所有学生的辅导时间间隔进行阵发性计算，由辅导行为的时间间隔平均值 $m_\tau =$ 1647.88 和标准差 $\sigma_\tau = 8570.01$，可以计算出阵发性 B 等于 0.68。这表明学生人数在时间间隔分布上存在较强的阵发性特征。

7.2.3 学生观看微视频行为频次分布特征

在"智慧学伴"平台的支持下，学生可以随时随地联系教师咨询问题，解决他们在学习中遇到的困难。同时，有许多教师使用微视频来辅助教学。通过前面关于微视频观看的时间分布可知，在白天时间段内，观看微视频的学生数量和观看微视频的次数都大于在线辅导行为数量。学生观看微视频是在线学习行为的一个重要表现，本研究对学生观看微视频的次数和人数的关系进行回归分析，得到学生观看微视频次数与学生数的拟合曲线，如图 7-7 所示。

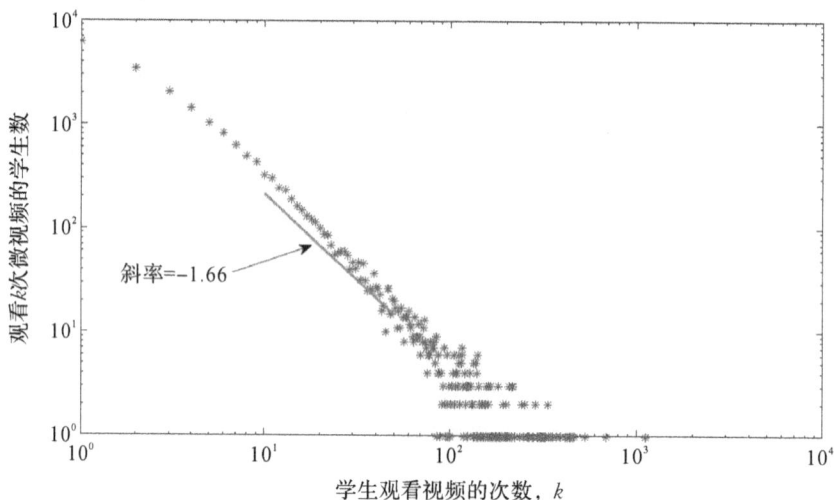

图 7-7　观看微视频行为次数的学生数量双对数分布情况

图 7-7 中，横坐标是观看微视频的次数，用 k 表示；纵坐标是观看 k 次微视频的学生数，则观看微视频行为次数的学生数分布拟合曲线的斜率为 -1.66。结果表明，从个人层面来说，观看微视频行为的学生数分布服从幂律分布特征，并且具有重尾现象。同时，在观看微视频行为次数分布上，学生数分布是不均匀的，这种微视频观看行为频次的不均匀性导致了学生观看微视频的频次不服从泊松分布，而是服从幂律分布。在微视频观看数据集中，观看频次超过 100 次的学生占 1.22%，观看频次低于 100 次的学生占 98.78%。此外，有 20.00% 的学生发生了 74.59% 的微视频观看行为。

7.2.4 学生观看微视频的时间间隔分布特征

前面分析了学生观看微视频行为的频次分布特征,对于不同的微视频观看频次的学生数量分布有了一定了解。这一节主要从学生观看视频行为的时间间隔分布情况进行分析,从时间间隔分布上了解学生行为的变化和分布情况。计算所有学生的微视频观看行为的时间分布和学生个体观看微视频行为的时间分布情况,如图7-8所示。图7-8中横线代表时间,竖线表示观看视频行为。则图7-8(a)为2016年9月至2018年6月时间段内,所有学生观看微视频行为的时间间隔序列。由图可知,2016年和2017年观看微视频行为的时间分布较为均匀,存在一定的时间间隔,但是时间间隔比较短。然而,在2018年,学生观看微视频的频次大大增加,时间间隔非常短。几乎每天,都有学生观看微视频并实施在线学习。这也表明,2016年和2017年观看微视频的学生数比较少,观看视频的次数比较少,但是在2018年观看微视频的人数和观看次数均得到大幅增加,这是后半段竖线比较密集的原因。

图7-8(b)为学生S4的微视频观看行为时序图。该学生观看微视频的次数最多,达到1120次。该学生观看微视频的行为主要集中在学期中间阶段。观看微视频的时间不长,只有两个月左右。在这两个月里,观看微视频的时间间隔较短。在学期的初期阶段,观看微视频的时间间隔较长,在学期的中期和后期阶段,观看微视频的时间间隔缩短。由图中垂线集中程度可知,较粗的地方表明学生观看微视频的行为存在阵发性,在数据所涵盖的时间段内,该学生观看微视频行为出现了两次阵发现象。

(a) 所有学生观看微视频行为的时间间隔分布模式

(b) 学生S4（第1位）的微视频观看行为时间间隔分布模式

(c) 学生S5（第50位）的微视频观看行为时间间隔分布模式

(d) 学生S6（第3500位）的微视频观看行为时间间隔分布模式

图7-8 学生观看微视频行为的时间间隔分布模式

图7-8(c)为学生S5的微视频观看行为时间间隔分布模式,该学生观看了213次微视频。整体来说,该学生观看微视频行为次数比较少,而且这213次微视频观看行为的时间比较分散,没有明显的阵发性特征。该学生观看微视频行为的时间间隔比较长,且时间间隔长度比较一致,表现出较强的规律性。

图7-8(d)为学生S6的微视频观看行为时间间隔分布模式。该学生观看微视频的次数不到50次。观看微视频50次以下的学生人数为19593人,占96.7%。对于学生S6来说,他主要是在学期的初期和学期末观看了微视频。微视频观看频次非常低,时间间隔比较长,行为分布呈现稀疏性。而且,没有出现微视频观看行为的阵发性特征。

本研究对所有学生微视频观看行为的时间间隔分布进行曲线拟合，结果如图 7-9 所示。对学生群体来说，学生的微视频观看行为时间间隔分布遵循幂律公式为 $P(\tau) \sim \tau^{\gamma}$ 的分布趋势。根据图 7-9，在双对数坐标下，学生微视频观看行为的时间间隔分布呈一条直线，斜率 $\gamma = -1.42$。同时，学生微视频观看行为存在明显的重尾现象。由此可知，学生微视频观看在时间分布上存在异质性。大部分学生观看微视频的时间间隔较短，说明这些学生的学习频次较高，学习积极性较高。但也有部分学生观看微视频的时间间隔较长，学习频次较低，学习积极性较低。

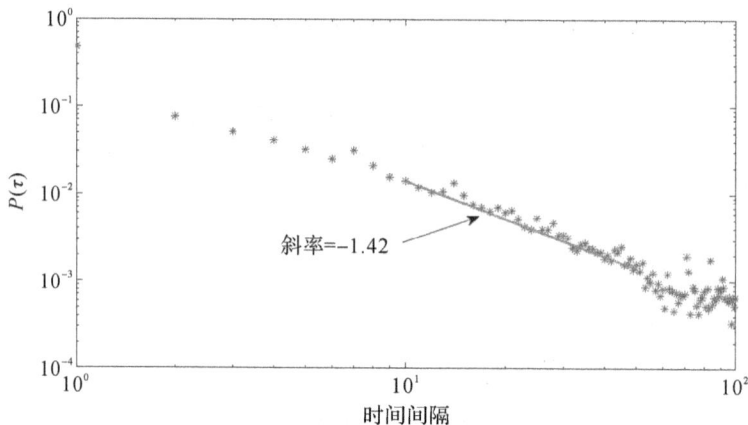

图 7-9　所有学生微视频观看行为的时间间隔双对数分布情况

计算学生微视频观看行为的时间间隔分布的阵发性，由 $m_{\tau} = 1814.91$ 和 $\sigma_{\tau} = 8793.26$ 可以计算出学生观看微视频的时间间隔阵发性值为 0.66。结果表明，学生观看微视频的阵发性比较高。即存在一个或多个较短时间内学生集中实施微视频观看行为，在这样一个时间段内，观看微视频的学生比较集中，观看微视频的次数比较多。

7.2.5　学生参与开放辅导行为问题的解释

在本研究中，主要对学生参与在线辅导和学习进行了行为动力学分析，通过采集北京市 2016 年至 2018 年期间学生参与在线辅导和观看微视频的数据，并对其进行定量分析。结果表明，学生参与在线辅导和学习行为符合幂律分布，具有重尾现象。大部分学生参与在线辅导和观看微视频的行为数量较少，积极性不高。这就需要加强对学生使用"智慧学伴"平台开展在线学习给予激励和大力支持，鼓励学生积极参与在线辅导和学习。一方面需要加强学生参与在线学习的外部动机，通过提供优质的教师辅导和学习资源吸引学生在线学习，提高学生的学习成绩，使学生通过在线学习切实得到学习成绩的提高，获得学习成功，提高自我效能感。另一方面，提高学生学习的内部动机。与传统课堂教学相比，网络学习仍然缺乏足够的监督和激励机制。对于那些真正需要学习的学习者，他们可以长期坚持在线学习，能够投入更多的精力和时间。但是对于学习积极性不高的学生来说，外部激励和监督就显得非常重要。

在开放辅导计划中，学生参与在线学习是由学习需求和动机驱动的。当学生遇到问题时，他们求助于在线教师来解决问题。学习者需要自我管理能力才能坚持在线学习，而学习动机是有效自我管理的关键。[①] 学习动机影响学生的在线学习投入。[②] 学生浏览网上学习资源的行为模式与学习动机有关。然而,由于时间管理不善和课程难度大,即便是学习动机比较强的学习者,他们中的大部分人仍然无法切实获得学习成功。[③] 对于那些学习管理能力弱,自主能力不强的学生来说,在没有监督和激励的情况下,使其实施在线学习是比较困难的。虽然在辅导过程中,教师能够督促学生学习。然而,对于大多数学生来说,内在学习动机相对较弱,外在学习动机很难在激励学生在线学习方面发挥持久的作用。只有当学生在做作业时遇到了困难,他们才会咨询教师,只有在考试前复习时,他们才会更多地实施在线学习。因此,学习需求机制可以解释学生在网络学习行为方面存在的幂律分布和重尾现象。

7.3 师生参与教师智力流动的网络演化问题分析

7.3.1 师生参与开放辅导网络的属性分析

描述复杂网络属性常用的指标有密度、平均度、平均路径长度、直径、距离、网络中心势等。将网络记为G,网络中所有节点的集合记为$V=\{v_1,v_2,\cdots,v_n\}$,所有边的集合记为$L=\{l_1,l_2,\cdots,l_n\}$。密度就是指网络G中实际存在的边与理论上可能存在的边的比值[④],即实际的边数L除以网络的最大可能边数的值。密度的计算公式可以表示为[⑤]：

$$D = \frac{2L}{g(g-1)}$$

其中,D表示网络的密度,L表示实际存在的边数,g为网络中的节点数。

平均度是网络中所有节点的度的平均值;直径是网络中所有节点对的最远距离,范围可以从最小值1到最大值$g-1$[⑥];距离是两个节点之间最少的跳数或者最短的路程,即从一个节点到达另一个节点所经过的节点数。

将$d(v_1,v_2)$记为网络中节点v_1和v_2的最短路径$(v_1,v_2 \in V)$。如果从v_1出发,经历其他节点v_2,则记为$d(v_1,v_2)=0$。那么网络的平均路径长度为[⑦]：

① Cho M H & Kim B J. Students' self-regulation for interaction with others in online learning environments[J]. Internet and Higher Education,2013(17):69-75.

② de Barba P G,Kennedy G E & Ainley M D. The role of students' motivation and participation in predicting performance in a MOOC[J]. Journal of Computer Assisted Learning,2016,32(3):218-231.

③ Kizilcec R F,Perez-Sanagustin M,Maldonado J J. Self-regulated learning strategies predict learner behavior and goal attainment in Massive Open Online Courses[J]. Computers & Education,2017(104):18-33.

④ Hansen D L & Smith M A. Social network analysis[M]// Olson J S & Kellogg W A. Way of Knowing in HCI. New York:Springer,2014.

⑤ 斯坦利·沃瑟曼,凯瑟琳·福斯特. 社会网络分析:方法与应用[M]. 陈禹,孙彩虹,译. 北京:中国人民大学出版社,2012:75.

⑥ Albert P & Barabasi A L. Statistical mechanics of complex networks[J]. Reviews of Modern Physics,2002,74(1):47-97.

⑦ Van Steen M. Graph theory and complex networks:An introduction[EB/OL]. (2010-06-12)[2019-12-24]. https://pdfs. semanticscholar. org/9dba/e30f8253791138e6c1031c5b7e4c7b321185. pdf.

$$l_G = \frac{1}{n(n-1)} \sum_{i \neq j} d(v_i, v_j)$$

其中,n 是网络 G 中的所有节点数。

网络中心势是指一个整体网络的集中程度,即网络中其他所有节点向某个中心节点集中的趋势。其公式为:

$$C = \frac{\sum_{i=1}^{g}(C_{dmax} - C_{di})}{g^2 - 3g + 2}$$

其中 C 表示网络中心势,C_{dmax} 为网络中的最大的度数中心度,C_{di} 为第 i 个节点的度数中心度,g 为网络中的节点数。

表 7-3 列出了 2016 年、2017 年、2018 年期间参加辅导的教师与通州区学生之间构成的辅导网络属性。从三年的辅导网络属性变化上来看,与 2016 年相比,2017 年的辅导网络中,节点数和边数都出现了减少。但是在 2018 年的辅导网络中,节点数和边数得到了大幅增长,节点达到 6796,边数达到 30373。2016 年和 2018 年的辅导网络密度均为 0.001,而 2017 年的网络密度为 0.002,三年的网络密度都很低,网络的紧密程度比较小。在 2017 年中,虽然节点数和边数比 2016 年和 2018 年的辅导网络都少,但是密度比较大,说明 2017 年的辅导网络中教师和学生的联系比较紧密,而 2016 年和 2018 年相对来说辅导网络联系比较稀疏。在较小的辅导网络中,密度值往往较高。这是因为,与少数参与者保持许多联系要比与非常多的参与者保持许多联系容易得多。当辅导教师和在线学习的学生都比较少的时候,教师和学生的联系会比较容易,教师和学生的联系次数就会比较多。

表 7-3　辅导网络的属性

年份	节点	边	密度	平均度	直径	平均路径长度	网络中心势
2016	5197	17591	0.001	6.770	11	4.19	0.05%
2017	3641	12010	0.002	6.597	12	4.10	0.97%
2018	6796	30373	0.001	8.938	10	4.02	0.03%

由平均度可知,在 2016 年的辅导网络中,每位教师平均辅导了 6.77 名学生。网络直径为 11,说明教师与学生之间的最大距离比较大,这使得学生很难与教师建立联系。但平均路径长度为 4.19,说明 2016 年辅导网络中教师和学生组成的节点对的平均间隔为 4.19 跳,比 Travers 和 Milgram 提出的六度分割的长度短 1.9。[①] 这说明在网络学习环境中,教师和学生之间可经过较少的人来建立新的联系。整体来看,虽然参与者的数量很多,但是边的数量相对较少。教师与学生之间的联系并不多,即由教师指导的学生数量少,辅导的频次也不高。

与 2016 年相比,2017 年辅导网络节点数量(值为 3641)和边数量(值为 12010)均有所下降,但密度增加到 0.002。教师和学生之间的辅导网络变得更加紧密。但是,平均度降到 6.597,说明每个教师辅导学生的平均人数下降了。同时,直径增加到 12,说明辅导网络的最

---

① Travers J, Milgram S. An experimental study of the small world problem[J]. Sociometry, 1969, 32(4): 425-443.

大距离达到 12。平均路径长度为 4.10,表示两个节点之间最短路径的平均步数为 4.1,教师和学生要想建立联系,需要经由最多的人数为 4 人。

在 2018 年的辅导网络中,节点数和边数均增加了许多。但与 2017 年相比,密度下降到 0.001,即辅导网络变得比较稀疏。每个节点平均连接 8.938 个节点,直径减小到 10,意味着辅导网络的最大距离减小,平均路径长度为 4.02。结果表明,在 2018 年的辅导网络中,一对随机节点的平均间隔为 4.02 跳。整体来看,在线学习空间中教师和学生的辅导网络基本属于四度分割状态,即经过四个人的联系任意两个节点都可以建立一条新的连接。

在本研究中,将 2016 年、2017 年和 2018 年三年的辅导数据集合计算出三年整体的辅导网络属性,其中,辅导网络的密度仍然保持在 0.001 不变,说明师生之间的联系相对稀疏。平均度数为 10.698,对于网络而言,教师与学生之间的平均连接节点多于任何单个年度的平均度。与 2016 年、2017 年和 2018 年单一年度的直径和平均路径长度相比,三年整体网络的直径和平均路径长度减小,说明任意两个节点之间最短路径的平均步数减少。三年的辅导网络的平均路径长度大致为 4,表明师生之间需要经过 4 个人就能与任意一个人建立联系,这比"六度分割"理论中需要经过 6 个人建立联系所经过的节点数还要小。这一研究结果与社交媒体中人际关系的建立所经过的节点数为 4 的研究结果一致[1],即由"六度分割"发展为网络环境中的"四度分割"。这也表明,师生之间很容易建立联系,但是由网络密度可这种联系却不紧密,很容易断开。

7.3.2 师生参与开放辅导网络的度分布特征

本研究从度分布角度分析教师辅导学生的网络演化过程。计算了节点(教师和学生)的度分布,并以两种不同的方式可视化了师生在线辅导网络的度分布。结果如图 7-10 至图 7-13 所示。这四个图分别描述了度分布的曲线和双对数分布。图 7-10 为三年整体的辅导网络的度分布,(a)图中的横坐标为度数 k,纵坐标为节点度数 k 的教师和学生的数量;(b)图中横坐标为度数 k 的对数,纵坐标为度为 k 的师生数在所有师生中所占比例的对数,即对度为 k 的教师和学生的概率分布取对数,使用 $\ln P(k)$ 表示。

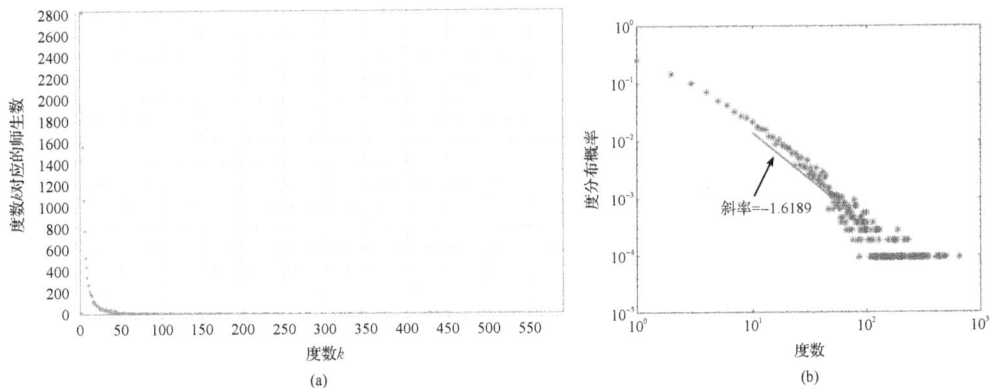

图 7-10 2016—2018 年整体上教师辅导学生网络的度分布

① Backstrom L, et al. Four degrees of separation[EB/OL]. (2016-01-06)[2022-06-15]. https://arx-iv.org/pdf/1111.4570.pdf.

在图 7-10 至图 7-13 的四个辅导网络中，度分布的实际曲线是指数曲线，在双对数坐标系中，度分布的拟合曲线是直线，表明最佳曲线形式的 $P(k) \sim k^b$，例如，图 7-10(a)中的曲线。或者使用 $\ln P(k) \sim b \ln k$ 形式表示，如图 7-10(b)中的直线。$P(k)$ 是度为 k 的节点的数量与所有节点的比值，即具有 k 个节点的教师或学生所占的比例，其中 b 是常数。

在图 7-11 至图 7-13 所示的网络中，图 7-11(a)是度分布的曲线图，图 7-11(b)是将图 7-11(a)中度分布转化到双对数坐标系中的可视化结果。则图 7-10 至图 7-13 中的双对数坐标系中拟合曲线的指数 b 分别为：三年整体辅导网络的示数 b 为—1.6189，2016 年辅导网络的指数 b 为—1.6537，2017 年辅导网络的指数 b 为—1.6649，2018 年辅导网络的指数 b 为—1.6451。可见，四个辅导网络的指数 b 值变化不大，均在—1.6 左右。同时也表明，四个辅导网络具有无标度网络（scale-free network）的幂律特性。[①] 无标度网络是指在网络中许多节点具有较少的边，或者很少的节点具有非常多的边。[②] 对于本研究而言，在三年的辅导中，大部分教师辅导的学生数量非常少，仅仅辅导了少数几位学生；只有少数教师辅导的

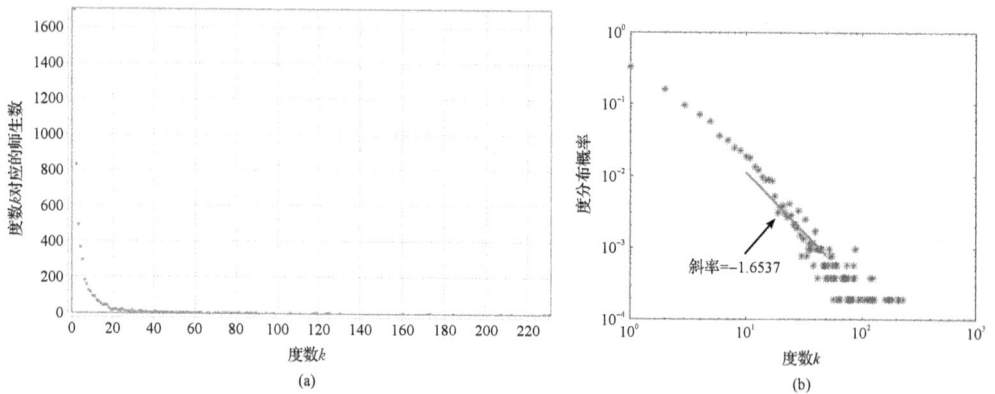

图 7-11　2016 年教师辅导学生网络的度分布

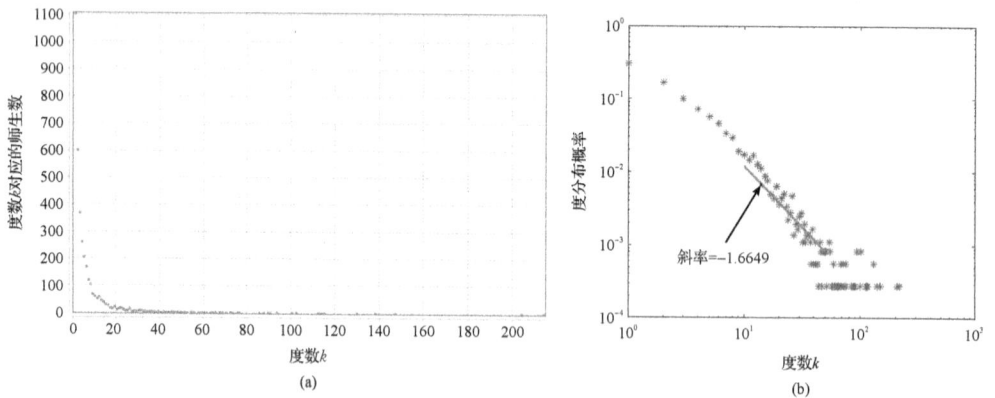

图 7-12　2017 年教师辅导学生网络的度分布

① Jordan I K，et al. Conservation and coevolution in the scale-free human gene coexpression network [J]. Molecular Biology Evolution. 2004，21(11)：2058-2070.

② Watts B D & Dyer R J. Structure and resilience of bald eagle roost networks[J]. Wildlife Society Bulletin，2018，42(2)：195-203.

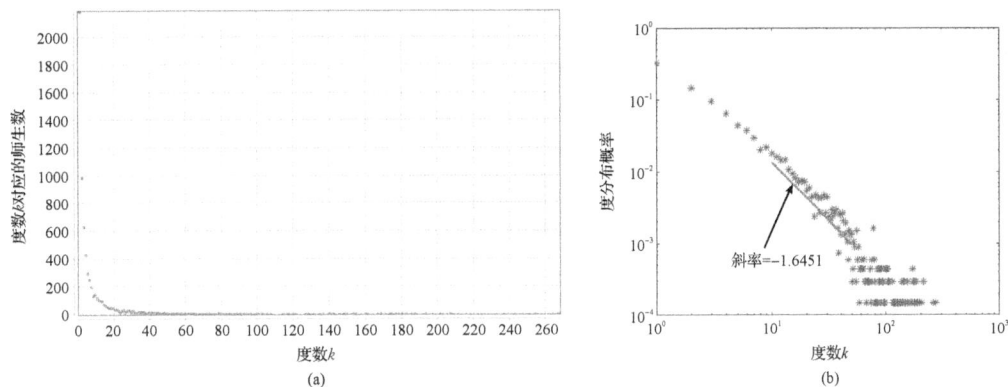

图 7-13　2018 年教师辅导学生网络的度分布

学生数量比较大,能够超过上百人。对于学生来说,大部分学生仅仅得到少数几位教师的辅导,很少的学生得到了非常多的教师的辅导。例如,在三年的整体辅导网络中,只有 164 名教师辅导学生超过 100 次,剩余上千名教师辅导学生的次数都低于 100 次;只有 94 名教师辅导了超过 100 名学生,剩余几千名教师中,每个教师辅导的学生数都低于 100 名。

对于图 7-10 所示的三年整体辅导网络来说,该辅导网络包含 10947 个节点,节点度的中值为 4,即有半数节点的度数为 4 或更少。具有最大度数的节点连接到其他 652 个节点(即度数为 652),而第二大节点的度数为 502。具有这种少数节点聚集现象的网络是典型的无标度网络。在三年整体辅导网络中,只有 3.86% 的节点的度大于 50。

对于 2016 年、2017 年和 2018 年的辅导网络而言,分别包含 5197 个、3641 个和 6796 个节点,这三个网络中度的中值都为 3,也就是说有一半的节点其度小于等于 3。2016 年的辅导网络中具有最大度数的节点连接了 230 个节点,具有第二大度数的节点连接了 228 个节点。在 2017 年的辅导网络中,具有最大度数的节点与 214 个节点相连,具有第二大度数的节点连接了 204 个节点。在 2018 年的辅导网络中,度数值最大的节点连接了 267 个节点,度数值第二大的节点连接了 254 个节点。在 2016 年、2017 年和 2018 年的辅导网络中,分别只有 1.81%、1.48% 和 2.93% 的节点度大于 50。

7.3.3　师生参与开放辅导网络的演化特征

本研究使用 Gephi 软件绘制出 2016 年、2017 年和 2018 年教师辅导学生的网络图形,结果如图 7-14 至图 7-16 所示,在三个图中,浅灰色节点代表学生,深灰色节点代表教师。从三年的网络图形中可以窥探出三年来教师辅导学生的网络演化过程。从图中可以看出,2018 年的辅导网络规模最大,2016 年的辅导网络规模次之,而 2017 年的辅导网络规模最小。结合表 7-3 可以看出,从 2016 年到 2017 年,节点和链接数量呈下降趋势,但从 2017 年到 2018 年呈上升趋势。虽然 2017 年的节点和边数最小,但节点和边的大小和厚度都大于 2016 年和 2018 年,这说明在 2017 年的辅导网络中,师生关系变得更加紧密。教师与学生之间的密切关系表明,教师对学生的辅导次数较多。

在本研究中,增加教师的节点大小和连线粗度并不是教师开放辅导计划的最终目标。而开放辅导计划旨在通过增加教师和学生的数量,提高教师辅导学生的比率,以实现教师资源均衡配置,提高贫穷落后地区学生接收优质教师资源的概率,使得经济地位比较低的学生

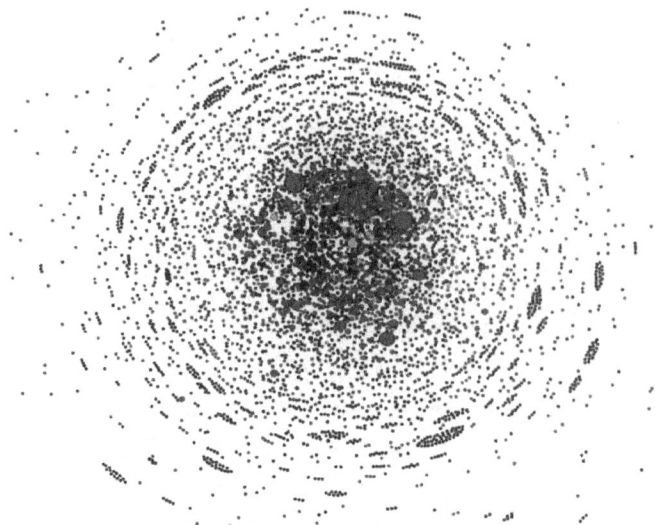

图 7-14   2016 年辅导网络可视化结果

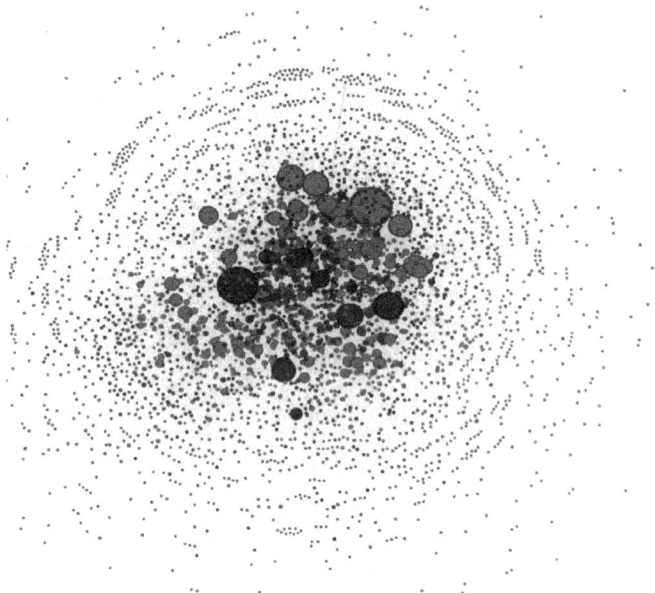

图 7-15   2017 年辅导网络可视化结果

也能获得优质教育资源,从而促进教育公平。每年的师生比例计算结果显示,2016 年为 0.39、2017 年为 0.56、2018 年为 0.36。可见,师生比例与辅导网络密度值的发展趋势相对一致,提高师生比例可以增强辅导网络的密度,增加学生的学习机会。

在每个师生辅导网络图形中,有许多只有一条边的节点,这条边代表一位教师指导一位学生。我们还可以看到,2017 年的辅导网络是最集中的,与表 7-3 中的网络中心势(0.97％)和密度值一致。同时,2016 年辅导网络集中度和 2018 年辅导网络集中度值分别为 0.05％和 0.03％。网络集中度结果显示,2017 年辅导辅导网络连接较强,2016 年和 2018 年辅导辅导网络连接较弱。综上所述,从 2016 年到 2017 年的辅导网络演变过程中,参与者数量呈下降趋势,然后从 2017 年到 2018 年呈上升趋势。计算三个网络的接近中心势可知,2016 年、

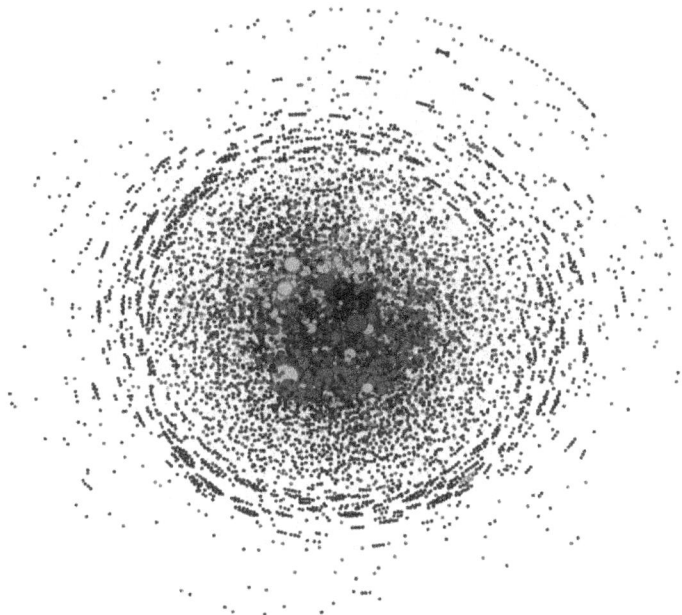

图 7-16　2018 年辅导网络可视化结果

2017 年和 2018 年的值分别为 0.019、0.016 和 0.015。接近中心势的降低表明师生之间的关系变得疏远。

7.3.4　师生参与开放辅导网络演化的解释

本章探讨了师生在线辅导与学习互动网络的特点与演化特征。结果表明,师生互动辅导网络密度普遍较低,说明辅导网络稀疏,师生关系相对疏远。辅导网络的度分布符合幂律分布。大部分教师辅导的学生数量较少,而且大部分教师辅导一个学生的时间很少;对于学生来说,绝大多数的学生(约 99％的学生)接受辅导的次数非常少(低于 80 次),只有一小部分(低于 1％)学生平均接受了 80 次的辅导。这表明学生不能长期坚持学习,也不能从教师那里得到长期的指导。

在本研究中,2016 年、2017 年和 2018 年三个辅导网络的密度均较低,说明师生辅导互动的频次较低,参与者之间的联系较弱。开放辅导计划的目的是提高学生的学习成绩,通过增加对学生特别是增加对贫困地区学生的辅导机会和次数,最终达到教育公平的目的,帮助学生取得学业上的成功。然而,从辅导网络的属性来看,教师对学生的辅导频次次不高,师生之间的辅导网络也比较稀疏。在三年的辅导中,平均节点大小在 6～9 之间,说明辅导学生的教师数并不多。

从网络图和度分布能够看出,虽然存在一些比较大的节点,大约 4％的教师平均辅导了50 位学生,有些学生被许多位教师所辅导,但是更多的是一位教师辅导一位学生,而且只辅导了一次,师生之间的辅导交互是一次性的。一对一辅导就是要实现一位教师在某一时刻只辅导一位学生。因此,这必然会导致辅导网络的密度低。但是,我们希望教师能够辅导一位学生很多次,或者每一位学生都能被很多位教师辅导。仅仅发生一位教师辅导一位学生,而且只辅导一次,这表明,学生在线学习的积极性不高,学习行为频次较低,教师辅导行为频次低,大部分教师并没有深入在线辅导事件中去。

本研究试图从以下三个方面来解释师生辅导网络中度分布的幂律现象。

首先，学生的学习需求驱使学生选择教师进行辅导。学生根据自身的问题和学习困难，选择合适的教师寻求学习帮助和支持。然而，只有少数学生主动学习并联系教师进行辅导。大多数学生忽视学习问题，逃避困难，而不是寻求教师的帮助。在教师辅导学生结束之后，教师和学生相互打分评价。学生给教师的评分成为教师排名的一个依据，学生评价高的教师往往会在"智慧学伴"平台中优先排序，并在向学生推荐教师时被优先考虑。那些学生评价高、声誉和声望高的教师能够满足学生的学习需求，被学生选择的机会更大，因而，这一部分教师辅导的学生数量多，辅导学生的次数多，他们的度非常大。而更多的教师辅导的学生少，辅导次数少，他们并没有花费更多的时间和精力在辅导学生上，学生的需求不能被满足，学生辅导体验比较差，这时学生很少再去选择这样的教师接受辅导，导致这一类教师的度很低。

其次，学生择优选择教师。优秀的教师能够更加高效地帮助学生学习，能够使学生在短时间内解决问题和获得知识，能够有效帮助学生提高学习成绩，因此学生会优先选择那些优秀的教师。Barabási 和 Albent 指出，由于择优链接机制，一个节点将会以更高的速度比另一个节点获得新的链接，一个新的节点将会优先连接那些已经有很高的知名度和声誉的节点，因此最初的两个节点之间的链接差距随着网络的发展将会进一步加大。[1] 对于学生来说，优秀的教师可以帮助他们更有效地学习，有效地提高他们的学习成绩。因此，学生将优先选择那些优秀的教师。在"智慧学伴"平台上，学生能够看到教师的职称、专业、学生评价等信息，学生根据这些信息能够判断一位教师是否优秀，并决定是否选择该教师辅导自己的学习。同时，"智慧学伴"平台会优先推荐优秀教师给学生。在学生需要帮助时、预约教师时、提出问题时，系统会根据学生的学习状态、问题类型、学科等信息为学生推荐优秀的教师，从而使优秀教师更容易得到学生的选择。这些机制和措施使得优秀教师能够获得更多学生的选择，从而辅导更多的学生。这符合富者更富规律，也即马太效应。

再次，根据最小努力原则[2]，即学生会花费更少的时间和精力去选择那些在网站上排序靠前的教师，以及系统推荐的教师。最小努力原则是指人们在各种选择中往往会以最省力的方式来完成任务。[3] 学生通常不想在选择教师上浪费时间和精力，所以他们选择排名在网页顶端的教师。此外，在网站上排名靠前的教师也是受欢迎的优秀教师。然而，排名靠后的教师往往是学生看不到的，学生需要花费更多的时间和执行更多的操作才能找到这些教师，所以他们不会被更多的学生选择。因此，这一类教师（很大比例的教师）很少指导学生，辅导学生的次数也非常少，他们的排名也一直排在后面。这导致越来越多的学生被少数优秀的教师辅导，而更多的教师则辅导更少的学生，辅导的频次也更少。

政府的行政权力对于促进教师参与网络辅导具有重要作用。虽然参与教师和学生的数

---

① Barabási A L & Albert R. Emergence of scaling in random networks[J]. Science, 1999(286)：509-512.

② Zipf G K. Human Behavior and the Principle of Least Effort[M]. Cambridge, Mass：Addison-Wesley Press, 1949：3.

③ Chang Y-W. Influence of human behavior and the principle of least effort on library and information science research[J]. Information Processing and Management, 2016(52)：658-669.

量有所增加,但由前面的分析发现,教师辅导学生的数量和频次相对较低,参与行为也不高,这可能与教师的绩效奖励有关。由于教师辅导是由政府资助,在线辅导的绩效奖励将作为职称评定的参考项目,而不是加分项目,对教师职称的提升没有实质性帮助。因此,教师参与网络辅导的外部动机相对较弱,物质奖励和精神奖励不能增强教师的动机。同时,教师参与辅导的内在动力不强,教师从辅导中获得的成就感低,教师的自我效能感低。

政府有责任通过各种手段和方法提供教育平等的机会,缩小社会经济地位低的家庭和社会经济地位高的家庭之间的差距。尽管支付私人辅导可能中和或削弱政府提供的教育公平政策所产生的效应①,但是提供免费的在线一对一辅导,对于那些具有较低社会经济地位家庭的孩子来说,有利于提高他们的学习成绩,缩小他们与社会经济地位高的家庭之间的差距。虽然免费在线辅导可以提供广泛的优势,但教育工作者和决策者应该意识到,缩小差距需要将提供的服务和推广的目标对准最需要额外支持和机会的学生。② 本研究认为,一对一在线辅导就是利用网络技术手段和工具,一位教师一次只辅导一位学生,教师将更多的精力和注意力集中在一位学生身上,为学生提供足够多的指导和学习帮助,真正帮助学生获得知识,获得解决问题的能力和技能,帮助学生取得学习进步,达到学习成功。

学校领导和政府希望教师和学生之间能有多种互动,实现深度互动,从而帮助学生实现深度学习。这有利于提高学生的学习成绩,有利于知识的获取和建构。一次辅导只能帮助学生解决他们在做作业时遇到的问题。它不能保证学生将获得知识和提高他们的学业成绩。然而,长期和小规模的辅导项目可以提高学生的学习成绩。③④ 因此,鼓励学生长期参与在线辅导是非常重要的。通过观看微视频,咨询教师,找教师辅导,学生可以提高学习成绩。由于家长对学生使用移动设备的担忧和顾虑,家长并不是特别支持学生使用智能设备开展学习,尤其是在没有监管的情况下开展的自主在线学习。而且,由于辅导次数少,学生并不能够看到在线辅导和学习成绩的直接关系。反而,他们更愿意参加付费的课外辅导机构提供的辅导。在学生和家长看来,这种辅导对成绩提高是有显著效果的。

7.4 辅导教师流失问题分析

在开放辅导计划中,存在辅导教师流失的现象。本研究对教师流失进行性别、教龄、职称、荣誉称号、辅导次数、学生对教师的评价等方面差异性分析,以探讨教师流失在哪些特征上存在显著差异,为探索教师流失原因建立基础。

---

① Pearce S, Power S & Taylor C. Private tutoring in Wales: Patterns of private investment and public provision[J]. Research Papers in Education, 2018, 33(1): 113-126.

② Hansen J D & Reich J. Democratizing education? Examining access and usage patterns in massive open online courses[J]. Science, 2015, 350(6265): 1245-1248.

③ EEF (Education Endowment Foundation). One to one tuition[EB/OL]. (2021-07-11)[2022-06-05]. https://educationendowmentfoundation.org.uk/education-evidence/teaching-learning-to-olkit/one-toone-tuition.

④ Jun S W, Ramirez G & Cumming A. Tutoring adolescents in literacy: A meta-analysis[J]. Journal of Education, 2010, 45(2): 219-238.

7.4.1　教师流失和新增

对辅导通州地区学生的教师在 2016 年至 2018 年的新增与流失情况进行分析,结果如表 7-4 所示。2016 年,辅导通州地区学生的教师共有 1468 名,2017 年共有 1305 名教师参与辅导,2018 年共有 1815 名教师参与辅导。其中,2016 年的辅导教师在 2017 年有 550 名流失,流失率为 34.47%,剩余 918 名在 2017 年继续参与在线辅导。在 2018 年,2017 年流失的 550 名教师中有 124 名教师又重新参加了在线辅导。但是仍然有 426 名教师在 2018 年处于流失状态。与 2016 年相比,2018 年有 876 名教师流失,流失率达 59.67%。

表 7-4　2016 年至 2018 年期间教师流失和新增情况

共有辅导教师/名		2016 年	2017 年	2018 年
		1468	1305	1815
流失的教师数	与 2016 年相比流失的教师数	—	550	876
	2016 年辅导教师的流失率	—	37.47%	59.67%
	与 2017 年相比流失的教师数	—	—	707
	2017 年辅导教师的流失率	—	—	54.18%
	2017 年、2018 年都流失的教师		426	
新增的教师数	与 2016 年相比新增的教师数	—	387	1223
	与 2017 年相比新增的教师数	—	—	1217
	增率	—	26.36%	93.26%
坚持辅导的教师数	与 2016 年相比坚持辅导的教师数	—	918	592
	与 2017 年相比坚持辅导的教师数	—	—	598
	坚持率	—	62.53%	45.82%
	三年都参与的教师数		468	

图 7-17 的桑基图可视化了 2016 年、2017 年和 2018 年三年中教师新增、活跃、不活跃和流失状态之间的转换。其中,以教师辅导次数的平均值界定教师活跃程度,低于平均值的归为不活跃,高于平均值的归为活跃群体。2016 年新增的教师中,有 450 名教师在参与了 2016 年和 2017 年的辅导后于 2018 年流失。这 450 名教师在 2016 年的平均辅导次数为 11.45 次,在 2017 年的平均辅导次数为 6.85 次。有 426 名教师在 2016 年参与在线辅导之后在 2017 年和 2018 年均没有参加辅导,这一批教师在 2016 年的辅导次数非常少,平均辅导次数为 4.78 次,辅导次数最多的一位教师在 2016 年仅辅导了 53 次。2017 年流失 2018 年又回归的教师在 2016 年里平均辅导次数为 8.65 次。由此可以看出,流失的教师辅导次数普遍较少,他们不能持续坚持辅导继而走向流失状态。

2017 年有 1305 名教师参与辅导,比 2016 年新增了 387 名教师,增加比例为 26.36%。这新增加的 387 名教师,在 2017 年中平均辅导次数为 7.54 次。但是在 387 名新增教师中,到 2018 年,流失了 257 名,流失率达 66.41%,只有 130 名教师在 2018 年继续参与在线辅导。到 2018 年,2017 年的 1305 名教师流失了 707 名,流失率 54.18%。2018 年有 1815 名

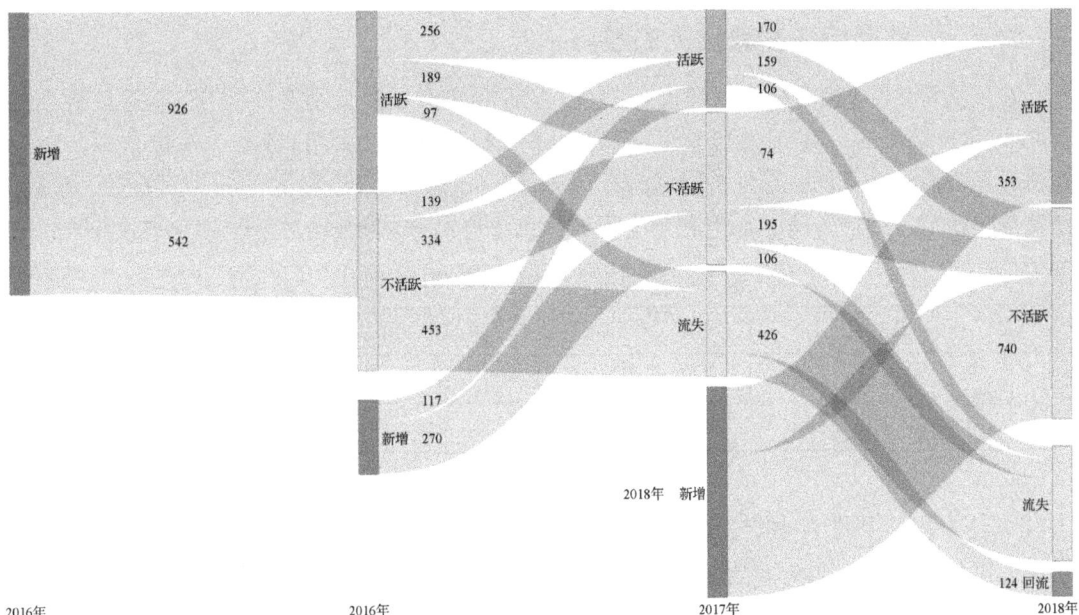

图 7-17 教师新增与流失的桑基图

教师参与辅导,比 2016 年新增加了 1223 名教师,增加比例为 83.31％;比 2017 年新增加了 1217 名教师,增率为 93.26％。2016 年、2017 年和 2018 年三年都参与的 468 名教师,总共辅导了 36739 次,占所有通州学生的辅导次数的 48.17％。未流失的 468 名教师在 2016 年平均辅导了 78.5 次,在 2017 年平均辅导了 29.7 次,在 2018 年平均辅导了 27.3 次。

可以看出,教师的流失率非常高。这可能是因为,教师对在线辅导的认识不够深入,更多的是受到政策引导和学校领导督促,他们是在任务驱动下参与在线辅导。经过一年的辅导实施,部分教师对辅导产生了懈怠心理,对辅导工作绩效感到不满意。同时,教师普遍认为为了完成辅导需要花费大量的时间和精力,这对教师来说是一种负担。而通过辅导获得的绩效奖励或者专业发展并不能与教师的付出相匹配,甚至不能帮助教师获得专业发展。因此需要加强外部奖励,尤其是精神奖励,以提高教师参与在线辅导的积极性和可持续性。

7.4.2 教师流失在性别上的差异

根据教师流失时间来设置教师流失的值,没有流失的教师、流失时间为 1 年和流失时间为 2 年的教师的流失值分别为 0、1 和 2。对教师流失进行性别上的差异检验,以分析教师流失是否存在性别上的不同,使用独立 t 检验方法进行分析,结果如表 7-5 所示。可以看出,女性教师(均值＝0.99,标准差＝1.19)的平均流失值小于男性教师(均值＝1.03,标准差＝1.23),但是两者之间并不存在显著性差异,$t＝-0.855$,$p＞0.05$。

表 7-5 教师流失在性别分组上的描述性统计

	性别	N	均值	标准差	均值的标准误	t	df	Sig.(双侧)
教师流失	女	2346	0.99	1.189	0.025	-0.855	909.097	0.393
	男	601	1.03	1.229	0.050			

7.4.3 教师流失在教龄上的差异

在所选样本中，教龄分布的跨度比较大，本研究按照教龄大小升序排序，选择教龄小的前 27％ 和教龄大的后 27％ 进行分组，记为低教龄和高教龄两个组，各有 796 位教师。对教师流失做教龄分布上的差异性检验，如表 7-6 所示。可知，低教龄（均值＝0.56，标准差＝0.74）和高教龄教师（均值＝0.57，标准差＝0.73）在流失上不具有显著性，$t = -0.342$，$p > 0.05$。

表 7-6 教师流失在教龄上的描述性统计

	教龄	N	均值	标准差	均值的标准误	t	df	Sig.（双侧）
教师流失	低教龄	796	0.56	0.739	0.026	-0.342	1590	0.733
	高教龄	796	0.57	0.728	0.026			

7.4.4 教师流失在职称上的差异

分析教师流失在职称上的差异，结果如表 7-7 至表 7-9 所示。其中，无职称教师、二级教师和一级教师的教师流失值比较小。正高级教师、三级教师和高级教师的流失值均大于教师流失平均值。由方差齐性检验结果显示，教师流失在职称上不满足方差同质性检验，需要对样本进行校正或者在事后比较中选择适合方差异质的事后比较方法，本研究选择 Tamhane's T2 方法进行事后比较（见表 7-10）。结果可知，教师流失在职称组间存在显著性差异，通过事后比较进一步可知，正高级教师与其他教师没有显著差异。高级教师与一级教师、二级教师和无职称教师之间存在显著差异，根据均值差知，高级教师的流失值大，更容易流失。一级教师与二级教师之间存在显著性差异，且一级教师的流失值大于二级教师，一级教师更容易流失。三级教师与其他级别的教师不存在显著差异。无职称教师与高级教师和一级教师存在显著性差异，可知，无职称教师不容易流失。

表 7-7 教师流失在职称上的描述性统计结果

职称	N	均值	标准差	标准误	均值的 95％置信区间		极小值	极大值
					下限	上限		
正高级教师	5	1.40	0.548	0.245	0.72	2.08	1	2
高级教师	1666	0.71	0.758	0.019	0.67	0.75	0	2
一级教师	926	0.45	0.671	0.022	0.40	0.49	0	2
二级教师	270	0.25	0.573	0.035	0.18	0.32	0	2
三级教师	4	1.00	1.155	0.577	-0.84	2.84	0	2
无职称教师	77	0.14	0.451	0.051	0.04	0.25	0	2
总数	2948	0.57	0.731	0.013	0.54	0.60	0	2

表 7-8 教师流失在职称上的方差齐性检验结果

Levene 统计量	$df1$	$df2$	显著性
47.383	5	2942	0.000

表 7-9 教师流失在职称上的单因素方差分析

项目	平方和	df	均方	F	显著性
组间	92.571	5	18.514	36.763	0.000
组内	1481.611	2942	0.504		
总数	1574.183	2947			

表 7-10 教师流失在职称上的事后比较结果

(I)职称	(J)职称	均值差(I-J)	标准误	显著性	95％置信区间	
					下限	上限
正高级教师	高级教师	0.691	0.246	0.518	−0.82	2.20
	一级教师	0.954	0.246	0.231	−0.55	2.46
	二级教师	1.152	0.247	0.123	−0.33	2.64
	三级教师	0.400	0.627	1.000	−3.43	4.23
	无职称	1.257	0.250	0.084	−0.19	2.70
高级教师	正高级教师	−0.691	0.246	0.518	−2.20	0.82
	一级教师	0.263*	0.029	0.000	0.18	0.35
	二级教师	0.461*	0.040	0.000	0.34	0.58
	三级教师	−0.291	0.578	1.000	−5.19	4.61
	无职称	0.566*	0.055	0.000	0.40	0.73
一级教师	正高级教师	−0.954	0.246	0.231	−2.46	0.55
	高级教师	−0.263*	0.029	0.000	−0.35	−0.18
	二级教师	0.198*	0.041	0.000	0.08	0.32
	三级教师	−0.554	0.578	1.000	−5.45	4.34
	无职称	0.303*	0.056	0.000	0.14	0.47
二级教师	正高级教师	−1.152	0.247	0.123	−2.64	0.33
	高级教师	−0.461*	0.040	0.000	−0.58	−0.34
	一级教师	−0.198*	0.041	0.000	−0.32	−0.08
	三级教师	−0.752	0.578	0.993	−5.62	4.12
	无职称	0.105	0.062	0.764	−0.08	0.29
三级教师	正高级教师	−0.400	0.627	1.000	−4.23	3.43
	高级教师	0.291	0.578	1.000	−4.61	5.19
	一级教师	0.554	0.578	1.000	−4.34	5.45
	二级教师	0.752	0.578	0.993	−4.12	5.62
	无职称	0.857	0.580	0.982	−3.97	5.69

注：* 表示 $p < 0.05$。

由教师的辅导次数、辅导人数分析可知，低职称和无职称教师在这些方面均落后于高级职称教师，可见，低职称教师和无职称教师付出的时间和努力较少，参与在线辅导给这一类教师带来了比较大的利益和价值，因而，低级职称教师和无职称教师能够持续地参与在线辅导。而具有较高职称水平的教师辅导学生多、辅导次数多，付出的时间和努力多，坚持在线辅导的意愿比较低，流失倾向比较大。

7.4.5 教师流失在荣誉称号上的差异

对教师流失在荣誉称号上的分布做单因素方差分析，由描述性统计结果（见表 7-11）可知，高级称号的教师的平均流失值最大，具有中级称号的教师次之，而无称号教师的平均流失值最小。由方差齐性检验（$F=158.983, p<0.05$）结果可知，教师流失在各组间分布不满足同质性检验，因而在事后比较时选择 Tamhane's T2 方法进行分析。表 7-12 为单因素方差分析结果，可知教师流失在荣誉称号上存在显著差异，进一步分析各组间的差异性，结果见表 7-13。可知，具有高级称号的教师与中级称号和无称号教师之间在流失上存在显著差异，均值差表明了高级称号教师的流失值大，这一类教师容易流失。无称号教师与高级称号和中级称号教师之间存在显著差异，无称号教师不易流失。

表 7-11　教师流失在荣誉称号上的描述性统计

荣誉	N	均值	标准差	标准误	均值的 95% 置信区间		极小值	极大值
					下限	上限		
高级称号	796	0.80	0.777	0.028	0.74	0.85	0	2
中级称号	1356	0.63	0.723	0.020	0.59	0.67	0	2
无称号	796	0.24	0.560	0.020	0.20	0.28	0	2
总数	2948	0.57	0.731	0.013	0.54	0.60	0	2

表 7-12　教师流失在荣誉称号上的单因素方差分析结果

项目	平方和	df	均方	F	显著性
组间	135.906	2	67.953	139.139	0.000
组内	1438.277	2945	0.488		
总数	1574.183	2947			

表 7-13　教师流失在荣誉称号上的事后比较结果

(I)称号转换	(J)称号转换	均值差(I−J)	标准误	显著性	95% 置信区间	
					下限	上限
高级称号	中级称号	0.166*	0.034	0.000	0.08	0.25
	无称号	0.563*	0.034	0.000	0.48	0.64
中级称号	高级称号	−0.166*	0.034	0.000	−0.25	−0.08
	无称号	0.397*	0.028	0.000	0.33	0.46

续表

（I）称号转换	（J）称号转换	均值差（I−J）	标准误	显著性	95％置信区间	
					下限	上限
无称号	高级称号	−0.563*	0.034	0.000	−0.64	−0.48
	中级称号	−0.397*	0.028	0.000	−0.46	−0.33

注：* 表示 $p < 0.05$。

整体上来看，荣誉称号越高的教师越容易流失，而荣誉称号低和没有荣誉称号的教师不易流失。教师参与在线辅导一方面受到政府政策影响，一方面受到自己对物质奖励和专业发展的追求影响。具有中级荣誉称号和无称号的教师希望通过参与在线辅导为自己赢得一定的奖励，并提高自身的专业发展，获得更高的荣誉称号。因而他们更加愿意参与在线辅导，坚持在线辅导的可持续力比较大。而具有高级荣誉称号的教师对物质奖励和精神奖励的需求低，而且通过参与在线辅导获得的奖励与他们的付出存在一定的差距，这使得他们坚持辅导的行为意愿低，因而更容易流失。

7.4.6　教师流失在辅导次数上的差异

对辅导次数进行分组处理，按照辅导次数升序排序，将总样本数的前 27％归为低辅导次数一组，将总样本数的后 27％归为高辅导次数一组，中间的教师归为中等辅导次数一组。对教师流失在辅导次数上进行单因素方差分析，结果如表 7-14 至表 7-16 所示。由描述性统计结果可知，低辅导次数教师的平均流失值最大，高辅导次数教师的流失值最小，中等辅导次数教师的流失值处于中间位置。由方差齐性检验（$F = 325.73, p < 0.05$）结果可知，教师流失在辅导次数上的分布不符合同质性检验，本研究使用 Tamhane's T2 方法进行事后比较分析。

表 7-14　教师流失在辅导次数上的描述性统计

辅导次数	N	均值	标准差	标准误	均值的95％置信区间		极小值	极大值
					下限	上限		
低辅导次数	796	0.87	0.856	0.030	0.81	0.93	0	2
中等辅导次数	1356	0.60	0.696	0.019	0.56	0.63	0	2
高辅导次数	796	0.23	0.463	0.016	0.20	0.26	0	2
总数	2948	0.57	0.731	0.013	0.54	0.60	0	2

表 7-15　教师流失在辅导次数上的单因素方差分析结果

项目	平方和	df	均方	F	显著性
组间	164.496	2	82.248	171.826	0.000
组内	1409.687	2945	0.479		
总数	1574.183	2947			

表 7-16　教师流失在辅导次数上的事后比较结果

（I）辅导次数等级	（J）辅导次数等级	均值差（I－J）	标准误	显著性	95％置信区间	
					下限	上限
低辅导次数	中等辅导次数	0.271*	0.036	0.000	0.19	0.36
	高辅导次数	0.639*	0.035	0.000	0.56	0.72
中等辅导次数	低辅导次数	−0.271*	0.036	0.000	−0.36	−0.19
	高辅导次数	0.369*	0.025	0.000	0.31	0.43
高辅导次数多	低辅导次数	−0.639*	0.035	0.000	−0.72	−0.56
	中等辅导次数	−0.369*	0.025	0.000	−0.43	−0.31

注：* 表示 $p < 0.05$。

由单因素方差分析结果可知，组间存在显著差异，辅导次数少的教师与辅导次数中等和辅导次数多的教师之间存在显著差异，辅导次数少的教师流失值比较大，表明辅导次数少的教师易流失。辅导次数多的教师流失值小于辅导次数少和辅导次数中等的教师的流失值，表示辅导次数多的教师不易流失。辅导次数少的教师不能够长期坚持辅导，辅导行为不稳定，很容易发生变化而停止辅导，进而处于流失状态。辅导次数多的教师辅导行为比较稳定，能够坚持长期实施辅导行为。但是也应该看到，未流失教师由于参与辅导的时间长，更有可能辅导更多的学生，实施更多的辅导次数，而流失的教师由于辅导时间短，辅导的学生数和辅导次数都会比较少。

7.4.7　教师流失在教师辅导评价上的差异

按照辅导教师获得的评价总得分做升序排序，将排序前 27％ 的教师设置为低分组，排序在后 27％ 的教师设置为高分组，剩余的教师作为中等分数组。对教师流失在教师辅导得分上做单因素方差分析，结果如表 7-17 和表 7-18 所示。

表 7-17　教师流失在教师辅导评价上的描述性统计

辅导得分	N	均值	标准差	标准误	均值的 95％置信区间		极小值	极大值
					下限	上限		
低分组	796	0.98	0.767	0.027	0.92	1.03	0	2
中等分数组	1141	0.41	0.594	0.018	0.37	0.44	0	2
高分组	796	0.11	0.341	0.012	0.09	0.14	0	2
总数	2733	0.49	0.682	0.013	0.46	0.51	0	2

表 7-18　教师流失在教师辅导评价分组上的事后比较结果

（I）教师辅导得分分段	（J）教师辅导得分分段	均值差（I－J）	标准误	显著性	95％置信区间	
					下限	上限
低分组	中等分数	0.568*	0.032	0.000	0.49	0.65
	高分数	0.863*	0.030	0.000	0.79	0.93

续表

（I）教师辅导 得分分段	（J）教师辅导 得分分段	均值差(I−J)	标准误	显著性	95％置信区间	
					下限	上限
中等分数组	低分数	−0.568*	0.032	0.000	−0.65	−0.49
	高分数	0.295*	0.021	0.000	0.24	0.35
高分组	低分数	−0.863*	0.030	0.000	−0.93	−0.79
	中等分数	−0.295*	0.021	0.000	−0.35	−0.24

注：* 表示 $p < 0.05$。

由描述性统计结果可知，教师流失值从低分组、中等分数组到高分组依次减少，低分组教师的平均流失值最大，为 0.98，流失时间接近于 1 年；高分组教师的流失值最小，为 0.11。由单因素方差分析可知，组间存在显著差异（$F = 438.222, p < 0.05$）。由事后比较可知，低分组的教师流失值显著大于中等分数组和高分组，而高分组教师的流失值显著小于低分组和中等分数组教师的流失值，表明低分组教师更容易流失，高分组教师不容易流失，中等分数组教师的流失值介于两者之间。这表明，随着教师辅导得分的增加，教师流失时间逐渐减少，辅导得分高的教师流失时间比较短，不容易流失，而辅导得分低的教师更容易流失。

教师辅导得分反映了教师辅导质量，以及学生对教师辅导的满意度。低分组教师的辅导质量比较低，学生对教师的辅导满意度低。过低的得分也让这部分教师不被学生选择，结合教师辅导次数和辅导学生数在辅导得分上的分析可知，低分组教师辅导的学生数非常少，辅导学生的次数也非常少。由于不能够吸引学生选择他们辅导学习，则这一部分逐渐被淘汰，他们也成为流失的主要对象。因此，提高教师辅导质量、提高学生满意度对于减少教师流失具有重要意义。而这又与提高教师的专业知识和技能，提高教师辅导学生的技能和态度有关。

7.5　本章小结

本章通过定量分析、行为动力学分析、复杂网络分析、描述性统计和差异分析，探讨了师生参与开放辅导的行为模式、师生辅导网络的演化特征以及教师流失等情况，深入讨论了开放辅导实践中存在的问题。

对师生参与开放辅导的问题分析结果表明，教师参与辅导的次数和教师辅导的时间间隔、学生参与在线学习的次数和时间间隔均存在幂律特征，超过 80％ 的教师辅导学生的次数非常少（低于 10 次），大约 20％ 的教师辅导学生的次数非常多（高于 100 次），且在辅导次数上存在马太效应，即辅导次数越多的教师其辅导次数就会越来越多，而辅导次数少的教师其辅导次数会越来越少。学生在线学习行为也存在幂律特征，大部分学生很难坚持长久学习，只有少数学生能够持续性地参与在线学习。如何激发教师积极实施在线辅导，激励学生都能够参与在线学习是开放辅导面临的较大问题。

师生辅导网络分析结果表明,随着教师和学生人数的增加,辅导网络的密度在下降。换句话说,辅导网络密度随着参与者数量的增加而降低。从 2016 年到 2018 年,这三年辅导网络的密度逐年下降,师生在辅导网络中的联系是疏远的,交互水平层次比较低。师生辅导网络的度分布具有幂律特征,而且师生辅导行为存在一种极端现象。少数教师辅导了大量的学生,辅导行为的频次非常高,但大多数教师辅导的学生数量非常少,辅导的频次非常低。学生的学习需求响应、择优选择教师、学生评价产生优秀教师、系统智能推荐优秀教师等机制和策略导致教师和学生的辅导行为符合幂律现象,产生了富者更富和贫者愈贫、强者更强和弱者更弱的马太效应。一方面,政府应该鼓励更多的教师积极参与在线辅导,这样可以增加教师辅导的学生数量和每个学生辅导的频次。另一方面,较少次数的辅导并不会帮助学生提高他们的学习成绩,学生需要在很长一段时间内接受多次辅导才能获得学习成绩的提高。因此,政府和学校领导有必要制定政策,促进学生和教师的长期在线学习和辅导。

教师和学生的辅导人数和辅导次数存在马太效应,对于教师而言,辅导学生多的教师将会辅导更多的学生,获得更多的绩效,而辅导学生少的教师将会辅导更少的学生,获得更少的绩效。对于学生而言,获得教师辅导次数越多的学生将会获得更多的辅导。为了缓解马太效应,使更多的教师辅导学生、更多的学生得到教师的辅导,本研究建议,第一,政府应该鼓励更多的教师和学生积极参与在线辅导和学习,这能够增加教师辅导学生的数量以及辅导学生的频次。第二,刺激学生长时间使用"智慧学伴"平台开展学习。短时间的少量辅导并不能帮助学生提高学习成绩。因此,政府和学校领导有必要制定政策和措施,促进学生和教师的长期在线学习和辅导。第三,声誉较差的教师必须主动地辅导学生,花费更多的时间辅导学生,提高辅导质量,从而提高个人声誉,提高教师的中心度,使其排在网络的中心位置。第四,对于推荐教师,"智慧学伴"平台不仅要推荐那些受欢迎的"明星"教师,还要推荐声誉和中心度较低的教师。通过向学生推荐低声誉、低中心度的教师,改善这些教师的辅导行为,增加他们的中心度,帮助教师从辅导中获得更多的收益,提高教师的自我效能感,激励教师积极辅导。

对教师流失等问题进行分析发现,教师流失现象比较严重,但是由于教师新增数量较大,弥补了教师流失带来的损失。教师流失在性别和教龄上不存在显著性差异,在职称、荣誉称号、辅导次数和学生对教师的评价上存在显著性差异。教师的职称越低越不容易流失;随着职称升高教师的流失时间变长,易于流失。高级荣誉称号的教师流失时间大于中级荣誉称号的教师和无荣誉称号的教师,荣誉称号越大,越容易流失。辅导次数少的教师易流失,随着辅导次数的增加,教师流失时间变短,流失的可能性降低。

在制订和实施中学教师开放型在线辅导计划中,需要统筹政府、学校、教师、学生、家长等各个主体。对于政府来说,如何激励优秀教师,例如高职称教师、经济发达区域的优秀教师积极参与在线辅导,如何激励教师长期持续地参与在线辅导,为学生提供持久的学习帮助和支持等,是其在制定政策时需要考虑和解决的问题。同时,越来越多的教师参与在线辅导,导致政府投资的辅导经费持续增加,这势必增加政府在教育上的经费投入,因此,如何在不增加教育经费投入的前提下,提高教师在线辅导的积极性,形成可持续的在线辅导机制,是政府需要解决的问题。对于学校来说,如何在保证本校教学质量不受损失的前提下,使更多的教师参与在线辅导,是其需要领导解决的问题。对于教师来说,如何为学生提供优质辅导,如何在教学和在线辅导中合理分配时间和精力,如何形成可持续的辅导行为发展机制,是其面对的问题。对于学生和家长来说,如何有效、高效地参与在线辅导,如何让学生在使用技术和沉迷于网络之间寻找平衡,如何激励学生积极参与在线辅导,是学生和家长需要共同面对和解决的问题。

第8章 教师参与"互联网＋"教师智力流动的影响因素

北京市运用"互联网＋"思维探索信息技术支持的教师流动,启动开放辅导试点计划,利用互联网实现教师智力流动,通过网络渠道将教师智力资源输送到农村和贫困地区学校,打破教师实体流动的限制,实现教师不动而其智力资源在线流动,对于破解教师交流轮岗等政策存在的弊端具有重要意义和价值。教师和学生参与开放辅导的规模比较大,农村学生在接受辅导上与城镇学生的辅导量没有显著差异,这极大地促进了教育起点公平和教育过程公平。开放辅导能够提高农村学生和城镇学生的学习成绩,具有较好的产出效益。相对于其他形式的教师流动,开放辅导能够节省政府的教育经费,具有较好的经济效益。但是,仍然需要看到,开放辅导的效用还没有完全发挥,农村学生和城镇学生在学习结果上仍然存在较大的差距,教育结果不公平仍然存在。同时,开放辅导在实施过程中还存在一些问题和困境,其中主要问题是师生在辅导上存在幂律分布和马太效应,虽然参与辅导的教师数量多,但是实施辅导的教师数量少,绝大部分教师辅导的学生少、辅导次数少、流失严重;而学生参与在线学习行为频次低,大部分学生未能参加在线辅导;政府经费投入逐年上升且增加速度快,这势必会造成政府教育投入的压力。教师和学生参加开放辅导和在线学习受到主体内部的主观因素和外部客观因素的双重影响。如果能够探索出师生辅导行为的影响因素,则能够为破解教师智力流动的问题提供有意义的、有价值的建议。

8.1 教师参与开放辅导行为意愿的因素分析

开放辅导主要通过教师在线辅导、回答问题、直播教学等形式实现教师智力流动。相比于付费的课外辅导而言,在开放辅导计划中,不收取学生费用,由政府向教师支付辅导费用,因此,教师参与开放辅导的物质奖励主要来源于政府。教师参与开放辅导的积极性,在线辅导的有效实施,需要教师积极参与,认真对待。但是,具有不同职称的教师参与开放辅导的积极性不同,职称级别较高或较低的教师参与程度低,具有中等级别职称的教师参与程度比较高。经济发达地区的教师、优秀学校的教师参与程度比较低,而试点区学校参与程度高。

有关针对教师流动意愿的研究表明,地域、年龄、性别、职称差异会影响教师的流动意愿[①],教师流动的资金补贴、教师流动带来的专业发展和职业提升等也影响教师流动的意愿和行为。[②] 而且,教师流入学校的条件,包括教学条件、生活条件与工作氛围等也会影响教师流动的意愿。农村教师流向城镇学校的意愿更强,而城镇教师流向农村学校的意愿较弱。[③] 而教师流动意愿越强,其流动效果越好[④],能够为薄弱地区学校带来教育发展和教学质量的提升,帮助薄弱地区学校教师专业发展,提高学生的学业成就。

教师智力流动不同于教师实体的流动,教师不需要调派到薄弱地区学校任教。利用技术工具就可以实施开放辅导。但是开放辅导计划的有效实施需要政府、学校、教师、学生、家长等多元主体的协作。对于教师而言,参与开放辅导需要其付出额外的智力资源,花费一定的时间和精力指导其他学校的学生。这些工作并不属于教师的本职工作范畴,因而,教师参与开放辅导的意愿如何?哪些因素能够影响教师参与开放辅导?为了回答这两个问题,本研究探索了影响教师参与开放辅导的因素,以此提供针对性的意见和建议,加强教师在线辅导,有效推动教师智力流动。

8.1.1 教师参与开放辅导行为意愿理论模型构建

(1)技术接受模型

技术接受模型(technology acceptance model,TAM)由 Davis 提出是一种包含外部变量、感知有用性、感知易用性、行为意愿和实际使用行为等要素的模型。[⑤] TAM 认为,感知有用性和感知易用性影响用户的行为意愿,进而影响用户的实际使用行为。[⑥] 其中,感知有用性反映了用户对使用技术提高工作绩效的认可程度,感知易用性反映了用户认为使用该技术的难易程度。[⑦] TAM 被很多实证研究所证实,被认为是信息技术接受研究领域中影响最大、最优秀、最稳健、最精简和易懂的理论模型之一。[⑧⑨] 但是,有研究认为 TAM 存在一些不足,例如该模型没有考虑社会因素对人们行为意愿和行为实施的影响,相关研究过分关注

① 李宜江.城乡教师交流政策实施中问题与对策——基于对安徽省 A 县的调研分析[J].中国教育学刊,2011(8):5-8.

② 全世文.教师交流轮岗制度的政策成本估算——基于对河南省城镇教师的调查[J].教育与经济,2018(5):73-81.

③ 龚继红,钟涨宝,余建佐.农村教师社会流动意愿的特征及影响因素分析——以湖北省随州市为例[J].中国农村观察,2011(1):73-83.

④ 张建伟,王光明.教师交流轮岗政策实施研究——基于天津市 16 个区县的样本分析[J].教育理论与实践,2018(29):32-35.

⑤ Venkatesh V & Davis F D. A theoretical extension of the technology acceptance model: Four longitudinal field studies[J]. Management Science, 2000, 46(2): 186-204.

⑥ Davis F D. Perceived usefulness, perceived ease of use, and user acceptance of information technology[J]. MIS Quarterly, 1989, 13(3): 319-342.

⑦ Davis F D, Bagozzi R P & Warshaw P R. User acceptance of computer technology: A comparison of two theoretical models[J]. Management Science, 1989, 35(8): 982-1003.

⑧ Venkatesh V, Davis F D. A model of the antecedents of perceived ease of use: Development and test[J]. Decision Sciences, 1996, 27(3): 451-481.

⑨ 颜端武,刘国晓.近年来国外技术接受模型研究综述[J].现代情报,2012(2):167-177.

人们对技术工具的认知,忽视了内在动机因素对行为的影响。[①]

Venkatesh 等在综合考虑了影响个体行为的内外因素基础上,提出了采纳和使用整合模型(unified theory of acceptance and use of technology,UTAUT)[②],该模型整合了技术接受理论、计划行为理论、创新扩散理论、社会认知理论等。[③] UTAUT 包括绩效期望、努力期望、社会影响和便利条件等四个核心变量,以及性别、年龄、使用经验和自愿使用等四个调节变量。其中,绩效期望指人们认为使用技术对提高工作绩效的程度;努力期望指该技术的易用程度;社会影响指用户使用技术时受到周围人的影响程度;便利条件指组织在技术和设施等方面对其使用该技术的支持程度。便利条件直接影响使用行为,绩效期望、努力期望和社会影响则是通过影响使用意愿而间接影响使用行为。[④]

本研究中,教师使用"智慧学伴"平台实施在线辅导,将个人的智力资源流动到网络环境中,则教师对该平台系统的感知易用性和感知有用性可能影响其使用意愿。教师在实施智力资源流动过程中所感知到的绩效以及实际获得的绩效可能影响教师的使用意愿。同时,教师在实际辅导过程中技术工具对其行为的支持可能直接影响教师的使用行为。综合以上分析,本研究提出以下假设:

假设 H1:感知易用性正向影响教师使用"智慧学伴"平台实施在线辅导的感知有用性。

假设 H2:感知易用性正向影响教师使用"智慧学伴"平台实施在线辅导的行为意愿。

假设 H3:感知有用性正向影响教师使用"智慧学伴"平台实施在线辅导的行为意愿。

假设 H4:工作绩效正向影响教师使用"智慧学伴"平台实施在线辅导的行为意愿。

(2)计划行为理论

基于多属性态度理论和理性行为理论,Fishbein 和 Ajzen 提出了计划行为理论(theory of planned behavior,TPB),以解释人们的行为。[⑤] 计划行为理论主要包含行为、行为意愿、态度、主观规范和感知行为控制等五个要素。[⑥] 其中,主观规范指个人行为受到周围人的影响程度,人际关系和外部资源构成了主观规范的实施者。TPB 理论认为,主观规范是影响个体行为意愿的直接因素,如果个体的主观规范高,则其实施某事件的行为意愿就高。感知行为控制是个人对某一行为可控性的感知程度,Ajzen 将感知行为控制定义为控制力和自我效能两部分。[⑦] 本研究中,感知行为控制是指教师对其所从事的在线辅导行为进行控制的感知

① 高芙蓉,高雪莲. 国外信息技术接受模型研究述评[J]. 研究与发展管理,2011(2):95-105.

② Venkatesh V, et al. User acceptance of information technology:Toward a unified view[J]. MIS Quarterly, 2003, 7(3):425-478.

③ 江丰光,田浩,李心怡,等.创客教育教师接受度影响因素实证分析[J]. 现代远程教育研究,2017(6):103-111.

④ 李武,胡泊,季丹.电子书阅读客户端的用户使用意愿研究——基于 UTAUT 和 VAM 理论视角[J].图书馆论坛,2018(4):103-110.

⑤ Fishbein M & Ajzen J. Belief, attitude, intention and behaviour:an introduction to theory and research[J]. Philosophy & Rhetoric, 1975, 41(4):842-844.

⑥ Wang Y S, Lin H H, Pin L. Predicting consumer intention to use mobile service[J]. Information Systems Journal, 2006(2):157-179.

⑦ Ajzen I. Residual effects of past on later behavior:Habituation and reasoned action perspectives[J]. Personality and Social Psychology Review, 2002(6):107-122.

程度,即教师对自己是否有能力执行在线辅导行为的判断,包括自我效能和控制力。自我效能是指个体对自身行为效果的肯定,也即感知有用性;控制力是指个体对行为有效性的判断。① 同时,如果个体具备充分的实施行为条件,则个体的行为意愿直接决定了实际行为的实施。② 个体的行为意愿与其感知行为控制、态度和主观规范正相关,行为主体的感知行为控制越强,态度越积极,获得他人的支持越大,其行为意愿就越强。③

　　TPB 对于预测个体行为具有良好的解释力和稳健性,被许多研究者应用于经济、技术、消费等领域的用户行为规律研究,并被广泛证实。本研究中教师参与开放辅导,实施在线辅导行为符合 TPB 理论研究范畴,因此,综合以上分析,本研究构建了教师参与开放辅导的影响因素理论模型,见图 8-1,并提出以下研究假设:

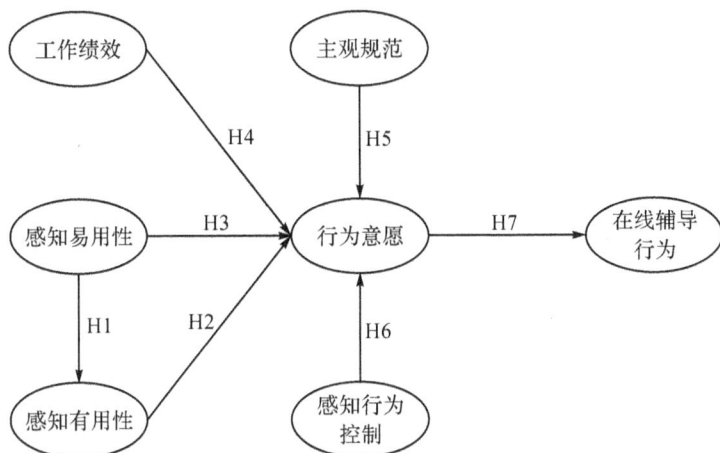

图 8-1　教师参与开放辅导行为意愿因素的理论模型

　　假设 H5:主观规范正向影响教师使用"智慧学伴"平台实施在线辅导的行为意愿。

　　假设 H6:感知行为控制正向影响教师使用"智慧学伴"平台实施在线辅导的行为意愿。

　　假设 H7:教师使用"智慧学伴"平台实施在线辅导的行为意愿正向影响教师的实际辅导行为。

8.1.2　教师参与开放辅导行为意愿因素分析的研究设计

(1)研究对象

　　本研究主要分析参与开放辅导的教师的影响因素,为了保证问卷填写者是实际参与在线辅导的教师,以及保证回收问卷的质量,且使研究结果可为政府制定策略和政策提供有效建议,本研究采取分层抽样法,面向北京市 13 个区中参与开放辅导的中学教师逐一地发放问卷,采用线上发放问卷形式,通过社交软件或者邮箱,直接将问卷发送给教师本人。研究

---

　　① 沙勇忠,田生芃,肖桂芳.在线公共事务讨论的用户参与行为影响因素研究[J].图书与情报,2015(3):125-133.

　　② 杨文正,张静,刘敏昆,等.数字教育资源用户持续使用行为实证研究——基于扩展的 ECM—ISC 模型[J].中国电化教育,2015(11):54-61,85.

　　③ 段文婷,江光荣.计划行为理论述评[J].心理科学进展,2008(2):315-320.

对象共计 213 人,回收有效问卷 213 份,回收率为 100％。表 8-1 是参与本次调查的 213 位中学教师的基本信息及其分布情况。

表 8-1　调查对象的特征分布

统计维度		数量/人	占比/％
性别	男	52	24.4
	女	161	75.6
职称	高级职称	79	37.1
	一级职称	78	36.6
	二级职称	44	20.7
	三级职称	12	5.6
教龄	1～5 年	7	3.3
	6～10 年	9	4.2
	11～15 年	18	8.5
	16～20 年	50	23.5
	21 年以上	129	60.6

(2)研究方法

本研究旨在以参与并实施在线辅导的教师为研究对象,通过调查教师在线辅导的实施现状和行为意愿,探索影响教师参与开放辅导的主要因素。因此,本研究主要采用问卷调查的研究方法。问卷调查法是通过书面问卷向被调查者收集数据的方法,通过设计一套标准测试,施与一群具代表性的被试所得的反应,据以推估全体对象对于某特定问题的态度或行为反应。[①] 此种方法除了使用在学术研究,更被大量使用在民意调查、消费者意见搜集、营销调查等各种应用领域。本研究借鉴技术接受模型理论和计划行为理论,从教师的人口统计特征、技术素养、主观规范、自我效能感等方面分析影响教师参与在线辅导的因素。从教师主体视角提供建设性的意见和建议,以改善开放辅导政策,提高教师在线辅导的效率和效益。

(3)研究工具

教师参与开放辅导的测量项目主要借鉴教师对于信息通信技术[②]、在线教学(如 MOOC、Moodle)等技术工具的接受模型。[③] 并结合本研究的研究对象和研究目的,设计了一些测量项目。该问卷主要包含两个部分:第一部分是"教师基本信息",主要包括教师性别、年龄、学校、职称等信息。第二部分为教师参与开放辅导的影响因素关系模型测量问卷,主要涉及感知易用性、感知有用性、工作绩效、行为意愿、在线辅导行为、主观规范、感知行为控制等维度(见表 8-2),共 22 个题项。问卷采用李克特(Likert)五点尺度量表进行设计,1～5 分别表示

---

① 蒋逸民.社会科学方法论[M].重庆:重庆大学出版社,2011.

② Oye N D, Iahad N A & Rahim N A. The history of UTAUT model and its impact on ICT acceptance and usage by academicians[J]. Education and Information Technologies, 2014, 19(1): 251-270.

③ 张刚要,安涛.基于 TAM 的高校网络课程接受度影响因素研究[J].中国电化教育,2015(5):73-77.

非常不同意、基本不同意、一般、基本同意和非常同意。在实际辅导行为题项中则给出选择的区间值。

表 8-2　教师参与开放辅导的影响因素的维度

维度	编号	测量指标题项	来源
感知易用性	PE1	我能熟练做好在线辅导前的准备工作(网络连接、点阵笔连接)	Venkatesh 和 Davis，2000
	PE2	我认为智慧学伴很容易使用	
	PE3	我认为我使用智慧学伴开展辅导活动比较容易	
感知有用性	PU1	参与在线辅导提高了我的教学能力	
	PU2	参与在线辅导提高了学生的学习成绩	
	PU3	使用智慧学伴让我能够辅导更多的学生	
	PU4	我发现参加开放辅导项目对我的教学工作和学习很有用	
工作绩效	FC1	参与在线辅导、创建微课、解答问题使我获得了相应的奖励	冯瑞，2017
	FC2	我对获得的奖励感到满意	
	FC3	良好的在线辅导氛围增强了我继续参与在线辅导的意愿	
行为意愿	CUI1	如果有需求，我将会继续参与在线辅导	Casad 和 Jawaharlal，2012；Lou 等，2011；Sparks 等，1997
	CUI2	如果条件允许，我会继续参与在线辅导	
	CUI3	总之，我有持续参与在线辅导的意愿	
在线辅导行为	CUB1	在最近一轮辅导中，我参与在线辅导的时间有多长	Venkatesh 等，2003
	CUB2	在最近一轮的辅导中，我总共辅导了多少学生	
	CUB3	在最近一轮辅导中，我总共在线辅导了多少次	
主观规范	SN1	我身边的同事推荐我参加在线辅导	Casad 和 Jawaharlal，2012；Mathieson，1991；Shepherd 等，1995
	SN2	学校领导鼓励我参加在线辅导	
	SN3	我认为我身边的同事支持我参加在线辅导	
感知行为控制	PBC1	在最近一轮在线辅导中，我完成了规定的辅导时间	Fishbein 和 Ajzen，1975；Casad 和 Jawaharlal，2012
	PBC2	在最近一轮在线辅导中，我完成了规定的辅导人数	
	PBC3	目前政策规定的辅导时长和辅导人数对我来说压力很大	

表 8-3 为因子负荷量的分析结果。为了检验问卷的信效度，对每一个维度的题项进行了信效度检验，结果如表 8-4 所示。信度分析的结果显示，各概念的克隆巴赫系数(Cronach's Alpha)均大于 0.7，达到 Cuieford[①] 和 Nunnally[②] 提出的信度值要大于 0.7 的标准，因此量表的概念信度可接受。

---

① Cuieford J P. Fundamental Statistics in Psychology and Education[M]. New York：McGraw Hill，1965.

② Nunnally J. Psychometric Theory[M]. New York：McGraw-Hill，1978.

表 8-3　因子负荷量分析结果

编号	在线辅导行为	行为意愿	工作绩效	感知行为控制	感知易用性	感知有用性	主观规范
CUB1	0.912	0.376	0.312	0.559	0.421	0.338	0.192
CUB2	0.956	0.388	0.321	0.604	0.384	0.377	0.195
CUB3	0.958	0.422	0.354	0.633	0.367	0.373	0.203
CUI1	0.419	0.971	0.734	0.622	0.644	0.776	0.522
CUI2	0.371	0.959	0.694	0.535	0.581	0.749	0.532
CUI3	0.422	0.959	0.764	0.599	0.676	0.783	0.560
FC1	0.198	0.432	0.813	0.340	0.358	0.447	0.505
FC2	0.123	0.451	0.804	0.318	0.379	0.446	0.491
FC3	0.433	0.840	0.868	0.611	0.648	0.789	0.536
PBC1	0.551	0.520	0.475	0.919	0.479	0.514	0.366
PBC2	0.613	0.564	0.527	0.933	0.512	0.563	0.382
PBC3	0.418	0.442	0.390	0.634	0.373	0.372	0.240
PE1	0.436	0.580	0.470	0.543	0.823	0.610	0.408
PE2	0.355	0.590	0.576	0.470	0.920	0.746	0.487
PE3	0.309	0.575	0.543	0.439	0.899	0.696	0.444
PU1	0.321	0.689	0.674	0.487	0.631	0.869	0.512
PU2	0.376	0.688	0.585	0.550	0.712	0.862	0.528
PU3	0.240	0.589	0.526	0.392	0.674	0.794	0.384
PU4	0.379	0.779	0.729	0.570	0.665	0.917	0.573
SN1	0.157	0.405	0.512	0.317	0.341	0.459	0.836
SN2	0.136	0.508	0.542	0.323	0.516	0.541	0.884
SN3	0.253	0.557	0.585	0.414	0.477	0.544	0.939

　　本问卷主要根据专家学者已发表的量表编制而成，量表的题项能够涵盖所要研究的问题，理论上具有相当高的内容效度。但是为了了解问卷能够衡量教师在线辅导影响因素中各个潜在变量的影响程度，应通过建构效度来检测，通常使用收敛效度和区分效度进行效度检验。收敛效度可以使用以下标准来判断：①个别项目信度大于 0.5；②潜在变量的组合信度（construct reliability，CR）大于 0.8；③潜在变量的平均抽取变异量（average variance extracted，AVE）大于 0.5。[①] 由表 8-4 和表 8-5 可知，本研究均在标准值以上，具有良好的收敛效度。

---

　　① Fornell C & Larcker D. Evaluating structural equation models with unobservable variables and measurement error[J]. Journal of Marketing Research，1981(18)：39-50.

表 8-4　教师对开放辅导接受模型问卷的信效度检验结果

维度	Cronbach's Alpha	组合信度	平均抽取变异量(AVE)	R^2	Q^2
主观规范	0.865	0.917	0.788	—	—
在线辅导行为	0.937	0.960	0.888	0.407	0.147
工作绩效	0.794	0.868	0.687	—	—
感知易用性	0.856	0.913	0.777	—	—
感知有用性	0.883	0.920	0.743	0.605	0.421
感知行为控制	0.775	0.875	0.705	—	—
行为意愿	0.961	0.975	0.928	0.720	0.620

区分效度可使用以下标准来进行判断：①各潜在变量与潜在变量之间相关系数是否小于 0.85；[1]②各潜在变量的平均抽取变异量的平方根是否大于各个潜在变量与潜在变量之间的相关系数判断。[2] 由表 8-5 的数据显示，各个潜在变量均符合标准，因此潜在变量之间也具有区分效度。

表 8-5　测量模型的区分效度检验

序号	维度	1	2	3	4	5	6	7
1	主观规范	0.887						
2	在线辅导行为	0.209	0.942					
3	工作绩效	0.617	0.350	0.829				
4	感知易用性	0.508	0.413	0.603	0.882			
5	感知有用性	0.583	0.385	0.732	0.778	0.862		
6	感知行为控制	0.399	0.636	0.557	0.547	0.583	0.840	
7	行为意愿	0.559	0.420	0.760	0.659	0.799	0.609	0.963

8.1.3　影响教师参与开放辅导行为意愿的因素分析结果

本研究以 SmartPLS 软件进行偏最小平方法(partial least squares，PLS)分析，利用有效样本 213 份进行拔靴法(bootstrapping)反复抽样来获得抽样分配的标准误；以偏最小二乘法来验证研究模型架构。主要分为以下两个步骤：首先是检测测量模型的信度和效度，如前所述，皆达到研究者给出的建议值以上。其次是检测结构模型的路径系数及其显著性。在检测结构模型时，以路径系数(path coefficients)和 t 值来判断研究模型中变量之间关系的强度以及是否达到显著性，当 t 大于 1.96 时，表示达到显著水平。在检测模型的各概念

---

① Kim S S & Malhotra N K. A longitudinal model of continued IS use：An integrative view of four mechanisms underlying postadoption phenomena[J]. Management Science，2003，51(5)：741-755.

② Fornell C & Larcker D. Evaluating structural equation models with unobservable variables and measurement error[J]. Journal of Marketing Research，1981(18)：39-50.

的解释能力时，以 R^2 表示外部变量解释潜在变量的能力，R^2 大于 0.33 时表示模型具有中度解释能力，R^2 大于 0.67 时表示模型具有较高的解释能力[①]；Q^2 大于 0 表示模型具有预测相关性，小于 0 表示模型不具有预测相关性。计算结果如表 8-6 所示。本研究中 R^2 均大于 0.33，Q^2 均大于 0，表明该模型的效度比较好。

表 8-6　教师在线辅导行为的结构模型显著性分析结果

路径	假设	路径系数	均值	标准差	t	成立与否
感知易用性→感知有用性	H1	0.778	0.777	0.035	21.929***	成立
感知易用性→行为意愿	H2	0.028	0.034	0.079	0.356	不成立
感知有用性→行为意愿	H3	0.438	0.431	0.068	6.417***	成立
工作绩效→行为意愿	H4	0.318	0.320	0.064	4.962***	成立
主观规范→行为意愿	H5	0.034	0.036	0.051	0.658	不成立
感知行为控制→行为意愿	H6	0.148	0.146	0.047	3.177**	成立
行为意愿→在线辅导行为	H7	0.420	0.421	0.051	8.307***	成立

注：*** 表示 $p<0.001$，** 表示 $p<0.01$。

在感知有用性方面，受到感知易用性（$\beta=0.778$）的影响，且达显著水平，而且感知有用性的 R^2 为 0.605，可解释感知有用性 60.5% 的结果，因此假设 H1 成立。在行为意愿方面，受到感知有用性（$\beta=0.438$）、工作绩效（$\beta=0.318$）、感知行为控制（$\beta=0.148$）的影响，而且行为意愿的 R^2 为 0.72，可解释行为意愿 72% 的结果。因此，假设 H3、H4 和 H6 成立，而假设 H2 和 H5 不成立。在教师参与在线辅导行为的实际行为方面，受到行为意愿（$\beta=0.42$）的影响，且达显著水平。而且，研究模型中在线辅导行为的 R^2 值为 0.407，可解释辅导行为中 40.7% 的结果。因此假设 H7 成立。根据研究结果修订教师在线辅导行为意愿模型，最终的模型如图 8-2 所示。

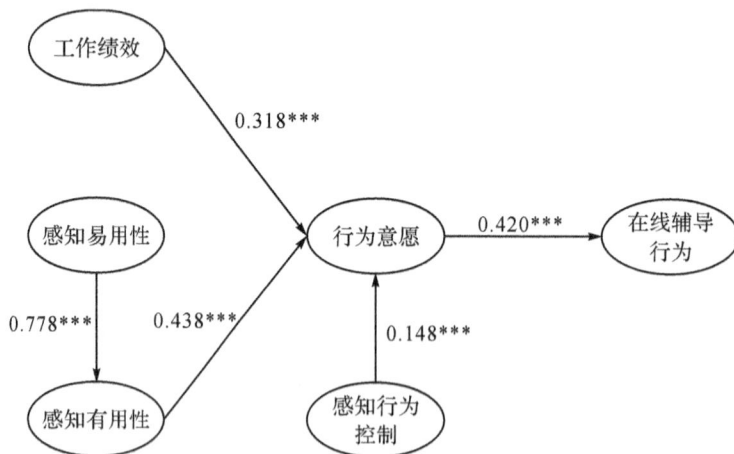

图 8-2　教师参与开放辅导行为意愿的结构模型

① Chin W W. Commentary：Issues and opinion on structural equation modeling[J]. Mis Quarterly, 1998，22(1)：vii-xvi.

8.1.4 影响教师参与开放辅导行为意愿的因素讨论

本研究分析了影响中学教师利用技术手段参与开放辅导的影响因素。结果表明,感知有用性、工作绩效、感知行为控制直接影响中学教师采纳和运用"智慧学伴"平台实施在线辅导行为意愿,从而影响教师实际辅导行为。而感知易用性对教师的行为意愿没有显著影响。教师对技术的感知有用性受到感知易用性的显著影响,这与 Martinen-Torres 等[①]的研究结论相一致。

(1)感知易用性影响感知有用性

教师智力流动需要技术的支持。教师智力流动的主要形式是教师在线辅导学生,这就需要满足教师实时传递知识,以及教师与学生实时交互的需求。感知易用性是指教师对使用"智慧学伴"平台和辅导工具实施在线辅导的难易程度的感知,感知有用性是指教师对参与在线辅导能够提升教师的价值方面的感知,即教师认为参与在线辅导对其提高教学质量、提高学生成绩、提高工作和学习质量等方面有利。感知易用性影响了教师的感知有用性,教师对技术的掌握程度能够有效帮助教师开展在线辅导,与学生建立流畅的、实时的在线交互。在不受技术制约下,教师和学生的辅导活动顺利开展,教师能够帮助学生解决问题,教师能够有效地将知识传递给学生。技术的易用性将教师和学生从技术中解放出来,不再将注意力集中在技术应用上,而是将注意力集中在辅导学生上。感知易用性直接影响感知有用性,即为了实现相同的教学目标,教师所投入的时间精力相对更少,那么从主观上教师会认为技术对教学有用。[②]

在提高教师的感知有用性方面,为教师提供技术培训是非常有必要的。通过技术培训,让教师熟练掌握"智慧学伴"平台的使用方法,使教师掌握制作微课、上传微课,在线管理学生,评价学生,管理学生预约等功能;帮助教师熟练掌握在线辅导工具的使用方法,如同步视频软件的使用、点阵笔的使用、同步 PPT 播放、语音连接等。减少教师的技术操作压力和障碍,让教师在辅导中忽视技术和工具,使得教师在使用技术和工具时并不会付出较多的时间和精力去熟悉它们。同时,也要提高技术和工具的使用效率,减少因为技术和工具出现故障而引起的教师不良体验。总之,通过技术培训,提高教师的技术素养对于提高教师的感知有用性具有积极的促进作用。

(2)行为意愿的影响因素分析

研究结果表明,感知有用性、感知行为控制和工作绩效直接影响教师的行为意愿。这一结果与 Davis 的技术接受模型结果基本一致。感知有用性表明教师对参与在线辅导对教师有益的感知,教师认为参与在线辅导对其教学、工作和学习,以及提高学生成绩都有益处,因而具有较强的感知有用性的教师同样具有较强的行为意愿。但是感知易用性对教师参与在

---

① Martinez-Torres M R, et al. A technological acceptance of e-learning tools used in practical and laboratory teaching, according to the European higher education area[J]. Behaviour & Information Technology, 2008, 27(6): 495-505.

② 冯瑞. 高校教师开展慕课的行动意向及其动因研究——基于扩展的技术接受模型[J]. 江苏高教, 2017(7): 68-73.

线辅导的行为意愿不具有显著性的影响，这一结论与技术接受模型不一致。在实践中，参与在线辅导的教师受到技术层面的培训，对于使用辅导技术和工具有了一定了解，能够使用技术和工具开展在线辅导，因此教师在实施在线辅导之前就已经解决了技术和工具使用的问题。

本研究中，感知行为控制对教师参与在线辅导的行为意愿具有显著的直接影响，但是主观规范对教师的行为意愿不具有显著的影响作用。可知，教师对于自己能否完成规定的辅导任务，完成辅导任务是否需要付出额外的时间和精力，而这种付出教师是否能够接受等感知具有积极乐观的认识。教师的这种积极乐观的认识影响了教师对参与在线辅导的行为意愿。即当教师对参与在线辅导具有信心与能力时，教师的实际辅导行为才易于发生。当教师认为其不能按时按质按量完成辅导任务时，其参与在线辅导的信心降低，教师参与在线辅导的意愿减弱。如果个人信心不足，其将不会主动尝试所不熟悉的行为，且容易有逃避和拒绝接受的行为发生[1]，致使教师在线辅导行为意愿无法提高，而影响在线辅导行为的发生。但是，教师参与在线辅导的行为意愿却不受教师周围人员的影响，即教师的人际关系、领导关系等对教师参与在线辅导不具有显著的影响作用。朱万侠等针对教师使用同步互动混合课堂实施教学的使用意愿研究发现，教师的使用意愿并不受教师的人际关系影响[2]，本研究结果与这一观点相一致。

工作绩效是教师参与在线辅导所获得的奖励以及对参与开放辅导所获得奖励的满意程度。教师比较认可通过开放辅导所获得的绩效，并对其获得的绩效感到满意。对教师参与开放辅导所实施的奖励机制在促进教师参与辅导方面发挥了一定的积极作用。一方面，在当前的奖励机制下，教师能够参与开放辅导。另一方面，教师参与开放辅导所付出的成本也在教师能够承受的范围内，教师付出的时间和精力与其获得的绩效相比，能够使教师感到物有所值。有研究表明，教师的绩效期望[3]、奖励机制[4]等对教师使用技术开展教学活动具有显著的直接影响作用，教师的绩效期望高、奖励机制符合教师需求则能够对教师使用技术开展教学活动发挥积极的推动作用。

基于以上分析，为提高教师参与开放辅导的行为意愿，一是需要为教师提供技术支持和帮助，通过培训提高教师的技术素养，降低教师在辅导过程中所受到的技术阻碍。二是要加强教师对辅导行为的自我效能，使教师对完成辅导任务具有坚定的信心，让教师感知到其有能力按质按量完成辅导任务。这就要求在制定辅导任务时要考虑大多数教师的工作时间和工作量，不制定过多的辅导任务。三是要提高教师的工作绩效，通过设置奖励机制，让教师切实获得奖励，通过激发教师的外部动机来提高教师行为意愿。由于教师付出额外的时间和精力来辅导学生，这一部分付出需要给予相应的报酬，以增强教师的行为意愿。激励措施

---

① 黄子榕，林坤谊.职前教师于 STEM 实作课程的知识整合行为研究[J].科技与人力教育季刊，2014（1）：18-39.

② 朱万侠，黄红涛，李肖霞.农村薄弱校教师"同步互动混合课堂"接受度的调查与分析[J].电化教育研究，2018（6）：67-74,106.

③ 张思，李勇帆.高校教师使用 Moodle 网络教学平台影响因素研究[J].电化教育研究，2014（8）：49-56.

④ 朱万侠，黄红涛，李肖霞.农村薄弱校教师"同步互动混合课堂"接受度的调查与分析[J].电化教育研究，2018（6）：67-74,106.

应该是多元化的,以满足不同教师对奖励的追求,如通过物质奖励、精神奖励等来激发教师的辅导行为意愿。

(3)教师的辅导行为影响因素分析

本研究结果表明,教师的行为意愿对教师实施开放辅导行为具有显著的影响作用。从心理学的角度讲,行为意愿是个体为获得需求满足而寻找、评估、使用和处理一项产品或者服务时所表现的行为意愿。[①] 教师参与开放辅导具有多元化的行为意愿,这些行为意愿能够促使教师参与开放辅导,并通过辅导获得绩效奖励,提高教师个人的教学质量、工作和学习绩效,促进教师专业发展,并进一步提高教师的行为意愿,实现对教师参与开放辅导的循环影响。

孟静雅对教师参与网络教学影响因素的研究表明,对于教师来说,其行为的预期和最终的验证效果能够对教学行为产生重要的影响,并且这种影响直接对教师实施网络教学的满意度产生影响。[②] 这一观点与本研究的结果相一致。教师对工作绩效的追求影响教师的行为意愿,从而促使教师参与开放辅导的实际行为发生。因此,提高教师的行为意愿,对于促进教师参与开放辅导行为具有重要的促进作用。这就需要设计良好的绩效激励机制,针对教师开展技术和专业发展方面的培训,提高教师的工作绩效、专业技能和技术素养。

8.2　教师参与开放辅导行为次数和教师流失的因素分析

上一节主要基于技术接受模型和计划行为理论,通过问卷调查分析教师对参与开放辅导的意愿和实际参与行为上的主观因素。而实际上,教师在参与开放辅导过程中,与教师有关的一些客观因素也对其实际参与辅导的次数和流失现象产生影响,这可以通过分析教师的辅导次数与表征教师辅导行为的客观变量之间的关系,来预测影响教师辅导次数及教师流失的因素。本研究主要使用路径分析方法,首先构建教师辅导次数和流失的结构模型,其次进行路径分析,判断结构模型的有效性,并根据路径分析结果修正结构模型。

8.2.1　教师参与开放辅导行为次数和教师流失的结构模型构建

开放辅导项目中教师主要以四种形式对学生提供学习帮助,分别是一对一在线辅导、一对多公开课、问题解决和提供微课资源。一对一在线辅导是教师使用辅导系统开展实时的视频教学,师生可以实时在线交流,这是开放辅导项目中比较重要的一种形式,也是学生需求和参与度非常高的一种形式,因为教师提供一对一在线辅导能够帮助学生提高学习成绩。[③] 不同教师实施开放辅导的天数不相等,这与教师在线时间有关,即可以通过教师在线

---

① 高峰.高校教师网络教学方式的采纳和使用——基于技术接受与使用整合理论的研究[J].开放教育研究,2012(1):106-113.

② 孟静雅.技术接受模型下高校教师网络教学的行为特征与优化[J].中国电化教育,2014(2):80-83.

③ Fraser B J & Hasan A A. One-to-one tutoring and mathematics students' achievement in the United Arab Emirates[J]. Learning and Teaching in Higher Education-Gulf Perspectives, 2019, 16(1). doi: 10.18538/lthe.v16.n1.330.

活跃的时间预测教师提供辅导的时间。根据教师的辅导次数以及所有辅导次数的时间间隔求出平均辅导时间间隔，以平均辅导时间间隔预测教师的辅导天数。这在一定程度上能够避免因教师辅导次数少而导致辅导时间间隔短造成的不合理现象。因此，提出以下假设：

H1：教师活跃天数能够正向预测教师的辅导天数，即教师的活跃天数多，则其辅导天数也多。

H2：平均辅导时间间隔能够反向预测教师的辅导天数，即教师平均辅导时间间隔短，则教师的辅导天数多。

由于开放辅导项目主要面向部分区域开展，学生来自通州、房山等 8 个区，而教师则来自北京市所有地区，不同区域之间的教师在参与项目中的积极性表现不一样，来自试验区的教师参与积极性往往高于非试验区的教师。教龄能够表示教师的教学经验，有研究指出，不同教学经验的教师对在线教学和在线学习社区具有不同的看法，教龄长的教师比较看重在线学习社区并能够积极参与在线教学，而教龄短的教师对在线学习社区的重视度和认识度不够。[1] 教龄和职称代表了教师专业发展能力，参与在线教学能够提升教师的专业发展水平[2]，反过来，专业发展水平高的教师参与在线教学的意愿和积极性更高。[3] 有关在线教学经验或者在线教学教龄对教师参与在线教学的意愿影响研究方面，有研究者指出，在线教学教龄对教师实施在线教学的意愿具有显著影响，在线教学教龄大的教师更愿意参与在线教学[4]，并且倾向于使用开放教育资源。[5] 鉴于此，本研究假设教师申请成为辅导教师的时间（即教师在线辅导的教龄）会影响教师的辅导次数。这是因为，依据 Barabási 提出的偏好连接和增长是使老节点具有马太效应的机制观点[6]，越早提供开放辅导的教师（即双师年龄越大的教师*），其被学生认识和接触的机会就越大，因为早期的参与使该教师积累了很多辅导上的优势，其吸引学生的能力不断增强。因此，本研究提出以下假设：

H3：教师所属的区域性质（试验区和非试验区）能够预测教师的辅导次数。

H4：教师的双师年龄能够预测教师的辅导次数。

H5：教师的职称能够预测教师的辅导次数。

---

① Bolliger D U, Shepherd C E & Bryant H V. Faculty members' perceptions of online program community and their efforts to sustain it[J]. British Journal of Educational Technology, 2019, 50(6): 3283-3299.

② Maggio L A, et al. Honoring thyself in the transition to online teaching[J]. Academic Medicine, 2018, 93(8): 1129-1134.

③ Hung W C & Jeng I F. Factors influencing future educational technologists' intentions to participate in online teaching[J]. British Journal of Educational Technology, 2013, 44(2): 255-272.

④ Shi L J, Stickler U & Lloyd M E. The interplay between attention, experience and skills in online language teaching[J]. Language Learning in Higher Education, 2017, 7(1): 205-238.

⑤ Zhang M H & Li Y. Teaching experience on faculty members' perceptions about the attributes of open educational resources (OER) [J]. International Journal of Emerging Technologies in Learning, 2017, 12(4): 191-199.

⑥ Barabási A L & Albert R. Emergence of scaling in random networks[J]. Science, 1999(286): 509-512.

* 教师申请在线辅导就获得了线上辅导教师的身份，同时，教师也具有线下学校教师的身份，因此，被称为"双师"。教师参加在线辅导的时长也即定义为"双师"的时长，在本研究中使用"双师年龄"来表示。

H6：教师的教龄能够预测教师的辅导次数。

另外，教师的辅导天数与教师辅导次数具有相关性，教师的辅导天数越多，则教师辅导学生的次数就越多。教师参与开放辅导项目的时间越长，即教师的辅导生命周期越长，则教师的辅导次数越多。对于教师在线活跃时间而言，教师在线时间越多，其被学生选择的机会就会增加，辅导学生的次数就会增加。在平均辅导时间间隔上，教师相邻两次辅导的间隔时间越短，则长期来看，教师辅导学生的次数就越多，而那些在两次辅导事件上存在较长时间间隔的教师，在同等长度的生命周期内，其辅导学生的次数会比较少。在线教学环境中，教师和学生的不参与或者参与时间间隔太长往往会导致师生交互频次低，而且多属于浅层次交互，从而导致教学效果低或者无法帮助学生提高学习成绩。[1] 例如，在 MOOC 平台中那些参与学习活动少的学习者，浏览视频资源的时间间隔长的学习者往往较少参与学习活动或者完不成学习任务，而不能获得学业证书。[2] 学生对教学进行评价可以对教师的教学给予反馈，有助于改进教学方法，提高教学质量。[3] 学生的评价对教师的教学实践有积极的影响。例如，Beran 等发现，学生对教师的评价能够帮助教师完善教学[4]。Hassan 指出，大多数教师重视学生对教师的评价，以帮助他们在讲课时发现自己的弱点，并做出适当的改变，希望获得更高的评分。[5] 在开放辅导情境中，学生对教师的评价对教师持续参与开放辅导具有一定的影响作用。教师辅导学生的数量会影响教师辅导学生的次数，由辅导学生数作为基数，则辅导学生数多的教师，其辅导次数可能会比较高。而辅导学生的数量和次数对教师辅导学生的时长具有一定的预测能力，如果教师辅导的学生数多，辅导的次数多，则教师辅导学生的时长也会相应增加。基于以上分析，本研究提出以下假设：

H7：教师的辅导天数能够正向预测教师的辅导次数。

H8：教师的活跃天数能够正向预测教师的辅导次数。

H9：教师参与辅导的生命周期能够正向预测教师的辅导次数。

H10：教师的平均辅导时间间隔能够负向预测教师的辅导次数。

H11：学生对教师的评价能够正向预测教师的辅导次数。

H12：教师辅导学生的数量能够正向预测教师的辅导次数。

H13：教师的辅导次数能够正向预测教师辅导学生的时长。

H14：教师辅导学生的数量能够正向预测教师辅导学生的时长。

根据北京市教育委员会发布的《北京市中学教师开放型在线辅导计划（2018—2020 年）（试行）》的规定，教师的绩效主要根据教师的辅导学生数、辅导时长和辅导次数进行计算。

① Wang W，et al. Effects of social-Interactive engagement on the dropout ratio in online learning：Insights from MOOC[J]. Behaviour & Information Technology，2019，38(6)：621-636.

② Lee Y & Choi J. A review of online course dropout research：Implications for practice and future research[J]. Educational Technology Research and Development，2011(59)：593-618.

③ 薛辉，徐文彬. 国际教学评价研究：发展动态、热点与前沿——基于 Web of Science 数据库的知识图谱分析[J]. 外国中小学教育，2019(9)：71-80.

④ Beran T，et al. The utility of student ratings of instruction for students, faculty, and administrators：A consequential study[J]. The Canadian Journal of Higher Education，2005，35(2)：49-70.

⑤ Hassan K E. Investigating substantive and consequential validity of student ratings of instruction[J]. Higher Education Research & Development，2009，28(3)：319-333.

在实际实施过程中,教师们了解绩效的计算规则,则在实际运行中,可以假设教师会根据绩效计算规则来改变自己参与开放辅导的行为。因此,本研究提出以下假设:

H15:教师的辅导次数能够正向预测教师的绩效。

H16:教师的辅导时长能够正向预测教师的绩效。

H17:教师辅导学生的数量能够正向预测教师的绩效。

教师的辅导时间间隔与教师的流失时间之间具有一定的联系,如果教师的平均辅导时间间隔短,表明教师形成了良好的辅导习惯,能够持续性地参与开放辅导,这一类教师流失的概率会比较低。但是如果教师平均辅导时间间隔比较长,在很长时间内教师都不会发生辅导行为,则这一类教师往往处于流失的状态。在教师评价的研究方面,有研究者指出,教师评价是为了提高教师工作效率,促进教师专业发展,并且要求如果教师评价低就应该被解聘[1],这就使得教师评价与教师流失具有一定的关系。在开放辅导项目中,学生对教师的评价影响教师参与开放辅导的情感,例如,有教师反映如果学生对教师评价较低,则教师会出现情绪低落现象,参与辅导的积极性就会降低。依据劳动经济学的观点,当人们的预期收益大于流动所需要的各种成本之和时,人才就会发生流动。[2] 绩效奖励对人才流动具有比较大的影响作用,而将绩效激励与绩效表现挂钩能够降低人才的流失率。[3] 但是,如果绩效奖励低于教师的期望绩效,则教师流失的概率就会增加。[4] 教师的绩效奖励与辅导学生数有关,当教师辅导学生数少的时候,教师辅导获得的绩效奖励低,影响教师辅导的积极性,教师流失的概率会增加。基于以上分析,本研究提出以下假设:

H18:教师的平均辅导时间间隔能够正向预测教师流失时间,即教师的平均辅导时间间隔短,则教师的流失时间少;反之,教师的平均辅导时间间隔长,教师的流失时间长。

H19:教师的辅导次数能够负向预测教师流失时间,即教师的辅导次数多,则教师的流失时间少;反之,教师的辅导次数越少,则教师的流失时间越长。

H20:学生对教师的评价能够负向预测教师流失时间,即学生对教师的评价高,则教师的流失时间短;反之,学生对教师的评价低,则教师的流失时间长。

H21:教师辅导学生的数量能够负向预测教师的流失时间,即教师辅导学生数多,则教师的流失时间短;反之,教师辅导学生数少,则教师的流失时间长。

H22:教师获得的绩效能够负向预测教师流失时间,即教师获得的绩效高,则教师的流失时间短;反之,教师获得的绩效低,则教师的流失时间长。

根据以上分析,本研究构建了教师辅导次数与流失时间的影响因素理论模型,见图8-3。

① 刘翠航.20世纪以来美国中小学教师评价思想的变迁研究[J].教师教育研究,2019(1):113-119.

② 王守志.劳动经济学[M].北京:中国劳动社会保障出版社,2006:38.

③ 彭娟,张光磊,刘善仕.高绩效人力资源实践活动对员工流失率的协同与互补效应研究[J].管理评论,2016(5):175-185.

④ 祝启军.新常态下民办高校人才流失问题的思考[J].江苏高教,2017(10):40-42.

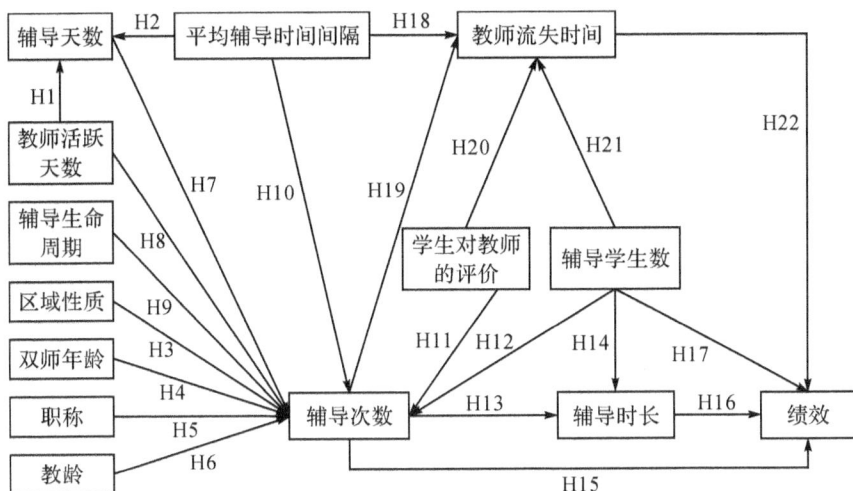

图 8-3 教师辅导次数与流失时间的影响因素理论模型

8.2.2 教师参与开放辅导行为次数与教师流失因素的研究设计

(1)研究对象

2016 年至 2019 年共有来自 470 所学校的 3348 名教师参与开放辅导项目。其中,男教师有 708 人,占比 21.15%;来自试验区的教师有 1610 人,占比 48.09%,非试验区的教师人数为 1738 人,占比 51.91%。教龄分布范围为 0～45 年,平均教龄为 18.6 年(标准差＝7.4)。在教师专业发展水平上,具有荣誉称号的教师共有 2476 名,其中区级骨干教师有 1739 人,占所有教师的 51.94%,区级学科带头人有 348 人,占比 10.39%,市级骨干教师有 269 人,占比 8.03%,市级学科带头人有 35 人,占比 1.05%,特级教师有 85 人,占比 2.54%。3348 名教师在职称分布上,无职称的教师人数为 67 人,三级职称教师仅有 1 人,二级职称教师有 366 人,一级职称和高级职称教师分别有 1051 人和 1859 人,占比分别为 31.39% 和 51.53%。教师的具体分布如表 8-7 所示。

表 8-7 参与开放辅导项目的教师分布

维度	属性	频次	百分比/%
性别	男	708	21.15
	女	2640	78.85
教龄	10 年以下	390	11.65
	10～19 年	1214	36.26
	20～29 年	1561	46.62
	大于 30 年	183	5.47
区域性质	非试验区	1738	51.91
	试验区	1610	48.09

续表

维度	属性	频次	百分比/%
荣誉称号	无称号	872	26.05
	区级骨干	1739	51.94
	区级学科带头人	348	10.39
	市级骨干	269	8.03
	市级学科带头人	35	1.05
	特级教师	85	2.54
职称	无职称	67	2.00
	三级职称	1	0.03
	二级职称	366	10.93
	一级职称	1051	31.39
	高级职称	1859	55.53
	正高级职称	4	0.12
教师总数		3348	100.0

(2)数据采集

本研究采集了教师在线辅导的相关信息，包括每一次辅导的开始时间和结束时间、每一次辅导后学生对教师的评价和教师获得的绩效、教师的人口统计学特征(性别、教龄、职称、荣誉称号、区域)、教师成功申请成为辅导教师的时间、教师参与辅导的总天数。根据教师申请成功的时间计算出教师的双师年龄(以天为单位)。根据教师连续两次辅导的时间计算出教师辅导事件的时间间隔，最后计算出平均辅导时间间隔。根据教师第一次辅导时间和最后一次辅导时间计算出教师的辅导生命周期。根据教师在年度内参与开放辅导的情况计算教师的流失时间，例如，2016年实施辅导，而2017年、2018年和2019年均未实施辅导的教师，其流失时间记为3；2016年至2019年每一年都参与开放辅导的教师，其流失时间记为0，以此类推。根据教师和学生的辅导关系统计出教师辅导的学生总数和教师辅导的所有学生的总时长。教师的数据格式如表8-8所示。

表8-8　教师的数据格式

教师	性别	职称	教龄	学科	荣誉称号	区域
T4	女	高级职称	18	生物	区级骨干	门头沟区

教师	双师年龄	学校	辅导次数	辅导天数	平均辅导间隔时间	辅导生命周期
T4	1046	王平中学	8	3	0.25	2

教师	辅导时长	绩效	教师评价	活跃天数	流失时间	辅导学生数
T4	3767	18.305	70	4	3	7

(3)数据分析方法

本研究主要采用路径分析方法探索影响教师开放辅导次数和流失时间的因素。路径分析又叫结构方程模型,它不仅关注变量之间的相关关系,更关注变量之间的因果关系。[1] 路径分析主要有以下三个步骤:首先,根据相关研究理论、已有的文献数据或者经验法则构建出一个初始模型,这个模型应该能够被检验,并绘制出路径图。路径图包括测量模型和结构模型,前者是指潜在变量与观察变量之间的关系,后者是指潜在变量之间的关系。[2] 在本研究中,各个潜在变量均可以通过观察获得属性值,因而没有观察变量,因此本研究构建的模型属于结构模型。其次,选择适当的回归模型方法以计算路径系数,并检验路径系数的显著程度。在回归分析时选择强迫进入法(enter),将所有自变量同时进入回归方程式,然后根据每个自变量的 t 值与概率值检验标准化系数 Beta 值的影响是否达到显著。再次,评估与修正理论模型。本研究使用 SPSS 21.0 软件进行路径分析。

8.2.3　教师参与开放辅导行为次数与教师流失的因素分析结果

在进行路径分析之前要对外因变量进行相关分析,外因变量是不受其他变量影响的变量。本研究中外因变量主要有教师活跃天数、辅导生命周期、区域性质、双师年龄、职称、教龄、平均辅导时间间隔、学生对教师的评价和辅导学生数。积差相关分析结果如表 8-9 所示。

表 8-9　外因变量之间的相关分析($N=3348$)

编号	变量	1	2	3	4	5	6	7	8	9
1	教师活跃天数	1	0.386**	0.213**	−0.087**	0.023	0.113**	−0.121**	0.728**	0.661**
2	辅导生命周期	0.386**	1	0.102**	0.223**	0.134**	0.145**	−0.069**	0.447**	0.517**
3	区域性质	0.213**	0.102**	1	−0.362**	−0.233**	0.004	0.029	0.133**	0.118**
4	双师年龄	−0.087**	0.223**	−0.362**	1	0.424**	0.235**	−0.197**	0.004	0.071**
5	职称	0.023	0.134**	−0.233**	0.424**	1	0.659**	−0.056**	0.068**	0.096**
6	教龄	0.113**	0.145**	0.004	0.235**	0.659**	1	−0.058**	0.125**	0.137**
7	平均辅导时间间隔	−0.121**	−0.069**	0.029	−0.197**	−0.056**	−0.058**	1	−0.134**	−0.158**
8	学生对教师的评价	0.728**	0.447**	0.133**	0.004	0.068**	0.125**	−0.134**	1	0.949**
9	辅导学生数	0.661**	0.517**	0.118**	0.071**	0.096**	0.137**	−0.158**	0.949**	1

注:** 表示 $p<0.01$。

可知,教师活跃天数与教师的辅导生命周期、区域性质、教龄呈弱的正相关关系,与学生对教师的评价和辅导学生数呈中等正相关关系,而与双师年龄和平均辅导时间间隔呈负相关关系,相关性达到显著水平,但是教师活跃天数与职称不存在显著的相关性。辅导生命周期与其他八个变量呈显著的相关关系,但是与平均辅导时间间隔呈负相关,与其余变量之间呈正相关关系。区域性质与教龄和平均辅导时间间隔不具有显著的相关性,与双师年龄和职称呈显著的负相关关系,与其他变量呈显著的正相关关系。职称与教龄呈中等强度的正相关关系,且相关性达到显著,但是与平均辅导时间间隔呈较弱的负相关关系。教龄与平均

① 吴明隆. 问卷统计分析实务——SPSS 操作与应用[M]. 重庆:重庆大学出版社,2010:426.
② 荣泰生. AMOS 与研究方法[M]. 重庆:重庆大学出版社,2009:6.

辅导时间间隔呈较弱的负相关关系，与学生对教师的评价和辅导学生数呈较弱的正相关关系，且相关性达到显著水平。平均辅导时间间隔与学生对教师的评价和辅导学生数呈显著的负相关关系，相关强度比较弱。学生对教师的评价与辅导学生数之间存在较强的正相关关系，相关性达到显著水平。

通过相关分析可知对各变量进行路径分析具有意义，因此，依据前面的假设，本研究分路径逐一进行分析。图 8-3 所示的教师辅导次数与流失时间的结构模型，包括五条复回归分析模型，每一条路径的具体分析如下。

第一条路径：平均辅导时间间隔＋教师活跃天数→辅导天数。第一条复回归分析模型中的因变量为辅导天数，自变量为平均辅导时间间隔和教师活跃天数，线性回归分析方法选择进入，结果如表 8-10 和表 8-11 所示。模型汇总表中 R^2 和调整 R^2 均为 0.623，$p < 0.001$，表明平均辅导时间间隔和教师活跃天数对辅导天数具有 62.3% 的解释力。

表 8-10　教师辅导天数的路径分析模型汇总

| R | R^2 | 调整 R^2 | 标准估计的误差 | 更改统计量 | | | | | Durbin-Watson |
				R^2 更改	F 更改	$df1$	$df2$	$Sig. F$ 更改	
0.789	0.623	0.623	15.218	0.623	2761.473	2	3345	0.000	2.055

表 8-11　影响教师辅导天数的自变量系数

| 模型 | | 非标准化系数 | | 标准系数 | t | Sig. | B 的 95.0% 置信区间 | | 共线性统计量 | |
		B	标准误差	试用版			下限	上限	容差	VIF
变量	（常量）	4.656	0.319		14.582	0.000	4.030	5.282		
	教师活跃天数	0.406	0.006	0.779	72.854	0.000	0.395	0.417	0.985	1.015
	平均辅导时间间隔	−0.014	0.002	−0.062	−5.764	0.000	−0.018	−0.009	0.985	1.015

计算疏离系数：$x = \sqrt{1 - R^2} = \sqrt{1 - 0.623} = 0.614$。疏离系数值越高，表示自变量与因变量的多元相关越低，自变量用于解释因变量的总变异量越少；相对的，疏离系数值越低，表示自变量与因变量的多元相关越高，自变量用于解释因变量的总变异量越多。[1] 由疏离系数值可知，平均辅导时间间隔和教师活跃天数能够解释辅导天数的变异量比较多。由方差分析结果知（$F = 2761.473$，$p < 0.001$），平均辅导时间间隔和教师活跃天数两个自变量的回归系数至少有一个达到显著。由表 8-11 知，教师活跃天数（$t = 72.854$，$p < 0.001$）和平均辅导时间间隔（$t = −5.764$，$p < 0.001$）两个自变量的回归系数均达到显著，表示这两个自变量均能够有效解释因变量。教师活跃天数对教师辅导天数的直接效果值为 0.779，平均辅导时间间隔对辅导天数的直接效果值为 −0.062，表示教师活跃天数正向影响教师的辅导天数，教师活跃天数越大，则教师的辅导天数就越多；而教师的平均辅导时间间隔负向影响教师的辅导天数，教师的平均辅导时间间隔越长，则教师的辅导天数就越少。则假设 H1 和 H2 成立。

第二条路径：辅导天数＋教师活跃天数＋辅导生命周期＋区域性质＋双师年龄＋职称

① 吴明隆.问卷统计分析实务——SPSS 操作与应用[M].重庆：重庆大学出版社,2010:428.

＋教龄＋平均辅导时间间隔＋学生对教师的评价＋辅导学生数→辅导次数。第二条复回归分析模型中的因变量为辅导次数，自变量为辅导天数、教师活跃天数、辅导生命周期、区域性质、双师年龄、职称、教龄、平均辅导时间间隔、学生对教师的评价和辅导学生数，线性回归分析方法选择进入，结果如表 8-12 和表 8-13 所示。模型汇总表中 R^2 和调整 R^2 均为 0.987，$p < 0.001$，表明辅导天数、教师活跃天数、辅导生命周期、区域性质、双师年龄、职称、教龄、平均辅导时间间隔、学生对教师的评价和辅导学生数等自变量对辅导次数具有 98.7% 的解释力。

表 8-12　辅导次数的路径分析模型汇总

R	R^2	调整 R^2	标准估计的误差	更改统计量					Durbin-Watson
				R^2 更改	F 更改	$df1$	$df2$	$Sig. F$ 更改	
0.994	0.987	0.987	7.506	0.987	26357.956	10	3337	0.000	2.024

表 8-13　影响辅导次数的自变量系数

模型		非标准化系数		标准系数	t	$Sig.$	B 的 95.0% 置信区间		共线性统计量	
		B	标准误差	试用版			下限	上限	容差	VIF
变量	（常量）	−3.735	1.015		−3.679	0.000	−5.725	−1.744		
	辅导天数	0.071	0.020	0.026	3.493	0.000	0.031	0.111	0.066	15.068
	教师活跃天数	0.001	0.005	0.001	0.268	0.789	−0.008	0.010	0.363	2.752
	辅导生命周期	−0.005	0.001	−0.020	−8.019	0.000	−0.006	−0.004	0.579	1.728
	区域性质	6.373×10^{-5}	0.000	0.001	0.217	0.828	−0.001	0.001	0.780	1.282
	双师年龄	0.004	0.001	0.015	6.141	0.000	0.003	0.005	0.646	1.548
	职称	0.083	0.227	0.001	0.367	0.714	−0.361	0.528	0.468	2.137
	教龄	−0.014	0.024	−0.002	−0.590	0.555	−0.061	0.033	0.534	1.871
	平均辅导时间间隔	0.002	0.001	0.004	1.994	0.046	0.000	0.005	0.914	1.094
	学生对教师的评价	0.069	0.001	0.734	78.276	0.000	0.067	0.071	0.043	23.447
	辅导学生数	0.464	0.012	0.254	37.954	0.000	0.440	0.488	0.084	11.958

计算疏离系数：$x = \sqrt{1-R^2} = \sqrt{1-0.987} = 0.114$。可知辅导天数、教师活跃天数、辅导生命周期、区域性质、双师年龄、职称、教龄、平均辅导时间间隔、学生对教师的评价和辅导学生数等自变量能够解释辅导次数的变异量比较多。方差分析结果（$F = 26357.956$，$p < 0.001$）表明，辅导天数、教师活跃天数、辅导生命周期、区域性质、双师年龄、职称、教龄、平均辅导时间间隔、学生对教师的评价和辅导学生数等自变量的回归系数至少有一个达到显著。由表 8-13 知，教师活跃天数（$t = 0.268$，$p > 0.05$）、区域性质（$t = 0.217$，$p > 0.05$）、职称（$t = 0.367$，$p > 0.05$）和教龄（$t = −0.590$，$p > 0.05$）四个自变量的回归系数均未达到显著，表示这四个自变量均不能够有效解释因变量辅导次数。

辅导天数（$t = 3.493$，$p < 0.05$）、辅导生命周期（$t = −8.019$，$p < 0.05$）、双师年龄（$t = 6.141$，$p < 0.05$）、平均辅导时间间隔（$t = 1.994$，$p < 0.05$）、学生对教师的评价（$t = 78.276$，$p < 0.05$）和辅导学生数（$t = 37.954$，$p < 0.05$）等自变量的回归系数达到显著，表示这六个自变量均能够有效解释因变量辅导次数。

由于教师活跃天数、区域性质、职称和教龄这四个自变量对辅导次数没有显著性影响作用,因此剔除这四个变量后再次对剩余的六个变量进行复回归分析,结果显示,各自变量对因变量的解释力为 98.7%($R^2=0.987$,调整 $R^2=0.987$)。变量的系数见表 8-14。结果表明平均辅导间隔时间($t=1.999$,$p<0.05$)、辅导天数($t=3.935$,$p<0.001$)、辅导生命周期($t=-8.049$,$p<0.001$)、双师年龄($t=7.005$,$p<0.05$)、学生对教师的评价($t=78.559$,$p<0.001$)、辅导学生数($t=38.263$,$p<0.001$)对辅导次数具有显著的影响作用关系。

表 8-14　影响辅导次数的自变量系数(剔除不显著的变量后)

模型		非标准化系数		标准系数	t	$Sig.$	B 的 95.0% 置信区间		共线性统计量	
		B	标准误差	试用版			下限	上限	容差	VIF
变量	(常量)	−3.498	0.493		−7.092	0.000	−4.465	−2.531		
	辅导天数	0.073	0.018	0.027	3.935	0.000	0.037	0.109	0.080	12.478
	辅导生命周期	−0.005	0.001	−0.020	−8.049	0.000	−0.006	−0.004	0.585	1.709
	双师年龄	0.004	0.001	0.015	7.005	0.000	0.003	0.005	0.858	1.166
	平均辅导时间间隔	0.002	0.001	0.004	1.999	0.046	0.000	0.005	0.917	1.090
	学生对教师的评价	0.069	0.001	0.734	78.559	0.000	0.067	0.071	0.043	23.309
	辅导学生数	0.464	0.012	0.254	38.263	0.000	0.440	0.488	0.085	11.762

由标准系数 Beta 值可知,辅导天数对教师的辅导次数的直接效果值为 0.027,辅导生命周期对辅导次数的直接效果值为 −0.020,双师年龄对辅导次数的直接效果值为 0.015,平均辅导时间间隔对辅导次数的直接效果值为 0.004,学生对教师的评价对教师的辅导次数的直接效果值为 0.734,辅导学生数对教师的辅导次数的直接效果值为 0.254。结果表明,辅导天数、双师年龄、学生对教师的评价、辅导学生数和平均辅导时间间隔等变量正向影响教师的辅导次数,即辅导天数、双师年龄、学生对教师的评价、辅导学生数和平均辅导时间间隔等变量的值越大,则教师的辅导次数会越多;而辅导生命周期负向影响教师的辅导次数,教师的辅导生命周期越大,则教师的辅导次数就越少。

根据以上分析结果,假设 H3、H5、H6 和 H8 不成立,假设 H4、H7、H11 和 H12 成立。但是对于假设 H9 来说,教师的生命周期对辅导次数不存在正向的影响关系,反而是负向影响教师的辅导次数。对于假设 H10 来说,教师的平均辅导时间间隔对辅导次数没有负向影响关系,而是正向影响教师的辅导次数。

第三条路径:辅导次数+辅导学生数→辅导时长。第三条复回归分析模型中的因变量为辅导时长,自变量为辅导次数和辅导学生数,线性回归分析方法选择进入,结果如表 8-15和表 8-16 所示。模型汇总表中 R^2 和调整 R^2 均为 0.871,$p<0.001$,表明辅导次数和辅导学生数对辅导时长具有 87.1% 的解释力。

表 8-15　教师辅导时长的路径分析模型汇总

R	R^2	调整 R^2	标准估计的误差	更改统计量					Durbin-Watson
				R^2 更改	F 更改	$df1$	$df2$	$Sig. F$ 更改	
0.933	0.871	0.871	14994.043	0.871	11283.860	2	3345	0.000	2.023

表 8-16 影响教师辅导时长的自变量系数

模型		非标准化系数		标准系数	t	$Sig.$	B 的 95.0%置信区间	
		B	标准误差	试用版			下限	上限
变量	（常量）	−664.218	301.041		−2.206	0.027	−1254.461	−73.975
	辅导次数	747.051	14.560	1.200	51.307	0.000	718.503	775.599
	辅导学生数	−318.540	26.607	−0.280	−11.972	0.000	−370.707	−266.373

计算疏离系数：$x = \sqrt{1-R^2} = \sqrt{1-0.871} = 0.359$。由疏离系数值可知，辅导次数和辅导学生数能够解释辅导天数的变异量比较多。由方差分析结果可知（$F=11283.86$，$p<0.001$），辅导次数和辅导学生数两个自变量的回归系数至少有一个达到显著。由表8-16可知，辅导次数（$t=51.307$，$p<0.001$）和辅导学生数（$t=-11.972$，$p<0.001$）两个自变量的回归系数均达到显著，表示这两个自变量均能够有效解释因变量。辅导次数对辅导时长的直接效果值为1.200，辅导学生数对辅导时长的直接效果值为−0.280，表示辅导次数正向影响教师的辅导时长，教师的辅导次数越多，则教师的辅导时长就越长；而教师辅导的学生数负向影响教师的辅导时长，教师辅导学生的数量越大，则教师的辅导时长反而减少。则假设H13成立，而H14可以修改为教师辅导学生的数量能够负向预测教师辅导学生的时长。

第四条路径：辅导次数＋辅导时长＋辅导学生数→绩效。第四条复回归分析模型中的因变量为绩效，自变量为辅导次数、辅导时长和辅导学生数，线性回归分析方法选择进入，结果如表8-17和表8-18所示。模型汇总表中R^2和调整R^2均为0.995，$p<0.001$，表明辅导次数、辅导时长和辅导学生数对教师的绩效因变量具有99.5%的解释力。

表 8-17 教师绩效的路径分析模型汇总

R	R^2	调整 R^2	标准估计的误差	更改统计量					Durbin-Watson
				R^2 更改	F 更改	$df1$	$df2$	$Sig.F$ 更改	
0.998	0.995	0.995	13.496	0.995	238973.212	3	3344	0.000	2.025

表 8-18 影响教师绩效的自变量系数

模型		非标准化系数		标准系数	t	$Sig.$	B 的 95.0%置信区间		共线性统计量	
		B	标准误差	试用版			下限	上限	容差	VIF
变量	（常量）	−0.771	0.271		−2.843	0.004	−1.303	−0.239		
	辅导次数	0.085	0.018	0.029	4.829	0.000	0.050	0.119	0.039	25.342
	辅导学生数	−0.221	0.024	−0.041	−9.039	0.000	−0.269	−0.173	0.068	14.789
	辅导时长	0.005	0.000	1.007	307.019	0.000	0.005	0.005	0.129	7.747

计算疏离系数：$x = \sqrt{1-R^2} = \sqrt{1-0.995} = 0.071$。疏离系数值非常小，可知辅导次数、辅导时长和辅导学生数能够解释辅导绩效的变异量比较多。由方差分析结果知（$F=238973.212$，$p<0.001$），辅导次数、辅导时长和辅导学生数三个自变量的回归系数至少有一

个达到显著。由表 8-18 可知,辅导次数($t=4.829,p<0.001$)、辅导学生数($t=-9.039,p<0.001$)和辅导时长($t=307.019,p<0.001$)三个自变量的回归系数均达到显著,表示这三个自变量均能够有效解释因变量绩效。辅导次数对绩效的直接效果值为 0.029,属于正向的影响作用;辅导学生数对绩效的直接效果值为-0.041,属于负向的影响作用;辅导时长对绩效的直接效果值为 1.007,属于正向的影响作用。结果表明,教师的辅导次数越多,教师的辅导时长越长,教师辅导的学生数越少,则教师的辅导绩效就越大。则假设 H15 和 H16 成立,而 H17 可以修改为教师辅导学生的数量能够负向预测教师的绩效。

第五条路径:平均辅导时间间隔＋辅导次数＋学生对教师的评价＋辅导学生数＋绩效→教师流失时间。第五条复回归分析模型中的因变量为教师流失时间,自变量为平均辅导时间间隔、辅导次数、学生对教师的评价、辅导学生数和绩效,线性回归分析方法选择进入,结果如表 8-19 和表 8-20 所示。模型汇总表中 R^2 和调整 R^2 均为 0.171,$p<0.001$,表明平均辅导时间间隔、辅导次数、学生对教师的评价、辅导学生数和绩效对教师流失时间具有17.1%的解释力。

表 8-19 教师流失时间的路径分析模型汇总

R	R^2	调整 R^2	标准估计的误差	更改统计量					Durbin-Watson
				R^2 更改	F 更改	$df1$	$df2$	$Sig.F$ 更改	
0.415	0.172	0.171	0.912	0.172	139.288	5	3342	0.000	1.884

表 8-20 影响教师流失时间的自变量系数

模型		非标准化系数		标准系数	t	$Sig.$	B 的 95.0%置信区间		共线性统计量	
		B	标准误差	试用版			下限	上限	容差	VIF
变量	(常量)	1.438	0.020		71.667	0.000	1.399	1.478		
	平均辅导时间间隔	-0.002	0.000	-0.255	-15.993	0.000	-0.003	-0.002	0.972	1.029
	学生对教师的评价	-0.002	0.000	-1.167	-9.818	0.000	-0.002	-0.001	0.018	57.096
	辅导学生数	-0.011	0.002	-0.397	-6.447	0.000	-0.014	-0.008	0.065	15.291
	辅导次数	0.017	0.002	1.171	8.246	0.000	0.013	0.022	0.012	81.386
	绩效	0.000	0.000	0.054	1.231	0.219	0.000	0.001	0.131	7.657

计算疏离系数:$x=\sqrt{1-R^2}=\sqrt{1-0.171}=0.91$。疏离系数值比较大,可知平均辅导时间间隔、辅导次数、学生对教师的评价、辅导学生数和绩效能够解释教师流失时间的变异量比较少。由方差分析结果知($F=139.288,p<0.001$),平均辅导时间间隔、辅导次数、学生对教师的评价、辅导学生数和绩效自变量的回归系数至少有一个达到显著。由表 8-20可知,平均辅导时间间隔($t=-15.993,p<0.001$)、学生对教师的评价($t=-9.818,p<0.001$)、辅导学生数($t=-6.447,p<0.05$)和辅导次数($t=8.246,p<0.001$)自变量的回归系数均达到显著,表示这四个自变量均能够有效解释因变量教师流失时间。但是绩效($t=1.231,p>0.05$)对流失时间的影响不显著。

剔除自变量绩效之后对流失时间和平均辅导间隔时间、学生对教师的评价、辅导学生数、辅导次数等变量再次进行复回归分析,结果显示,表明平均辅导时间间隔、辅导次数、学生对教师的评价、辅导学生数对教师流失时间具有 17.1% 的解释力($R^2 = 0.172$,调整 $R^2 = 0.171$)。各变量的系数见表 8-21。结果显示,平均辅导时间间隔($t = -15.975, p < 0.001$)、学生对教师的评价($t = -9.761, p < 0.001$)、辅导学生数($t = -6.817, p < 0.05$)和辅导次数($t = 8.694, p < 0.001$)自变量的回归系数均达到显著,表示这四个自变量均能够有效解释因变量教师流失时间。

表 8-21　影响教师流失时间的自变量系数(剔除绩效自变量)

模型		非标准化系数		标准系数	t	$Sig.$	B 的 95.0%置信区间		共线性统计量	
		B	标准误差	试用版			下限	上限	容差	VIF
变量	(常量)	1.437	0.020		71.676	0.000	1.398	1.476		
	平均辅导时间间隔	−0.002	0.000	−0.255	−15.975	0.000	−0.003	−0.002	0.972	1.028
	学生对教师的评价	−0.002	0.000	−1.140	−9.761	0.000	−0.002	−0.001	0.018	55.050
	辅导学生数	−0.011	0.002	−0.411	−6.817	0.000	−0.014	−0.008	0.068	14.710
	辅导次数	0.018	0.002	1.207	8.694	0.000	0.014	0.022	0.013	77.844

由标准系数 Beta 值可知,平均辅导时间间隔对教师流失时间的直接效果值为 −0.255,属于负向的影响作用关系;学生对教师的评价对教师流失时间的直接效果值为 −1.140,属于负向的影响作用;辅导学生数对教师流失时间的直接效果值为 −0.411,属于负向的影响作用;辅导次数对教师流失时间的直接效果值为 1.207,属于正向的影响作用。结果表明,假设 H20 和 H21 成立。学生对教师的评价能够负向预测教师流失时间,即学生对教师的评价高,则教师的流失时间短;学生对教师的评价低,则教师的流失时间长。教师辅导学生的数量能够负向预测教师的流失时间,即教师辅导学生数多,则教师的流失时间短;教师辅导学生数少,则教师的流失时间长。对于假设 H18 来说,教师的平均辅导时间间隔对教师流失时间不具有正向影响关系,反而是负向影响教师流失时间,即教师的平均辅导时间间隔短,则教师流失时间长,反之,教师的平均辅导时间间隔长,教师流失时间短。对于假设 H19 而言,教师的辅导次数不能够负向预测教师的流失时间,反而对教师流失时间具有正向的影响作用,即教师辅导学生次数多,则教师流失时间长,教师辅导学生次数少,则教师流失时间短。

综上,绘制教师辅导次数与流失时间的影响因素模型,见图 8-4。

8.2.4　教师参与开放辅导行为次数与教师流失的因素讨论

教师在线辅导次数和教师流失时间的影响因素分析结果表明,平均辅导时间间隔、辅导天数、辅导生命周期、双师年龄、学生对教师的评价、辅导学生数等能够影响教师的辅导次数;平均辅导时间间隔、辅导次数、学生对教师的评价、辅导学生数等能够影响教师的流失时间。

(1)教师参与开放辅导行为次数的因素讨论

平均辅导时间间隔反映了教师平均情况下辅导行为发生的频次,平均辅导时间间隔长,教师辅导行为发生的频次低,平均辅导时间间隔短,教师辅导行为发生的频次高。但是平均

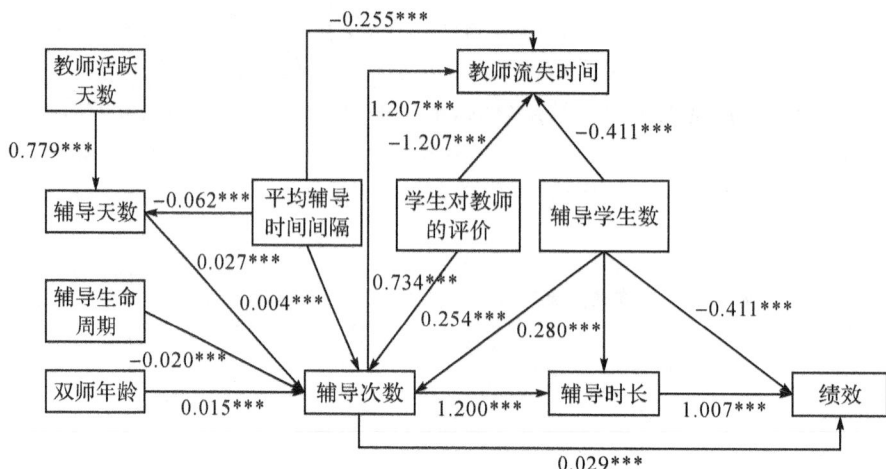

图 8-4　教师辅导次数与流失时间的影响因素模型

辅导时间间隔长,反而教师的辅导次数多。这表明教师在实施辅导行为时,并不能做到每天都实施辅导。教师会有长时间的停歇过程,即出现长时间的不辅导现象。这可能与教师在线辅导中会出现倦怠心理有关。根据职业倦怠的概念,教师在教学和育人工作中面对过度的工作要求或压力时所产生的身体和情绪的极度疲劳状态,最终表现为情绪和行为等方面的机能失调,是教师伴随着长时期的压力体验而产生的情感、态度和行为的衰竭状态。[①] 教师在辅导学生中,随着时间的推移也会出现短暂的倦怠心理,这就需要教师停滞一段时间,因此会出现较长的时间间隔。但是在较长的时间间隔之后,教师又会出现比较密集的辅导行为,即较短的辅导时间间隔。这在一定程度上能够缓解教师的倦怠心理,从而使教师能够长期坚持辅导,提高辅导次数。但是辅导时间间隔负向影响辅导天数,辅导时间间隔长,则辅导天数少,而由于辅导天数正向影响辅导次数,辅导天数少,则教师的辅导次数少。这与辅导时间间隔正向影响辅导次数相矛盾。可见,辅导时间间隔受到辅导天数的中介影响作用。辅导天数削弱了辅导时间间隔对辅导次数的影响力。

教师辅导学生的次数直接受到辅导天数(即教师辅导学生的时间)的影响。教师辅导学生的时间越长,则其辅导学生的次数越多。由于在线辅导是开放的辅导模式,教师和学生自由结对实施辅导,因此教师辅导的时间长,辅导的次数相应就会增加。教师的活跃天数对辅导次数也有直接影响,这是因为教师在线活跃的时间增加了,教师被学生发现和接触到的概率增加了,学生能够选择该教师的概率增加了。因此,可以通过延长教师活跃时间,增加教师辅导学生的天数来提高教师的辅导次数。

教师的辅导生命周期是教师第一次辅导到最后一次辅导之间的时间间隔,直接负向影响教师的辅导次数。也就是说,对于那些辅导生命周期长的教师,其辅导次数不一定就多,反而要少于辅导生命周期短的教师。但是,这里要考虑在辅导生命周期内教师实际辅导学生的天数是多少,或者教师流失的时间有多长,可能受到这两个因素的影响,使得生命周期对教师辅导次数的影响出现了负向作用关系。教师的双师年龄是教师作为辅导教师的时

① 伍新春,齐亚静,臧伟伟.中国中小学教师职业倦怠的总体特点与差异表现[J].华南师范大学学报(社会科学版),2019(1):37-42,189-190.

长,直接正向影响教师的辅导次数。可见,最早成为辅导教师的那些教师的辅导次数会大于较晚参加辅导的教师。早期申请成功的教师由于已经熟练掌握辅导的技术,并通过辅导,积累了一定的优势,在学生群体中树立了威望,因而其被系统推荐的机会增加,被学生接触的机会增加。Barabási 认为优先选择机制可能是导致人类行为出现幂律分布的原因,个体会优先选择那些优秀的人。① 由于教师早期参与在线辅导为自己积累了较多的优势,因而被学生选择的机会增大,从而能够提高教师的辅导次数。这个结论与幂律分布特征和"马太效应"的结果相一致。

学生对教师的评价正向影响教师的辅导次数,即学生对教师的评价高,则教师的辅导次数多,而学生对教师的评价低,则教师的辅导次数少。由于辅导结束之后学生就会对教师进行评价,教师能够及时看到学生对自己的评价,这会直接影响教师的心情。通过访谈发现,有一些教师反映当自己辛苦为学生解决问题,帮助学生学习后,学生却给自己打一个比较低的分,教师的心情就会变得低落,会直接影响教师参与辅导的积极性。学生对教师的评价是学生满意度的一种测量指标,学生对教师的评价又是教师自我心理需求的一种表现,能够影响教师的自我效能感②,帮助教师提升教学能力。③

辅导学生数能够正向影响教师的辅导次数。学生数是教师辅导次数的基础,当教师辅导学生的基数大时,教师的辅导次数也会相应增加。类似于 MOOC 等开放型在线学习环境中的学习者参与,当学生数量非常多时,参与在线课程学习的学习者数量会相应增加,学生参与学习活动的行为也会增加,例如在线讨论、在线交互等。④ 因而,当学生数增加时,教师与学生的交互会增加,这就使得教师辅导学生的次数增加。

(2)教师流失的因素讨论

根据前面的分析结果可知,平均辅导时间间隔负向影响教师的流失时间,即平均辅导时间间隔短的教师其流失时间比较长,而间隔长的教师其流失时间比较短。可见,为了减少教师的流失时间,提高教师参与辅导的保持率,可以适当延长教师的平均辅导时间间隔。其实,延长教师的辅导时间间隔在一定程度上能够降低教师的辅导倦怠感。因为教师不是每天都参与在线辅导,不需要每天都为辅导付出太多的时间和精力。而如果教师每天都参加辅导,教师需要在辅导工作中投入更多的时间和精力,这就导致教师产生情绪枯竭和低个人成就感⑤,导致教师产生辅导倦怠感,迫使教师在密集的辅导行为之后长时间不参与辅导,甚至流失。因此,可以适当延长教师的辅导时间间隔,降低教师每周辅导天数,尽量鼓励教师在每周固定的时间内集中为学生进行辅导。

辅导次数对教师流失时间具有正向的预测作用,即辅导次数多,教师流失时间长。这与

① Barabási A L. Linked：The New Science of Networks[M]. Cambridge，Massachusetts：Perseus Publishing，2002.

② 蔡永红,申晓月,李燕丽.基本心理需要满足、自我效能感与教师教学专长发展[J].教育研究,2018(2):103-111.

③ 余海波.基于学生评教的高校教师教学能力提升[J].国家教育行政学院学报,2017(6):77-81.

④ 樊超,宗利永.MOOC 在线学习行为的人类动力学分析[J].开放教育研究,2016(2):53-58.

⑤ 胡洪强,刘丽书,陈旭远.中小学教师职业倦怠现状及影响因素的研究[J].东北师范大学学报(哲学社会科学版),2015(3):233-237.

教师的辅导倦怠感有关，辅导次数能够表示教师的辅导工作量。辅导次数多表示教师工作量大，长期下去会使教师对工作产生倦怠心理。有研究指出，教师行为可以显著预测教师的低成就感。[①] 由于开放辅导的特殊性，教师并不是长期辅导一位学生，虽然教师的辅导次数多，但是辅导教师很难看到学生在长期内的发展变化，因而辅导教师无法从学生发展上提高自己的成就感。因此，辅导次数多的教师其成就感的降低，以及辅导倦怠的提升，使得教师逐渐流失。因此，需要适当控制教师的辅导次数，设置合理的辅导任务量，在能够满足学生学习需求的同时，降低教师的工作量，缓解教师的辅导倦怠感，从而减少教师的流失时间。

学生对教师的评价对教师流失时间具有负向的直接预测作用。学生对教师的评价高会致使教师流失时间短，而学生对教师的评价低则导致教师流失时间增加。学生是影响教师职业倦怠的重要因素之一[②]，主要表现在学生的学业表现，学生课堂学习纪律、学生对教师的评价等方面，均能够直接影响教师的情绪和教师的成就感。[③] 学生对教师的评价高，学生学业表现好会使得教师产生较高的成就感，教师则愿意持续辅导学生学习，其流失的时间就会减少。

辅导学生数对教师的流失时间具有负向的预测作用。教师辅导的学生越多，则教师流失的时间越短，而辅导学生少的教师，则流失的时间比较长。辅导学生多的教师往往是比较努力的教师，对开放辅导表现出比较强的热情，能够坚持参与开放辅导。但是辅导学生少的教师往往在线时间短，流失的概率增加。

8.3 本章小结

本章主要研究了教师参与开放辅导的影响因素，使用路径分析方法分析了影响教师参与开放辅导的各因素之间的关系，本研究结果为后续对教师参与开放辅导进行仿真分析建立了基础。

教师参与开放辅导行为意愿的影响因素分析结果显示，教师的感知易用性对感知有用性具有显著的影响作用，教师的感知有用性、感知行为控制和工作绩效显著影响教师参与开放辅导的行为意愿，但是教师的感知易用性对教师的行为意愿并没有显著的影响作用。教师的行为意愿对教师参与开放辅导的实际行为具有显著影响。通过提高教师的工作绩效，提高教师的专业发展和教学质量，加强教师培训，提高教师的技术素养等，对于提高教师的行为意愿和促进教师参与开放辅导具有重要的积极作用。

根据教师辅导行为频次和流失的影响因素分析结果，平均辅导时间间隔长，教师的辅导次数多；教师辅导学生的次数直接受到辅导天数（即教师辅导学生的时间）的影响；教师的辅导生命周期直接负向影响教师的辅导次数；学生对教师的评价正向影响教师的辅导次数，即

① 田宝，李灵.学校组织气氛对教师工作倦怠的影响[J].心理科学，2006(1)：189-193.
② 李冰.上海市大、中、小学教师职业倦怠的现状及其影响因素研究[D].上海：上海师范大学，2005：40.
③ 蔡永红，申晓月，李燕丽.基本心理需要满足、自我效能感与教师教学专长发展[J].教育研究，2018(2)：103-111.

学生对教师的评价高,则教师的辅导次数多,而学生对教师的评价低,则教师的辅导次数少。辅导学生数能够正向影响教师的辅导次数。对于教师流失而言,平均辅导时间间隔负向影响教师的流失时间,即平均辅导时间间隔短的教师其流失时间比较长,而间隔大的教师其流失时间比较短。辅导次数对教师流失时间具有正向的影响作用,即辅导次数多,教师流失时间长。学生对教师的评价对教师流失时间具有负向的直接影响作用。辅导学生数对教师的流失时间具有正向的影响作用。

第 9 章　学生参与"互联网十"教师智力流动的影响因素

　　在开放辅导计划实施过程中,来自北京市的所有中学教师,尤其是优秀教师(骨干教师、具有高级职称的教师)参与在线辅导,为学生提供优质的智力资源。开放辅导不同于网络环境下的开放型在线学习。开放型在线学习主要有两种形式,一种是教师利用在线学习环境开设课程教学,实施在线教学,选择该课程的学生主要是任课教师所教班级的学生。学生通过学习,达到成绩合格就能够拿到学校规定的学分。这种形式是线下课堂教学的线上转换,有教师监督、考核评估等评价措施激励学生参与在线学习。另一种是学生自主在线学习,例如学生选择 MOOC、公开课等课程资源学习知识,学习意愿和学习活动完全自主,不存在教师监督和挣取学分等约束措施。

　　有研究认为,辅导教师是影响学生在线学习动机的根本原因[①],主要表现在辅导教师对待辅导的态度、辅导教师的专业能力、辅导教师的教学方式、辅导教师的教学设计、辅导教师的时间投入等方面,对学生在线学习的动机和学习效果均会产生影响。而开放辅导是一种在线学习辅导,学生主要在完成家庭作业、课下自主学习中寻找线上教师,以帮助解决学习问题。学生参与开放辅导来获取优质教师资源的前提是为了完成家庭作业,解决学习中遇到的困难,其学习动机主要是对问题解决的期望和对学习成绩提高的期望。学生的在线学习辅导不受辅导教师的监督,不受任课教师的监管,基本凭借学生个人的学习自主和学习意愿。

　　在这种情况下,学生的学习动机、个性特征、心理因素等构成学生在线学习的主要影响因素。然而,学生的哪些个性因素和心理因素影响学生参与在线辅导? 学生参与在线辅导学习是否能够影响学生成绩的提高? 针对该问题,本研究在借鉴已有在线学习研究的基础上,采用路径分析方法,测量并构建在线辅导学习的结构模型,从而厘清在线辅导学习各结构要素之间的关系及其对学生参与在线辅导学习产生的效应,以期探究优化在线辅导的有效策略,探寻提升在线辅导的有效路径。

9.1　学生参与在线学习的理论模型构建

　　开放辅导计划主要面向北京市边远地区、经济落后地区的学校实施,面对弱势学校和学生开展在线辅导,帮助学生完成家庭作业,解决学习问题,以期提高学生学业成就,促进教育

[①] 张文兰,牟智佳. 高师院校大学生网络学习动机影响因素的实证研究[J]. 电化教育研究,2013(12):50-55,59.

公平。家庭社会经济地位导致的教育公平问题在我国普遍存在且比较突出。研究者在测量家庭经济地位时通常使用父母受教育水平、家庭收入和父母职业等指标。家庭社会经济地位严重影响儿童的全面发展[①]，并且与儿童的学业成就具有中等强度甚至高强度的相关性。[②] 即家庭社会经济地位水平高的学生往往具有良好的学业成就。[③][④][⑤] 对于父母受教育程度而言，有研究指出，父母文化程度与学生的学习成绩好坏具有显著相关性。[⑥]

家庭社会经济地位对学生学业成就的影响可运用家庭投资理论来进行解释。[⑦] 家庭投资理论认为，社会经济地位高的家庭能够支付子女受教育的经费，为学生提供丰富的、良好的物质支持，包括教学资源。同时，父母学历高的家庭对教育的重视程度比较高，比较关注孩子的学习发展和身心健康发展，为学生提供较多的精神支持。[⑧] 而且，受教育程度高的父母对子女有更高的期望，并对孩子的学业成就具有显著的预测效果。[⑨][⑩][⑪]

根据社会认知理论，学习者所处的社会环境（如家庭社会经济地位）可以影响个体的行为（如在线学习）。[⑫] 虽然很多研究表明家庭社会经济地位与学业成就呈正相关，但是家庭收入、父母学历与父母职业等与儿童学业成就之间的关系却存在争论。[⑬] 有研究显示，父母的

---

① Bornstein M H & Bradley R H. Socioeconomic Status，Parenting，and Child Development[M]. Mahwah，NJ：Erlbaum，2003：189.

② Sirin S R. Socioeconomic status and academic achievement：A meta-analytic review of research[J]. Review of Educational Research，2005，75（3）：417-453.

③ Brooks-Gunn J & Duncan G J. The effects of poverty on children[J]. The Future of Children，1997（14）：55-71.

④ Marjoribanks K. Family background，individual and environmental influences on adolescents' aspirations[J]. Educational Studies，2002，28(1)：33-46.

⑤ Yeung W J，Linver M R & Brooks-Gunn J. How money matters for young children's development：Parental investment and family processes[J]. Child Development，2002，73(6)：1861-1879.

⑥ 鲁小华，王浩业. 大学生学习困难对照研究及干预对策初探[J]. 北京教育（德育），2014(3)：23-25.

⑦ Conger R D & Donnellan M B. An interactionist perspective on the socioeconomic context of human development[J]. Annual Review of Psychology，2007(58)：175-199.

⑧ Gershoff E T，Aber J L，Raver C C & Lennon M C. Income is not enough：Incorporating material hardship into models of income associations with parenting and child development[J]. Child Development，2007，78（1）：70-95.

⑨ Alexander K L，Entwisle D R & Bedinger S D. When expectations work：Race and socioeconomic differences in school performance[J]. Social Psychology Quarterly，1994(57)：283-299.

⑩ Davis-Kean P E. The influence of parent education and family income on child achievement：The indirect role of parental expectations and the home environment[J]. Journal of Family Psychology，2005，19(2)：294.

⑪ Davis-Kean P E，et al. Parental influence on academic outcomes：Do race and SES matter[C]. In biennial meeting of the Society for Research on Child Development，Tampa，FL，2003.

⑫ Bandura A. Self-efficacy：The Exercise of Control[M]. New York：Freeman，1997：169.

⑬ Bradley R H & Corwyn R F. Socioeconomic status and child development[J]. Annual Review of Psychology，2002(53)：371-399.

受教育程度对儿童的学业成就具有正相关性[1]，但也有研究者认为家庭收入对儿童的学业发展影响最大。[2] 还有研究认为，父母学历和家庭收入对学生的影响不是一成不变的，而是随着学生的年龄变化在发生改变，且在一些学科（如阅读）上的影响并不显著。[3]

向学或厌学是学生对学习能否满足自身需要而产生的一种情绪体验。向学是指学生积极参与学习活动的意识和行为[4]，主动发展、充分锻炼、个性生长和共同成长，都是学生向学的典型表现。厌学是指学生对学习感到厌倦，失去学习兴趣的一种心理表现，是学生对学习生活不能满足自身需要而产生的一种不满意、不愉快、厌烦的情绪体验。[5] 厌学情绪高的学生学习动机弱，学习成绩、专业素养和能力得分一般都低于厌学情绪低或者向学情绪高的学生。[6] 但是也有研究表明，厌学情绪并不一定导致学习成绩低，优秀的学生也存在厌学情绪。[7][8]

人际关系即学生参与学习活动是为了在社会环境或者学习环境中与其他人（教师和学生）进行人际接触、寻求归属感或结交新朋友。[9] 学生的人际关系包括学生与教师的关系、学生之间的关系以及学生与家长之间的关系。已有研究发现，良好的亲子关系与子女追求学习目标具有显著的正相关，而紧张或冲突的亲子关系则会导致初中学生产生逃避学习行为。[10] 但是有研究认为师生关系对中学生学习行为的预测作用并不稳健，只有在亲子关系疏离的情境下才会出现。[11]

自我接纳是在情感上、态度上对实际自我的悦纳[12]，指个体能够无条件地接纳面对自身

① Smith J R，Brooks-Gunn J & Klebanov P K. Consequences of living in poverty for young children's cognitive and verbal ability and early school achievement[M]// Duncan G J & Brooks-Gunn J. Consequences of Growing up Poor. New York：Russell Sage Foundation，1997：132-189.

② Ackerman B P，Brown E D & Izard C E. The relations between persistent poverty and contextual risk and children's behavior in elementary school[J]. Developmental Psychology，2004，40(3)：367-377.

③ 薛二勇.论教育公平发展的三个基本问题[J].教育研究,2010(10)：24-32.

④ 徐远超,徐鑫.大学生学习性投入与在校满意度、向学/厌学的关系[J].中国健康心理学杂志,2017(1)：50-54.

⑤ 马利军,黎建斌.大学生核心自我评价、学业倦怠对厌学现象的影响[J].心理发展与教育,2009(3)：101-106.

⑥ 罗建平,马陆亭.高校学生类型与学习行为关系[J].国家教育行政学院学报,2013(8)：78-83.

⑦ 郝明君.中小学生厌学现象的文化分析[J].中国教育学刊,2009(6)：24-27.

⑧ 邓红.甘肃农村初中生厌学心理调查与分析——以榆中县为例[J].兰州学刊,2008(9)：206-208.

⑨ 吴峰,王辞晓.五种不同模式下学习者在线学习动机测量比较[J].现代远程教育研究,2016(1)：78-84,95.

⑩ 张庆辞,栾国霞,李建伟.初中生成就动机与自尊、父母教养方式关系研究[J].中国健康心理学杂志,2006(6)：621-62.

⑪ 侯金芹,陈桂娟.亲子依恋与师生关系对中学生掌握目标定向学习动机影响的追踪研究[J].中国特殊教育,2017(4)：79-84.

⑫ 丛中,高文凤.自我接纳问卷的编制与信度效度检验[J].中国行为医学科学,1999(1)：20-22.

所具有的所有特征。① 自我接纳影响着学习倦怠,与之呈负相关。②③④ 学习倦怠将严重影响学生学习,表现为学生学习积极性降低,学习情绪懒惰,学习行为不足。在本研究中,自我接纳导致的学习倦怠可理解为学生参与在线辅导的积极性减弱,参与在线辅导的次数减少。

自主性动机理论从个体自身活动意愿角度来解释学生参与学习活动的内部原因。⑤ 学生自主意味着学生对自己学习的负责,具有较强自主性的学生具有一定的认知能力,能够参与确定、掌控和评估自己的学习过程,管理和执行学习行为。⑥ 对于在线辅导而言,自主性意味着学生能够在缺少教师和家长监督的情况下主动参与在线辅导和学习。周琰博士通过实证研究发现,自主性动机对网络学习投入有显著的正向预测作用。同时,有研究指出,学习者的自主性能够影响学生的学习成绩,具有较高自主性的学生其学习成绩也高。⑦

学习辅导对学生学习成就的影响不仅受到家长的关注,也受到研究者的关注。在世界范围内,越来越多的家庭发现,有必要为孩子提供课外的学习辅导以丰富孩子的学习经验。从积极的方面来说,学者们认为学习辅导对学习成就具有积极的影响作用⑧,不仅对学生的学业成绩和大学入学有重要贡献⑨,还能够影响学生的发展。⑩ 但是有研究指出,参加课外辅导并没有对学习成绩发挥作用,反而课外辅导与学习成绩呈现负相关关系。⑪ 而且,付费

① 李闻戈.对大学生自我接纳的现状及特点的研究[J].宁夏大学学报(人文社会科学版),2002(1):112-114.

② Ullrich A. The relationship of elementary teachers' years of teaching experience, perceptions of occupational stress, self-acceptance, and challenging student behavior to burnout symptoms in the United States and Germany[J]. Disseration & There-Gradworks, 2009. doi:10.1002/esp.1887.

③ Hill A P, Hall H K, Appleton P R, et al. Perfectionism and burnoutin junior elite soccer players: The mediating influence of unconditional self-acceptance[J]. Psychology of Sport and Exercise, 2008, 9(5): 630-644.

④ 徐俊华,周倩,李佳慧,等.高职护生情绪智力与学习倦怠的关系:自我接纳的中介作用[J].中国卫生事业管理,2018(7):542-545.

⑤ 沃建中,黄华珍,林崇德.中学生成就动机的发展特点研究[J].心理学报,2001(2):160-169.

⑥ 韩建全.学习自主性养成与课堂教学模式关系探析[J].黑龙江高教研究,2010(6):139-142.

⑦ 韩建全.学习自主性养成与课堂教学模式关系探析[J].黑龙江高教研究,2010(6):139-142.

⑧ Bray M & Kobakhidze M N. Evolving ecosystems in education: The nature and implications of private supplementary tutoring in Hong Kong[J]. Prospects: Quarterly Review of Comparative Education, 2015(45): 465-481.

⑨ Buchmann C, Condron D J & Roscigno V J. Shadow education, American style: Test preparation, the SAT and college enrollment[J]. Social Forces, 2010(89): 435-461.

⑩ Michael K & Verdis A. Shadow education in Greece: Characteristics, consequences and eradication efforts[M]// Mark B, Mazawi A E & Sultana R G. Private Tutoring Across the Mediterranean: Power Dynamics and Implications for Learning and Equity. Rotterdam: Sense Publishing, 2013: 93-113.

⑪ Wright E, Lee M & Feng S Y. Shadowing the international baccalaureate: Private supplementary tutoring for the diploma programme in China[J]. Educational Research for Policy and Practice, 2018, 17 (2): 127-143.

的课外辅导对学生发展会产生负面影响,增加学生学习负担以及教育不平等。[1][2][3]

综合以上分析,本研究构建了学生参与在线辅导行为和学习成绩的影响因素关系模型,见图 9-1。根据关系模型设计本研究的研究假设,见表 9-1。

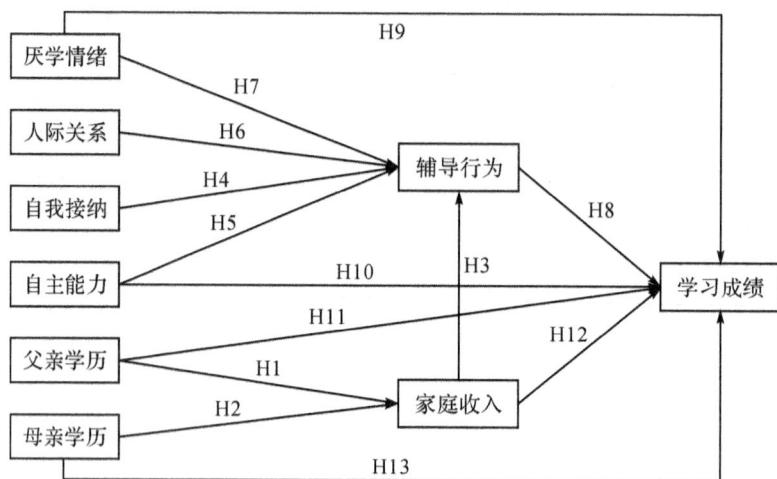

图 9-1　学生参与在线辅导行为和学习成绩的影响因素关系模型

表 9-1　学生参与在线辅导行为和学习成绩的研究假设

序号	假设
假设 H1	父亲学历对学生的家庭收入具有显著性正向影响
假设 H2	母亲学历对学生的家庭收入具有显著性正向影响
假设 H3	家庭收入对学生参与在线辅导行为具有显著性正向影响
假设 H4	自我接纳对学生参与在线辅导行为具有显著性的负向影响
假设 H5	自主能力对学生参与在线辅导行为具有显著性负向影响
假设 H6	人际关系对学生参与在线辅导行为具有显著性正向影响
假设 H7	厌学情绪对学生参与在线辅导行为具有显著性负向影响
假设 H8	辅导行为对学生的学习成绩具有显著性正向影响
假设 H9	厌学情绪对学生的学习成绩具有显著性负向影响
假设 H10	自主能力对学生的学习成绩具有显著性正向影响
假设 H11	父亲学历对学生的学习成绩具有显著性正向影响
假设 H12	家庭收入对学生的学习成绩具有显著性正向影响
假设 H13	母亲学历对学生的学习成绩具有显著性正向影响

① Yamamoto Y & Mary C, Brinton M C. Cultural capital in east Asian educational systems：The case of Japan[J]. Sociology of Education，2010，83(1)：67-83.

② Cari G O，Huynh V W & Fuligni A J. To study or to sleep? The academic costs of extra studying at the expense of sleep[J]. Child Development，2013，84 (1)：133-142.

③ Hyunjoon P，Buchmann C，Choi J & Merry J J. Learning beyond the school walls：Trends and implications[J]. Annual Review of Sociology，2016，42(1)：231-252.

9.2 学生参与在线学习的研究设计

9.3.1 研究对象

本研究通过分层抽样与随机抽样相结合的方法抽取研究对象,他们为来自北京市通州区和房山区共 37 所学校参与在线辅导学习的初中学生。调查数据采用在线发放问卷和学生参与在线心理测量的方式获得,剔除无效问卷和无效的测量数据,共获得有效样本 2724份。在有效被试中,男生共 1285 人,占总人数的 47.2%,女生共 1439 人,占总人数的 52.8%。有效被试分别来自初一、初二和初三年级,年龄分布在 13~15 岁。

9.3.2 研究方法

本研究采用问卷调查和在线测量方法收集数据,对数据做路径分析,以探索学生参与在线辅导学习行为和学习成绩的影响因素,以及各因素之间的结构关系。其中,路径分析基于变量的协方差矩阵分析变量之间的关系,包括测量模型检验和结构模型检验。基本过程是在厘清研究变量性质和内容的基础上,清晰描述变量的假设性关系,建立具有理论推导性质的假设模型,然后通过统计检验,修正前期的结构模型,形成既有理论推导又经过统计分析技术检验,更具应用价值和推广效应的结构模型。本研究主要从学生的心理要素和学生的社会经济地位视角出发探索其对学生参与在线辅导行为和学生学习成绩的影响路径,构建了学生在线辅导行为和学习成绩的影响因素关系模型,并提出了 13 个研究假设,主要使用复回归分析方法做路径分析。

9.3.3 研究工具

"智慧学伴"平台是实施在线辅导的主要系统,包括诊断工具、在线诊断、能力建模、双师学伴、资源中心等模块。本研究主要收集学生的在线辅导、心理测评与学习成绩等数据,并对数据做相关分析,以探索各变量之间的相关性。在此基础上进行探索性因子分析,主要使用路径分析方法对各因素之间的影响关系做路径分析。"智慧学伴"平台记录学生在线辅导的数据主要有辅导时间、辅导行为、辅导教师、辅导内容,以及学生的期中、期末考试成绩等。本研究主要使用在线辅导行为和学生学习成绩两个变量作为因变量,探索学生的心理要素和家庭社会经济地位对其的影响关系。

心理测评量表主要包含以下部分,第一部分为"学习者基本信息",主要包括学生学号、性别、年龄、学校、家庭住址、父母学历、家庭收入等信息。第二部分为心理测量问卷,共 39个题目,涉及厌学情感、自我接纳、自主能力、人际关系四个维度。问卷采用李克特五点尺度量表(1~5 分别表示"完全不符合""基本符合""一般""基本符合"和"完全符合")。通过问卷的信效度检验,得到该问卷的内部一致性 α 系数为 0.82,具有较高的有效性。

9.3 学生参与在线学习的结果分析

9.3.1 各变量之间的相关分析

对学生参与在线辅导相关变量做 Pearson 相关分析,结果如表 9-2 所示。可知,父亲学历与母亲学历(相关系数为 0.619,$p<0.01$)具有较强的正相关,与家庭收入的相关性达到显著(相关系数为 0.278,$p<0.01$)。母亲学历与家庭收入具有显著的相关性(相关系数为 0.247,$p<0.01$)。另外,家庭收入与人际关系、辅导次数、学习成绩均存在显著的正相关性。

表 9-2 学生参与在线辅导与学习成绩影响因素各变量的相关性分析

影响因素	家庭收入	自主能力	人际关系	父亲学历	辅导行为	厌学情绪	母亲学历	自我接纳	学习成绩
家庭收入	1	0.029	0.256**	0.278**	0.049*	0.020	0.247**	0.037	0.096**
自主能力	0.029	1	0.072**	0.072**	0.176**	0.162**	0.096**	0.057**	0.253**
人际关系	0.256**	0.072**	1	0.629**	0.190**	−0.454**	0.065	0.226**	0.231**
父亲学历	0.278**	0.072**	0.629**	1	0.218***	0.261**	0.619**	0.619**	0.299**
辅导行为	0.049*	0.176**	0.190**	0.218**	1	−0.092**	−0.019	0.018	0.059**
厌学情绪	0.020	0.162**	−0.454**	0.261**	−0.092**	1	0.039**	0.176**	−0.246**
母亲学历	0.247**	0.096**	0.065	0.619**	−0.019	0.039**	1	0.089**	0.190**
自我接纳	0.037	0.057**	0.226**	0.619**	0.018	0.176**	0.089**	1	0.091**
学习成绩	0.096**	0.253**	0.231**	0.299**	0.059**	−0.246**	0.190**	0.091**	1

注:** 表示 $p<0.01$,* 表示 $p<0.05$。

辅导行为与家庭收入、自主能力、人际关系、父亲学历、厌学情绪、学习成绩存在显著相关性,但是与母亲学历和自我接纳不存在显著相关性。而且与厌学情绪存在负向的相关性(相关系数为−0.092,$p<0.01$)。学习成绩与家庭收入、自主能力、人际关系、父亲学历、辅导行为、厌学情绪、母亲学历、自我接纳均存在显著的相关性,但是与厌学情绪存在较强的负相关,可知厌学情绪强的学生学习成绩比较差。家庭收入与父亲学历、母亲学历存在正相关,这与现有研究结果和实际情况相符合,父母学历高的家庭普遍收入水平高。家庭收入与人际关系、辅导行为、学习成绩存在正相关,表明家庭收入对于这几方面可能存在一定的影响作用关系。辅导行为与家庭收入、自主能力、人际关系、父亲学历、学习成绩存在显著正相关,与厌学情绪存在显著负相关,但是与母亲学历和自我接纳的相关性不显著。综上分析,由于各个变量之间存在显著的相关性,因此可以对本研究构建的模型进行路径分析。

9.3.2 路径分析

根据设计的学生在线辅导路径图可知,该模型中共有三条路径,分别是:父亲学历、母亲学历与家庭收入;厌学情绪、家庭收入、自我接纳、自主能力、人际关系与辅导行为;自主能力、辅导行为、厌学情绪与学习成绩。

路径一：父亲学历＋母亲学历→家庭收入。首先对父亲学历、母亲学历与家庭收入的影响关系做复回归分析，结果如表 9-3 所示。其中，自变量为"父亲学历"和"母亲学历"，因变量为"家庭收入"，回归分析的 R^2 等于 0.089，表示因变量可以被两个自变量解释的变异量等于 8.9%，无法解释的变异量为 91.1%，疏离系数等于 $\sqrt{1-R^2}=\sqrt{1-0.089}=\sqrt{0.911}=0.954$。

由表 9-4 的方差分析结果可知，父亲学历和母亲学历对家庭收入的影响达到显著水平（$F=130.569，p<0.001$）。继而可做家庭收入的回归路径系数分析，结果见表 9-5。其中，标准化回归系数（Beta 值）为路径系数。可知，"父亲学历"变量对"家庭收入"变量的影响系数为 $0.200（t=8.353，p<0.001）$，达到显著水平。自变量"母亲学历"对"家庭收入"的影响系数为 $0.128（t=5.331，p<0.001）$，达到显著水平。由此可见，父亲学历和母亲学历这两个外因变量对内因变量家庭收入的影响均达到显著水平，因此假设 H1 和 H2 成立。

表 9-3 父母学历与家庭收入的模型摘要

R	R^2	调整 R^2	标准估计的误差	更改统计量				
				R^2 更改	F 更改	$df1$	$df2$	$Sig. F$ 更改
0.298	0.089	0.088	6.540	0.089	130.569	2	2670	0.000

表 9-4 家庭收入路径分析的方差分析结果

模型	平方和	df	均方	F	$Sig.$
回归	11167.586	2	5583.793	130.569	0.000
残差	114182.713	2670	42.765		
总计	125350.299	2672			

表 9-5 家庭收入的回归路径系数

模型		非标准化系数		标准系数	t	$Sig.$	共线性统计量	
		B	标准误差	试用版			容差	VIF
变量	（常量）	10.551	0.321		32.879	0.000		
	父亲学历	0.577	0.069	0.200	8.353	0.000	0.593	1.685
	母亲学历	0.375	0.070	0.128	5.331	0.000	0.593	1.685

路径二：厌学情绪＋家庭收入＋自我接纳＋自主能力＋人际关系→辅导行为。对厌学情绪、家庭收入、自我接纳、自主能力、人际关系与辅导行为的影响关系做复回归分析，结果如表 9-6 所示。其中，自变量为厌学情绪、家庭收入、自我接纳、自主能力、人际关系，因变量为辅导行为，回归分析的 R^2 等于 0.009，表示因变量可以被五个自变量解释的变异量等于 0.9%，无法解释的变异量为 99.9%，疏离系数等于 $\sqrt{1-R^2}=\sqrt{1-0.009}=\sqrt{0.991}=0.995$。

表 9-6　辅导行为的模型汇总

R	R^2	调整 R^2	标准估计的误差	更改统计量				
				R^2 更改	F 更改	$df1$	$df2$	$Sig. F$ 更改
0.096	0.009	0.007	28.363	0.009	4.994	5	2667	0.000

由表 9-7 的方差分析结果可知，厌学情绪、家庭收入、自我接纳、自主能力、人际关系对辅导行为的影响达到显著水平（$F=4.994,p<0.001$）。继而可做辅导行为的回归路径系数分析，结果如表 9-8 所示。

表 9-7　辅导行为的方差分析结果

模型		平方和	df	均方	F	$Sig.$
变量	回归	20087.864	5	4017.573	4.994	0.000
	残差	2145546.154	2667	804.479		
	总计	2165634.019	2672			

表 9-8　辅导行为的路径系数

模型		非标准化系数		标准系数	t	$Sig.$	共线性统计量	
		B	标准误差	试用版			容差	VIF
变量	（常量）	20.396	2.937		6.945	0.000		
	厌学情绪	−0.224	0.071	−0.061	−3.163	0.002	0.996	1.004
	家庭收入	−0.092	0.080	−0.022	−1.141	0.254	0.996	1.004
	自我接纳	−0.184	0.078	−0.045	−2.350	0.019	0.996	1.004
	自主能力	−0.196	0.072	−0.053	−2.725	0.006	0.965	1.037
	人际关系	0.247	0.108	0.077	2.294	0.022	0.333	3.005

可知，家庭收入对辅导行为的影响系数为 −0.092（$t=−0.022,p>0.05$），未达到显著水平。由此可见，家庭收入对学生是否参与在线辅导并没有显著的影响关系，因此假设 H3 不成立。由负值的影响系数可见，家庭收入高的学生参与辅导的可能性和次数都比较低，但是这种影响却不显著，这可能受到线下课外辅导的影响。很多家庭倾向于选择为学生提供线下的课外辅导，虽然线下接受辅导机构提供的付费辅导消费额度大，但是家长为了孩子的学习成绩还是倾向于提供辅导。[①] 由于家长尚未看到学生参加在线辅导所带来的成绩提升，或者在线辅导所带来的成绩提高低于课外培训，则无论家庭收入高还是低，家长都倾向于选择课外辅导，使得家庭收入在学生参与开放辅导方面的影响作用并不显著。

自我接纳对辅导行为的影响系数为 −0.045（$t=−2.350,p<0.05$），达到负向的显著水平，因此假设 H4 成立。研究发现，自我接纳程度高的学生能够主动学习，具有较强的自主

---

① 马克·贝磊，廖青."影子教育"之全球扩张：教育公平、质量、发展中的利弊谈[J].比较教育研究，2012(2)：13-17.

学习能力[①],在学习中对教师的依赖比较少,需要教师给予的帮助和辅导较少。有研究发现,优秀学生的自我接纳水平显著高于后进生,对学习持积极乐观态度的初中生在自我接纳上显著高于具有消极学习态度的学生。[②] 因而可以表明,具有较高自我接纳认知的学生能够主动地学习,且实施自主学习,对自己独立解决问题具有较强的认知,而对教师的依赖和辅导比较少。相反,自我接纳比较低的学习者则更加需要教师的支持和辅导。开放辅导计划就是为学生提供的一种学习支持和学习辅导,帮助他们解决学习上遇到的问题和困难,解决不爱学习、在学习上有困难的学生的学习问题,甚至是学习心理问题。

自主能力对辅导行为的影响系数为 -0.053($t=-2.725$,$p<0.01$),达到显著水平。自主能力对辅导行为具有负向的影响作用关系,表明自主能力强的学生参与开放辅导的次数比较少,而自主能力弱的学生参与开放辅导次数比较多。因此假设 H5 成立。自主能力强的学生在学习上具有较强的学习力,能够自主管理学习进度,执行学习计划,能够对自己的学习负责。因而,自主学习能力强的学生在课后能够独立完成学习作业,完成在线学习。但是对于那些缺乏自主管理能力的学生来说,独立完成作业,完成在线学习和学习任务具有一定的困难[③],需要教师或家长给予更多的指导和监督。

人际关系对辅导行为的影响系数为 0.077($t=2.294$,$p<0.05$),达到显著水平,假设 H6 成立。学生之间的人际关系、师生关系、家庭关系等对学生参与在线辅导均有积极的影响。良好的人际关系能够促进学生选择在线辅导,例如,家庭关系和睦的学生能够得到父母的较多支持,家长在学生使用计算机、智能终端设备进行在线辅导和学习时能够得到父母的认可和支持。有研究指出,积极的、良好的亲子关系,如亲子信任和亲子沟通,以及亲密的师生关系,均有助于促进中学生的学习动机[④],继而促进学生参与在线辅导。同时,学生行为在某种程度上受到同学或者学习同伴的影响。生生交互具有互助功能、激励功能和教育功能[⑤],而且,广泛深入的生生交互能够影响学生的选择,激励学生参与在线辅导,鼓励学生在线寻求教师帮助。

厌学情绪对辅导行为的影响系数为 -0.061($t=-3.163$,$p<0.01$),达到显著水平。因此假设 H7 成立。厌学情绪对辅导行为具有反向作用,厌学情绪高的学生参与在线辅导的可能性非常低,参与在线辅导的次数非常低。向学情绪或厌学情绪显著影响学生的学习投入,学生越向学,其越能够在学习上付出更多努力以提升学业成绩,而学生厌学情绪比较强,则越倾向于逃避学习,不敢面对学习的挑战。[⑥] 学生参与在线辅导是一种学习投入,具有较强厌学情绪的学生参与在线辅导的积极性比较低,表现为参与辅导的次数非常少。

综合以上分析可知,对辅导行为产生显著影响的因素主要有厌学情绪、自我接纳、自主

---

① 谢玲平.中学生依恋、自我接纳对学习自我效能感的影响研究[J].教学与管理,2015(12):83-86.

② 陶秀秀.留守初中生的学习自我效能感和自我接纳探讨[J].中小学心理健康教育,2014(20):7-10.

③ Lai C-L, Hwang G-J. A self-regulated flipped classroom approach to improving students' learning performance in a mathematics course[J]. Computers & Education, 2016(100): 126-140.

④ 侯金芹,陈桂娟.亲子依恋与师生关系对中学生掌握目标定向学习动机影响的追踪研究[J].中国特殊教育,2017(4):79-84.

⑤ 张立国,葛文双.关于"交互研究"的定量、定性分析——虚拟学习社区中交互结构研究的必然性论证[J].现代远距离教育,2007(4):9-12.

⑥ 杨立军,张微.大学生学习投入的影响因素及其作用机制[J].高教发展与评估,2016(6):49-61,92-93.

能力、人际关系。

路径三：辅导行为＋父亲学历＋厌学情绪＋自主能力＋家庭收入＋母亲学历→学习成绩。对自主能力、辅导行为、厌学情绪、家庭收入、父亲学历、母亲学历与学习成绩的影响关系进行复回归分析，结果如表 9-9 所示。其中，自变量为辅导行为、厌学情绪、自主能力、父亲学历、母亲学历和家庭收入，因变量为学习成绩，回归分析的 R^2 等于 0.899，表示因变量可以被五个自变量解释的变异量为 89.9%，无法解释的变异量为 10.1%，由疏离系数等于0.943 可知自变量对因变量的解释效应比较高。

表 9-9　学习成绩的模型汇总

R	R^2	调整 R^2	标准估计的误差	更改统计量				
				R^2 更改	F 更改	$df1$	$df2$	$Sig. F$ 更改
0.948	0.899	0.899	20.30785	0.899	4342.95	6	2717	0.000

由表 9-10 的方差分析结果可知，辅导行为、厌学情绪、自主能力、父亲学历、母亲学历、家庭收入对学习成绩的影响达到显著水平（$F=56.561$，$p<0.001$）。继而可做辅导行为的回归路径系数分析，结果见表 9-11。

表 9-10　学习成绩的方差分析

模型	平方和	df	均方	F	$Sig.$
回归	111503.708	6	18583.951	56.561	0.000
残差	892706.951	2717	328.563		
总计	104210.659	2723			

表 9-11　学习成绩的路径系数

模型		非标准化系数		标准系数	t	$Sig.$
		B	标准误差	Beta 分布		
变量	辅导行为	2.124	0.014	0.946	154.849	0.000
	厌学情绪	−0.445	0.063	−0.043	−7.024	0.000
	自主能力	0.398	0.067	0.037	5.921	0.000
	父亲学历	0.707	0.213	0.026	3.318	0.001
	母亲学历	0.469	0.214	0.017	2.192	0.028
	家庭收入	0.013	0.012	0.020	1.075	0.011

可知，辅导行为对学习成绩的影响系数为 0.946（$t=154.849$，$p<0.001$），达到显著水平。因此，假设 H8 成立。有学者通过调查研究发现，课外辅导与学生成绩之间具有正相关性，即参加课外辅导的学生其学习成绩显著高于没有参加课外辅导的学生。[1] 有研究者指

---

① 方晨晨，薛海平. 课外补习对义务教育阶段学生成绩影响的实证研究[J]. 上海教育科研，2014（12）：5-9.

出,学生参加课外辅导能显著提升数学和英语成绩,但是,课外辅导只在一定时期内能达到促进学业成绩提升的效果,一旦超过限值,学生的学习成绩反而会下降。[1] 本研究中,参与在线辅导对于家庭社会经济地位低的学生在提升学习成绩方面具有显著效果。由前面的分析可知,学生的学习成绩提高速度不是持续增加的,在一定时间之后学生成绩提高速度变慢,甚至出现下降趋势。整体来讲,学习基础比较弱的学生,学习成绩基线比较低的学生通过辅导获得的提高比较显著。

厌学情绪对学习成绩的影响系数为-0.043($t=-7.024$,$p<0.001$),达到显著水平,表明厌学情绪时学习成绩的影响呈负影响关系。因此,假设 H9 成立。有研究指出,厌学情绪严重影响了学生的学习投入,然而学习投入与学生的学习成就或者成绩排名具有显著相关性[2][3],学生厌学情绪高,学习投入度低,导致学习成绩低。Glasser 提出的选择理论(choice theory)认为,个体的选择、个体执行的行为都是为了满足内在心理需求。[4] 而学生如果通过学习能够满足其内在的心理需求,例如,满足学生的心理归属和爱的需求、权力需求、自由需求或乐趣需求,则学生就会愿意学习和努力学习,反之,则会厌恶学习与逃避学习。[5] 降低学生的厌学情绪,提高学生的向学情绪,能够加强学生参与在线辅导的积极性,降低学生对学习、教师和学校的抵触心理。厌学通常源于学业失败引发的对学科的恐惧。因此,提高学生的学习成绩,提升学生的自我效能感,帮助学生消除对学业失败的恐惧,能够降低学生的厌学情绪。同时,加强并改善师生关系、生生关系和亲子关系,能够降低学生的厌学情绪,提高学生的向学情绪,帮助学生建立良好的学习行为习惯,加大学生在学习活动上的投入,提高学习成绩。

自主能力对学习成绩的影响系数为0.037($t=5.921$,$p<0.001$),达到显著水平。因此,假设 H10 成立。Vansteenkiste 等研究发现,学生自主能力与学业成功、幸福感和适应性的学习态度相关。[6] 有研究指出,我国中学生学习自主能力与班级学业水平呈正相关,优秀班级的学生学习自主性最高,中等水平班级的学生学习自主性次之,而弱势班级的学生学习自主性最低。[7] 学习自主能力弱导致学生学习行为自主性低,实施学习的行为、付出的学习时间等比较少,影响学生学习成绩的提高和学业成功。通过提高学生的元认知,帮助学生确立学习目标,决定学习内容,选择学习方式,监控与评估学生的学习等能够帮助学生提高自主能力[8],

① 刘冬冬,姚昊.课外补习对初中学生不同学科成绩的影响研究——基于 CEPS(2013—2014)实证分析[J].教育学术月刊,2018(10):57-63.

② 史静寰,文雯.清华大学本科教育学情调查报告 2010[J].清华大学教育研究,2012(1):4-16.

③ 赵琳,等.高等教育质量的院校类型及区域差异分析——兼论我国高等教育资源配置格局与质量格局[J].清华大学教育研究,2010(5):1-12.

④ Glasser W. Choice Theory: A New Psychology of Personal Freedom[M]. New York: Harper Collins,1998:2.

⑤ 张夫伟,苏春景.学生厌学的根源及改善之道——基于威廉·格拉瑟的选择理论[J].中国特殊教育,2014(8):46,93-96.

⑥ Vansteenkiste M,et al. Experiences of autonomy and control among Chinese learners: Vitalizing or immobilizing? [J]. Journal of Educational Psychology,2005,97(3):468-483.

⑦ 熊川武,柴军应,董守生.我国中学生学习自主性研究[J].教育研究,2017(5):106-112.

⑧ Holec H. Autonomy in Foreign Language Learning[M]. Oxford,UK: Pergamon Press,1981.

加强学习自主行为的转化,从而提高学生的学习成绩。有研究指出,通过提供元认知策略的培训能够提高学生的学习自主能力水平和学习成绩。[①]

父亲学历对学习成绩的路径系数为 0.026($t=3.318$,$p<0.01$),达到显著水平;母亲学历对学习成绩的路径系数为 0.017($t=2.192$,$p<0.05$)。因此,假设 H11 和 H13 成立。同时,家庭收入对学习成绩的影响系数为 0.020($t=1.075$,$p<0.05$),达到显著水平。因此,假设 H12 成立。父母学历和家庭收入具有较高的相关性,且被看作是家庭社会经济地位的主要指标。有研究表明,父母学历对学生学业成就(例如学生知识素养)具有显著的正相关性,而家庭社会经济地位(家庭收入)对学生的学业成就有显著的正向影响。[②] 家庭背景属于高社会经济地位的学生的学习成绩好是因为其父母能够投入更多金钱、时间和精力支持孩子学习。[③] 例如,具有高学历背景的家长或者家庭收入高的家长更有可能帮助孩子完成家庭作业,或者为孩子寻求额外的学习辅导。父母学历低或者家庭收入低的学生,其获得的教育质量相对比较低,学习成绩提高程度低。而有研究指出,如果提高父母学历或者家庭收入能够提高学生的学习成绩。[④]

在本研究中,具有高学历的家长能够给予学生更多的学习支持,与孩子的沟通比较多,鼓励学生学习。同时,家庭收入高的家庭能够为学生提供更多的物质基础,提供良好的学习环境。在学生参与开放辅导中,智能设备、电脑、网络等构成了基础的开放辅导环境,是开放辅导不可缺少的硬件支持。可知,父母学历高和家庭收入高能够为学生提供丰富的物质支持和精神支持,鼓励并促进学生参与在线辅导,从而提高学生的学习成绩。

综上分析,对学习成绩产生显著影响的因素主要有辅导行为、厌学情绪、自主能力、父亲学历、母亲学历和家庭收入。根据对辅导行为和学习成绩的影响因素的路径分析结果,对学生参与在线辅导行为和学习成绩的影响因素关系模型进行修订,结果如图 9-2 所示。

9.4　本章小结

本章主要研究了学生参与开放辅导的影响因素,使用路径分析方法分析了影响学生参与开放辅导各因素之间的关系,本研究结果为后续对学生参与开放辅导进行仿真分析奠定了基础。

根据学生参与开放辅导的影响因素分析结果显示,学生的心理因素对学生参与开放辅导具有显著的影响作用。学生对待学习的态度,即厌学情绪,影响学生参与开放辅导的行为。学生厌学情绪较强,则学生参与开放辅导的积极性就弱,参与开放辅导的行为就比较

① 肖武云,王晓萍,曹群英.培训元认知策略　提高学习自主性和学习成绩——实证研究[J].外语学刊,2011(2):109-113.

② 张文宏,韩钰.家庭背景影响学生知识素养的路径研究——基于 PISA 2015 中国四省市数据的分析[J].江苏行政学院学报,2018(2):63-74.

③ 薛二勇.论教育公平发展的三个基本问题[J].教育研究,2010(10):24-32.

④ John D. Hansen and Justin Reich. Democratizing education? Examining access and usage patterns in massive open online courses[J]. Science, 2015,350(6265):1245-1248.

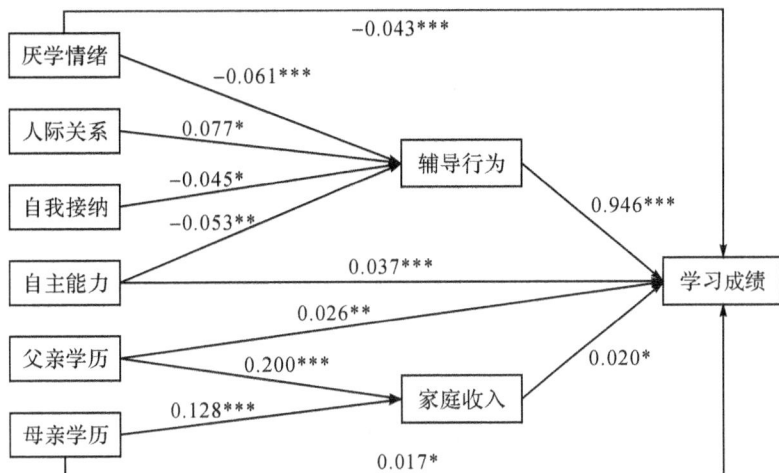

图9-2 学生参与在线辅导行为和学习成绩的影响因素关系模型

少。这一类学生需要教师、家长的积极鼓励,使用多元激励手段和方法以提高学生的学习动机。同时,提高学生的自我效能感,帮助学生在学习中获得成功,让学生树立学习的信心。厌学情绪对学生的学习成绩产生负向的影响作用,当学生讨厌学习、讨厌学校、讨厌教师的情绪比较强时,就会影响他们的学习绩效。

学生的自我接纳影响学生参与开放辅导的行为,但是存在负向的影响作用。学生的自我接纳能力强,学生参与开放辅导的行为比较少,而自我接纳能力弱,学生参与开放辅导的行为反而多一些。学生的自我接纳能力高,对自己的认可比较高,在学习成绩上对自己的要求不高,或者是对自己的学习成绩非常满意,不需要太多的课外辅导来提高成绩。

人际关系正向影响学生参与开放辅导的行为,人际关系好的学生参与在线学习的积极性比较高,开放辅导行为就比较多。学生的人际关系会影响学生对开放辅导的认识和态度,学生通过人际交流,传递参与开放辅导的信息,通过人际关系网络能够影响学生参与开放辅导,同时,学生个体对群体的顺从也影响学生的参与。

第10章 "互联网十"教师智力流动系统的优化

作为教师资源配置的一种方式,开放辅导力求通过教师"走网",将优秀教师资源迁移到网络空间,通过网络辅导与教学,为学生,尤其是贫困地区、薄弱地区学校的学生,提供优质的学习支持和服务,实现教师智力在网络空间中的流动,实现教师资源区域共享。通过基于开放辅导的教师智力流动,一方面利用网络信息技术将发达地区、优秀学校的优质教师资源输送到边远地区、薄弱地区的学校,实现教师资源均衡配置;另一方面,通过优秀教师的指导与教学,帮助学生提高学习成绩,促进每一位学生获得学习成功。北京市通过实施开放辅导计划,实现了教师智力流动,促进了教师资源的均衡配置。但是,开放辅导计划在实施中和实施结果上存在一些问题,例如师生参与行为存在幂律特征和马太效应,政府投入经费逐年增加造成财政压力,农村学生和城镇学生在学习结果上仍然存在不公平现象,教师流失严重等。因此,如何解决师生辅导存在的马太效应,使得更多的师生能够积极参与开放辅导,如何解决政府教育投入逐年增加的问题,如何解决农村学生和城镇学生教育结果不公平问题等,是开放辅导实施中需要考虑的问题。在本章中,通过构建开放辅导教师智力流动机制仿真系统,对教师和学生参加开放辅导提供约束条件,对农村学生和城镇学生参加开放辅导提供不同程度的收费标准,通过系统模拟仿真观察这些影响条件的加入是否能够促进师生积极参与开放辅导,是否能够减少政府投入,是否能够缓解教育结果不公平问题,并为推动教师智力流动提供可行的政策建议。

10.1 教师智力流动的因果关系分析

10.1.1 教师智力流动的系统结构分析

系统动力学方法在分析教师智力流动动态仿真模型方面具有比较好的适用性。一是,能够适用于研究教师智力流动中各个主体之间的复杂性。在教师智力流动模式中,主要涉及教师辅导系统、教师培训系统、学生在线学习系统、政府投入系统等子系统。在各个子系统之间、子系统的要素变量之间具有相互作用关系。二是,系统动力学适用于研究教师智力流动的动态性。教师智力流动系统中,教师数量的变化、教师辅导次数、教师流失、教师绩效的变化、学生数量的转换、学生学习成绩的变化和政府经费的投入变化等,都能够根据研究需求、环境改善、教师培训和教育投入等因素的变化而做出动态调整,实现动态化地对现实教师智力流动系统的仿真模拟。三是,系统动力学适用于研究教师智力流动的反馈机制。

使用数学建模方法在学生对辅导教师的评价、学生学习成绩的改变与教师智力资源的质量改进等之间建立一种联系,将政府投入支持教师培训的费用与教师参与在线辅导的数量之间的关系以及环境改善、在线学习的学生转换速率、学生学习成绩提高率、在线辅导教师转换速率、在线辅导教师增长率之间的关系抽象为"回路""积累""延迟"等,来研究政府投入、教师培训、教师在线辅导、学生在线学习、学生学习成绩等之间所呈现的规律。四是,系统动力学适用于研究政府激励机制与教师绩效、在线辅导教师数量和教师辅导学生次数变化的非线性问题。在实际问题中很难找到在线辅导教师数量、教师在线辅导次数的调控与政府实施的激励措施之间的数学关系,这对于构建教师智力流动的数学模型来说是一个巨大的挑战。系统动力学能够根据策略制定的目的,通过计算仿真,不断改变参数进行仿真模拟,直到达到与现实系统运行状态相一致,从而形成一个比较合理的研究架构或模型。

　　系统动力学认为,系统的行为由它的结构决定,通过"结构—功能"分析来研究复杂信息反馈系统的动态行为。系统结构是指系统内各个要素之间所有关系的加总,但是在实际系统运行中,不同的关系形式对系统的形成、发展具有不同的影响作用。在教师智力流动系统中,包含教师在线辅导、学生在线学习和政府经费投入三个子系统,系统结构如图 10-1 所示。

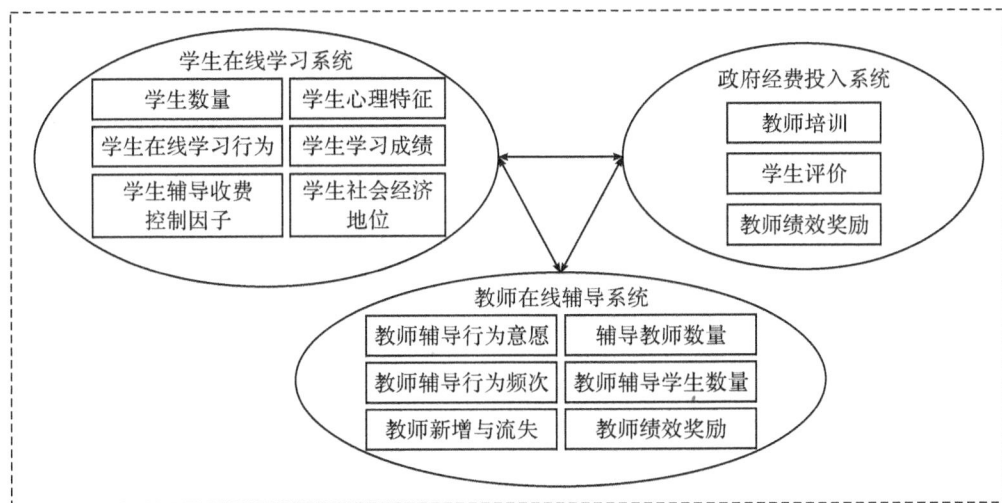

图 10-1　教师智力流动系统结构

　　在图 10-1 中,虚线方框规定了教师智力流动系统的边界,规定在系统仿真中主要考虑系统边界内部的元素,而忽略系统边界外部因素对系统的影响。图 10-1 中的箭头代表了子系统之间信息流动的方向。图 10-1 的实线方框罗列了各个子系统内部的主要元素。例如,在学生在线学习系统中,包含有学生数量、学生心理特征、学生在线学习行为、学生学习成绩、学生辅导收费控制因子和学生社会经济地位等元素。其中,学生心理特征主要使用学生自主能力、厌学情绪、人际关系、自我接纳等变量表征;学生辅导收费控制因子是对学生参加辅导是否支付费用的一个控制变量;学生家庭的社会经济地位主要使用学生的家庭收入和学生的父母学历进行表征。在教师在线辅导系统中,主要有教师辅导行为意愿、教师辅导学生数量、辅导教师数量、教师辅导行为次数、教师绩效奖励、教师新增与流失以及教师辅导行为意愿(包括教师感知行为控制和教师技术感知度)等元素,其中,教师技术感知度主要使用感知易用性和感知有用性两个变量表征。在政府经费投入系统中主要有教师绩效奖励、教师培训和学生评价三个元素。根据开放型在线辅导项目的政策文件规定,政府主要根据教师在线辅导学生数量、辅导学生时长和学生对教师的评价等来计算教师绩效,并对教师进行技术培训和专业技能培训。

在三个子系统之间的信息流动方面,政府主要从学生在线学习子系统中采集学生学习信息、学生对教师评价信息,从教师在线子系统中采集教师辅导信息、教师绩效信息,并向教师子系统提供激励机制和资金投入信息。同时,政府针对学生家庭的社会经济地位设置辅导费用控制因子的值,以控制政府经费投入,但是这种操作会影响学生参与开放辅导的意愿和数量。教师在线辅导子系统和学生在线学习子系统之间信息流动非常大,学生在线学习时可选择教师进行辅导,学生根据教师的辅导学生数、学生评价、教师职称等选择优秀教师。教师被学生选择后实施在线辅导,指导学生学习,完成辅导活动后,教师和学生相互实施评价。评价结果最后反馈到政府子系统中,作为对教师绩效计算的数据。

10.1.2　教师智力流动的因果关系分析

系统动力学模型主要由系统内部结构相互联系及提供反馈机制而建立,并根据系统的行为与各机制之间的关系来实现计算实验。在系统动力学中,系统的行为与各机制之间的关系使用数学模型来表示。在计算实验中,通过改变某一变量或者某些变量(即"因")来观察另一变量(即"果")的变化情况,从而实现因果关系的动态演化。在系统动力学模型中,因果关系构成了反馈循环回路。在教师智力流动系统中,对学生在线学习子系统、教师在线辅导子系统和政府经费投入子系统之间的相互作用,以及系统内部影响因素之间的因果关系进行分析,以确定教师智力流动中教师、学生和政府行为之间的因果关系。系统动力学通过绘制因果反馈回路图来建立系统结构之间的关系,这种反馈关系包括正反馈回路和负反馈回路。

图 10-2、图 10-3 和图 10-4 分别展示了教师在线辅导子系统、学生在线学习子系统和政府经费投入子系统内部元素因果关系反馈回路。图 10-2 主要由两条反馈回路组成:第一条是"在线教师数量—在线教师转换率",两者之间相互促进,是一个正反馈回路,使用 R 表示。即在线教师数量增加的情况下,在线教师转换率会增加;第二条是"在线教师数量—潜在教师数量—教师转化比例—在线教师转换率",是一个负反馈回路,使用 B 表示。即在线教师数量增加会引起潜在教师数量减少,潜在教师数量减少会引起教师转化比例减少,教师转化比例减少会引起在线教师转换率降低。在教师在线辅导子系统中,在线教师数量和在线辅导

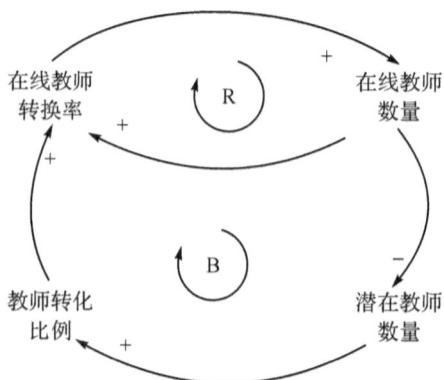

图 10-2　教师在线辅导子系统内部元素因果关系反馈回路

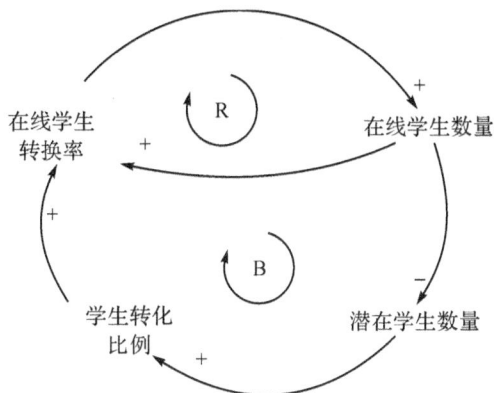

图 10-3 学生在线学习子系统内部元素因果关系反馈回路

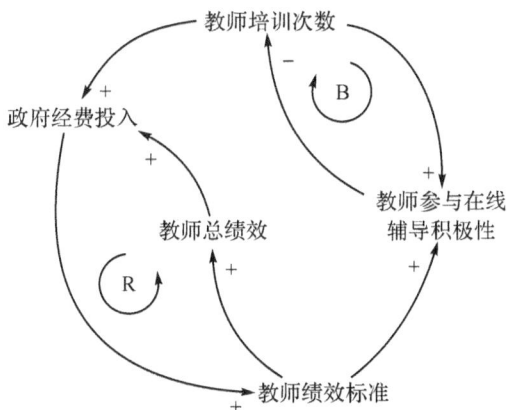

图 10-4 政府经费投入子系统内部元素因果关系反馈回路

教师数量是 S 形增长模型,即在线教师数量和在线辅导教师数量是有限的,不会无限制地增长下去。

在图 10-3 中,学生在线学习子系统由两条反馈回路组成:第一条是"在线学生数量—在线学生转换速率",是一条正反馈回路;第二条是"在线学生数量—潜在学生数量—学生转化比例—在线学生转换率",是一条负反馈回路。图 10-4 由两条反馈回路组成:第一条是"教师培训次数—教师参与在线辅导积极性",是一条负反馈回路,即教师培训次数增加,教师参与在线辅导积极性增加,但是当教师参与在线辅导积极性高的时候,政府实施的在线辅导次数会降低;第二条是"政府经费投入—教师绩效标准—教师总绩效",是一条正反馈回路,即政府经费投入增加,教师绩效标准提高,教师总绩效会增加。

教师智力流动是一个复杂系统,主要包含教师在线辅导、学生在线学习和政府经费投入三个子系统。三个子系统之间相互作用,各个子系统的内部要素之间也存在一定的联系,从而使教师智力流动系统内某一个要素发生改变,就会引起整个系统行为的变化。根据子系统以及各个要素之间的相互作用关系,可简要描述出教师智力流动系统的运作机理,具体如下:

政府部门是教师智力流动的政策制定者和组织者,是教师智力流动的主要投资和建设主体。一方面,政府部门投资建设开放型在线辅导平台,为教师和学生搭建一个在线教与学的环境,支持教师和学生之间的交流互动。另一方面,政府制定激励机制,通过支付给教师辅导费用,计算教师在线辅导绩效,纳入骨干教师荣誉称号评比标准(北京市教委规定在教师评选骨干教师时应优先考虑参加开放辅导的教师),从物质(货币)奖励和精神奖励两方面鼓励教师参与智力资源在线流动。同时,政府根据教师和学生的在线辅导绩效科学地调整激励策略,以对教师和学生产生持续性的激励作用。

教师和学生是教师智力流动的主体,是在线辅导行为的主要执行者和实施者。学生在线学习时选择优秀教师以获得他们的指导和学习支持;教师接受学生辅导申请,为学生提供学习服务,开展在线辅导和教学,帮助学生解决学习问题,获得学习知识,从而帮助学生提高学习成绩。在辅导结束后,学生根据自己的满意度(在本研究中以学习成绩代替学生的满意度)对教师进行评价,评价结果作为教师绩效计算的变量。同时,教师辅导学生数、辅导学生次数和辅导学生的时长等均纳入教师绩效计算模型中。政府根据教师绩效给予货币奖励,并将教师绩效作为教师参与评比荣誉称号的一项标准。

根据教师智力流动的运作机理,本研究设计了教师智力流动各要素之间的因果关系图,如图 10-5 所示。

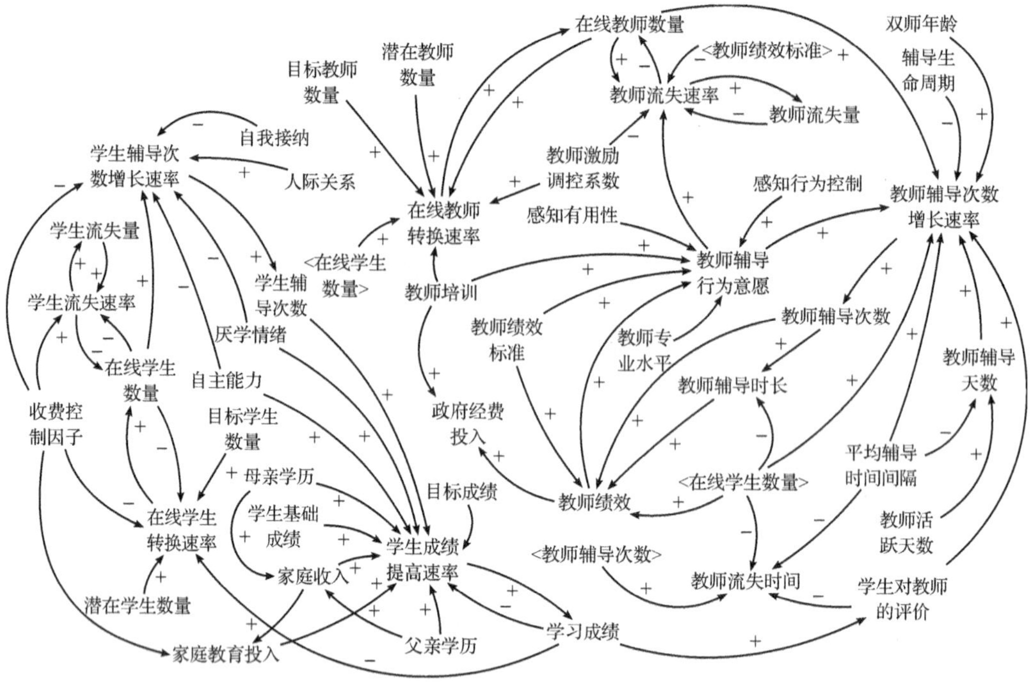

图 10-5　教师智力流动各要素之间的因果关系

在因果关系图中,主要存在以下几条主要的因果反馈回路:

(1)教师绩效→教师辅导行为意愿→教师辅导次数增长速率→教师辅导次数→教师绩效。

(2)教师绩效→教师辅导行为意愿→教师辅导次数增长速率→教师辅导次数→教师辅导时长→教师绩效。

(3)教师绩效→教师辅导行为意愿→教师流失速率→在线教师数量→教师辅导次数增长速率→教师辅导次数→教师绩效。

(4)教师绩效→教师辅导行为意愿→教师流失速率→在线教师数量→教师辅导次数增

长速率→教师辅导次数→教师辅导时长→教师绩效。

(5)在线教师数量→教师辅导次数增长速率→教师辅导次数→教师绩效→教师辅导行为意愿→教师流失速率→在线教师数量。

(6)在线教师数量→教师辅导次数增长速率→教师辅导次数→教师辅导时长→教师绩效→教师辅导行为意愿→教师流失速率→在线教师数量。

(7)教师辅导行为意愿→教师辅导次数增长速率→教师辅导次数→教师绩效→教师辅导行为意愿。

(8)教师辅导行为意愿→教师辅导次数增长速率→教师辅导次数→教师辅导时长→教师绩效→教师辅导行为意愿。

(9)教师辅导行为意愿→教师流失速率→在线教师数量→教师辅导次数增长速率→教师辅导次数→教师绩效→教师辅导行为意愿。

(10)教师辅导行为意愿→教师流失速率→在线教师数量→教师辅导次数增长速率→教师辅导次数→教师辅导时长→教师绩效→教师辅导行为意愿。

(11)教师辅导次数→教师绩效→教师辅导行为意愿→教师辅导次数增长速率→教师辅导次数。

(12)教师辅导次数→教师辅导时长→教师绩效→教师辅导行为意愿→教师辅导次数增长速率→教师辅导次数。

(13)教师辅导次数→教师绩效→教师辅导行为意愿→教师流失速率→在线教师数量→教师辅导次数增长速率→教师辅导次数。

(14)教师辅导次数→教师辅导时长→教师绩效→教师辅导行为意愿→教师流失速率→在线教师数量→教师辅导次数增长速率→教师辅导次数。

(15)学生辅导次数增长速率→学生辅导次数→学生成绩提高速率→学习成绩→在线学生转换速率→在线学生数量→学生辅导次数增长速率。

(16)学生成绩提高速率→学习成绩→在线学生转换速率→在线学生数量→学生辅导次数增长速率→学生辅导次数→学生成绩提高速率。

(17)学习成绩→在线学生转换速率→在线学生数量→学生辅导次数增长速率→学生辅导次数→学生成绩提高速率→学习成绩。

(18)在线学生数量→学生辅导次数增长速率→学生辅导次数→学生成绩提高速率→学习成绩→在线学生转换速率→在线学生数量。

(19)在线学生转换速率→在线学生数量→学生辅导次数增长速率→学生辅导次数→学生成绩提高速率→学习成绩→在线学生转换速率。

(20)教师流失速率→在线教师数量→教师辅导次数增长速率→教师辅导次数→教师绩效→教师辅导行为意愿→教师流失速率。

(21)教师流失速率→在线教师数量→教师辅导次数增长速率→教师辅导次数→教师辅导时长→教师绩效→教师辅导行为意愿→教师流失速率。

10.1.3 教师智力流动系统的存量流量分析

在系统的因果关系和反馈回路基础上,建立系统内部各变量之间的数学关系,绘制流量存量图,可以实现对系统的仿真模拟,进行计算实验研究。存量是系统变量的累计量,以表征系统的状态,并为决策和行动提供信息基础;流量是系统要素变化的速率量,是唯一使存量发生变化的量。[①] 系统动力学中的变量类型主要有状态变量、速率变量、辅助变量和常量,状态变量表示系统变量当前所处的状态量,表明系统的累积效应;速率变量描述系统积累效应变化的快慢;辅助变量是状态变量和速率变量之间信息传递和转换过程的中间变量;常量是指相对不发生变化的量,在模型中只能指向其他变量,被当作系统决策参数使用。

在系统动力学中,使用不同的符号来表示存量流量图中不同类型的变量,如存量一般使用长方形表示,辅助变量一般使用圆形表示,单线箭头一般表示存量、常量和辅助变量之间的信息流动,双线箭头一般表示流量和存量之间的信息流动。在建立流量存量图时需要遵循一些基本原则[②]:在任何一条反馈回路中都至少包含一个存量;只有流量能够导致存量的变化;存量为系统提供的信息会用于改变速率变量,即根据系统状态进行决策,对系统进行控制;辅助变量都设置在信息流中。结合以上原则,根据教师智力流动系统中各要素之间的因果关系,本研究构建了教师智力流动系统的流量存量图,如图 10-6 所示。

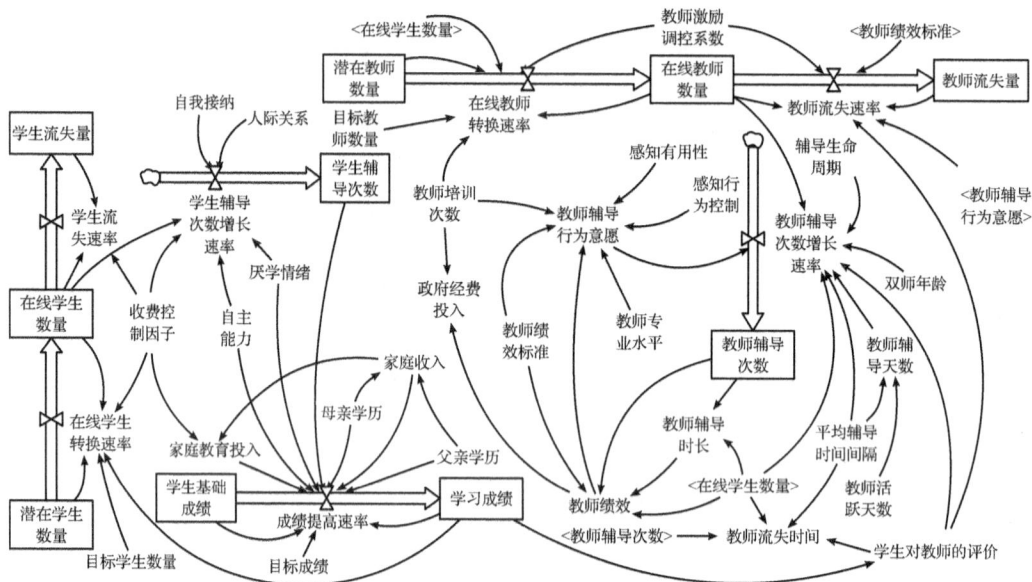

图 10-6　教师智力流动系统的流量存量图

教师智力流动系统流量存量图总共有 46 个变量(见表 10-1),其中,包含 7 个速率变量:在线学生转换速率、学生流失速率、在线教师转换速率、学生成绩提高速率、学生辅导次数增长速率、教师辅导次数增长速率和教师流失速率;10 个状态变量:潜在学生数量、在线学生数量、学生流失量、潜在教师数量、在线教师数量、教师流失量、教师辅导次数、学生辅导次数、学生基础成绩、学习成绩;9 个辅助变量:学生对教师的评价、政府经费投入、教师绩效、教师辅导行为意愿、家庭收入、家庭教育投入、教师流失时间、教师辅导时长、教师辅导天数;20 个常量:教师专业水平、收费控制因子、目标学生数量、自我接纳、人际关系、自主能力、厌学情绪、母亲学历、父亲学历、目标成绩、教师培训次数、感知行为控制、感知有用性、目标教

---

①　钟永光,贾晓菁,钱颖.系统动力学[M].2 版.北京:科学出版社,2013:89.

②　钟永光,贾晓菁,钱颖.系统动力学[M].2 版.北京:科学出版社,2013:98.

师数量、双师年龄、辅导生命周期、平均辅导时间间隔、教师活跃天数、教师绩效标准和教师激励调控系数。

表 10-1 教师智力流动仿真系统的变量

变量	类型	单位	变量类型	类型	单位
教师辅导次数增长速率	速率变量	次/天	学习成绩	状态变量	分
教师流失速率	速率变量	人/天	教师辅导次数	状态变量	次
在线教师转换速率	速率变量	人/天	学生辅导次数	状态变量	次
学生成绩提高速率	速率变量	分/天	目标学生数量	常量	人
在线学生转换速率	速率变量	人/天	教师活跃天数	常量	天
学生流失速率	速率变量	人/天	目标教师数量	常量	天
学生辅导次数增长速率	速率变量	次/天	教师绩效标准	常量	元/积分
教师辅导天数	辅助变量	天	父亲学历	常量	
教师流失时间	辅助变量	天	收费控制因子	常量	
教师辅导行为意愿	辅助变量		自我接纳	常量	
教师绩效	辅助变量	万元	人际关系	常量	
政府经费投入	辅助变量	万元	厌学情绪	常量	
家庭收入	辅助变量	万元	自主能力	常量	
家庭教育投入	辅助变量	万元	母亲学历	常量	
学生对教师的评价	辅助变量		目标成绩	常量	分
教师辅导时长	辅助变量	小时	感知行为控制	常量	
潜在学生数量	状态变量	人	教师激励调控系数	常量	
在线学生数量	状态变量	人	感知有用性	常量	
学生流失量	状态变量	人	教师培训次数	常量	次
潜在教师数量	状态变量	人	双师年龄	常量	天
在线教师数量	状态变量	人	辅导生命周期	常量	天
教师流失量	状态变量	人	平均辅导时间间隔	常量	天
学生基础成绩	状态变量	分	教师专业水平	常量	

系统动力学模型的仿真运行,需要构建系统的动力学方程,即使用数学公式表达系统内部元素之间的因果关系。系统动力学的方程主要由水平方程(L)、速率方程(R)、辅助方程(A)、常量(C)和初始值(N)组成。[①] 结合教师智力流动的思想和以上对系统运行机理、因果反馈结构的分析,根据模型中各变量的实际意义,依据系统动力学的方程构建的基本原则,

---

① 杨文正,熊才平,江星玲.优质教育信息资源配置机制的系统动力学仿真[J].中国电化教育,2013(2):57-65.

本研究综合应用趋势外推法、灰色预测法和非线性回归分析等方法确定各个变量之间的数学关系。具体操作过程如下：根据变量的特征、性质，以及变量之间的因果关系，设计变量之间的数学公式；根据北京市实施开放辅导的数据，对教师在线辅导次数、在线教师人数、在线教师人数变化率、在线学生人数、在线学生人数变化率等进行非线性回归分析，确定各相关变量之间的数学公式；根据第5章对教师和学生参与在线辅导影响因素的路径分析，确立各个变量之间的数学关系。综合以上方法，利用 Vensim PLE 提供的方程式编辑器建立教师智力流动系统的动力学方程（见表10-2）。

表 10-2　教师智力流动系统模型的主要数学公式

序号	变量方程表达式	量纲	类型
1	在线教师转换速率＝教师培训次数×潜在教师数量×（在线教师数量/目标教师数量）×教师激励调控系数×LOG（在线学生数量,100）	人/天	R
2	在线教师数量＝INTEG（在线教师转换速率－教师流失速率,100）	人	L
3	在线学生转换速率＝学习成绩×潜在学生数量×（在线学生数量/目标学生数量）	人/天	R
4	在线学生数量＝INTEG（在线学生转换速率－学生流失速率,800）	人	L
5	教师辅导行为意愿＝（0.438×感知有用性＋0.148×感知行为控制＋0.318×教师绩效）×教师绩效标准×教师培训次数/教师专业水平		L
6	教师流失时间＝0.018×教师辅导次数－0.002×平均辅导时间间隔－0.002×学生对教师的评价－0.011×辅导学生数	天	L
7	学生辅导次数增长速率＝（0.247×人际关系－0.196×自主能力－0.184×自我接纳－0.274×厌学情绪）×在线学生数量	次/天	R
8	教师辅导次数增长速率＝教师辅导行为意愿×在线学生数量×在线教师数量×（0.004×双师年龄－0.005×辅导生命周期＋0.069×学生对教师的评价＋0.073×教师辅导天数＋0.002×平均辅导时间间隔）	次/天	R
9	教师绩效＝教师绩效标准×（0.085×教师辅导次数＋0.005×教师辅导时长－0.221×在线学生数量）	元	L
10	学习成绩提高速率＝学生辅导次数×（0.02×家庭收入＋0.026×父亲学历＋0.017×母亲学历＋0.037×自主能力－0.043×厌学情绪）	分/天	R
11	学习成绩＝INTEG（学习成绩提高速率,60）	分	L

10.2　教师智力流动系统的模型测试

系统动力学模型是根据现实社会中存在的系统而建立的，由于现实社会中系统的复杂性，在设计模型时会简化系统中的元素及其关系，会使用理想的假设代替现实中的问题，因此，系统动力学模型是在我们设定的或者现实中特定的条件下，对现实世界化繁为简、化具体为抽象而构建的一种模型。那么所构建的这种模型是否符合现实以及在多大程度上符合现实，是否具有合理性和有效性，这需要通过模型测试来判断。模型测试在于判断模型在特定情形下所发挥的作用,验证模型中得到的信息和行为是否与现实中观察到的规律、法则相一致。

系统动力学模型测试的方法和种类比较多,主要有边界适当性测试、量纲一致性测试、结构评价测试、极端条件测试、行为重现和异常测试等。[①] Vensim PLE 软件提供了一些主要的模型测试方法,如模型检测(check model)、量纲一致性检测(units check)和现实性测试(reality check),可用以检测模型是否能够正常运行,模型的系统动力学方程中两边的量纲是否相匹配,系统仿真运行是否符合现实。通过检测,本研究所建立的教师智力流动系统动力模型能够通过相应的测试。同时,本研究使用边界适当性测试、模型结构及行为测试、极端条件测试等几种主要的测试方法对教师智力流动系统动力模型进行测试。首先在模型设置中搭建模型运行的环境基本属性,为仿真模拟设置环境变量,在本研究中设置模型运行起始时间为 0,结束时间为 300,步长为 1,时间单位为 Day,如图 10-7 所示。

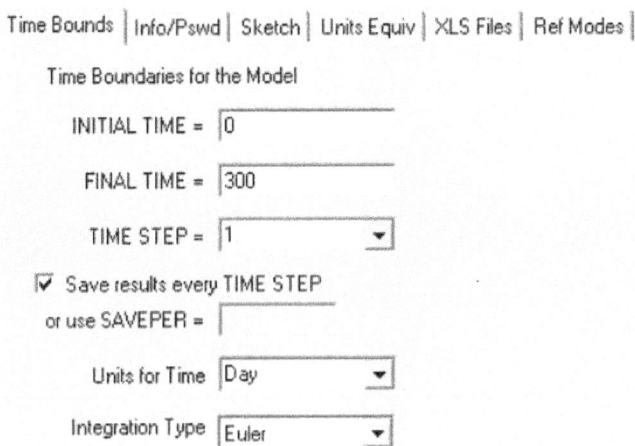

```
Time Bounds | Info/Pswd | Sketch | Units Equiv | XLS Files | Ref Modes |

     Time Boundaries for the Model

          INITIAL TIME =  0

          FINAL TIME =  300

          TIME STEP =  1          ▼

     ☑ Save results every TIME STEP
       or use SAVEPER =

        Units for Time  Day        ▼

       Integration Type  Euler     ▼
```

图 10-7 教师智力流动系统动力学模型运行环境的基本设置

边界适当性测试主要是检查系统中重要的概念和变量是不是内生变量,同时测试系统的行为对系统边界假设的变动是否敏感。在本研究中,系统中重要的概念和变量主要有在线教师数量、教师辅导次数、教师辅导行为意愿、在线学生数量、学习成绩、学生辅导次数、教师绩效、政府经费投入等。这几个变量通过一些辅助变量构成了反馈回路,如果去除这些变量则回路断开。例如,去掉教师绩效,则政府投入子系统中的反馈回路断开。这表明,教师智力流动系统模型的系统边界比较合理,符合现实系统。

模型结构及行为测试主要判断系统的行为是否为具有内在规律性,如 S 形增长行为、恶性竞争行为、富者愈富行为、振荡行为等。例如,在本研究中,学生在线学习子系统和教师在线辅导子系统均是成长型模型,在线学生数量增长趋势和在线教师数量增长均符合 S 形。图 10-8 和图 10-9 为在线学生数量和教师数量的仿真结果,可知该模型结构及行为符合实际情况。

极端条件测试主要是检测模型中的方程式是否稳定,在极端条件下,所设计的系统模型

---

① 约翰·D.斯特曼.商务动态分析法:对复杂世界的系统思考与建模[M].朱岩,钟永光,等译.北京:清华大学出版社,2008:606.

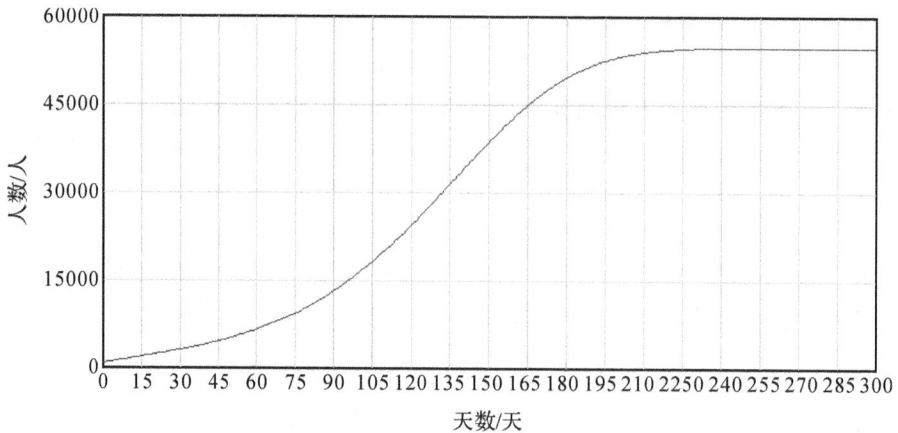

图 10-8　在线学生数量增长趋势

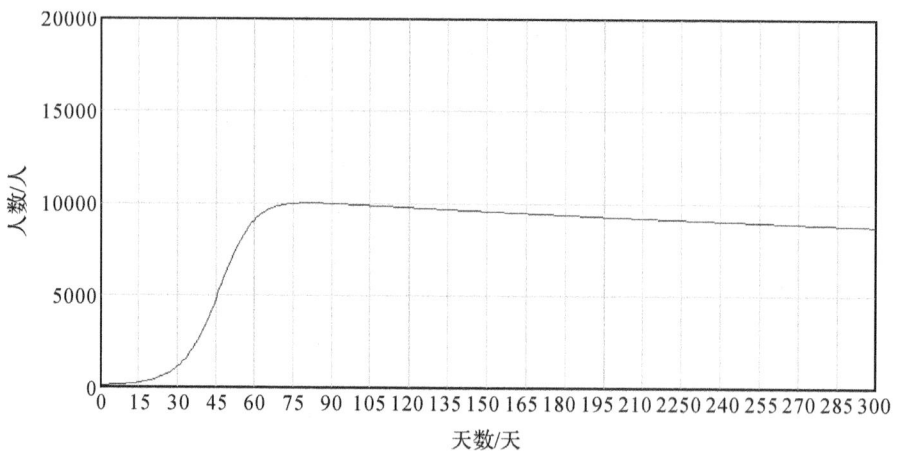

图 10-9　在线教师数量增长趋势

是否依然能够反映现实社会中复杂系统的演变发展规律。图 10-10 和图 10-11 分别为在线学生数量和在线教师数量的极限测试演变结果。可见，在极限测试结果中，学生和教师数量的变化仍然符合 S 形增长趋势，没有发生系统行为的异常变化或者意外发生。曲线（曲线 1

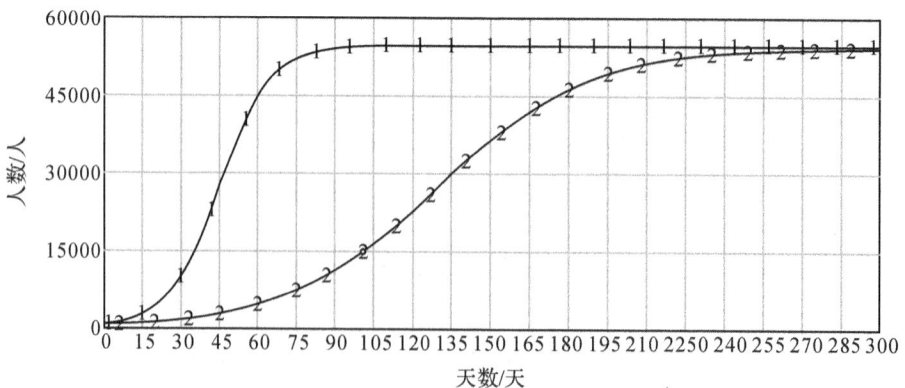

在线学生数量：初始状态 —1—1—1—
在线学生数量：极限状态 —2—2—2—

图 10-10　在线学生数量的极限测试结果

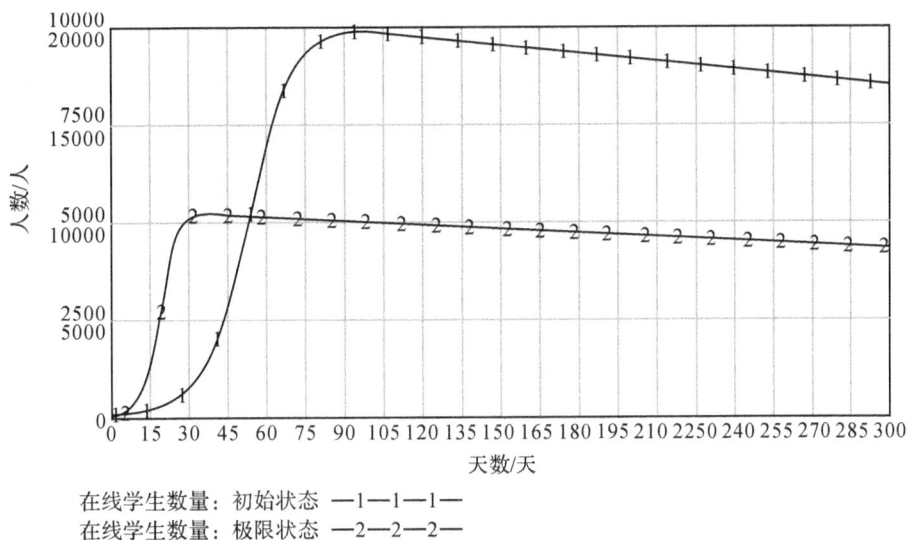

在线学生数量：初始状态 ——1——1——1——
在线学生数量：极限状态 ——2——2——2——

图 10-11 在线教师数量的极限测试结果 ①

和曲线 2)的变化说明影响学生和教师转换速率的因素达到最优(值为 1)时,在线学生和教师的数量会提前达到最大值,即所有的潜在用户都会转化为在线用户。可见,教师智力流动系统动力模型比较合理,能够对教师和学生数量发展进行有效预测。

通过以上模型测试,在确定模型符合合理性后就可以对教师智力流动进行仿真模拟。在进行模拟仿真时要进行数值设定,本研究根据 2016 年北京市实施的开放型在线辅导计划实践数据来设定模型的初始数据。设定目标教师数＝10695 人,潜在教师数＝10595 人,目标学生数＝54254 人,潜在学生数＝54054 人,自我接纳、人际关系、自主能力、厌学情绪的值设定为区间[0,1],增加步幅为 0.01,当前值分别为:0.5、0.85、0.3 和 0.1。设定感知有用性和感知行为控制的值∈[0,1],当前值分别设定为 0.5。设定教师绩效标准设置区间范围为[6,20],当前值为 8 元/积分。设定父亲学历＝{1,2,3,4,5,6,7,8},分别代表无学历、小学、中学、中专、高中、大专、本科、研究生。模型仿真时间为 300 天。根据设定的模型运行的初始值,教师智力流动系统动力学模型的运行结果如图 10-12 所示。

图 10-12 中,在开放型在线辅导计划实施初期,在线学生数量和在线教师数量增加比较缓慢,这与需要对学生和教师进行动员,让学生和教师知晓在线辅导的相关政策和实施方案有关。在初期阶段,教师和学生数量增加缓慢,但是随着计划实施的进展,教师和学生数量迅速增加,而且,教师和学生数量的增加趋势比较一致,均呈现 S 形,这与成长上限基模的系统行为相一致。同时,学生辅导次数和教师绩效的发展趋势比较一致,由于教师绩效与教师辅导学生的次数有关,因此随着学生接受教师辅导次数的增加,教师的绩效也在增加。而且,学生数量的增加与学生接受辅导次数的增加趋势比较一致,但是在学生数量达到最大值时,学生接受辅导的次数仍然在增加,这与有一定量的在线学习学生以及学生的学习需求一直存在有关。从模型的初始运行结果来看,本研究所构建的教师智力流动系统动力模型符

---

① 初始状态 1 和极限状态 2 分别对应坐标系中纵轴的上下两个数值。即纵坐标中的数值顺序(从上到下)与图中曲线数字序号一一对应。初始状态 1 对应纵坐标中的"0、2500、5000、7500、10000"数值标记;极限状态 2 对应纵坐标中的"0、5000、10000、15000、20000"的数值标记。下同。

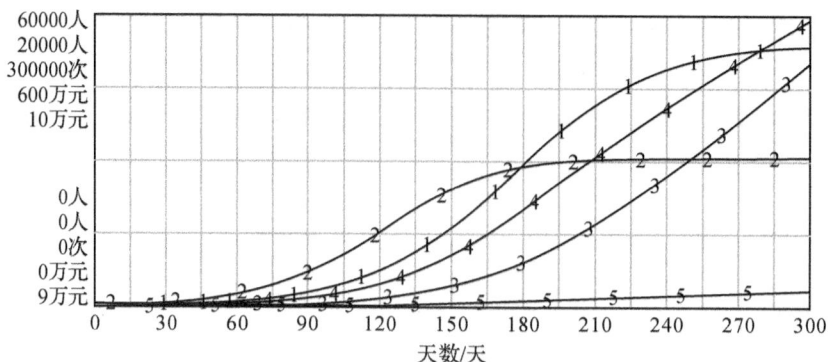

图 10-12　系统动力模型在初始情况下的运行结果

合实际系统的发展规律，能够满足建模的目的和要求。下面将对教师参与机制、学生参与机制等进行仿真，对教师、学生和政府三个主体的行为进行仿真分析。

10.3　教师参与机制仿真与讨论

10.3.1　绩效奖励对教师参与开放辅导的影响效果仿真

在以交流轮岗、"特岗计划"等形式实现教师资源配置的实施过程中，教师的工资待遇问题成为影响教师流动的重要因素[①]，提高教师工资待遇、提高教师对工作绩效的满意度，能够加强教师向薄弱地区学校流动，促进教师资源配置。在教师智力流动中，教师的工作绩效影响教师的行为意愿，行为意愿能够预测教师的辅导行为。因此，在仿真系统中，通过改变教师绩效奖励系数以改变教师获得的绩效奖励，从而观察绩效奖励对教师的行为意愿、参加辅导人数以及辅导次数的作用关系，结果如图 10-13、图 10-14 和图 10-15 所示。可知，随着教师绩效标准的提高，教师辅导行为意愿、在线教师数量和辅导次数均呈增加趋势。

（1）教师辅导行为意愿的仿真结果

由图 10-13 可知，当提高教师绩效标准时，教师参与辅导的行为意愿得到加强。当绩效标准等于 8 元/积分时，教师辅导行为意愿的平均水平为 0.87；当绩效标准提高到 12 元/积分时，教师辅导行为意愿的平均水平变为 0.93；当绩效标准继续提高到 18 元/积分时，教师辅导行为意愿的平均水平变为 0.99，比中等绩效标准水平提高了 0.06。这表明教师的辅导行为意愿不会随着绩效标准增加而产生同等程度的增加，同时表明，教师辅导行为意愿受到其他因素的影响。

---

① 汪婷玲，殷丽华，王艳玲. 乡村教师流动及流失意愿的调查分析——基于云南省师宗县 623 位教师的调查[J]. 曲靖师范学院学报，2017(5)：79-84.

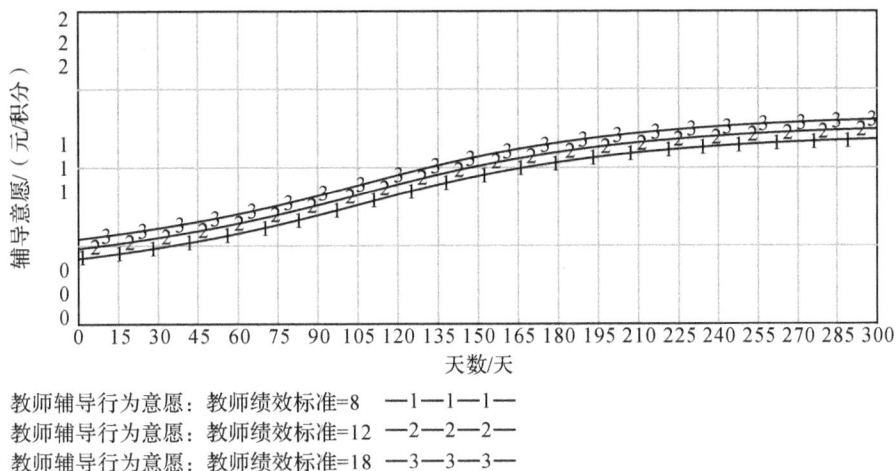

图 10-13 不同绩效标准下教师辅导行为意愿变化趋势

(2)在线教师数量的仿真结果

由图 10-14 可知,提高教师奖励的绩效标准能够提高参与辅导的教师数量,但是教师数量增加幅度并不与绩效奖励标准增加幅度成正比。在绩效标准从 12 元/积分增加到 18 元/积分时,虽然增加幅度比从 8 元/积分增加到 12 元/积分时多出了 2 个点,但是教师数量却没有得到相应程度的增加,即随着教师绩效标准的增加,教师数量增加速率变小。但是仍然能够看出绩效标准对教师的影响作用比较大,通过访谈我们也发现,有教师表示,"如果将绩效标准提高到 20 元/积分或者 25 元/积分,则教师参加的积极性会得到大幅增加,在线教师数量将会翻倍"。

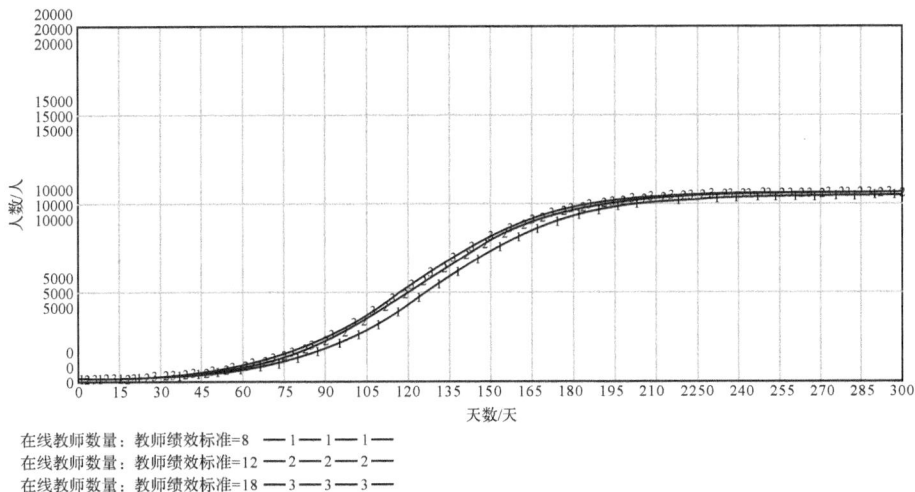

图 10-14 不同绩效标准下在线教师数变化趋势

(3)教师辅导次数的仿真结果

由图 10-15 能够发现,随着教师绩效标准的增加,教师辅导次数也在增加。但是教师辅导次数增加的幅度并不与教师绩效标准增加的幅度相一致。即当教师绩效标准增加幅度变大时(例如从 12 元/积分增加到 18 元/积分),虽然教师辅导次数也得到增加,但是教师辅导次数增加幅度却低于教师绩效标准从 8 元/积分到 12 元/积分时的增加幅度。可以推断,教师在参与在线辅导中,绩效标准对教师参与在线辅导的影响程度是有限的,还受到其他因素的影响。例如,在访谈中,有教师表示通过为边远地区、农村学校的学生提供在线辅导,从而帮助他们提高学习成绩,这让教师充满了成就感,这是教师在线辅导的最终目的。

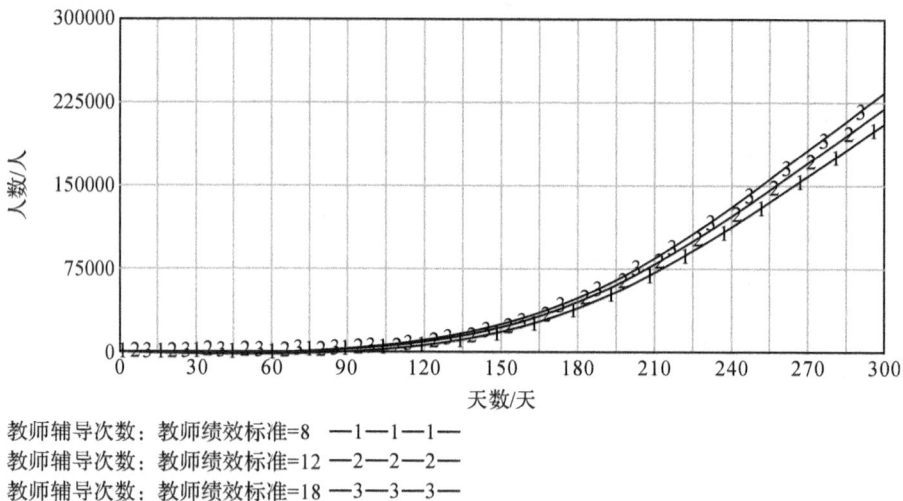

图 10-15　不同绩效标准下教师辅导次数变化趋势

由于教师智力流动,不需要教师在物理空间流动,这就破解了教师对流入学校条件艰苦、与家人两地分居[①]、生活不适应、工作压力大[②]等因素对教师流动的影响。而教师绩效对教师智力流动的影响作用逐渐明显,教师希望其劳动的付出能够得到相应的回报。在教师参与开放辅导初期阶段,绩效标准对教师在线辅导行为的影响作用比较缓慢,随着时间的推移,当教师之间在绩效上出现比较大的区别时,教师的辅导次数也出现了非常大的差距。

为了进一步分析绩效标准对教师参与辅导行为的影响作用关系,我们对仿真产生的教师辅导行为意愿、教师数量和教师辅导次数进行对因素方差(ANOVA)分析,结果如表 10-3 至表 10-5 所示。

表 10-3　教师辅导行为意愿、教师数量和教师辅导次数的描述性统计

项目		N	均值	标准差	标准误	均值的 95% 置信区间	
						下限	上限
教师辅导 行为意愿	绩效标准＝8	301	0.877	0.250	0.014	0.840	0.897
	绩效标准＝12	301	0.930	0.252	0.015	0.901	0.959
	绩效标准＝18	301	0.989	0.253	0.015	0.961	1.018
	总数	903	0.929	0.257	0.009	0.912	0.946

---

① 杜屏,张雅楠,叶菊艳.推拉理论视野下的教师轮岗交流意愿分析——基于北京市某区县的调查[J].教育发展研究,2018(4):37-44.

② 郝琦蕾,李贵琴,温倩玉,等.农村特岗教师流动情况的调查研究——以山西省隰县为例[J].教育理论与实践,2018(34):40-43.

续表

项目		N	均值	标准差	标准误	均值的95％置信区间	
						下限	上限
教师数量	绩效标准＝8	301	5985.034	4220.539	243.268	5506.311	6463.766
	绩效标准＝12	301	6279.286	4246.528	244.766	5797.610	6760.961
	绩效标准＝18	301	6377.501	4246.291	244.752	5895.853	6859.150
	总数	903	6213.942	4236.390	140.978	5937.258	6490.625
辅导次数	绩效标准＝8	301	51188.928	61387.002	3538.288	44225.921	58151.936
	绩效标准＝12	301	55753.447	66026.980	3805.732	48264.136	63242.758
	绩效标准＝18	301	59416.887	69952.518	4031.996	51482.310	67351.464
	总数	903	55453.087	65894.946	2192.846	51149.412	59756.762

表 10-4　教师辅导行为意愿、教师数量和教师辅导次数的单因素方差分析结果

项目		平方和	df	均方	F	显著性
教师辅导行为意愿	组间	2.199	2	1.100	17.313	0.000
	组内	57.161	900	0.064		
	总数	59.360	902			
教师数量	组间	25108872.812	2	12554436.406	0.699	0.497
	组内	16163082029.356	900	17958980.033		
	总数	16188190902.168	902			
辅导次数	组间	10229477924.121	2	5114738962.061	1.178	0.308
	组内	3906384281212.803	900	4340426979.125		
	总数	3916613759136.924	902			

结果表明,随着绩效标准的提高,教师辅导行为意愿、在线教师数量和教师辅导次数的平均值均有增加,但是只有教师辅导行为意愿在不同绩效标准分组之间存在显著性差异,而教师数量和教师辅导次数并没有显著性差异。可见,绩效标准对教师参与在线辅导的主观行为意愿具有显著的影响作用,虽然绩效标准增加,教师数量和教师辅导次数也会增加,但是在高绩效标准和低绩效标准水平上,教师的实际辅导行为并没有显著性差异,可以说提高教师绩效标准并不能够使教师的辅导行为出现显著性的变化。这个结果与已有研究结果相一致。全世文通过调查发现,不同社会背景和职称的教师对工资待遇的需求不一样,对于高学历和家庭社会经济地位高的教师而言,增加教师流动的福利待遇并不能增强教师流动的意愿[①],教师对其他方面的需求也影响着教师流动,例如教师对专业发展的需求[②],对事业和

---

① 全世文.教师交流轮岗制度的政策成本估算——基于对河南省城镇教师的调查[J].教育与经济,2018(5):73-81.

② 张家军,许娇.城乡中小学教师交流互动的调查研究[J].西南大学学报(社会科学版),2019(3):82-91.

表 10-5　教师辅导行为意愿、教师数量和教师辅导次数的事后检验

因变量	(I)标记	(J)标记	均值差(I−J)	标准误	显著性	95％置信区间	
						下限	上限
教师辅导行为意愿	绩效标准=8	绩效标准=12	−0.061208754*	0.020542841	0.003	−0.10152620	−0.02089131
		绩效标准=18	−0.120878937*	0.020542841	0.000	−0.16119639	−0.08056149
	绩效标准=12	绩效标准=8	0.061208754*	0.020542841	0.003	0.02089131	0.10152620
		绩效标准=18	−0.059670183*	0.020542841	0.004	−0.09998763	−0.01935273
	绩效标准=18	绩效标准=8	0.120878937*	0.020542841	0.000	0.08056149	0.16119639
		绩效标准=12	0.059670183*	0.020542841	0.004	0.01935273	0.09998763

注：* 表示 $p < 0.05$。

精神层次的需求[①]。这也说明，在激励教师参与在线辅导方面，不能一味地提高教师绩效，而要结合其他奖励机制，例如给予教师精神奖励，采取支付转移、多元奖励机制以激励教师参与开放辅导。

(4)政府经费投入的仿真结果

提高教师绩效奖励标准同时也增加了政府经费投入。由图 10-16 可知，当教师绩效标准从 12 元/积分提高到 18 元/积分时，在 300 天仿真结束时政府投入的开放辅导经费由 1200 万元提高到 1800 万元，增幅为 600 万元。但是相对于教师辅导量而言，并没有带来教师辅导量的显著性增加。可见，在提高教师绩效标准时不仅没有显著提高教师参与辅导的行为，反而增加了政府经费投入，加大了政府的财政压力。

10.3.2　改变教师辅导优势对破解马太效应的效果仿真

对教师辅导行为动力学和网络分析结果显示，教师在辅导上具有马太效应，即高职称教师的辅导量越来越多，而低职称教师在辅导上却占有较少的比例。马太效应体现了优势累积现象，它既能表现在单独个体身上，也能反映出群体或组织的资源积累特征。[②] 在开放辅导中，学生倾向于选择优秀教师为其辅导，这使得高职称教师在开放辅导计划实施初始阶段就比那些低职称教师具备吸引学生的优势。开放辅导系统的推荐功能是根据教师职称、学科专长等向学生推荐教师，旨在将优秀教师推荐给学生，同时加上学生的择优辅导作用，使得教师辅导学生的分布在一定程度上受到马太效应的影响。择优依附机制是一种产生马太效应的内在机理。[③] 择优依附机制表明那些具有优势的人对其他人的吸引力非常大，使得人们优先选择那些具有较多优势的人。在开放辅导中，学生会优先选择高职称、辅导学生量和辅导次数多的教师，这样的教师具有明显的优势，在学生看来，他们的辅导能力强，能够为学生带来更多的利益。为了打破马太效应，使得职称较低的教师也能够获得学生的公平选择，

---

① 杜琳娜. 城乡教师交流制度促进农村教师专业发展的优势与限度[J]. 黑龙江高教研究,2014(12)：78-81.

② 谭春辉,朱宸良,苟凡. 虚拟学术社区中科研人员合作行为影响因素研究——基于质性分析法与实证研究法相结合的视角[J]. 情报科学,2020(2)：52-58,108.

③ 郝治翰,陈阳,王蒲生."马太效应"与科研网络中的择优依附[J]. 自然辩证法研究,2019(11)：39-45.

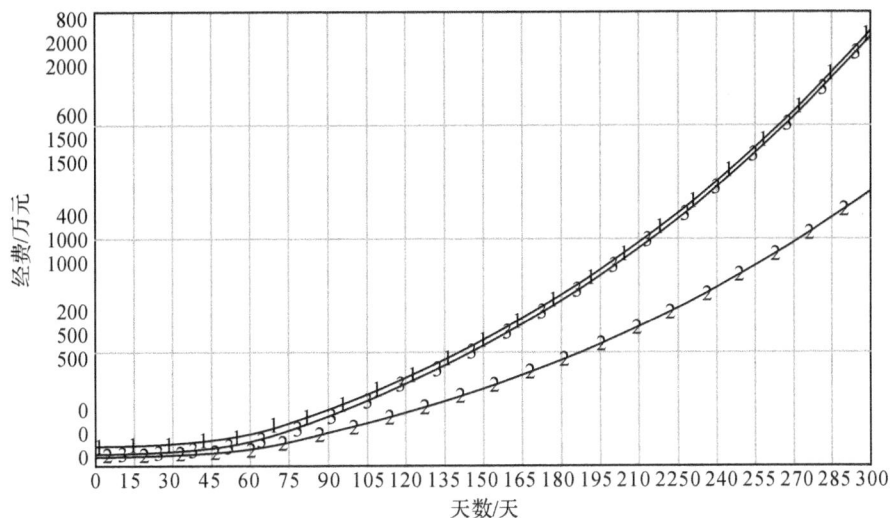

政府经费投入：教师绩效标准=8 —1—1—1—
政府经费投入：教师绩效标准=12 —2—2—2—
政府经费投入：教师绩效标准=18 —3—3—3—

图 10-16 教师绩效标准对政府经费投入的影响仿真结果

提高自己的辅导量,在仿真系统中针对低职称教师设计了教师优势补偿措施。本研究在仿真中使用教师激励调控系数来调节教师优势,通过改变教师优势来仿真低职称教师辅导学生量的变化情况,以判断是否能够破除教师辅导的马太效应。

(1)在线教师数量的马太效应仿真结果

使用教师激励调控系数变量来调节低职称教师所具有的优势,使用教师专业水平表示教师的职称,通过设置不同的教师激励调控系数对在线教师数量进行仿真,以观察辅导教师数量的变化趋势,结果如图 10-17 所示。

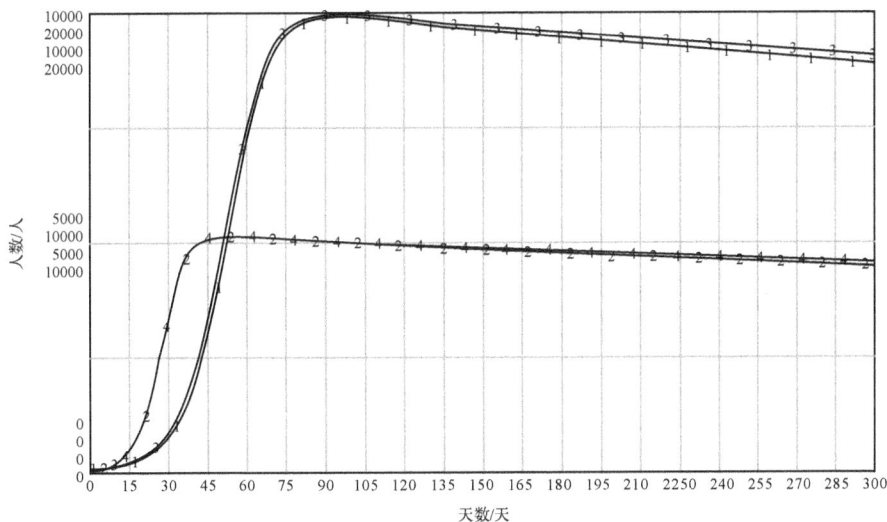

在线教师数量：专业发展水平=3，教师激励调控系数=4 —1—1—1—
在线教师数量：专业发展水平=3，教师激励调控系数=7 —2—2—2—
在线教师数量：专业发展水平=5，教师激励调控系数=4 —3—3—3—
在线教师数量：专业发展水平=5，教师激励调控系数=7 —4—4—4—

图 10-17 改变低职称教师的激励调控系数时在线教师数量演化趋势

对于教师在线数量而言，图 10-17 中经过三个月的演化，在线教师数量达到峰值，之后由于教师流失，在线教师数量开始减少。当低职称教师的激励调控系数提高到 7 时，在线教师数量达到顶峰的时间减少了一半。而高职称教师在低激励调控系数（专业发展水平＝5，教师激励调控系数＝4）下需要经过三个月时间达到在线教师数量的峰值。当增加高职称教师的激励调控系数（专业发展水平＝5，教师激励调控系数＝7）时，在线教师数量达到峰值的时间提前了一半左右。但是与专业发展水平＝3、教师激励调控系数＝7 时的教师在线数量发展情况相差不大。由此可见，通过提高低职称教师的其他优势，能够增加教师在线数量。

在教师职称不变的情况下，改变教师激励调控系数，使得低职称教师能够获得与高职称教师同等程度的优势，提高低职称教师被系统推荐和学生选择的机会，从而破除教师在辅导上的马太效应。根据辅导教师数随着教师激励调控系数的变化而发生的演化趋势可以发现，当教师职称比较低（例如仿真中教师专业发展水平＝3）时，提高教师激励调控系数会增加低职称教师的在线数量。与不改变高职称教师激励调控系数（专业发展水平＝5，教师激励调控系数＝4）的辅导情况比较可知，提高低职称教师的激励调控系数虽然增加了教师在线数量，但是整体上来看，低职称教师在线数量仍然小于高职称教师在线数量。

（2）教师辅导次数的马太效应仿真结果

使用教师激励调控系数变量来调节低职称教师的优势，使用教师专业水平表示教师的职称，通过设置不同的教师激励调控系数对教师辅导次数和教师辅导时长进行仿真，以观察教师辅导行为的变化趋势，如图 10-18 和图 10-19 所示。在教师职称不变的情况下，改变教师激励调控系数，使得低职称教师能够获得与高职称教师同等程度的优势，提高低职称教师被系统推荐和学生选择的机会，从而破除教师在辅导上的马太效应。根据辅导时长和辅导次数随着教师激励调控系数的变化而发生的演化趋势可以发现，当教师职称比较低（例如仿真中教师专业发展水平＝3）时，提高教师激励调控系数会增加低职称教师的辅导次数和辅导时长。

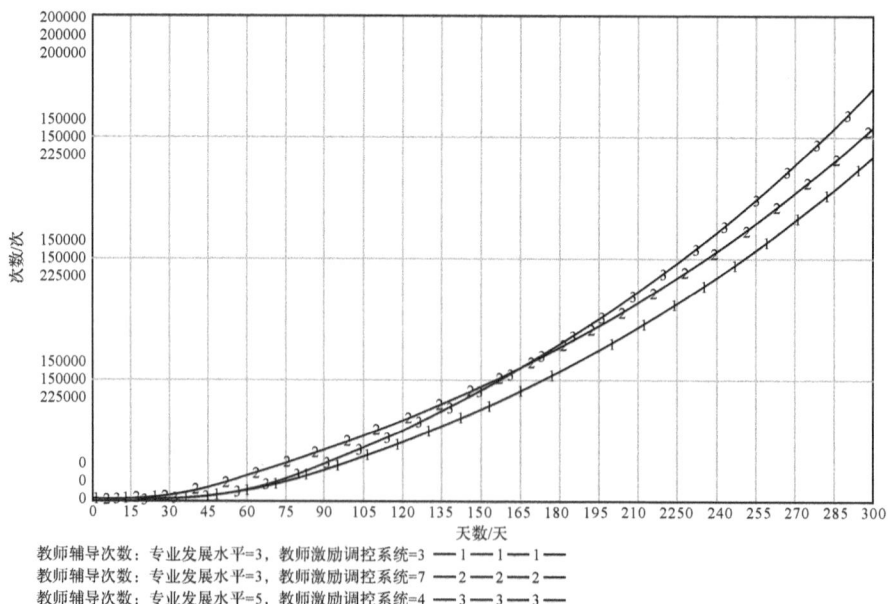

教师辅导次数：专业发展水平=3，教师激励调控系统=3 —1——1——1—
教师辅导次数：专业发展水平=3，教师激励调控系统=7 —2——2——2—
教师辅导次数：专业发展水平=5，教师激励调控系统=4 —3——3——3—

图 10-18　改变低职称教师的激励调控系数时教师辅导次数演化趋势

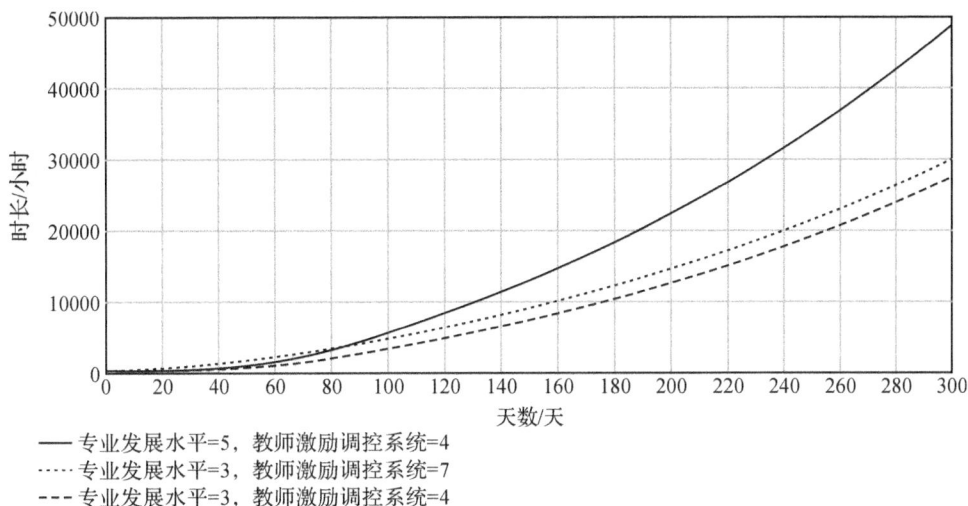

图 10-19 改变低职称教师的激励调控系数时教师辅导时长演化趋势

在辅导次数和辅导时长方面,对于低职称教师而言,当提高教师激励调控系数(专业发展水平＝3,教师激励调控系数＝7)时,其辅导次数和辅导时长会增加。根据图 10-18 和图 10-19可知,通过提高激励调控系数来提高低职称教师的辅导优势,能够使其实施更多的辅导次数,辅导学生的时间也得到提高,在某段时间内甚至超过高职称教师在不改变激励调控系数时(专业发展水平＝5,教师激励调控系数＝4)的辅导次数和辅导时长。但是经过更长时间的演化发现,高职称教师在低激励调控系数情况下仍然实施比较多的辅导次数和辅导时间,超过了低职称教师在高激励调控系数时的辅导量。可以推断,虽然增加低职称教师的辅导优势,使其短期内能够获得更多的学生选择,实施更多的辅导次数和辅导时长,但是后续持续能力弱,高职称教师的优势累积效用大于低职称教师的优势累积效用。在目前实际实施的开放辅导周期(每学期三个月)内,提高低职称教师的优势能够提高他们的辅导次数和辅导时长,从而在一定程度上破解了马太效应。

(3)教师流失情况的仿真结果

使用教师激励调控系数变量来调节低职称教师所具有的优势,通过设置不同的教师激励调控系数对教师流失进行仿真,结果如图 10-20 所示。在教师职称不变的情况下,改变教师激励调控系数,使得低职称教师能够获得与高职称教师同等程度的优势,提高低职称教师被系统推荐和学生选择的机会,从而能够减少教师流失。根据辅导教师流失数量和流失时间随着教师激励调控系数的变化而发生的演化趋势可以发现,当教师职称较低时(如教师专业发展水平＝3),提高教师激励调控系数会降低低职称教师的流失数量,但是提高了教师的流失时间。

在教师流失人数和流失时间方面,对于低职称教师而言,提升其辅导上的优势能够减少教师流失量,但是教师的流失时间却呈增加趋势,这与高职称教师易流失且流失时间长的现实相一致。例如,对于一位专业发展水平＝3 的教师而言,当激励调控系数由 4 增加到 7 时,其流失的概率减少 5％左右,但是流失的时间却增加了 10％。对于低职称教师群体而言,当通过改变教师激励调控系数而改变低职称教师的辅导优势时,例如,专业发展水平＝3,教师

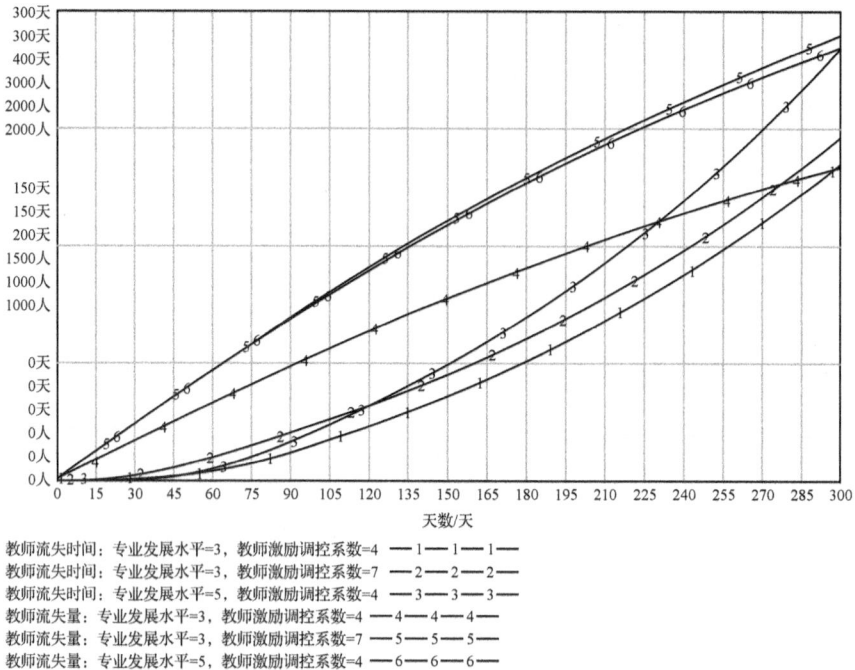

图 10-20 改变低职称教师的激励调控系数时教师流失演化趋势

激励调控系数＝4 的教师变成专业发展水平＝3，教师激励调控系数＝7 时，教师的流失人数会减少。在早期阶段，教师减少量与高职称教师(专业发展水平＝5，教师激励调控系数＝4)的流失量几乎相当，但是随着时间的推移，高职称教师流失量增加缓慢，而提高激励水平的低职称教师流失量增加速率加快，使得提高激励水平对降低低职称教师流失量的作用减少削弱。

结合前面关于辅导次数、辅导时长的分析结果，当教师的辅导量增加时，教师流失量会减少，这是由于学生需求增多引发教师供给增加。但是由于教师辅导次数和辅导时长增加，教师的工作负担加重，教师压力增加，继而会产生辅导倦怠感，这在一定程度上会引起教师离开辅导系统，造成流失现象。

教师在辅导过程中会累积自己的辅导优势，比如辅导学生数、辅导次数、辅导时长、学生对教师的评价等都可以作为教师辅导优势累积的变量，并能影响教师被学生选择的概率，当教师获得较高的累积优势时，教师被学生选择的机会就增加，教师辅导学生的数量和次数会得到相应的增加，教师的绩效也会提高，教师参与在线辅导的积极性得到提升，这就形成良性循环。如果教师的累积优势低，学生选择该教师的概率就会降低，教师辅导学生次数就会减少，教师的绩效会相应的降低，造成教师流失量增加。由此可见，提高教师的辅导累积优势，提高教师被学生选择的概率，提高教师的辅导次数和辅导时长，可达到破解教师辅导的马太效应问题。

10.3.3 辅导时间间隔对教师参与开放辅导的影响效果仿真

(1)教师辅导次数的仿真结果

对教师辅导时间间隔的变化引起的教师辅导时长和教师辅导次数的变化趋势进行仿真，结果见图 10-21 和图 10-22。

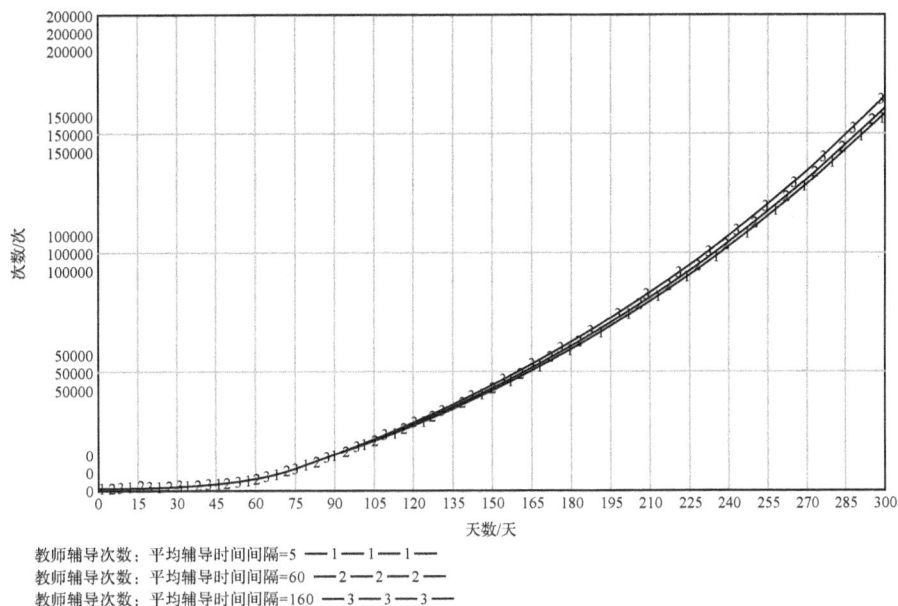

图 10-21 平均辅导时间间隔变化时教师辅导次数发展趋势

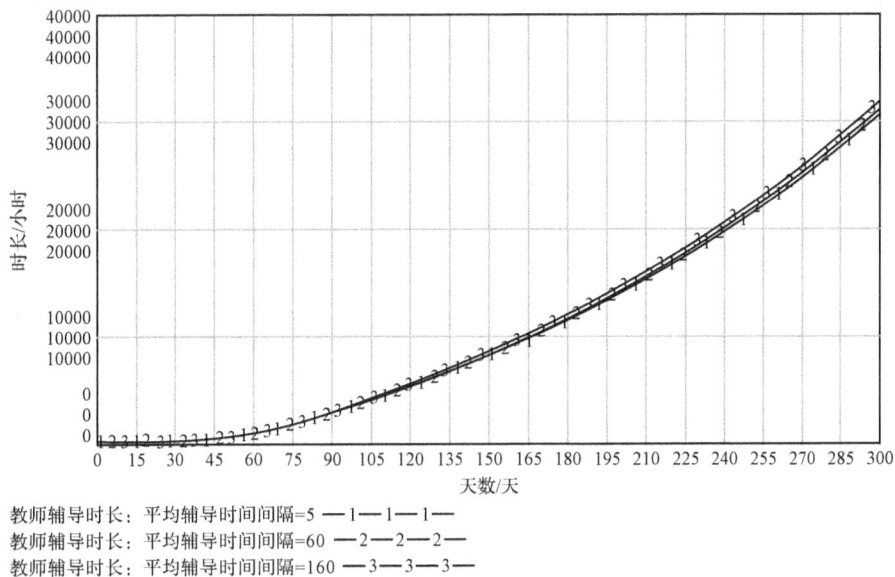

图 10-22 平均辅导时间间隔变化时教师辅导时长发展趋势

对于辅导次数和辅导时长来说,教师的平均辅导时间间隔增加了,辅导次数和辅导时长不仅没有减少,反而出现增加的趋势。这是因为,一是短时间的辅导时间间隔能够降低教师的倦怠感,教师再次上线辅导学生时,又充满了新鲜感。同时,教师为了完成辅导任务量,为自己获得相应的辅导绩效,往往会选择在一个集中的时间段内实施辅导行为,从而出现辅导次数和辅导时长的集中爆发,这也是教师辅导行为阵发性特征的体现。二是根据前面的分析,虽然有大量教师辅导时间间隔比较大,但是少数教师贡献了大部分辅导时长和辅导次数,而剩余的大部分教师的辅导时长和辅导次数本身就非常少,这就使得少部分非常勤奋的教师的辅导次数和辅导时长填补了那些不勤奋的教师的辅导空缺,使得教师群体的辅导次数和辅导时长呈增加趋势。三是不断有大量新教师加入在线辅导，新加入在线辅导的教师数远大于流失状态的教师数，而且新教师的辅导次数消除了由于教师流失带来的辅导次数减少的状态，从而使辅导次数呈现持续增加的趋势。

辅导次数的增加在一定程度上缓解了辅导时间间隔对教师辅导时长的影响作用，使得教师的辅导时长也呈现增加的发展趋势。但是，考虑到学生数和生师比，有更多的教师参与在线辅导，能够保证每位学生都能寻找到教师提供学习指导。因此，需要减少教师流失时间，鼓励教师持续参与在线辅导。教师可以设定固定的上线时间，养成在线辅导的习惯。同时，教师适当调整自己的辅导时间间隔，调整自己在辅导中产生的倦怠心理。

(2)教师流失时间的仿真结果

对教师辅导时间间隔的变化引起教师流失时间变化趋势进行仿真，结果如图10-23所示。当教师的平均辅导时间间隔增加时，教师流失时间随之增加，教师处于流失状态的概率增加。对于教师个体来说，其辅导时间间隔增加，则教师用于辅导学生的时间以及辅导学生的频次相对减少，尤其对于那些辅导生命周期比较短的教师而言，由于他们不能长时间坚持辅导，这样的教师在辅导上的优势积累就会减弱。相比辅导时间间隔短的教师，辅导时间间隔长的教师被学生选择的概率降低。由于辅导学生少，辅导次数少，教师的绩效低，在线辅导为教师带来的利益低于其成本支出，则教师就慢慢脱离在线辅导活动，处于长时间的流失状态。

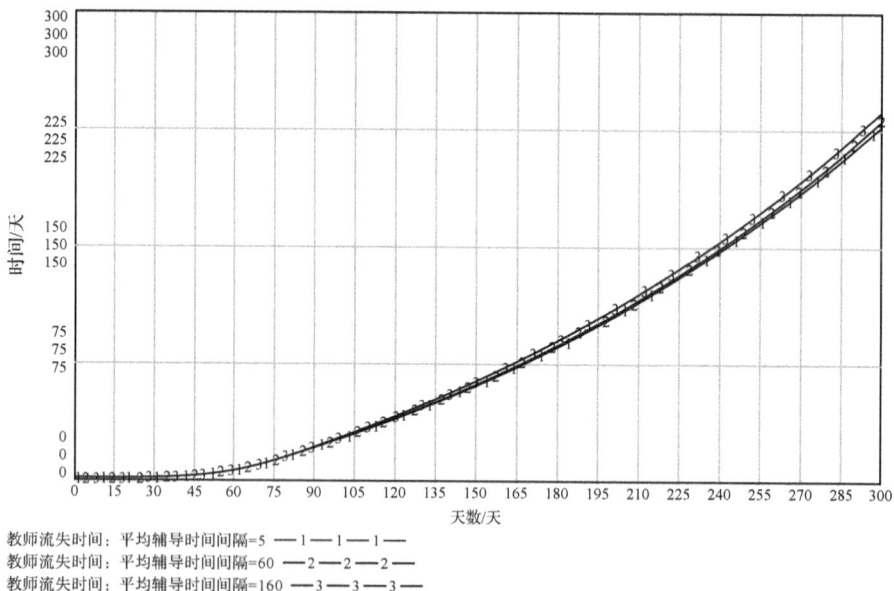

教师流失时间：平均辅导时间间隔=5 ——1——1——1——
教师流失时间：平均辅导时间间隔=60 ——2——2——2——
教师流失时间：平均辅导时间间隔=160 ——3——3——3——

图10-23 平均辅导时间间隔变化时教师流失时间发展趋势

教师流失与教师的工作时间和教师倦怠感有关。由于参与在线辅导的教师均来自中学，其在学校就有相当大的工作量[①]，利用课外时间来辅导学生一方面延长了教师的工作时

---

① 童星.初中教师工作时间及其影响因素研究——基于中国教育追踪调查(CEPS)数据的分析[J].教师教育研究,2017(2):107-112.

间,另一方面在线辅导学生对教师来说工作量比较大,增加了教师的工作负担。因此,如果长期坚持在线辅导,对于教师来说是一项比较大的挑战。教师往往选择每周或者每月连续上线几天实施辅导,之后又会出现长时间的流失状态。而那些上线辅导学生频次比较低,时间间隔比较长的教师最容易成为流失的教师。为了减少教师工作时间,降低教师的工作负担,减少教师培训倦怠感,可以鼓励教师灵活选择时间实施辅导;对教师进行培训帮助教师熟练掌握辅导技术和工具,降低教师使用技术的难度;鼓励教师间歇性辅导,但是需要保证辅导的数量和质量;鼓励学生对教师进行客观友好的评价,根据教师的辅导绩效给予教师物质奖励和精神奖励,提高教师的成就感。①

10.4 学生与政府主体行为机制的仿真与讨论

10.4.1 学生学习成绩与政府经费投入的关系仿真

通过改变学生学习成绩,查看高低分学习成绩对应的政府经费投入演化趋势,如图 10-24 所示。可知,当学生的学习成绩提高时,政府的经费投入也随之增加。即为了提高学生的学习成绩,或者提高学校的教育质量,政府需要提高教育经费投入,加大对学校和学生的支持。在政府为学校提供充足的经费投入,为学校和学生提供丰富的教育资源的情况下,学生的学习成绩会得到提高。②

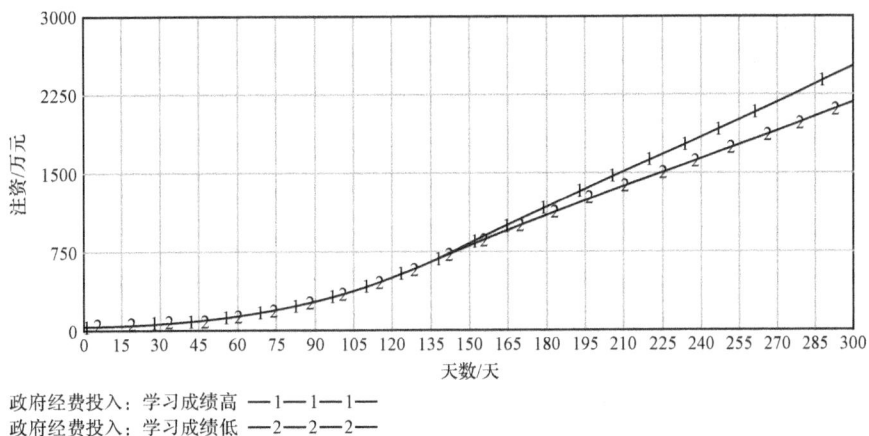

政府经费投入:学习成绩高 —1—1—1—
政府经费投入:学习成绩低 —2—2—2—

图 10-24 学习成绩对应的政府经费投入演化趋势

政府投入教育经费为学生提供免费的在线辅导,这在一定程度上能够促进贫困家庭学生接受优质教育资源,提高贫困家庭学生的学习成绩,提高农村地区学校的教育质量,从而提高教育公平发展水平。Greenwald 等的研究结果显示,将生均教育费用提高 10%,便可将

---

① 张宪冰,杨桐桐,张蓓蓓.积极心理学视角下教师职业认同的提升策略[J].教育理论与实践,2017(26):24-26.

② Frempong G,et al. Resilient learners in schools serving poor communities[J]. Electronic Journal of Research in Educational Psychology,2016,14(2):352-367.

学生的学业成绩从 50％提高到 75％,可见教育经费投入与学生学习成绩之间具有显著的相关性。[①] 相对于有关物力方面的教育投入,政府和学校在教师等人力资源上的投入对学生的学业成就能够产生更大的影响。[②] 全世文通过对教师交流轮岗的政策成本分析结果表明,要想农村学校与城镇学校的学生成绩差距缩小一分,为教师提供的轮岗补助每年应增加 400 元左右。[③] 这一研究结果与本研究得出的提高学生成绩需要提高政府经费投入的结果相一致。当前农村学校教师资源短缺,表现为教师数量不足,教师学历偏低,教师质量不高,教师年龄结构老化等方面,这与教师待遇差异,教育财政投入不足密切相关。[④] 因此,加大教育经费投入,保障农村教师资源投入,尤其是提高教师待遇,对于提高农村学校教育质量,促进教育公平具有重要意义。

但是,有研究指出,免费的教育往往让人们认为教育质量低,例如一项针对肯尼亚政府实施小学义务教育的调查研究发现,社会经济地位高的家庭在实施义务教育之后倾向于选择把孩子送入私立学校,因为他们认为免费的公立学校教育质量会下降。[⑤] 然而,对于社会经济地位低的家庭而言,他们的孩子能够获得丰富的教育资源,能够得到优秀教师的指导,能够提高学习成绩,获得学习成功。因此,在实施开放辅导项目中,要协调学校教育质量与教育公平发展的平衡性,在不加大教师教育负荷、不降低学校教育质量的基础上,促进教师投入开放辅导项目中,最大化教师在线辅导效益,最大化学生在线辅导收益,使教育公平和城乡学校教育质量共同发展。

10.4.2 家庭教育投入对师生行为和政府经费投入的影响效果仿真

广义上可将家庭教育投入分为货币性经济投入和非货币性教育投入[⑥],货币性经济投入主要指教育金钱和物质方面的教育投入,非货币性教育投入主要包括父母时间、精力、社会和文化等方面的教育投入。在开放辅导教师流动机制仿真系统中,引入家庭教育投入概念,表示家庭在时间、精力、社会和文化等方面的教育投入。在仿真系统中改变家庭教育投入的值,通过模拟仿真探究教师主体、学生主体的行为变化以及家庭教育投入对政府经费投入产生的影响作用。

(1)家庭教育投入对教师主体的影响效果仿真

通过改变家庭教育投入的值观察教师参与开放辅导行为的发展趋势,仿真结果如图 10-25所示。可以发现,家庭教育投入高的情况下参加辅导的教师数量少,教师辅导次数

① Greenwald R, Hedges L V & Laine R D. When reinventing the wheel is not necessary: A case study in the use of meta-analysis in education finance[J]. Journal of Education Finance, 1994(20): 1-20.

② 李祥云,张建顺. 公共教育投入对学校教育结果的影响——基于湖北省 70 所小学数据的实证研究[J]. 中南财经政法大学学报,2018(6):81-88,160.

③ 全世文. 教师交流轮岗制度的政策成本估算——基于对河南省城镇教师的调查[J]. 教育与经济,2018(5):73-81.

④ 陈岳堂,赵婷婷,杨敏. 乡村小学教师资源配置的现实困境与优化策略——以湖南省为例[J]. 教育研究与实验,2018(3):61-65.

⑤ Bold T, et al. Can free provision reduce demand for public services? Evidence from Kenyan Education[J]. The World Bank Economic Review, 2014, 29(2): 293-326.

⑥ Liu A & Xie Y. Influences of monetary and non-monetary family resources on children's development in verbal ability in China[J]. Research in Social Stratification and Mobility, 2015(40): 59-70.

少。家长增大了教育投入,使得孩子能够通过其他渠道和途径获得教育资源和教育服务,因而对开放辅导的需求就降低了,参加辅导的学生数量减少,使得教师供给出现富余。从教师作为理性人和经济人的角度出发,教师参加开放辅导是出于对经济的追求,对专业发展和精神的追求,然而由于供给需求减少,使得教师不能获得学生资源,难以提高辅导绩效,也无法通过少量辅导满足教师的专业发展需求和精神需求。当学生需求端与教师供给端失衡时,必然会造成一方人员的流失。

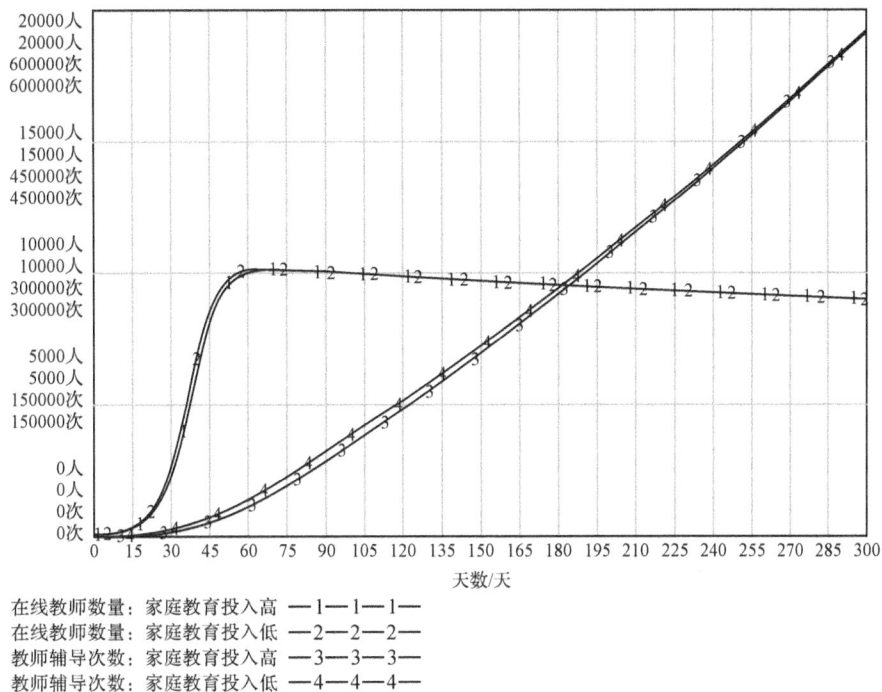

图 10-25　不同家庭教育投入下教师参与开放辅导的演化结果

但是,随着仿真时间的推移,在家庭教育投入高和家庭教育投入低两种状态下,参与辅导的教师数之间的差距减少,也就是说,在仿真演化的后期阶段,参与辅导的教师数几乎是相同的,家庭教育投入对参与辅导的教师数的影响作用降低。在辅导次数上也出现了同样的发展趋势。在早期阶段,教师的辅导次数在高教育投入和低教育投入两种状态下存在比较大的差距,但是随着时间的推移,后期阶段两种投入水平下的教师辅导次数不再出现较大的差距,甚至达到同等数量的辅导次数。

(2)家庭教育投入对学生主体的影响效果仿真

在仿真系统中改变家庭教育投入的值,观察学生主体的辅导情况和学习成绩变化,结果见图 10-26 和图 10-27。当家庭教育投入少的时候,学生无法或不选择通过付费的途径获得教学辅导,而免费的开放辅导能够满足学生对课外辅导的需求,则学生选择开放辅导的概率增加,参加辅导的学生数和辅导次数都得到增加。当增加家庭教育投入时,参加辅导的学生数量减少,学生辅导次数也随之减少。家庭教育投入增加时,学生获得其他形式的教育资源和教育服务增多,而且获得这些资源和服务的途径增多,这导致学生对开放辅导的需求降低。本研究结果与李佳丽等的研究结果相一致,如果学生所就读的学校质量高,或者学科教

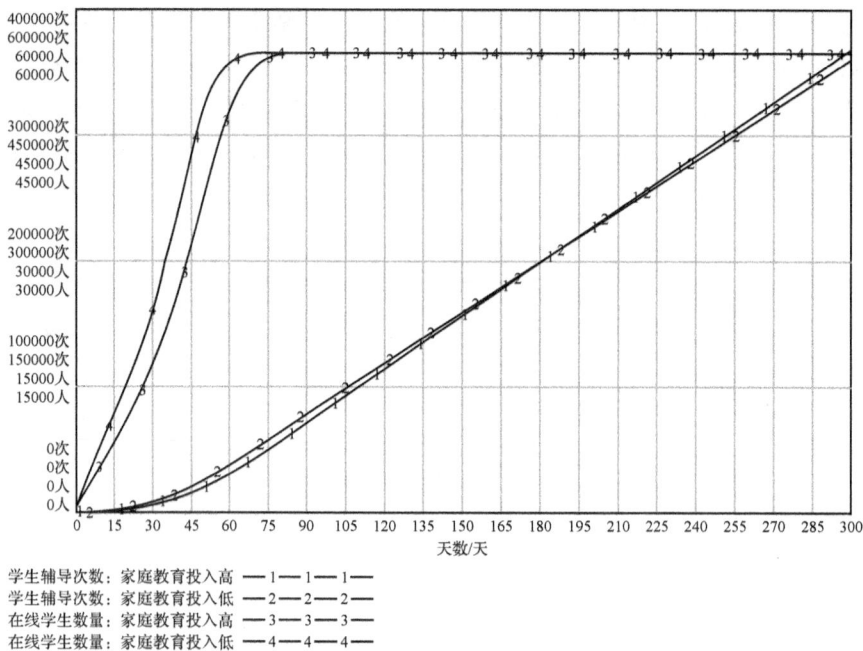

学生辅导次数：家庭教育投入高 ——1——1——1——
学生辅导次数：家庭教育投入低 ——2——2——2——
在线学生数量：家庭教育投入高 ——3——3——3——
在线学生数量：家庭教育投入低 ——4——4——4——

图 10-26　不同家庭教育投入下学生参与开放辅导的演化结果

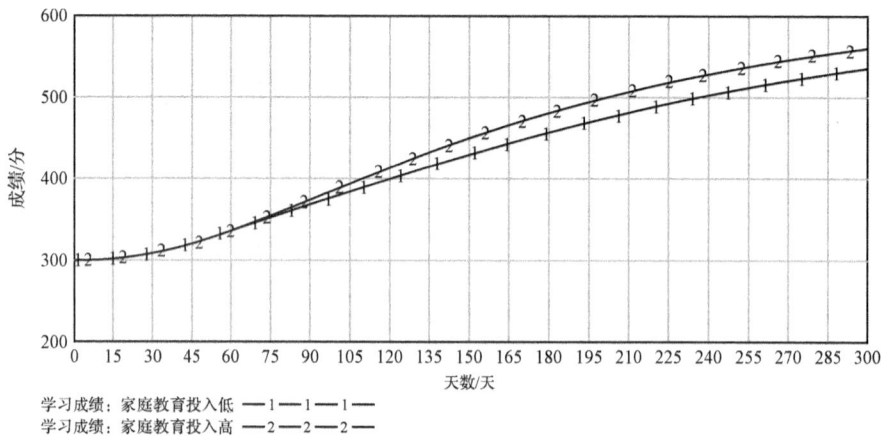

学习成绩：家庭教育投入低 ——1——1——1——
学习成绩：家庭教育投入高 ——2——2——2——

图 10-27　不同家庭教育投入下学生的学习成绩演化结果

师质量高的话,学生参加课外辅导的概率就会降低,这是因为他们从高质量的学校和教师那里能够获得优质教育资源和教育服务,能够满足自己的学业期望;但是如果学生就读的学校质量低,或者学科教师质量低,则家长更愿意为学生提供课外辅导,帮助学生获得学业成功。[①] 同时,父母受教育程度高的家庭投入的社会成本和文化成本高,学生参加课外辅导的概率比较低[②],这是因为社会成本和文化成本能够代替课外辅导为学生带来学业成绩的提

---

① 李佳丽."替代"还是"补充":从影子教育发展审视学校教育质量——基于 PISA 2015 中国四省市数据的分析[J].北京社会科学,2019(5):57-68.

② 曾满超,丁小浩,沈华.初中生课外补习城乡差异分析——基于甘肃、湖南和江苏 3 省的初中学生课外补习调查[J].教育与经济,2010(2):7-11.

高,例如,高学历的父母对孩子进行辅导。

根据图 10-27,当增加家庭教育投入时学生的学习成绩得到提高。教师智力流动的目的在于通过向贫困地区、薄弱地区学校免费输送优质教师资源,帮助家庭社会经济地位低的学生获得优质教育资源,从而提高他们的学习成绩。有研究指出,如果学校教育资源贫乏,或者家庭给孩子提供的教育资源贫乏,那么孩子的学习成绩会受到影响[①],例如来自贫穷家庭的孩子由于能够接触到的教育资源比较少,其学习成绩往往相对差一些。[②] 对于那些家庭社会经济地位低的孩子来说,为他们提供丰富的、足够的学习支持,能够帮助他们提高学习成绩,从而促进教育公平。[③] 家庭教育投入的不同会影响学生的学业成绩[④],主要通过两条途径产生影响作用,一是家庭为子女提供有差异的教育机会,如课外辅导;二是通过父母教育参与和行为支持,如亲子教育、父母与学校领导和教师沟通。[⑤] 社会经济地位低的家庭可以通过陪伴、亲子沟通等形式的时间投入,或者通过购买、阅读书籍等形式的文化投入,抑或通过与教师和其他家长沟通交流等形式的社会投入来促进学生发展。[⑥] 本研究的结果也表明,父母学历和家庭收入对学生的学习成绩具有显著的正向影响关系。学历高的父母能够为学生提供良好的社会和文化氛围,则社会和文化投入占比较高;家庭收入高的父母能够提供较多的经济支出为学生提供更优的教育资源,例如提供更多的优质的课外辅导。

政府通过向社会经济地位低的家庭输送教育资源和教育服务,增加低社会经济地位家庭的教育投入,从而提高学生的学习成绩。家庭社会经济地位与学习成绩存在正相关关系,低社会经济地位家庭的学生学习成绩普遍低于高社会经济地位家庭的学生。[⑦] 这是因为在社会经济地位低的家庭中,家长很少关注孩子在学校的学习表现,为孩子提供的学习支持比较少,而社会经济地位高的家庭中,家长比较关注孩子在学校的学习表现,能够为孩子提供更多的学习支持。[⑧] 因此,为了减少城乡之间、社会经济地位不同家庭之间的教育不公平,需要政府在政策上向薄弱地区和农村家庭倾斜,通过政府资助来增加薄弱地区和农村地区学生家庭的教育投入,从而帮助薄弱地区和农村地区的学生提高学习成绩。

---

① Van der Berg S. How effective are poor schools? Poverty and educational outcomes in South Africa[J]. Studies in Educational Evaluation,2008,34(3):145-154.

② Streak J C,Yu D & Van der Berg S. Measuring child poverty in South Africa:Sensitivity to the choice of equivalence scale and an updated profile[J]. Social Indicators Research,2009,94(2):183-201.

③ Hansen J D & Reich J. Democratizing education? Examining access and usage patterns in massive open online courses[J]. Science,2015,350(6265):1245-1248.

④ Coleman J S. Social capital in the creation of human capital[J]. American journal of sociology,1988 (94):95-120.

⑤ 李忠路,邱泽奇. 家庭背景如何影响儿童学业成就?——义务教育阶段家庭社会经济地位影响差异分析[J]. 社会学研究,2016(4):121-144.

⑥ 李佳丽,何瑞珠. 家庭教育时间投入、经济投入和青少年发展:社会资本、文化资本和影子教育阐释[J]. 中国青年研究,2019(8):97-105.

⑦ Fransoo R,et al. The whole truth, socioeconomic status and educational outcomes[J]. Education Canada,2005,45(3):6-10.

⑧ Silinskas G,et al. Predictors of mothers' and fathers' teaching of reading and mathematics during kindergarten and Grade 1[J]. Learning and Instruction 2010,20(1):61-71.

（3）家庭教育投入对政府经费投入的影响效果仿真

在教师智力流动仿真系统中，通过改变家庭教育投入以分析政府经费投入的变化，结果见图 10-28。当家庭教育投入低时，政府经费投入高，反之，政府经费投入低，可见，增加家庭教育投入能够降低政府的经费投入。家庭教育投入包括家庭的教育资金投入、社会成本和文化成本投入，当家庭提高教育资金投入时，学生通过其他途径获得教育资源和教育服务的机会增加，对开放辅导的需求就降低，政府为这一类家庭的学生支付的辅导费用就降低。当家庭投入的社会成本和文化成本增加时，学生通过家长获得的指导和学习支持增加，或者通过家长的社会关系获得一定数量的教育资源和教育服务，也相应减少了学生对开放辅导的需求，降低了政府的经费投入。对于家庭社会经济地位低的学生而言，他们无法获得由增加家庭教育投入带来的利益，只有通过政府提供的开放辅导而获益，对于这一类学生政府有必要加大教育投入，为他们提供足够的高质量教育服务。

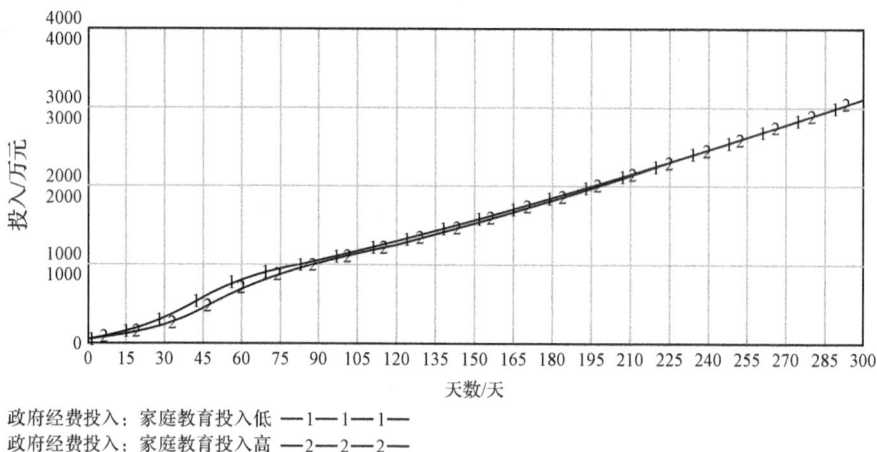

政府经费投入：家庭教育投入低 —1—1—1—
政府经费投入：家庭教育投入高 —2—2—2—

图 10-28　不同家庭教育投入下政府经费投入的演化结果

开放型在线辅导是为学生提供学习支持的一种方式，中学教师通过网络通信技术为学生，尤其是来自贫困家庭的学生提供一对一在线学习指导，为他们传递丰富的教育资源和教学服务，帮助他们获得知识，提高学习成绩。由于开放辅导面向学生免费供给，学生不仅从开放辅导中获益，还在一定程度上节约了家庭教育支出成本。尤其对于农村地区家庭和社会经济地位低的家庭来说，免费的开放辅导计划对于降低家庭教育投入，提高学生的学业成绩和学习获得感具有重要意义。但是相应地增加了政府的教育财政投入。如果采取差异性辅导支付策略，城镇家庭和社会经济地位高的家庭自己支付开放辅导费用，虽然在一定程度上增加了这一类家庭的教育投入，使一部分社会经济地位高的家庭的学生脱离开放辅导系统，但是对于农村家庭社会经济地位低的学生而言，能够通过政府的教育投入提高这一类学生的学业成绩，从而有助于解决城乡之间由于家庭社会经济地位不同所造成的教育不公问题，进一步促进教育公平发展。

10.4.3　差异性辅导支付对学生行为和政府经费投入的影响效果仿真

根据开放辅导的效益分析结果，来自不同社会经济地位家庭的学生经过辅导之后其学习成绩能够得到显著提高，但是农村家庭和城镇家庭的学生在学习成绩上仍然存在显著性差异,城镇学校学生的学习成绩好于农村学校学生的学习成绩。开放辅导在促进教育起点公平和过程公平方面发挥了积极的作用,但是在教育结果公平上的作用受到限制。胡咏梅等通过实证分析提出,如果家庭经济社会地位低的学生能够获得与家庭社会经济地位高的学生同等的课外辅导机会,那么有望缓解城乡学生之间的教育结果不公平现象。[①] 裴昌根等指出,政府、学校、家长和社会力量多方协作,多种措施并举,增加农村学生参加课外辅导的机会,实现与城镇学生相均等的课外辅导机会,将有助于城乡教育均衡发展,促进教育结果公平。[②]

开放辅导计划免费向学生提供课外辅导,但是家庭社会经济地位高的学生仍然会选择付费的课外辅导,他们就获得了更多的优质课外辅导,这使得开放辅导在促进教育公平上的作用被消除。同时,随着免费开放辅导的长期实施,政府经费增长速度较快,开放辅导经费支出占比越来越大。因此,如何不增加政府教育支出,同时能够保证农村学校学生获得优质教师资源服务,在教育结果上与城镇学校学生达到平等,是政府和研究者面临的一个难题。有研究者建议在基础教育和课外辅导中引入"教育券"政策[③][④],以不增加政府的教育支出为前提,根据学生家庭社会经济地位不同发放不同数量的教育券,实现差异性的辅导费用,并向农村学生和低收入家庭倾斜,降低农村学生课外辅导的支付成本。

(1)差异性辅导支付对学生主体的影响效果仿真

在教师智力流动机制仿真系统中引入"收费控制因子",以决定差异性辅导支付的费用比例,例如,按照家庭收入水平设置收费控制因子的值,以表示对高社会经济地位家庭收取相应的辅导费用,但是对于农村学生和低收入家庭学生可以免费提供辅导,或者收取更低的费用。通过改变收费控制因子(0 表示不收取所有学生的辅导费用,3 表示收取某个学生总辅导费用的 30%,5 表示收取某个学生总辅导费用的 50%)以观察在线学生数量、学生辅导次数和学生学习成绩的演化趋势,结果如图 10-29 至 10-31 所示。

图 10-29 中,当收费控制因子大于零时,即对城镇学生收取辅导费用时,参加辅导的学生数量开始减少,流失的学生数逐渐增加。而且在整个演化周期内,学生数量的增加趋势比较缓慢,然而学生流失量的增加趋势在短期内增幅较大,后期增幅逐渐平缓。仿真结果表明,随着辅导费用的提高,参加辅导学生的减少量开始增加,学生流失数量增多。免费提供课外辅导不管对于家庭社会经济地位低的学生还是家庭社会经济地位高的学生都是一种吸引,学生通过教师的辅导可以解决学习问题,提高学习成绩。但是当对城镇学生收取费用时,城镇学生会对开放辅导和私立培训机构提供的课外辅导进行权衡,从而放弃开放辅导而选择继续参加私立培训机构提供的课外辅导。参加开放辅导学生数的减少,导致学生辅导次数也随着收费控制因子的增加而减少。

---

① 胡咏梅,范文凤,丁维莉.影子教育是否扩大教育结果的不均等——基于 PISA 2012 上海数据的经验研究[J].北京大学教育评论,2015(3):29-46,188.

② 裴昌根,宋乃庆,刘乔卉.义务教育阶段学生参与课外辅导的实证分析与启示[J].中国教育学刊,2018(3):43-48.

③ 李佳丽.谁从影子教育中获益:基于选择假说和理性选择理论[J].教育发展研究,2016(20):66-73.

④ 祝怀新,应起翔.哥伦比亚教育券政策述评[J].比较教育研究,2003(6):76-81.

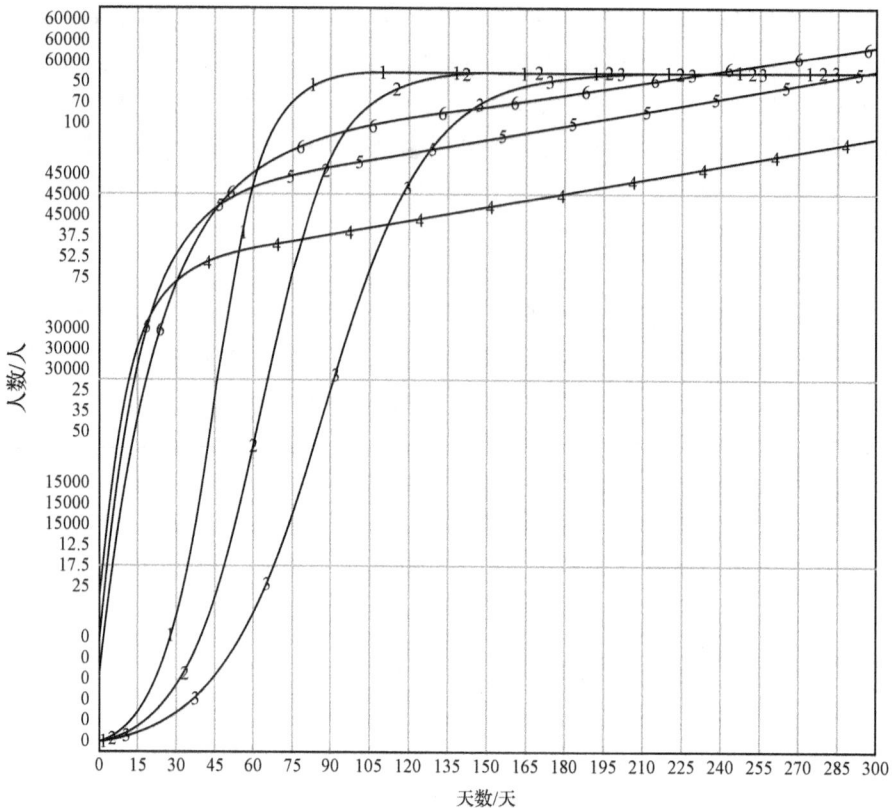

图 10-29　收费控制因子对在线学生数的影响仿真结果

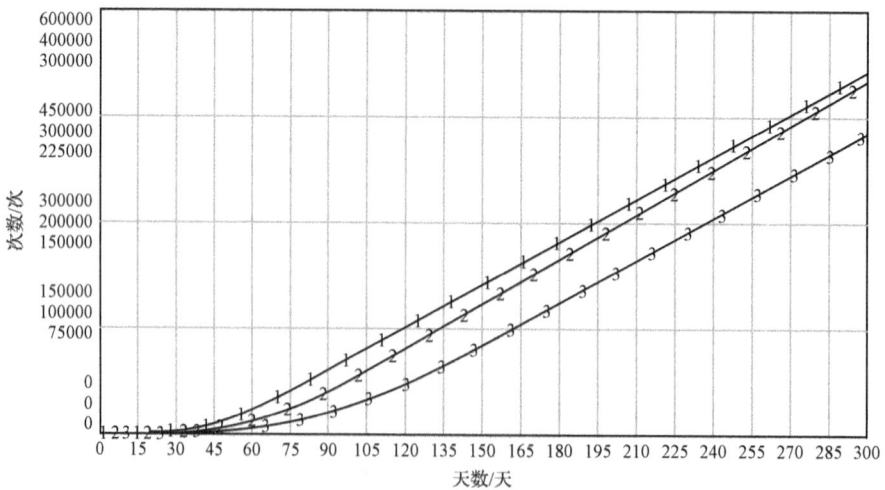

图 10-30　收费控制因子对学生辅导次数的影响仿真结果

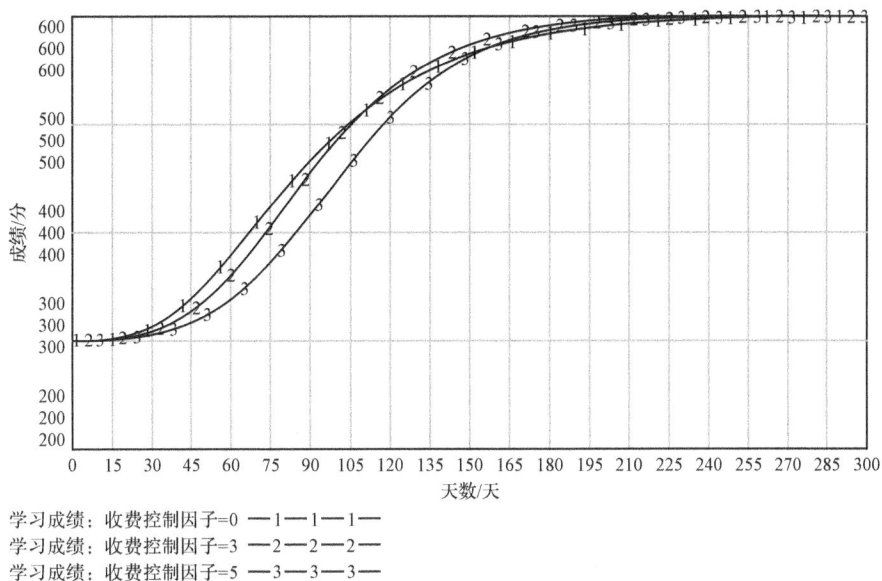

图 10-31　收费控制因子对学生学习成绩的影响仿真结果

　　根据图 10-31,当提高收费控制因子的值,即对城镇学生收取部分辅导费用时,学生的学习成绩也发生了变化。在演化周期的早期阶段,学生的学习成绩呈下降趋势,辅导费用越高,学生的学习成绩下降得越多,但是在演化周期的后半阶段,学生的成绩逐渐提升,并超过免费辅导状态下的学生学习成绩。仿真结果表明,针对不同家庭社会经济地位的学生采用差异性辅导支付策略对学生的学习成绩具有一定的影响,但是从较长演化周期的发展结果来看,农村家庭社会经济地位低的学生的学习成绩能够得到显著提升。

　　采用差异性辅导支付策略,向城镇学生或家庭社会经济地位高的学生收取适当的辅导费用,虽然整体学生的辅导次数减少,但是应该能够明确差异性辅导支付措施使得城镇学生或家庭社会经济地位高的学生辅导次数减少,而农村学生或家庭社会经济地位低的学生辅导次数不会发生改变,这也体现在学生学习成绩的变化上。但是,在长时间的影响下,农村学生和城镇学生的平均成绩是提高的。目前,北京市在实施开放辅导计划时,按照学期时间为辅导周期,即一年分为两个周期,每个周期持续 120 天左右。在这一周期内,实施差异性辅导支付政策,向家庭社会经济地位高的学生收取部分辅导费用,能够降低政府的教育投入。同时,仍然能够保证农村学生接受辅导机会的均等化,在促进教育起点公平和教育过程公平基础上,有望缓解教育结果不公平。

(2)差异性辅导支付对政府经费投入的影响效果仿真

　　通过设置差异性辅导支付观察政府经费投入的演化趋势,结果如图 10-32 所示,可知政府经费投入的演化趋势比较复杂。在演化周期的早期阶段,当提高收费控制因子的值时,政府在开放辅导上的投入减少,例如,从演化开始到演化的中期阶段(0~180 天阶段),收费控制因子等于 0 时的教育投入大于收费控制因子等于 3 时的教育投入,收费控制因子等于 3 时的教育投入大于收费控制因子等于 5 时的教育投入。但是,在演化的前半期阶段,三者之间总的教育经费投入却在缩小。从 180 天开始之后的演化趋势表明收费控制因子等于 3 时的教育投入大于全免费时的教育投入。在第 240 天之后,收费控制因子等于 5 时的教育投入大于全免费时的教育投入，但是仍然小于收费控制因子等于 3 时的教育投入。由此可见，当开放辅导实施周期较短的情况下，向家庭社会经济地位高的学生收取部分辅导费用能够降低政府的教育投入。

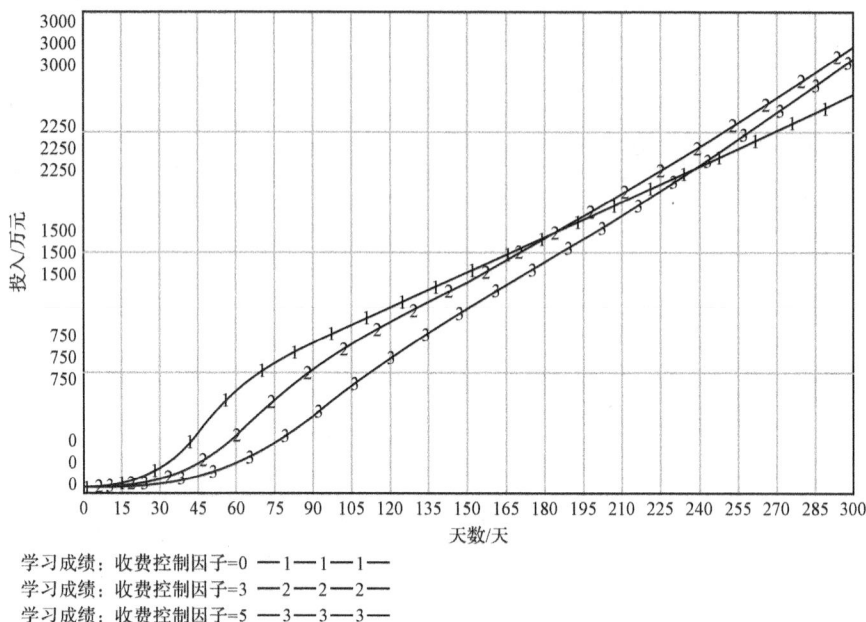

图 10-32 收费控制因子对政府教育投入的影响仿真结果

结合前面关于学生学习成绩的演化结果分析，可知，当采用差异性辅导支付机制，向城市学生和家庭社会经济地位高的学生收取部分辅导费用时，能够减少城市学生和家庭社会经济地位高的学生的辅导情况，但是农村学生的辅导情况不会受到影响，农村学生仍然能够获得充足的、优质的教师服务，从而提高这一类学生的学习成绩。这样，农村学生和城市学生在获得课外辅导上的差异就减少了，农村学生和城市学生的成绩差异也会得到相应的减少。在早期阶段，学生的成绩会出现小幅度的降低，其实是由于城市学生在脱离开放辅导后的成绩波动效果，由于后期城市学生会重新选择付费辅导，从而学习成绩会再次出现提升。但是，农村学生和城市学生均能够通过获得课外辅导而提高他们的成绩，随着时间的推移，学生的学习成绩呈现增加的发展趋势，这就在一定程度上促进了城乡学生之间的教育结果公平发展。

10.5 本章小结

系统动力学是系统科学理论与计算机仿真紧密结合、研究系统反馈结构与行为的一门科学，为研究复杂系统问题，特别是社会、经济、生态等复杂问题提供定性与定量结合、系统综合推理的方法。本研究基于系统动力学研究范式，对教师智力流动系统进行了建模和计算机仿真，通过改变某些变量以观察教师参与机制、学生参与机制和政府经费投入的演化过程，以发现这些变量对教师智力流动系统的影响关系和作用结果，并根据仿真结果对教师智力流动机制进行优化,作为提出改善教师智力流动系统的依据。

对于教师来说,合理设计辅导绩效计算标准,提高教师绩效奖励,根据教师的劳动价值给予教师相应的物质奖励,能够促进教师的积极性。但是,仿真结果显示,增加教师绩效标准并不能保证教师参与行为随之持续增加,表明教师除了对绩效奖励具有需求之外,还存在其他方面的需求。例如,教师对专业发展的需求、教师对个人荣誉以及精神层次的需求。通过制定政策,将智力资源在线流动成果纳入教师荣誉评比、职称评比等指标中,对于促进教师参与智力资源在线流动具有积极作用。仿真结果显示,通过提高低职称或者教学经验不足的教师的辅导优势,使低职称教师在系统中能够通过展示其他方面的优势,如擅长的知识点、良好的辅导技巧、较高的学生评价等,从而获得与高职称教师均等的推荐机会,使低职称教师能够被更多的学生选择,这样能够提高低职称教师的辅导量,使其达到与高职称教师具有同等水平的辅导量,从而破解教师在辅导上的马太效应。在实施开放辅导过程中要注意教师辅导倦怠,由于教师工作压力大,教师流失现象严重,因此在实施过程中要合理安排教师辅导任务量,在保证学生能够得到辅导的情况下,延长教师的辅导时间间隔,减少教师辅导倦怠感,以保证教师能够长久持续地坚持开放辅导。

对于学生来说,参与在线学习的动机主要来源于对提高成绩的渴望、完成家庭作业的需求和获取知识的需求。学习需求驱使学生实施在线学习,但是对于学生来说,如果自主实施在线学习,则会受到很多干扰因素的影响,学生在线学习的效率并不高。在开放型在线辅导项目中,教师对学生实施一对一学习辅导,在教师提供学习指导和教学活动时,教师也在监督学生的学习,并对学生进行评价。这在一定程度上减少了干扰因素对学生的影响,有效帮助学生在线学习,帮助学生获得知识,并提高学习成绩。鼓励家长投入更多的教育成本,包括家长在孩子身上的时间成本,陪伴学生学习。鼓励家校合作,家长和教师协同共同监督和帮助学生学习。学生参与在线学习的数量也影响教师在线辅导的积极性,在线学习的学生数量少,则教师很难寻找到辅导对象,导致教师资源出现浪费,教师在线辅导的积极性逐渐减弱。而且,学生接受辅导次数越多,其学习成绩越能够得到提高。

对于政府而言,作为教师智力流动的主要组织者、管理者和经费支持者,对教师和学生参与在线辅导的积极性具有极大的影响作用。政府是否能够提供充裕的经费支持,是否对教师实施有效的培训,是否有科学合理的激励措施等,都是促进教师参与智力资源在线流动的重要影响因素。在教师数量和教师辅导学生次数增加的情况下,政府的教育经费投入也在增加。但是,政府教育投入经费提高能够带来学生学习成绩的提高。由于教师辅导次数是无限增加的,这就会导致政府经费投入也会出现无限增加,这势必会对政府财政造成一定的压力。如何在不增加政府经费投入的基础上,仍能够激发教师参与智力资源在线流动,是今后需要着重研究的内容。在开放辅导计划中,通过差异性辅导支付策略,对于家庭社会经济地位高的学生收取部分辅导费用,而免费向家庭社会经济地位低的学生提供教师辅导,一方面能够降低政府经费投入,另一方面通过向农村家庭和社会经济地位低的家庭提供倾斜,提高弱势群体学生获得教育资源和教育服务的机会,缩减其与城镇学生和家庭社会经济地位高的学生之间的成绩差距,从而缓解教育结果层次的不公平。

第 11 章　结论与展望

11.1　研究结论

　　教师资源是学生获得学习成功和实现个人发展，提高学校教育质量的重要因素。学生学业成就的差距本质上是由于高质量教师资源投入不公平所致。我国对农村学校的经费投入倾斜并没有缩小城乡之间的教育质量差距，根本原因在于没有解决教师资源的差距。[①] 教师资源均衡配置是实现教育均衡发展的关键[②]，提高农村教师队伍质量成为我国农村教育质量提高与城乡教育均衡发展的突破口。[③] 由于教师在教育教学质量、学生学业发展和身心发展中的重要地位和作用，许多国家和地区非常重视教师资源的均衡配置。在教师资源分配中对弱势群体合理倾斜，调整分配格局，实现区域配置公平、城乡配置公平，从而改善教育发展不公平的状况。

　　我国从 1996 年以来，颁布了一系列政策文件以推动教师资源均衡发展，如校长教师交流轮岗政策、特岗教师计划、免费师范生培养政策、国培计划等，从行政角度推动教师资源流动，实现城乡教师资源均衡配置，促进农村地区、薄弱地区学校的教育质量提升。教师资源流动政策的目的在于：减少义务教育学校的师资力量不均衡，加强优质教师资源均衡配置；增加教师经验积累，提高工作热情和创新能力；打破教育的封闭状态，使义务教育学校办学充满活力。[④] 但是，受到教育系统各要素以及政府部门、学校、教师等主体的主客观因素影响，教师流动政策的实施出现了执行活动及结果偏离原有政策预期目标的失真行为，并没有达到促进教师资源均衡配置的目的，没有实现薄弱地区和学校教育质量提高的目的。[⑤] 随着信息与通信技术的发展，利用信息技术手段实现教育资源均衡配置的想法受到研究者的广

---

　　① 慕彦瑾，段晓芳.后免费时代西部农村中小学教师资源配置及使用困境——基于西部农村 87 所学校的调查[J].农村经济，2016(2)：112-117.

　　② 于海波.城乡教师流动改革的多维审视与路向选择[J].东北师大学报（哲学社会科学版），2017(2)：136-141.

　　③ 石娟，巫娜，刘义兵.加拿大偏远地区乡村教师队伍建设及其借鉴[J].比较教育研究，2017(2)：61-66.

　　④ 王昌善，贺青梅.我国县域义务教育学校教师流动制度：应为、难为与可为[J].湖南师范大学教育科学学报，2015(4)：75-80，86.

　　⑤ 王昌善，胡之骐.我国县域义务教育学校教师流动制度的科学设计与有效实施[J].当代教育科学，2014(24)：24-25，46.

泛关注。在此背景下,北京市于 2016 年实施开放型在线辅导计划,将优质教师智力资源迁移到网络平台,通过教师智力流动,向农村地区、薄弱地区学校输送优质教师资源,以实现教师资源均衡配置,促进教育公平。本研究对北京市教师智力流动的实践进行了分析,在此基础上构建教师智力流动系统动力模型,通过仿真研究了教师智力流动机制。本文主要做了以下研究工作并得出相关研究结论。

一是分析了基于开放辅导的教师智力流动机制,根据北京市实施开放辅导的实践分析了教师智力流动的效益以及存在的问题。教师智力流动机制主要有以政府为主体的责任机制、针对流动教师资质的审核机制、以乡村学校师生为中心的服务实施机制、以师生为主体的评价机制、数据驱动的教育服务监管机制和以效益为指针的保障机制。通过多种机制协同保证开放辅导的教师智力流动顺利有序实施。通过效益分析发现,师生参与开放辅导规模效益大,师生能够积极参与在线辅导。学生通过开放辅导能够获得学业成绩的提高,获得良好的学生发展效益。与其他形式的教师流动相比,开放辅导教育投入少,具有较好的成本效益。开放辅导为城乡学生提供均等的教育资源和教师服务,城乡学生的学习成绩提高率没有显著差异,促进了城乡之间的教育起点公平和教育过程公平,表现出良好的教育公平发展效益。通过分析师生参与开放辅导的行为动力学特征和师生辅导网络特征,总结了教师智力流动实践中教师和学生在辅导行为上存在的问题,以及教师流失问题。教师和学生在参与开放辅导上存在行为的爆发性和幂律特征。教师在辅导学生人数和次数上存在马太效应,即辅导学生数越多和辅导次数越多的教师,越能够得到学生的选择,辅导更多的学生和次数;而那些辅导学生人数和次数较少的教师,却逐渐退出教师智力流动系统。教师在流失问题上比较严重,流失率高。其中,职称高的教师比职称低的教师更容易流失,辅导次数少、辅导率低、辅导评价低的教师更容易流失。

二是探索了影响教师和学生参与教师智力流动的影响因素。对于教师来说,分别讨论了教师参与在线辅导行为意愿的影响因素和教师参与在线辅导次数及教师流失的影响因素。教师对技术和在线辅导工具的感知有用性、工作绩效及感知行为控制等因素直接影响教师实施在线辅导和参与教师智力流动的行为意愿,从而影响教师的实施行为。教师的辅导天数、辅导生命周期、双师年龄、平均辅导时间间隔、学生对教师的评价和辅导学生数能够预测教师的辅导次数。教师的辅导次数、辅导学生数和辅导时长能够预测教师的辅导绩效。教师的平均辅导时间间隔、学生对教师的评价、辅导学生数和辅导次数能够预测教师的流失时间。对于学生来说,学生的心理因素对学生参与在线辅导具有显著的影响作用。学生的厌学情绪、自我接纳、自主能力、人际关系等因素影响学生参与在线辅导的行为,在线辅导行为对学生的学习成绩具有一定的影响作用。另外,厌学情绪、自主能力、家庭收入、父母学历等因素对学生的学习成绩也具有影响作用。

三是构建了教师智力流动机制的优化系统动力学模型,运用系统动力学和数学建模方法对教师智力流动运行机制和效果进行仿真实验,验证模型运行的合理性、可行性和可操作性,对教师、学生和政府三个重要主体在教师智力流动体系运行中的行为表现进行了模拟和预测。本文研究按照系统动力学建模过程,运用因果分析法获得教师智力流动机制的主要反馈结构;构建学生在线学习和教师在线辅导系统动力学方程;通过计算仿真,围绕学生在线学习数量和学习成绩、教师在线人数和教师绩效以及政府教育经费投入等方面进行仿真实验。通过引入对教师智力流动的干预变量,改变干预变量以观察教师智力流动系统的演化趋势，从而判断达到教育系统最优值时的变量值区间。仿真结果显示，教师绩效奖励标准对教师参与辅导行为具有积极作用，提高绩效奖励标准能够激励教师参与开放辅导。但是当达到一定值之后，继续提高教师绩效标准并不会显著提高教师参与辅导的行为。通过提高低职称教师的优势可以增加这类教师的辅导量，从而破解马太效应。在开放辅导中还需要注意教师的辅导倦怠感，需要合理设置教师辅导任务量。对学生主体的仿真结果表明，当学生成绩提高时政府需要投入的经费增加；改变家庭教育经费投入可以影响政府教育经费支出；设置差异性辅导支付机制可以缓解教育不公平，减少政府教师经费投入。

11.2　研究启示

教育公平是社会公平的基础，随着我国社会经济发展，人们对教育的需求也在提高，但是我国优质教育资源发展不充分、分布不均衡的现状与人们对教育需求的不断提升之间产生了矛盾，这种矛盾也反映了教育不公平发展的现状。教育公平首要的是教育资源的均衡配置，而教师资源的均衡配置是所有教育资源配置中最难以实现的。[①] 如何解决城乡教师有效配置，达到教师资源有效流动，我国相继推出了多项政策以促进教师流动，为农村地区和薄弱地区学校输送优质教师资源，带动农村地区学校和薄弱地区学校的教育发展，缩小城乡教育差距，促进教育公平发展。但是教师流动的相关政策要求实现人岗流动，需要教师实体输送到薄弱地区和农村地区学校，在实际实行过程中遇到了一些问题和困难。而将信息技术与教育资源配置相结合，通过技术手段实现教师虚拟身份流转，有助于实现教师智力资源流动，通过互联网为农村地区学校和薄弱地区学校学生提供教师资源和教学服务，帮助学生获得学习成功，提升他们的教育获得感。北京市利用"互联网＋"技术，实施开放辅导计划，通过师生在线辅导，将城镇优秀教师智力资源输送到农村地区学校和薄弱地区学校，让农村地区学校的学生能够享受到优质教师资源和教师服务。

本研究通过分析基于开放辅导的教师智力流动机制、效益和问题，探索了师生参与开放辅导问题产生的原因和影响因素，并通过构建教师智力流动优化系统的动力学模型，对教师参与机制、学生参与机制和政府经费投入等方面进行仿真研究，对影响师生参与在线辅导和学习的因素变量进行仿真模拟，分析了教师和学生参与开放辅导、学生学习成绩和政府经费投入等之间的演化趋势。在上述分析基础上，本研究针对政府、教师、学生（家长）主体开放辅导中的责任和权利提供相应的措施和建议以促进教师智力流动。

11.2.1　建立差异性辅导支付机制，向农村和薄弱地区学生倾斜

关于开放辅导效益分析的结果显示，由政府支付教师辅导费用而面向学生完全免费的开放辅导，虽然能够减少家庭教育支出，为农村地区学校的学生提供优质教育服务，且政府

---

① 陈玲，余胜泉，杨丹. 个性化教育公共服务模式的新探索——"双师服务"实施路径探究[J]. 中国电化教育，2017(7)：2-8.

投入的资金与其他形式的教师流动的经费投入相比较而言所占比例比较小,但是政府投入的开放辅导费用逐年增加且增加速度比较快,对于政府而言仍然造成了一定的财政压力。仿真结果显示,当政府投入的经费增加时,学生的学习成绩得到提高。但是,经费的过度增加会造成政府承担较大的财政压力。如何在不降低学生学习成绩的情况下,减少政府经费投入,是目前开放辅导计划中面临的一个难题。另外,由城乡学生学业成绩的比较结果发现,开放辅导虽然能够提高学生的学习成绩,但是并没有缩小城乡学生在学业成绩上的差异,教育结果不公平现象仍然存在,这是开放辅导计划面临的另一个困境。通过设置差异性辅导支付策略的仿真结果显示,对城镇学生和家庭社会经济地位高的学生收取部分辅导费用,虽然减少了参加辅导的学生数,但是对于缩小农村学生与城镇学生在教育结果上的差距具有积极作用,同时能够减少政府的教育投入。

差异性辅导费用借鉴了成本分担理论[①],政府支付给辅导教师的成本可由参加辅导的学生家长来负担,但是考虑到城乡之间的经济差距,可根据学生家长的纳税额度来支付相应部分的辅导费用。因此,为了减少政府教育经费投入,缩小城乡教育差距,政府在推动开放辅导计划时,可以实施差异性辅导支付策略,向城镇学生和家庭社会经济地位高的学生收取部分费用,而免费向农村地区学校的学生和家庭社会经济地位低的学生提供辅导服务。科学的差异性支付机制一方面可消除城乡之间由于家庭教育投入差异性导致的教育不公平现象,通过促进优质教师智力资源向农村地区转移,切实有效提高农村地区学校学生的学习成绩,提高农村地区学校的教育质量,促进教育公平发展;另一方面,差异性支付机制通过开放辅导费用的分担,由社会经济地位高的家庭分担部分教育投入,实现政府投入不增加,释放政府的教育财政压力,保障开放辅导投入的可持续性以及开放辅导的可持续性。

在实施差异性辅导支付策略时,可以根据学生家庭的收入水平,或者家长的纳税额度等进行辅导费用的划算。例如,可以依据北京市全市居民人均可支配收入来划定辅导费用的差异性支付标准,可将辅导费用支付标准划分为若干个等级,对于人均可支配收入较高的家庭给予较少的辅导费用减免,而对于低收入家庭给予较多的减免或者免费。同时,可以通过向学生家庭发放辅导教育券来减免学生的辅导费用。在每学期末统计学生的辅导时长,统计出需要支付给教师的辅导绩效和政府支付的管理费用,最后根据辅导时长计算出辅导的小时费用,再根据学生家庭的人均收入发放不同额度的辅导教育券,学生使用辅导教育券抵消需要支付的辅导费用。对于低收入家庭可发放与辅导费用等同的全额辅导教育券,对于高收入家庭可发放一定比例的辅导教育券,而他们超出的辅导时间则需缴纳辅导费用。这样能够实现对城乡学生和家庭社会经济地位不同的学生给予差异性教育补助,在一定程度上降低政府的教育投入,还可通过向农村地区和薄弱地区家庭倾斜,实现教育资源的均衡配置。而且,通过收费,降低城镇学生和家庭社会经济地位高的学生因同时参加私立培训机构提供的课外辅导和政府提供的开放辅导所产生的教育结果的叠加效应,从而减少城乡学生之间、不同家庭社会经济地位的学生之间在接受教育资源和教师服务上的差异,缩小学业成绩的差异,逐渐促进教育公平发展。

---

① 袁连生,田志磊,崔世泉.地区教育发展与教育成本分担[J].清华大学教育研究,2011(1):74-82.

11.2.2 构建转移支付机制，将开放辅导纳入教师交流轮岗范畴

对教师参与开放辅导的影响因素分析结果显示，教师的辅导绩效对教师的辅导行为意愿有影响作用，且教师的辅导绩效受到教师的辅导行为影响，因此教师若想获得更高的绩效必须付出更多的教育辅导服务。仿真结果也表明，随着支付给教师的绩效标准的提高，教师的辅导量也随之增加。但是当绩效标准提高到一定程度时并不会刺激教师辅导行为继续增加。这表明教师实施开放辅导除了受到绩效奖励的刺激外，还受到其他方面的吸引，例如教师专业发展、教师的社会需求和精神需求等。因此，在提高教师辅导绩效的同时，通过多元激励措施或者转移支付机制刺激教师积极参与开放辅导，为学生提供更多更优的教育服务。

政府可使用其他非物质形式的奖励代替或者抵消物质奖励，以减少政府的教育财政支出。例如，根据教师的辅导时长、辅导学生数等计算生成的教师绩效积分换算成教师培训时长或者培训积分；将参与开放辅导的时长换算成教师参加交流轮岗的时间；根据教师的辅导质量、辅导绩效等对教师进行评优评先，评选结果可以作为教师的教学成果用于职称评比。鉴于开放辅导是面向农村地区和薄弱地区学校学生实施的教师智力流动项目，因此建议将开放辅导纳入教师交流轮岗的范畴，将其视为交流轮岗的一种形式。按照教师辅导的绩效标准给予教师轮岗补助。这样一方面能够提升教师参加交流轮岗的积极性，另一方面能够减少教师实体参加交流轮岗而支付的高额经费，减少政府的教育财政支出。

11.2.3 设置"虚拟职称"奖励机制，鼓励教师发挥后发优势以破解马太效应

教师辅导行为分析和师生网络属性分析结果表明，教师在辅导行为上存在马太效应，即辅导行为多的教师会辅导更多的学生，实施更多的辅导行为，获得更多的绩效奖励；但是辅导行为少的教师其辅导的学生数、实施的辅导行为频次以及获得的绩效奖励则会呈下降趋势。在辅导早期阶段，学生通过教师的职称、荣誉称号、教龄等来选择教师，这导致高职称、高荣誉称号和教龄长的教师具有一定的先发优势，这种优势使得他们能够辅导更多的学生，获得更高的绩效。而先发优势不断积累，会为教师吸引更多的学生。然而，无职称和低职称的教师、没有荣誉称号或者荣誉称号低的教师他们辅导的学生少、辅导的绩效低，则不具备明显的先发优势，只有通过自己的努力发挥后发优势，为自己积累辅导学生和绩效方面的优势。因此，帮助低职称、辅导行为少、绩效低的教师发挥他们的后发优势，对于提高辅导教师的数量和参与度具有积极作用。

开放辅导教师智力流动的仿真结果表明，提高教师绩效标准，增加教师绩效奖励，能够提高教师在线数量，增加教师在线辅导次数，对教师参与智力资源在线流动起到促进作用。通过提高绩效标准能够提高教师的辅导积极性，但是难以帮助教师发挥后发优势。通过建设"虚拟职称"奖励机制，根据教师的辅导绩效等综合设置评比教师的虚拟职称，以表征教师在开放辅导系统中的级别，并将虚拟职称纳入绩效奖励指标中，根据虚拟职称级别设置不同的绩效系数，如果教师的虚拟职称级别高，则其绩效系数就大，能够缓解由于教师实际的职称差异带来的先发优势差异，使得低职称的教师能够通过努力辅导而获得较高的虚拟职称，从而获得较高的绩效奖励，并形成教师的累积优势，达到发挥后发优势的目的。例如，根据一定时期（如一学年）内教师辅导的学生数量、辅导次数、学生对教师的评价、教师完成的微

课数量、开设的一对多直播课数量等,颁发给教师相应级别的虚拟职称,并依据教师获得的虚拟职称级别计算教师的绩效奖励,这在一定程度上使得实际教育系统中低职称的教师能够通过努力辅导而获得与高职称教师同等水平的绩效待遇,从而缓解了教师辅导绩效中的马太效应。

在系统向学生自动推荐教师标准中,在教师的特长知识点和学科优势上设置较高的权重,教师职称、荣誉称号上的权重适当降低,教龄和性别等指标对教师的辅导绩效等没有影响,可不作为推荐指标。通过教师特长推荐,可以发挥教师的长板效应。在辅导过程中,教师将更多的时间、精力、资源投资于自己的强项上,利用自己的优势获得学生的高评价,获得较高的辅导绩效。教师凭借长板效应获得一定的优势,并在长期辅导过程中积累这种辅导优势,从而形成教师的累积优势,并发挥优势累积效用,使得弱者变强,强者更强。根据教师参与行为的影响因素分析结果可知,教师成为辅导教师的时间(双师年龄)和辅导生命周期影响教师的辅导次数。早期注册成为辅导教师由于具备了先发优势,成为马太效应现象中的强者,然而对于后来注册的教师由于不具备先发优势,则难以与前者进行辅导行为上的竞争。针对上述问题,可通过完善教师推荐机制,根据教师特长推荐,使得后期注册的辅导教师也能够得到同等的接触学生的机会,或者推荐给学生的机会,帮助这一类教师发挥后发优势,不断积累自己的辅导优势,提升自己的虚拟职称,从而帮助处于弱势地位的教师获得较多的辅导学生的机会和实施较多的辅导次数,减少马太效应带来的负面影响。

11.2.4　建设家校合作的协同机制,提高家庭教育意识

学生的学习辅导行为与学习成绩具有正相关关系,辅导行为多则学习成绩提高速度快。因此,为了充分发挥教师智力流动的作用,提高教师智力流动的社会效益,需要加强学生的在线学习行为。这就需要家长重视学生的学习行为培养,为学生学习提供充分的硬件支持和良好的学习环境。对于社会经济地位低的家庭来说,为子女提供充分的学习辅导和学习支持,能够提高学生的学习成绩。家校合作对学生学习投入具有显著正向影响。[①] 在家校合作机制中,家长需要扮演一些角色并发挥作用,例如家长作为学生学习和学校教育的支持者和学习者,学校得到家长对其孩子教育的支持,家长在学校活动中学习相关教育理论和方法,并在学生学习活动中提供相应的支持。[②] 同时,通过家庭和学校之间的有效交流和互动,开展积极的协作活动,拉近家长与教师之间的距离,协同促进学生发展,帮助学生获得学习成功。

在开放辅导中,家长参与家校合作的前提是家长具有一定的家庭教育意识,一方面加大家庭教育经费投入,提高家庭的文化资本,为子女接入和获得优质教师资源建立良好的网络学习环境,为子女提供良好的家庭学习氛围。另一方面,需要转变社会经济地位低的家庭中家长的教育观念和学习观念,使家长充分认识到子女教育的重要性,提高家长督促子女学习的主观愿望和行为,使家长能够切实为子女教育提供情感、责任、时间等方面的教育投入,从根本上奠定子女教育良好的基础,如此,社会经济地位低的家庭子女才能够真正养成良好的在线学习习惯,从教师辅导中获益。家长参与家校合作的形式可以是:为学生提供学习环境

① 张和平,刘永存,吴贤华,等.家校合作对学业表现的影响——学习投入的中介作用[J].教育学术月刊,2020(1):3-11.

② 马忠虎.对家校合作中几个问题的认识[J].教育理论与实践,1999(3):27-33.

和学习氛围，加强对学生的激励和监督，充分调动学生实施在线学习行为的内部和外在动机，鼓励学生主动利用教师资源，主动获得教师帮助和学习支持，形成长期的、持续的学习习惯和在线辅导行为。培养学生的信息素养和网络素养，提高学生利用信息技术实施学习的效率，减少并防止学生网络成瘾，激发学生学习的积极性，防止并降低学生出现厌学情绪，通过家校联合，为学生提供合适的学习支持，满足学生学习需求，使学生达到获得知识和提高学习成绩的目的，切实帮助学生获得学习成功，丰富学生在线学习的良好体验。

11.3　研究创新

本研究遵循社会科学计算研究范式，使用系统动力学方法对教师智力流动进行研究，探索了教师智力流动的演化趋势和在演化中出现的问题。在此研究基础上提出优化教师智力流动体系的政策建议，以促进教师资源的高效均衡配置，丰富了信息技术实现教师资源均衡配置的理论和实践研究，并期望对教师资源均衡配置实践具有一定的借鉴作用。本研究的创新点主要有以下几个方面：

（1）遵循社会科学计算研究范式，使用系统动力学研究方法，从系统论角度分析教师智力流动问题。在教师资源均衡配置研究方法上，已有研究主要使用定性方法与定量方法对教师资源均衡配置进行理论和实证分析。这些研究方法为建立教师资源均衡配置模型，了解教师资源配置现状、评价教师资源均衡实现程度、探索教师资源均衡影响因素等具有良好的效果。但是这些研究方法难以详细分析教育系统中人的要素作用，难以分析教育系统中各个主体之间的博弈关系。本研究遵循社会科学计算实验研究范式，使用系统动力学研究方法对现实中教师智力流动进行仿真模拟，通过设置变量关系，构建数学模型等研究各个变量变化对教师智力流动的影响效应，通过模拟教师智力流动体系的演化过程发现利用信息化手段实现教师资源均衡配置中存在的问题，并发现优化教师智力流动系统的变量及其取值区间，从而提炼促进教师智力流动的政策建议。

（2）在理论研究方面，借鉴复杂网络理论和人类动力学理论对教师和学生参与教师智力流动中的行为模式、网络结构、人类动力学特征等进行了研究，归纳出在教师智力流动的实践中教师和学生的人类动力学发展规律，总结了师生辅导网络的演化规律，从人类动力学和复杂网络理论视角创新性地分析了教师智力流动系统中教师和学生的行为模式，丰富了人类动力学理论和复杂网络理论的研究内容，并且对研究教师资源均衡配置的主体行为变化规律提供了理论方面的借鉴。

（3）在实践研究方面，通过系统性地分析教师智力流动的实践问题，探索了开放辅导中教师和学生主体行为的影响因素，并结合社会计算仿真，分析开放辅导主体的相互作用机制和各个主体的行为演化过程，为决策者做出决策提供科学的政策建议。现有的关于教师资源均衡配置主体合作方面的研究主要针对单一主体的情况，主要研究主体的影响因素，本研究则关注多个主体参与教师智力流动中的协同作用问题，在已有因果关系研究基础上对政府、教师、学生等主体之间的相互影响进行研究，构建了系统动力模型，分析了各主体属性对教师智力流动效益的影响，为提高教师智力流动效益提供策略和建议。

11.4 反思与展望

本研究以北京市实施的中学教师开放型在线辅导为案例,分析了教师智力流动系统运行的规律和问题,并通过构建教师智力资源系统动力模型,对教师、学生和政府的行为进行了仿真,得出了一些研究结果。但是由于研究方法、研究时间、研究者能力等因素限制,本研究也存在一些不足。通过反思梳理本研究存在的不足,提出后续研究需要深入开展的研究主题,在后续研究中逐渐深入教师智力流动相关研究,为深化信息化实现教师资源均衡配置研究提供新的成果。

第一,本研究通过定量分析发现了辅导和在线学习的幂律分布,并探索出影响师生参与在线辅导行为特征的因素,但是没有依据影响因素设置干预方法进行实验研究。对于在线学习行为,本研究主要分析了学生在线辅导和观看微视频的行为,但没有涉及学生的在线互动、讨论、信息和知识分享、发表评论等行为。在未来的研究中,可以通过实证研究来模拟和判断教师的激励机制、教师辅导行为的影响因素对教师在线辅导行为的驱动作用,以及分析在实验条件下教师辅导行为是如何发生变化的。另外,在未来的研究中,可以通过对学生需求机制的模拟和实证分析,以验证并解释学生网络学习行为幂律分布的形成过程。

第二,参与开放辅导的教师和学生数量非常大,但是在探索教师的影响因素时,由于实际实施原因,导致样本量相对较小,不能全部代表参与在线辅导的教师。在教师和学生参与教师智力流动实践中的影响因素,还需要通过大样本的数据调查来分析。同时,在构建系统动力模型时,需要扩大系统边界,将政府的评价、监督功能,学校领导的责任,家长和社会主体等纳入教师智力流动系统动力模型中,从复杂系统视角分析教师资源均衡配置的理论和实践。

第三,虽然开放辅导能够节约政府在教师流动方面的教育投入,产生了良好的教育公平发展效益,但是开放辅导是否对学生产生了长期影响,仍然需要长时间观察,需要进行大数据分析。例如,对参加辅导和未参加辅导的学生的中考成绩进行比较分析,对学生在初中阶段的学业成绩进行全面比较,则需要对政府部门、教师、学校领导、学生、家长等主体进行大规模调研,需要对虚拟空间流动和实体流动形式下的学生全面发展质量进行比较分析,对两种形式的教师流动成本效益做全面的、科学的比较分析。

参考文献

英文文献

[1] Ackerman B P, Brown E D & Izard C E. The relations between persistent poverty and contextual risk and children's behavior in elementary school [J]. Developmental Psychology, 2004, 40(3):367-377.

[2] Adams J E & White W E. The equity consequences of school finance reform in Kentucky [J]. Educational Evaluation and Policy Analysis, 1997, 19(2): 165-184.

[3] Adhikari J, et al. Evolving digital divides in information literacy and learning outcomes: A byod journey in a secondary school[J]. International Journal of Information and Learning Technology, 2017(4): 290-306.

[4] Agrawal T. Educational attainment in educationally backward states of India: Some implications for the right to education act[J]. International Journal of Education Economics and Development, Inderscience Enterprises Ltd, 2013, 4(1): 89-99.

[5] Ajayi L. Preservice teachers' perspectives on their preparation for social justice teaching [J]. The Educational Forum, 2017, 81(1):52-67.

[6] Ajzen I. Residual effects of past on later behavior: Habituation and reasoned action perspectives[J]. Personality and Social Psychology Review, 2002(6): 107-122.

[7] Albert P & Barabasi A L. Statistical mechanics of complex networks[J]. Reviews of Modern Physics, 2002, 74(1): 47-97.

[8] Alexander K L, Entwisle D R& Bedinger S D. When expectations work: Race and socioeconomic differences in school performance[J]. Social Psychology Quarterly, 1994 (57): 283-299.

[9] Amanda M. Within and beyond a grow-your-own-teacher program: Documenting the contextualized preparation and professional development experiences of critically conscious Latina teachers[J]. Teaching Education, 2018, 29(4): 357-369.

[10] Anju S. Demonstrating a situated learning approach for in-service teacher education in rural India: The quality education programme in Rajasthan[J]. Teaching and Teacher Education, 2012(28): 1009-1017.

[11] Atalmis E H, et al. How does private tutoring mediate the effects of socio-economic status on mathematics performance? Evidence from Turkey[J]. Policy Futures in Education, 2016(8): 1135-1152.

［12］ Athanases S Z & Martin K J. Learning to advocate for educational equity in a teacher credential program［J］. Teaching and Teacher Education，2006(22)：627-646.

［13］ Backstrom L，et al. Four degrees of separation［EB/OL］. (2012-01-06)［2022-06-15］. https：//arxiv. org/pdf/1111. 4570. pdf.

［14］ Bandura A. Self-efficacy：The Exercise of Control［M］. New York：Freeman，1997.

［15］ Barabási A L. Linked：The New Science of Networks［M］. Cambridge，Massachusetts：Perseus Publishing，2002.

［16］ Barabási A L. The origin of bursts and heavy tails in human dynamics［J］. Nature，2005，435(7039)：207.

［17］ Barabási A L & Albert R. Emergence of scaling in random networks［J］. Science，1999 (286)：509-512.

［18］ Barajas-Lopez F & Ishimaru A M. "Darles el lugar"：A place for nondominant family knowing in educational equity［J］. Urban Education，2020(1)：38-65.

［19］ Baran B & Keles E. Case study discussion experiences of computer education and instructional technologies students about instructional design on an asynchronous environment ［J］. Turkish Online Journal of Educational Technology，2011，10(1)：58-70.

［20］ Barbieri G，Rossetti C & Sestito P. The determinants of teacher mobility：Evidence using Italian teachers' transfer applications［J］. Economics of Education Review，2011，30(6)：1430-1444.

［21］ Beran T，et al. The utility of student ratings of instruction for students，faculty，and administrators：A consequential study［J］. The Canadian Journal of Higher Education，2005，35(2)：49-70.

［22］ Blum N & Diwan R. Small，multigrade schools and increasing access to primary education in India：National context and NGO initiatives［J］. Research Monograph，2007(17)：13.

［23］ Bold T，et al. Can free provision reduce demand for public services? Evidence from Kenyan education［J］. The World Bank Economic Review，2014，29(2)：293-326.

［24］ Bolliger D U，Shepherd C E & Bryant H V. Faculty members' perceptions of online program community and their efforts to sustain it［J］. British Journal of Educational Technology，2019，50(6)：3283-3299.

［25］ Bornstein M H & Bradley R H. Socioeconomic Status，Parenting，and Child Development ［M］. Mahwah，NJ：Erlbaum，2003.

［26］ Bradley R H & Corwyn R F. Socioeconomic status and child development［J］. Annual Review of Psychology，2002，(53)：371-399.

［27］ Bray M & Kwo O. Regulating private tutoring for public good：Policy options for supplementary education in Asia［R］. Hong Kong：Comparative Education Research Centre (CERC)，The University of Hong Kong，and Bangkok：UNESCO,2014:51.

［28］ Bray M & Kobakhidze M N. Evolving ecosystems in education：The nature and implications of private supplementary tutoring in Hong Kong［J］. Prospects：Quarterly

Review of Comparative Education，2015(45)：465-481.

[29] Bray M, et al. The challenges of measuring outside-school-time educational activities： Experiences and lessons from the programme for international student assessment (PISA)[J]. Comparative Education Review，2020(1)：87-106.

[30] Brooks-Gunn J & Duncan G J. The effects of poverty on children[J]. The Future of Children，1997(14)：55-71.

[31] Brownell M T，Bishop A M & Sindelar P T. Republication of "NCLB and the demand for highly qualified teachers： Challenges and solutions for rural schools"[J]. Rural Special Education Quarterly，2018,37(1)，4-11.

[32] Buchmann C，Condron D J & Roscigno V J. Shadow education，American style： Test preparation，the SAT and college enrollment[J]. Social Forces，2010(89)：435-461.

[33] Cari G O，Huynh V W & Fuligni A J. To study or to sleep? The academic costs of extra studying at the expense of sleep[J]. Child Development，2013，84 (1)：133-142.

[34] Casad B J & Jawaharlal M. Learning through guided discovery： An engaging approach to K-12 STEM education[C]. ASEE Annual Conference，San Antonio，TX，2012.

[35] Chang Y-W. Influence of human behavior and the principle of least effort on library and information science research[J]. Information Processing and Management，2016 (52)：658-669.

[36] Chapman C，et al. Professional capital and collaborative inquiry networks for educational equity and improvement? [J]. Journal of Professional Capital and Community，2016，1(3)：178-197.

[37] Chin W W. Commentary：Issues and opinion on structural equation modeling[J]. MIS Quarterly，1998，22(1)：vii-xvi.

[38] Lai C-L & Hwang G-J. A self-regulated flipped classroom approach to improving students' learning performance in a mathematics course[J]. Computers & Education，2016(100)：126-140.

[39] Cho M H & Kim B J. Students' self-regulation for interaction with others in online learning environments[J]. Internet and Higher Education，2013(17)：69-75.

[40] Clark K. Practical applications of technology as a key to reducing the digital divide among African-American youth[J]. Journal of Children and Media，2017(2)：252-255.

[41] Clotfelter C T，Ladd H F & Vigdor J L. Are teacher absences worth worrying about in the United States? [J]. Education，2009，4(2)：115-149.

[42] Coleman J S. Social capital in the creation of human capital[J]. American Journal of Sociology，1988(94)：95-120.

[43] Conger R D & Donnellan M B. An interactionist perspective on the socioeconomic context of human development[J]. Annual Review of Psychology，2007(58)：175-199.

[44] Cuieford J P. Fundamental Statistics in Psychology and Education[M]. New York：McGraw Hill，1965.

[45] Darling-Hammond L. A good teacher in every classroom： Preparing the highly qualified

teacher our children deserve[J]. Educational Horizons，2007(4)：111-132.

[46] Darvin R. Social class and the unequal digital literacies of youth[J]. Language and Literacy，2018(3)：26-45.

[47] Davis F D. Perceived usefulness，perceived ease of use，and user acceptance of information technology[J]. MIS Quarterly，1989，13(3)：319-342.

[48] Davis F D，Bagozzi R P & Warshaw P R. User acceptance of computer technology：A comparison of two theoretical models[J]. Management Science，1989，35(8)：982-1003.

[49] Davis-Kean P E. The influence of parent education and family income on child achievement：The indirect role of parental expectations and the home environment[J]. Journal of Family Psychology，2005，19(2)：294.

[50] Davis-Kean P E, et al. Parental influence on academic outcomes：Do race and SES matter[C]. Inbiennial Meeting of the Society for Research on Child Development，Tampa，FL，2003.

[51] Dawn C W. Rural education：A review of provincial and territorial initiatives[R]. Manitoba Education，Citizenship and Youth，2009：20，10，21.

[52] de Barba P G，Kennedy G E & Ainley M D. The role of students' motivation and participation in predicting performance in a MOOC[J]. Journal of Computer Assisted Learning，2016，32(3)：218-231.

[53] de Villiers R & Weda Z. Zimbabwean teachers in South Africa：A transient greener pasture[J]. South African Journal of Education. 2017，37(3)：1-9. doi：10.15700/ saje. v37n3a1410

[54] Department for Children，Schools and Families. Your Child，Your Schools，Our Future：Building a 21st Century School System[M]. London：The Parliamentary Bookshop，2009：2，101，97.

[55] Department for Education. Schools white paper stresses the importance of teaching [EB/OL]. (2010-11-24)[2020-03-15]. http：//www. direct. gov. uk/en/Nl1/Newsroom/ DG_192689.

[56] Dewey J，Husted T A & Kenny L W. The ineffectiveness of school inputs：A product of misspecification? [J]. Economics of Education Review，2000，19(1)：27-45.

[57] Dezsö Z, et al. Dynamics of information access on the web[J]. Physical Review，2006 (73)：66-132.

[58] Edwards D B, et al. Spatializing a global education phenomenon：Private tutoring and mobility theory in Cambodia[J]. Journal of Education Policy，2020(5). doi：10. 1080/02680939. 2019. 1610192.

[59] Ee J & Gandara P. The impact of immigration enforcement on the nation's schools[J]. American Educational Research Journal，2020(32). doi：10. 3102/0002831219862998.

[60] EEF(Education Endowment Foundation). One to one tuition[EB/OL]. (2021-07-11) [2022-06-25]. https：//educationendowmentfoundation. org. uk/education-evidence/ teaching-learning-toolkit/one-to-one-tuition/.

[61] Evans W, Murray S & Schwab R. Toward increased centralization in public school Finance[M]//Fisher R C. Intergovernmental Fiscal Relations. New York: Kuwer Academic, 1997.

[62] Fishbein M & Ajzen J. Belief, attitude, intention and behaviour: An introduction to theory and research[J]. Philosophy & Rhetoric, 1975, 41(4): 842-844.

[63] Fornell C & Larcker D. Evaluating structural equation models with unobservable variables and measurement error[J]. Journal of Marketing Research, 1981(18): 39-50.

[64] Fransoo R, et al. The whole truth, socioeconomic status and educational outcomes [J]. Education Canada, 2005, 45(3): 6-10.

[65] Fraser B J & Hasan A A. One-to-one tutoring and mathematics students' achievement in the United Arab Emirates[J]. Learning and Teaching in Higher Education-Gulf Perspectives, 2019, 16(1). doi: 10.18538/lthe.v16.n1.330.

[66] Frempong G, et al. Resilient learners in schools serving poor communities[J]. Electronic Journal of Research in Educational Psychology, 2016, 14(2): 352-367.

[67] Garcia E & Weiss E. How teachers view their own professional status: A snapshot [J]. Phi Delta Kappan, 2020(6): 14-18.

[68] Gershoff E T, et al. Income is not enough: Incorporating material hardship into models of income associations with parenting and child development[J]. Child Development, 2007, 78 (1): 70-95.

[69] Glasser W. Choice theory: A New Psychology of Personal Freedom[M]. New York: Harper Collins, 1998.

[70] Goh K I, Barabasi A L. Burstiness and memory in complex systems[J]. Europhysics Letters, 2008, Lett. 81:48002.

[71] Goodwin A L & Darity K. Social justice teacher educators: What kind of knowing is needed? [J]. Journal of Education for Teaching, 2019,45(1): 63-81.

[72] Government of Newfoundland and Labrador, Department of Education. Education and our future: A road map to innovation and excellence[R]. 2006: 17.

[73] Greenwald R, Hedges L V & Laine R D. When reinventing the wheel is not necessary: A case study in the use of meta-analysis in education finance[J]. Journal of Education Finance, 1994 (20): 1-20.

[74] Haight M, et al. Revisiting the digital divide in Canada: The impact of demographic factors on access to the internet, level of online activity, and social networking site usage[J]. Information, Communication & Society, 2014(4): 503-519.

[75] Hallinger P & Liu S. Leadership and teacher learning in urban and rural schools in China: Meeting the dual challenges of equity and effectiveness [J]. International Journal of Educational Development, 2016(51): 163-173.

[76] Hansen D L & Smith M A. Social network analysis[M]//Olson J S & Kellogg W A. Way of Knowing in HCI. New York: Springer, 2014.

[77] Hansen J D & Reich J. Democratizing education? Examining access and usage patterns in

massive open online courses[J]. Science, 2015, 350(6265): 1245-1248.

[78] Hansen K Y & Gustafsson J E. Identifying the key source of deteriorating educational equity in Sweden between 1998 and 2014[J]. International Journal of Educational Research, 2019(93): 79-90.

[79] Hargittai E. Second-level digital divide: Differences in people's online skills[J]. First Monday, 2002,7(4). doi: 10. 5210/fm. vji4. 942.

[80] Hassan K E. Investigating substantive and consequential validity of student ratings of instruction[J]. Higher Education Research & Development, 2009, 28(3): 319-333.

[81] Heineke A J. The invisible revolving door: the issue of teacher attrition in English language development classrooms in Arizona[J]. Lang Policy, 2018(17):77-98.

[82] Hernandez F, Mantle-Bromley C & Riley B. Preparing effective teachers for every community[EB/OL]. (2015-02-19) [2022-05-28]. http://www. shankerinstitute. org/blog/preparing-effective-teachers-every-community.

[83] Herrmann M A & Rockoff J E. Worker Absence and Productivity: Evidence from teaching[J]. Journal of Labor Economics, 2012,30(4): 749-782.

[84] Hill A P, et al. Perfectionism and burnoutin junior elite soccer players: The mediating influence of unconditional self-acceptance[J]. Psychology of Sport and Exercise, 2008, 9(5): 630-644.

[85] Hockly N & Dudeney G. Current and Future Digital Trends in ELT[J]. RELC Journal, 2018(2): 164-178.

[86] Holec H. Autonomy in Foreign Language Learning[M]. Oxford, UK: Pergamon Press, 1981.

[87] Holloway D L. Using research to ensure quality teaching in rural schools[J]. 2002 (3):138-153.

[88] Hong W, et al. Heavy-tailed statistics in short-message communication[J]. Chinese Physics Letters, 2009, Lett, 26:028902. doi:10-1088/0256-307x/2612/028902.

[89] Hung W C & Jeng I F. Factors influencing future educational technologists' intentions to participate in online teaching[J]. British Journal of Educational Technology, 2013, 44(2): 255-272.

[90] Husen T. Social influences of educational attainment: Research perspectives on educational equality[M]. OECD Publications Center, 1975: 182-186.

[91] Jackson C K, Johnson R C & Persico C. The effects of school spending on educational and economic outcomes: Evidence from school finance reforms[J]. Quarterly Journal of Economics, 2015,131(1): 157-218.

[92] Hyunjoon P, et al. Learning beyond the school walls: Trends and implications[J]. Annual Review of Sociology, 2016, 42(1): 231-252.

[93] Jiang Z, et al. Understanding human dynamics in microblog posting activities[J]. Journal of Statistical Mechanics: Theory and Experiment, 2013, 2(2): P02006.

[94] John D H,Justin R. Democratizing education? Examining access and usage patterns in

massive open online courses[J]. Science, 2015, 350(6265): 1245-1248.

[95] Johnson R C. Children of the Dream: Why School Integration Works[M]. New York: Basic Books, 2019.

[96] Johnson S M. The workplace matters: Teacher quality, retention, and effectiveness [R]. Working Paper, National Education Association Research Department, 2006.

[97] Jordan I K, et al. Conservation and coevolution in the scale-free human gene coexpression network[J]. Molecular Biology Evolution, 2004, 21(11): 2058-2070.

[98] Jun S W, Ramirez G & Cumming A. Tutoring adolescents in literacy: A meta-analysis [J]. Journal of Education, 2010, 45(2): 219-238.

[99] Michael K & Verdis A. Shadow education in Greece: Characteristics, consequences and eradication efforts[M]//Mark B, Mazawi A E & Sultana R G. Private Tutoring Across the Mediterranean: Power Dynamics and Implications for Learning and Equity. Rotterdam: Sense Publishing, 2013: 93-113.

[100] Keller B. "Residencies" set up to train urban teachers at school sites[J]. Education Week, 2006, 26(10): 14.

[101] Kim S S & Malhotra N K. A longitudinal model of continued IS use: An integrative viewof four mechanisms underlying postadoption phenomena[J]. Management Science, 2003, 51(5): 741-755.

[102] Kimmons R, et al. Mining social media divides: An analysis of K-12 US school uses of twitter[J]. Learning Media and Technology, 2018(3): 307-325.

[103] Kizilcec R F, Perez-Sanagustín M & Maldonado J J. Self-regulated learning strategies predict learner behavior and goal attainment in massive open online courses[J]. Computers & Education, 2017 (104): 18-33.

[104] Kline J & Walker-Gibbs B. Graduate teacher preparation for rural schools in victoria and queensland[J]. Australian Journal of Teacher Education, 2015, 40(3): 68-88.

[105] Kremer M, et al. Teacher absence in India: A snapshot[J]. Journal of the European Economic Association, 2005, 3(2-3): 658-667.

[106] Kretchmar K, Sondel B & Ferrare J J. The power of the network: Teach for America's impact on the deregulation of teacher education[J]. Educational Policy, 2018, 32 (3): 423-453.

[107] Lafortune J, Rothstein J & Schanzenbach D W. School finance reform and the distribution of student achievement[J]. American Economic Journal: Applied Economics, 2018, 10(2): 1-26.

[108] Lazarev V, Toby M, Zacamy J, Lin L & Newman D. Indicators of successful teacher recruitment and retention in Oklahoma rural schools (REL 2018-275)[EB/OL]. (2017-10-05) [2019-02-04]. https://ies. ed. gov/ncee/edlabs/regions/southwest/pdf/REL_2018275. pdf.

[109] Lee J H & Fuller B. Does progressive finance alter school organizations and raise achievement? The case of Los Angeles[J]. Educational Policy, 2020(37). doi:

10. 1177/0895904820901472.

[110] Lee Y & Choi J. A review of online course dropout research: Implications for practice and future research[J]. Educational Technology Research and Development, 2011 (59): 593-618.

[111] Lembani R, et al. The same course, different access: The digital divide between urban and rural distance education students in South Africa[J]. Journal of Geography in Higher Education, 2020(1): 70-84.

[112] Li F & Sass T R. Teacher quality and teacher mobility[J]. Education Finance and Policy, 2017(3): 396-418.

[113] Li L Y & Tsai C C. Accessing online learning material: Quantitative behavior patterns and their effects on motivation and learning performance[J]. Computers & Education, 2017(114): 286-297.

[114] Lin E, et al. Initial motivations for teaching: Comparison between preservice teachers in the United States and China[J]. Asia-Pacific Journal of Teacher Education, 2012(3): 227-248.

[115] Little S J & Welsh R O. Rac(e)ing to punishment? Applying theory to racial disparities in disciplinary outcomes[J]. Race Ethnicity and Education, 2020(21). doi: 10. 1080/13613324. 2019. 1599344.

[116] Liu A & Xie Y. Influences of monetary and non-monetary family resources on children's development in verbal ability in China[J]. Research in Social Stratification and Mobility, 2015, 40: 59-70.

[117] Liu E Z, Cheng S & Lin C H. The Effects of using online Q & A discussion forums with different characteristics as a learning resource[J]. The Asia-Pacific Education Researcher, 2013, 22 (4): 667-675.

[118] Liu J G, et al. Collective iteration behavior for online social networks[J]. Physica A: Statistical Mechanics and its Applications, 2018 (499): 490-497.

[119] Liu J Y & Bray M. Evolving micro-level processes of demand for private supplementary tutoring: Patterns and implications at primary and lower secondary levels in China [J]. Educational Studies, 2020(2): 170-187.

[120] Lou S J, et al. The senior high school students' learning behavioral model of STEM in PBL[J]. International Journal of Technology Design Education, 2011(21): 161-183.

[121] Maggio L A, et al. Honoring thyself in the transition to online teaching[J]. Academic Medicine, 2018, 93(8): 1129-1134.

[122] Makoelle T M. Inclusion and exclusion-rural teachers and learners' experiences: Cases in the Free-State Province[J]. Anthropologist, 2014,18(3): 1097-1104.

[123] Malen B, et al. The challenges of advancing fiscal equity in a resource-strained context [J]. Educational Policy, 2017,31(5): 615-642.

[124] Malik K, et al. Mixed-methods study of online and written organic chemistry homework

[J]. Journal of Chemical Education，2014，91(11)：1804-1809.

[125] Malmgren R D, et al. A poissonian explanation for heavy tails in emails[J]. Proceedings of the National Academy of Science of the United States of America, 2008, 105(47)：18153-18158.

[126] Marjoribanks K. Family background, individual and environmental influences on adolescents' aspirations[J]. Educational Studies, 2002, 28(1)：33-46.

[127] Mark P. From troops to teachers：changing careers and narrative identities[J]. Journal of Education for Teaching. 2019, 45(3)：335-347.

[128] Mathieson K. Predicting user intentions：Comparing the technology acceptance model with the theory of planned behavior[J]. Information Systems Research, 1991, 2(3)：173-191.

[129] Martin A D. The agentic capacities of mundane objects for educational equity：Narratives of material entanglements in a culturally diverse urban classroom[J]. Education Research for Social Change, 2019, 8(1)：86-100. doi：10. 17159/2221-4070/2018/v8i1a6.

[130] Martinez-Torres M R, et al. A technological acceptance of e-learning tools used in practical and laboratory teaching, according to the European higher education area [J]. Behaviour & Information Technology, 2008, 27(6)：495-505.

[131] MccViar R, Clarke G, Hogg D R. Scotland's GP rural fellowship：An initiative that has impacted on rural recruitment and retention[J]. Rural and Remote Health, 2016 (16)：3550-3558.

[132] Mehta A C. Elementary education in rural India：Where do we stand? Analytical tables 2011—2012[EB/OL]. (2012-11-12)[2022-05-28]. http://www. dise. in/ Downloads/Publications/Publications 2011-12/Elementary Education in Rural India. pdf.

[133] Mhishi M, Bhukuvhani C E & Sana A F. Science teacher training programme in rural schools：An ODL lesson from Zimbabwe[J]. International Review of Research in Open and Distance Learning, 2012, 13(1), 72-86.

[134] Montiel I, et al. New ways of teaching：Using technology and mobile apps to educate on societal grand challenges[J]. Journal of Business Ethics, 2020(2)：243-251.

[135] Moses I, et al. Who wants to become a teacher? Typology of student-teachers' commitment to teaching[J]. Journal of Education for Teaching, 2017(4)：444-457.

[136] Mryglod O, et al. Inter-event time distributions of human multi-level activity in a virtual world[J]. Physica A：Statistical Mechanics and Its Applications, 2015 (419)：681-690.

[137] Mukeredzi T G. The nature of professional learning needs of rural secondary school teachers：Voices of professionally unqualified teachers in rural Zimbabwe[J]. SAGE Open, 2016, 6(2)：1-12.

[138] Nancy S N & Fahy P J. Attracting, preparing, and retaining under-represented populations in rural and remote Alberta-North communities[J]. International Review of

Research in Open and Distance Learning, 2011, 12(4): 36-53.

[139] National Center for Education Statistics. Number and percentage distribution of public elementary and secondary school teachers, by locale and selected characteristics: 2011—2012[EB/OL]. (2020-12-27)[2022-05-28]. https://nces. ed. gov/surveys/ruraled/teachers. asp.

[140] Nguyen T D. Examining the teacher labor market in different rural contexts: Variations by urbanicity and rural states[J]. AERA Open, 2020, 6(4). doi: 10. 1177/2332858-420966336.

[141] Northwest Territores Education, Culture and Employment. Strategy for teacher education in the Northwest Territories: 2007—2015[EB/OL]. (2018-12-21)[2022-06-25]. http://www. ece. gov. nt. ca.

[142] Nunnally J. Psychometric Theory[M]. New York: McGraw-Hill, 1978.

[143] Obama B H. Remarks on education reform[N]. Daily Complilation of Presidential Documents, 2009-07-24.

[144] Oliveira J G, Barabási A L. Human dynamics: Darwin and einstein correspondence patterns[J]. Nature, 2005(437): 1251.

[145] Olson L. Finding and keeping competent teachers[J]. Education Week, 2000: 3-13.

[146] Orfield G & Frankenberg E. Brown at 60: Great progress, a long retreat and an uncertain future[EB/OL]. (2014-05-15)[2022-06-25]. https://civilrightsproject. ucla. edu/research/k-12-education/integration-and-diversity/brown-at-60-great-progress-a-long-retreat-and-an-uncertain-future.

[147] Orlich D C. Idaho teacher turnover 1965—Selected analysis of problem[J]. Journal of Teacher Education, 1967,18(4): 447-453.

[148] Oye N D, Iahad N A & Rahim N A. The history of UTAUT model and its impact on ICT acceptance and usage by academicians[J]. Education and Information Technologies, 2014, 19(1): 251-270.

[149] Pearce S, Power S & Taylor C. Private tutoring in Wales: Patterns of private investment and public provision[J]. Research Papers in Education, 2018, 33(1): 113-126.

[150] Pedersen K G. Teacher turnover in metropolitan setting[J]. Education and Urban Society, 1972,4(2): 177-196.

[151] Pelliccione L, et al. An evidence-based case for quality online initial teacher education [J]. Australasian Journal of Educational Technology, 2019(6): 64-79.

[152] Restal P & Laferrière T. Digital equity and intercultural education[J]. Education and Information Technologies, 2015(4): 743-756.

[153] Richards-Babb M & Jackson J K. Gendered responses to online homework use in general chemistry[J]. Chemistry Education Research and Practice, 2011, 12(4): 409-419.

[154] Rodríguez C, Amador A & Tarango B A. Mapping educational equity and reform policy in the borderlands: LatCrit spatial analysis of grade retention[J]. Equity &

Excellence in Education，2016，49（2）：228-240.

[155] Rohs M & Ganz M. MOOCs and the claim of education for all：A disillusion by empirical data[J]. International Review of Research in Open and Distributed Learning，2015（6）：1-19.

[156] Rooks D. The unintended consequences of cohorts：How social relationships can influence the retention of rural teachers recruited by cohort-based alternative pathway programs[J]. Journal of Research in Rural Education，2018，33（9）：1-22.

[157] Sahlberg P. Education reform for raising economic competitiveness[J]. Journal of Educational Change，2006，7（4）：259-287.

[158] Sawchuk S. Teacher "residencies" get federal funding to augment training[J]. Education Week，2009，29（7）：8-10.

[159] Scott J T，et al. Law and order in school and society：How discipline and policing policies harm students of color，and what we can do about it[EB/OL]. （2017-06-08）[2022-06-25]. http://nepc. colorado. edu/publication/law-and-order.

[160] Scott R J. Teaching and learning in remote schools：A dilemma beyond rural education [R]. Information from the National Information Center for Handicapped Children and Youth，1984.

[161] Shi L J，Stickler U & Lloyd M E. The interplay between attention，experience and skills in online language teaching[J]. Language Learning in Higher Education，2017，7（1）：205-238.

[162] Silinskas G，et al. Predictors of mothers' and fathers' teaching of reading and mathematics during kindergarten and Grade 1[J]. Learning and Instruction 2010，20（1）：61-71.

[163] Simon N S & Johnson S M. Teacher turnover in high-poverty schools：What we know and can do[J]. Teachers College Record，2015，117（3）：1-36.

[164] Sirin S R. Socioeconomic status and academic achievement：A meta-analytic review of research[J]. Review of Educational Research，2005，75 （3）：417-453.

[165] Smith J R，Brooks-Gunn J & Klebanov P K. Consequences of living in poverty for young children's cognitive and verbal ability and early school achievement[M]// Duncan G J & Brooks-Gunn J. Consequences of Growing Up Poor. New York：Russell Sage Foundation，1997：132-189.

[166] Smyth E. The more，the better? Intensity of involvement in private tuition and examination performance[J]. Educational Research and Evaluation，2008（5）：465-476.

[167] Soomro K A，et al. Digital divide among higher education faculty[J]. International Journal of Educational Technology in Higher Education，2020（1）. doi：10. 1186/s41239-020-00191-5.

[168] Sorensen L C and Ladd H F. The hidden costs of teacher turnover[J]. Aera Open，2020，6（1）. doi：10. 1177/2332858420905812.

[169] Sparks P，Guthrie C A & Shepherd R. The dimensional structure of the perceived behavioral control construct[J]. Journal of Applied Social Psychology，1997，27（5）：

418-438.

[170] Spooner M. Overview and framework: Successes and challenges for alternative routes to certification[M]// Dangel J R & Guyton E M (Eds.). Research on Alternative and Non-traditional Education: Teacher Education Yearbook ⅩⅢ. Lanham, MD: Association of Teacher Educators with Scarecrow Education. 2005.

[171] Sriprakash A, et al. Normative development in rural India: "School readiness" and early childhood care and education[J]. Comparative Education, 2020. doi: 10.1080/03050068.2020.1725350.

[172] Stadler Z. Funding for students in poverty must be a priority[EB/OL]. (2016-12-08) [2022-05-28]. https://medium.com/edbuild/funding-for-students-in-poverty-must-be-a-priority-5af726a185dc.

[173] Streak J C, Yu D & Van der Berg S. Measuring child poverty in South Africa: Sensitivity to the choice of equivalence scale and an updated profile[J]. Social Indicators Research, 2009, 94(2): 183-201.

[174] Sua T Y. Democratization of secondary education in Malaysia: Emerging problems and challenges of educational reform[J]. International Journal of Educational Development, 2012(1): 53-64.

[175] Sun L X, et al. Are there educational and psychological benefits from private supplementary tutoring in Mainland China? Evidence from the China Education Panel Survey, 2013—2015[J]. International Journal of Educational Development, 2020(10). doi: 10.1016/j.ijedudev.2019.102144.

[176] Tao S. Using the Capability Approach to improve female teacher deployment to rural schools in Nigeria[J]. International Journal of Educational Development, 2014 (39): 92-99.

[177] Toropova A, Myrberg E & Johansson S. Teacher job satisfaction: The importance of school working conditions and teacher characteristics[J]. Educational Review, 2020. doi: 10.1080/00131911.2019.1705247.

[178] Torres D G. Distributed leadership and teacher job satisfaction in Singapore[J]. Journal of Educational Administration, 2018,56(1): 127-142.

[179] Travers J and Milgram S. An experimental study of the small world problem[J]. Sociometry, 1969, 32(4): 425-443.

[180] Trinidad S, et al. Going bush: Preparing pre-service teachers to teach in regional western Australia[J]. Australian and International Journal of Rural Education. 2012, 22(1): 39-56.

[181] U. S. Department of Education, Office of Planning. Evaluation and policy development [R]. ESEA Blueprint for Reform, Washington, D. C. 2010: 1-2.

[182] U. S. Department of Education. Guidance on the state fiscal stabilization fund program [EB/OL]. (2009-04-02)[2022-05-28]. https://www2.ed.gov/programs/statestabilization/guidance.pdf

[183] Ullrich A. The relationship of elementary teachers' years of teaching experience, perceptions of occupational stress, self-acceptance, and challenging student behavior to burnout symptoms in the United States and Germany[J]. Disseration & These-Gradworks, 2009. doi：10.1002/esp.1887.

[184] UNESCO. Teaching and learning：Achieving quality for all[EB/OL]. (2014-01-12)[2022-05-28]. http：//unesdoc.unesco.org/images/0022/002256/225654c.pdf.

[185] UNICEF. A post-2015 world fit for children[EB/OL]. (2013-09-11)[2022-05-28]. https：//www.unicef.org/agenda2030/files/Post_2015_OWG_review_CR_FINAL.pdf.

[186] UNICEF. The state of the world's children 2016：A fair chance for every child[R]. UNICEF Division of Communication 3 United Nations Plaza, New York, NY 10017, USA，2016.

[187] Van der Berg S. How effective are poor schools? Poverty and educational outcomes in South Africa[J]. Studies in Educational Evaluation，2008，34(3)：145-154.

[188] Van Steen M. Graph theory and complex networks：An introduction[EB/OL]. (2010-06-12)[2019-12-24]. https://pdfs.semanticscholar.org/9dba/e30f82537911-38e6c1031c5b7e4c7b321185.pdf.

[189] Vansteenkiste M，et al. Experiences of autonomy and control among Chinese learners：Vitalizing or immobilizing? [J]. Journal of Educational Psychology，2005，97(3)：468-483.

[190] Vazquez A. Impact of memory on human dynamics[J]. Physica A：Statistical Mechanics and Its Applications，2007(373)：747-752.

[191] Vazquez A. Exact results for the Barabasi model of human dynamics[J]. Physical Review Letters. 2005，95(24)：248701.

[192] Venkatesh V & Davis F D. A theoretical extension of the technology acceptance model：Four longitudinal field studies[J]. Management Science，2000，46(2)：186-204.

[193] Venkatesh V, Davis F D. A model of the antecedents of perceived ease of use：Development and test[J]. Decision Sciences，1996，27(3)：451-481.

[194] Venkatesh V，et al. User acceptance of information technology：Toward a unified view[J]. MIS Quarterly，2003，7(3)：425-478.

[195] Wang P & Ma Q. From heavy-tailed to exponential distribution of inter-event time in cellphone top-up behavior[J]. Physica A：Statistical Mechanics and its Applications，2017 (473)：10-17.

[196] Wang W，et al. Effects of social-interactive engagement on the dropout ratio in online learning：insights from MOOC[J]. Behaviour & Information Technology，2019，38 (6)：621-636.

[197] Wang X，et al. The education gap of China's migrant children and rural counterparts [J]. The Journal of Development Studies，2017，53(11)：1865-1881.

[198] Wang Y S, Lin H H, Pin L. Predicting consumer intention to use mobile service

[J]. Information Systems Journal，2006(2)：157-179.

[199] Warner M T & Ready D D. Equity, access, and mathematics coursetaking within purposefully created small high schools[J]. Educational Policy，2019，33(5)：761-804.

[200] Warschauer M & Matuchniak T. New technology and digital worlds：Analyzing evidence of equity in access, use, and outcomes[J]. Review of Research in Education，2010 (1)：179-225.

[201] Watts B D & Dyer R J. Structure and resilience of bald eagle roost networks[J]. Wildlife Society Bulletin，2018，42(2)：195-203.

[202] Wei K K, et al. Conceptualizing and testing a social cognitive model of the digital divide[J]. Information Systems Research，2011(1)：170-187.

[203] Wei Y & Zhou S. Are better teachers more likely to move? Examining teacher mobility in rural China[J]. Asia-Pacific Education Researcher，2019(2)：171-179.

[204] Wright E, Lee M & Feng S Y. Shadowing the international baccalaureate：Private supplementary tutoring for the diploma programme in China[J]. Educational Research for Policy and Practice，2018，17(2)：127-143.

[205] Wronowski M L. Filling the void：A grounded theory approach to addressing teacher recruitment and retention in urban schools[J]. Education and Urban Society，2018 (6)：548-574.

[206] Xue E & Li T. Analysis of policies to develop the teaching force in rural areas of China[J]. KEDI Journal of Educational Policy，2017，14(2)：41-60.

[207] Yamamoto Y, Mary C, Brinton M C. Cultural capital in east Asian educational systems：The case of Japan[J]. Sociology of Education，2010，83(1)：67-83.

[208] Yeung W J, Linver M R. & Brooks-Gunn J. How money matters for young children's development：Parental investment and family processes[J]. Child Development，2002，73(6)：1861-1879.

[209] Zhang H T, et al. Spatiotemporal property and predictability of large-scale human mobility[J]. Physica A：Statistical Mechanics and Its Applications，2018(40)：40-48.

[210] Zhang M H & Li Y. Teaching experience on faculty members' perceptions about the attributes of open educational resources (OER)[J]. International Journal of Emerging Technologies in Learning，2017，12(4)：191-199.

[211] Zhang S, et al. Interactive networks and social knowledge construction behavioral patterns in primary school teachers' online collaborative learning activities[J]. Computers & Education，2017(104)：1-17.

[212] Zhang W & Bray M. Equalising schooling, unequalising private supplementary tutoring：access and tracking through shadow education in China[J]. Oxford Review of Education，2018(2)：221-238.

[213] Zipf G K. Human Behavior and the Principle of Least Effort[M]. Cambridge, Mass：Addison-Wesley Press. 1949.

中文文献

[1] 安富海. "特岗教师"专业发展的问题与对策——基于对贵州威宁县和河北涞源县的调查[J]. 教育理论与实践,2014(10):39-43.

[2] 安富海. 学习空间支持的智力流动:破解民族地区教师交流困境的有效途径[J]. 电化教育研究,2017(9):102-107.

[3] 安晓敏,佟艳杰. 教师轮岗交流意愿影响因素研究[J]. 教育科学,2019(3):43-50.

[4] 鲍传友,西胜男. 城乡教师交流的政策问题及其改进——以北京市 M 县为例[J]. 教育研究,2010(1):18-22,58.

[5] 北京市教育委员会. 关于本市 2018 年教育经费执行情况的公告[EB/OL]. (2019-11-22)[2020-02-10]. http://www. beijing. gov. cn/zfxxgk/110003/cwjf53/2019-11/22/content_665769904ce34dfe9cd29de3f6737f5f. shtml.

[6] 蔡永红,申晓月,李燕丽. 基本心理需要满足、自我效能感与教师教学专长发展[J]. 教育研究,2018(2):103-111.

[7] 操太圣,卢乃桂. "县管校聘"模式下的轮岗教师管理审思[J]. 教育研究,2018(2):58-63.

[8] 操太圣. 轮岗教师作为具有公共性的人力资源[J]. 教育发展研究,2018(4):3.

[9] 查尔斯·赫梅尔. 今日的教育为了明日的世界[M]. 王静,赵穗生,译. 北京:中国对外翻译出版公司,1983.

[10] 常宝宁. 法国义务教育扶持政策与我国教育均衡发展的政策选择[J]. 比较教育研究,2015(4):33-38.

[11] 陈玲,刘静,余胜泉. 个性化在线教育公共服务推进过程中的关键问题思考——对北京市中学教师开放型在线辅导计划的实践反思[J]. 中国电化教育,2019(11):80-90.

[12] 陈玲,余胜泉,杨丹. 个性化教育公共服务模式的新探索——"双师服务"实施路径探究[J]. 中国电化教育,2017(7):2-8.

[13] 陈武林. 公平与优质:英美两国基础教育均衡发展政策评介[J]. 外国中小学教育,2010(10):8.

[14] 陈宪. 教育公共服务均等化何以可能——基于《2011 年全国教育经费执行情况统计公告》的分析[J]. 探索与争鸣,2013(5):70-73.

[15] 陈亚囡. 家庭教育指导需要政府支持之思考[J]. 理论界,2014(5):196-198.

[16] 陈佑清. 学习中心课堂中的教师地位与作用——基于对"教师主导作用"反思的理解[J]. 教育研究,2017(1):106-113.

[17] 陈岳堂,赵婷婷,杨敏. 乡村小学教师资源配置的现实困境与优化策略——以湖南省为例[J]. 教育研究与实验,2018(3):61-65.

[18] 成俊华,王爱玲. 我国教师资源配置研究的现状及反思[J]. 教育理论与实践,2018(14):36-39.

[19] 褚宏启. 新时代需要什么样的教育公平:研究问题域与政策工具箱[J]. 教育研究,2020(2):4-16.

[20] 丛中,高文凤. 自我接纳问卷的编制与信度效度检验[J]. 中国行为医学科学,1999(1):20-22.

[21] 崔梅,葛敏. 新时代新教育公平论析[J]. 学校党建与思想教育,2018(6):89-92.

[22] 戴红斌. 网络视频教研促进农村教师专业发展[J]. 中小学信息技术教育,2011(4):77-79.

[23] 戴仁俊. 网络教学有效性的内涵分析[J]. 中国远程教育,2009(2):36-38.

[24] 邓红. 甘肃农村初中生厌学心理调查与分析——以榆中县为例[J]. 兰州学刊,2008(9):206-208.

[25] 都昌满. 英国试行以现金补贴留住数学和物理学科教师[J]. 世界教育信息,2019(14):76.

[26] 杜琳娜. 城乡教师交流制度促进农村教师专业发展的优势与限度[J]. 黑龙江高教研究,2014(12):78-81.

[27] 杜屏,张雅楠,叶菊艳. 推拉理论视野下的教师轮岗交流意愿分析——基于北京市某区县的调查[J]. 教育发展研究,2018(4):37-44.

[28] 杜新秀,戴育红. 公办中小学教师流动意向调查报告——以广州市 H 区为例[J]. 现代中小学教育,2018(1):52-56.

[29] 杜星月,李志河. 基于混合式学习的学习空间构建研究[J]. 现代教育技术,2016(3):34-40.

[30] 段文婷,江光荣. 计划行为理论述评[J]. 心理科学进展,2008(2):315-320.

[31] 樊超,宗利永. MOOC 在线学习行为的人类动力学分析[J]. 开放教育研究,2016(2):53-58.

[32] 范先佐,郭清扬,付卫东. 义务教育均衡发展与省级统筹[J]. 教育研究,2015(2):67-74.

[33] 方晨晨,薛海平. 课外补习对义务教育阶段学生成绩影响的实证研究[J]. 上海教育科研,2014(12):5-9.

[34] 方奇敏,熊才平. 舟山市教师资源配置非均衡发展:现状、对策与实证[J]. 中国电化教育,2006(12):13-15.

[35] 方征,谢辰. "县管校聘"教师流动政策的实施困境与改进[J]. 教育发展研究,2016(8):72-76.

[36] 风笑天. 定性研究与定量研究的差别及其结合[J]. 江苏行政学院学报,2017(2):68-74.

[37] 冯剑峰. 美国中小学教师流失的特点、原因及其治理[J]. 教师教育研究,2018(2):121-128.

[38] 冯瑞. 高校教师开展慕课的行动意向及其动因研究——基于扩展的技术接受模型[J]. 江苏高教,2017(7):68-73.

[39] 冯晓英. 在线辅导的策略:辅导教师教学维度的能力[J]. 中国电化教育,2012(8):40-45.

[40] 傅松涛,杨彬. 美国农村社区基础教育现状与改革方略[J]. 比较教育研究,2004(9):47-52.

[41] 傅维利,刘伟. 学校规模调控的依据与改进对策[J]. 教育研究,2013(1):44-52.

[42] 高峰. 高校教师网络教学方式的采纳和使用——基于技术接受与使用整合理论的研究[J]. 开放教育研究,2012(1):106-113.

[43] 高芙蓉,高雪莲. 国外信息技术接受模型研究述评[J]. 研究与发展管理,2011(2):95-105.

[44] 高洋. 美国高校年度报告中文化认知调查——基于正当性的制度视角分析[J]. 比较

教育研究,2021(3):79-85,111.

[45] 高政,常宝宁. 免费师范生教育存在的问题及其对策研究[J]. 国家教育行政学院学报,2014(7):31-35.

[46] 耿红卫,赵婉琪. 美、英、日基础教育资源优化配置情况分析及启示[J]. 湖北科技学院学报,2019(4):136-139.

[47] 龚继红,钟涨宝,余建佐. 农村教师社会流动意愿的特征及影响因素分析——以湖北省随州市为例[J]. 中国农村观察,2011(1):73-83.

[48] 郭绍青,雷虹. 技术赋能乡村教师队伍建设[J]. 中国电化教育,2021(4):98-108.

[49] 国务院办公厅关于印发乡村教师支持计划(2015—2020年)的通知[EB/OL]. (2015-06-01)[2020-12-25]. http://www.gov.cn/zhengce/content/2015-06/08/content_9833.htm.

[50] 韩建全. 学习自主性养成与课堂教学模式关系探析[J]. 黑龙江高教研究,2010(6):139-142.

[51] 韩素贞. 高等教育效益的国际比较[J]. 上海高教研究,1998(6):55-59.

[52] 郝明君. 中小学生厌学现象的文化分析[J]. 中国教育学刊,2009(6):24-27.

[53] 郝琦蕾,李贵琴,温倩玉,等. 农村特岗教师流动情况的调查研究——以山西省隰县为例[J]. 教育理论与实践,2018(34):40-43.

[54] 郝治翰,陈阳,王蒲生. "马太效应"与科研网络中的择优依附[J]. 自然辩证法研究,2019(11):39-45.

[55] 何鑫,陈卓,田丽慧. 2000—2018年乡村教师队伍建设研究热点与演化趋势研究——基于CNKI核心期刊的统计实践探析[J]. 技术经济,2020(4):154-163.

[56] 侯金芹,陈桂娟. 亲子依恋与师生关系对中学生掌握目标定向学习动机影响的追踪研究[J]. 中国特殊教育,2017(4):79-84.

[57] 胡洪强,刘丽书,陈旭远. 中小学教师职业倦怠现状及影响因素的研究[J]. 东北师大学报(哲学社会科学版),2015(3):233-237.

[58] 胡锦涛在中国共产党第十八次全国代表大会上的报告[EB/OL]. (2012-11-17)[2022-05-28]. http://news.xinhuanet.com/18cpcnc/2012-11/17/c_113711665_8.htm.

[59] 胡林龙,周辉. 我国中小学教师交流轮岗与聘任合同的冲突与协调[J]. 教育科学,2017(4):43-48.

[60] 胡钦太,刘丽清,丁娜. 教育公平视域中在线教育的困境与出路[J]. 中国电化教育,2020(8):14-21.

[61] 胡守钧. 社会共生论[M]. 上海:复旦大学出版社,2012.

[62] 胡欣,饶从满. 美国公立学校教师离职原因的理论解释[J]. 外国中小学教育,2019(4):72-80.

[63] 胡咏梅,范文凤,丁维莉. 影子教育是否扩大教育结果的不均等——基于PISA2012上海数据的经验研究[J]. 北京大学教育评论,2015(3):29-46,188.

[64] 胡咏梅,王亚男. 中小学生家庭对子女课外教育的投资及效果分析[J]. 首都师范大学学报(社会科学版),2019(5):167-188.

[65] 黄子榕,林坤谊. 职前教师于STEM实作课程的知识整合行为研究[J]. 科技与人力教育季刊,2014(1):18-39.

[66] 江丰光,田浩,李心怡,等. 创客教育教师接受度影响因素实证分析[J]. 现代远程教育研究,2017(6):103-111.

[67] 姜超,邬志辉. 校长教师交流轮岗机制:类型、评价和建议[J]. 现代教育管理,2015(11):80-85.

[68] 蒋开东,詹国彬. 共生理论视角下高校协同创新模式与路径研究[J]. 科研管理,2020(4):123-130.

[69] 蒋逸民. 社会科学方法论[M]. 重庆:重庆大学出版社,2011.

[70] 教育部,财政部,人事部,中央编办. 关于实施农村义务教育阶段学校教师特设岗位计划的通知[EB/OL]. (2006-05-15)[2020-12-21]. http://www. moe. gov. cn/srcsite/A10/s7058/200605/t20060515_81624. html.

[71] 教育部,财政部,人力资源和社会保障部. 关于推进县(区)域内义务教育学校校长教师交流轮岗的意见[EB/OL]. (2014-08-15)[2022-05-28]. http://www. moe. edu. cn/srcsite/A10/s7151/201408/t20140815_174493. html.

[72] 教育部. 2004—2010 年西部地区教育事业发展规划[EB/OL]. (2004-09-23)[2020-12-21]. http://www. moe. gov. cn/srcsite/A03/s7050/200409/t20040923_77142. html.

[73] 教育部. 关于深化中小学教师培训模式改革全面提升培训质量的指导意见[EB/OL]. (2013-05-08)[2022-05-28]. http://www. moe. gov. cn/srcsite/A10/s7034/201305/t20130508_151910. html.

[74] 教育部. 国家教育督导检查组对内蒙古自治区 8 个县(旗、市、区)义务教育均衡发展督导检查反馈意见[EB/OL]. (2018-10-27)[2020-01-05]. http://www. moe. gov. cn/jyb_xwfb/moe_2082/zl_2018n/2018_zl85/201811/t20181112_354363. html.

[75] 教育部、财政部关于实施"中小学教师国家级培训计划"的通知[EB/OL]. (2010-06-30)[2022-05-28]. http://www. gov. cn/zwgk/2010-06/30/content_1642031. htm.

[76] 教育部等六部门关于加强新时代乡村教师队伍建设的意见[EB/OL]. (2020-07-31)[2020-12-25]. http://www. gov. cn/zhengce/zhengceku/2020-09/04/content_5540386. htm.

[77] 教育部办公厅关于 2018 年乡村教师生活补助实施情况的通报[EB/OL]. (2019-03-26)[2020-02-10]. http://www. moe. gov. cn/srcsite/A10/s7030/201904/t20190404_376664. html.

[78] Kuusilehto-Awale L & Lahtero T. 公平与质量并行:实现卓越的全民教育——芬兰的经验[J]. 胡森,译. 比较教育研究,2012(3):7-12.

[79] 孔凡琴,邓涛. 日、美、法三国基础教育师资配置均衡化的实践与经验[J]. 外国教育研究,2007(10):23-27.

[80] 雷万鹏. 教育信息化政策研究的三个误区[J]. 教育研究与实验,2018(6):1-6.

[81] 李冰. 上海市大、中、小学教师职业倦怠的现状及其影响因素研究[D]. 上海:上海师范大学,2005.

[82] 李潮海,徐文娜. 校长教师交流的困境分析与实践建构[J]. 中国教育学刊,2015(1):16-19.

[83] 李改. 推进教师交流工作的现状与政策建议——来自全国部分市、县教育局长培训班的调研报告[J]. 人民教育,2014(7):29-31.

[84] 李慧勤,刘虹. 县域间义务教育均衡发展的影响因素及对策思考——以云南省为例[J]. 教育研究,2012(6):86-90.

[85] 李佳丽,何瑞珠. 家庭教育时间投入、经济投入和青少年发展:社会资本、文化资本和影子教育阐释[J]. 中国青年研究,2019(8):97-105.

[86] 李佳丽. "替代"还是"补充":从影子教育发展审视学校教育质量——基于 PISA2015 中国四省市数据的分析[J]. 北京社会科学,2019(5):57-68.

[87] 李佳丽. 不同类型影子教育对小学生学业成绩的影响——及其对教育不均等的启示[J]. 教育科学,2017(5):16-25.

[88] 李佳丽. 谁从影子教育中获益:基于选择假说和理性选择理论[J]. 教育发展研究,2016(20):6-73.

[89] 李靓. 韩国中小学教师城乡流动制度对我国流动现状的启示[J]. 湖北经济学院学报(人文社会科学版),2016(11):182-185.

[90] 李静. 影响教育公平因素的探究[J]. 教育探索,2007(4):13-14.

[91] 李玲馨. 教育公共性与有为政府分析[J]. 阜阳师范学院学报(社会科学版),2010(1):141-145.

[92] 李茂森. "县管校聘"实施方案研究与再思考——基于浙、皖、粤、鲁、闽等 5 省"县管校聘"改革实施意见的内容分析[J]. 教育发展研究,2019(2):67-72.

[93] 李茂森. 中国城乡教师交流政策的梳理与反思[J]. 当代教育论坛,2020(5):113-121.

[94] 李娜. 国际教师流动对中国的启示——以 UNESCO 成员国发展中国家教师向发达国家流动现状为例[J]. 中国现代教育装备,2018(18):63-66.

[95] 李闻戈. 对大学生自我接纳的现状及特点的研究[J]. 宁夏大学学报(人文社会科学版),2002(1):112-114.

[96] 李武,胡泊,季丹. 电子书阅读客户端的用户使用意愿研究——基于 UTAUT 和 VAM 理论视角[J]. 图书馆论坛,2018(4):103-110.

[97] 李先军. 城乡教师交流轮岗政策的失真与对策[J]. 教育科学研究,2019(2):82-86.

[98] 李祥云,张建顺. 公共教育投入对学校教育结果的影响——基于湖北省 70 所小学数据的实证研究[J]. 中南财经政法大学学报,2018(6):81-88,160.

[99] 李晓燕. 教师法律素养与教育公平的实现[J]. 陕西师范大学学报(哲学社会科学版),2018(2):135-138.

[100] 李宜江. 城乡教师交流政策实施中问题与对策——基于对安徽省 A 县的调研分析[J]. 中国教育学刊,2011(8):5-8.

[101] 李奕,徐刘杰. 面向学生未来发展的教育供给侧改革研究——基于北京市深综改革的实践经验[J]. 中国教育学刊,2017(11):47-53.

[102] 李奕. 追求公平与质量:不断提升学生的实际获得感[N]. 光明日报,2016-03-22.

[103] 李跃雪,邬志辉. TFA、TF 与特岗计划:招募条件的比较与反思[J]. 外国中小学教育,2014(7):40-45.

[104] 李忠路,邱泽奇. 家庭背景如何影响儿童学业成就?——义务教育阶段家庭社会经济地位影响差异分析[J]. 社会学研究,2016(4):121-144.

[105] 梁林梅,许波,陈圣日,等. 以网络校际协作促进区域教育均衡发展的案例研究——以

宁波市江东区为例[J]. 远程教育杂志,2015(3):103-112.

[106] 廖楚晖. 政府教育支出区域间不平衡的动态分析[J]. 经济研究,2004(6):41-49.

[107] 林君芬,张静然. 以信息化推进义务教育均衡发展——访广东省教育厅罗伟其厅长[J]. 中国电化教育,2010(10):28-32.

[108] 刘保中. "鸿沟"与"鄙视链":家庭教育投入的阶层差异——基于北上广特大城市的实证分析[J]. 北京工业大学学报(社会科学版),2018(2):8-16.

[109] 刘保中. 我国城乡家庭教育投入状况的比较研究——基于CFPS(2014)数据的实证分析[J]. 中国青年研究,2017(12):45-52.

[110] 刘翠航. 20世纪以来美国中小学教师评价思想的变迁研究[J]. 教师教育研究,2019(1):113-119.

[111] 刘冬冬,姚昊. 课外补习对初中学生不同学科成绩的影响研究——基于CEPS(2013—2014)实证分析[J]. 教育学术月刊,2018(10):57-63.

[112] 刘佳旺,沈伟. 轮岗教师的交流现状及其能动行为研究——基于上海五区的实地调研[J]. 教师教育研究,2017(1):47-55.

[113] 刘劲杨. 论整体论与还原论之争[J]. 中国人民大学学报,2014(3):63-71.

[114] 刘珊珊,杨向东. 课外辅导对学生学业成绩影响效应的元分析[J]. 教育发展研究,2015(22):5-64.

[115] 刘亚敏,师东海. 21世纪以来我国教育公平的基本理论研究探析[J]. 教育理论与实践,2009(19):20-23.

[116] 刘一飞,刘礼想,刁永锋,等. 义务教育师资协同配置均衡发展研究[J]. 教学与管理,2017(15):38-41.

[117] 龙宝新. 论教师专业发展取向的区域教师流动工作系统[J]. 教育发展研究,2017(6):27-34.

[118] 楼世洲,李士安. 构建城乡中小学教师定期流动机制的政策研究[J]. 教育发展研究,2007(19):1-4.

[119] 鲁小华,王浩业. 大学生学习困难对照研究及干预对策初探[J]. 北京教育(德育),2014(3):23-25.

[120] 罗建平,马陆亭. 高校学生类型与学习行为关系[J]. 国家教育行政学院学报,2013(8):78-83.

[121] 罗江华,王静贤,周文君. 乡村教师参与网络研修:条件、问题及调整策略[J]. 教育研究,2018(10):138-146.

[122] 罗婷. 美国加州中小学师资短缺的现状及治理策略[J]. 世界教育信息,2019(12):60-65.

[123] 骆新华. 国际人才流动与我国智力引进[J]. 高等工程教育研究,2000(2):37-42.

[124] 马东明,冯晓英. 在线辅导技术的选择、设计与支持:辅导教师技术维度的能力[J]. 中国电化教育,2012(9):37-41.

[125] 马焕灵,景方瑞. 地方中小学教师轮岗制政策失真问题管窥[J]. 教师教育研究,2009(2):61-64.

[126] 马克·贝磊,廖青. "影子教育"之全球扩张:教育公平、质量、发展中的利弊谈[J]. 比

较教育研究,2012(2):13-17.

[127] 马利军,黎建斌. 大学生核心自我评价、学业倦怠对厌学现象的影响[J]. 心理发展与教育,2009(3):101-106.

[128] 马忠虎. 对家校合作中几个问题的认识[J]. 教育理论与实践,1999(3):27-33.

[129] 迈克尔·波特. 竞争优势[M]. 陈丽芳,译. 北京:中信出版社,2014.

[130] 毛春华. 义务教育教师交流轮岗存在的问题、成因与对策[J]. 教学与管理,2019(18):39-41.

[131] 马丁·卡诺依. 教育经济学国际百科全书:第二版[M]. 闵维方,等译. 北京:高等教育出版社,2000.

[132] 每所学校都能有好的校长和教师——教育部等三部委就印发校长教师交流轮岗文件答记者问[EB/OL]. (2014-09-02)[2022-05-28]. http://www.gov.cn/xinwen/2014-09/02/content_2743993.htm.

[133] 孟静雅. 技术接受模型下高校教师网络教学的行为特征与优化[J]. 中国电化教育,2014(2):80-83.

[134] 牟艳娜. 双师服务:探索穿越边界的基础教育公共服务提供方式[J]. 中小学信息技术教育,2017(1):21-23.

[135] 慕彦瑾,段晓芳. 后免费时代西部农村中小学教师资源配置及使用困境——基于西部农村 87 所学校的调查[J]. 农村经济,2016(2):112-117.

[136] 倪小敏,勾月,单中惠. 21 世纪第一个十年美英两国基础教育政策的公平取向[J]. 外国教育研究,2011(6):37-43.

[137] 庞红卫. 信息技术与新的教育不公平——"数字鸿沟"的出现与应对[J]. 教育理论与实践,2015(10):22-26.

[138] 裴昌根,宋乃庆,刘乔卉. 义务教育阶段学生参与课外辅导的实证分析与启示[J]. 中国教育学刊,2018(3):43-48.

[139] 彭娟,张光磊,刘善仕. 高绩效人力资源实践活动对员工流失率的协同与互补效应研究[J]. 管理评论,2016(5):175-185.

[140] 彭佑兰,许树沛. 美国 TFA 计划及对我国"特岗计划"的启示[J]. 教育发展研究,2010(10):69-73.

[141] 皮拥军. OECD 国家推进教育公平的典范——韩国和芬兰[J]. 比较教育研究,2007(2):6-10.

[142] 祁靖一,牟艳娜. 互联网将为学生赋能:开放、跨界和丰富连接——专访北京市教委副主任李奕[J]. 中小学信息技术教育,2017(1):27-30.

[143] 秦悦. 共生理论视角下基础教育师资均衡配置研究[D]. 天津:天津商业大学,2020.

[144] 全世文. 教师交流轮岗制度的政策成本估算——基于对河南省城镇教师的调查[J]. 教育与经济,2018(50):73-81.

[145] 任福兵,孙美玲. 基于价值链理论的政府开放数据价值增值过程与机理研究[J]. 情报资料工作,2021(4):56-63.

[146] 任丽梅. 教育部:今年农村教师特岗计划开始实施[N]. 中国改革报,2007-01-18(003).

[147] 荣泰生. AMOS 与研究方法[M]. 重庆:重庆大学出版社,2009.

[148] 沙勇忠,田生芃,肖桂芳. 在线公共事务讨论的用户参与行为影响因素研究[J]. 图书与情报,2015(3):125-133.

[149] 申美云,张秀琴. 教育成本、规模效益与中小学布局结构调整研究[J]. 教育发展研究,2004(12):85-88.

[150] 沈晓婧. 公平还是固化——80 后与 90 后教育机会变迁的研究[J]. 中国青年研究,2019(12):69,102-108.

[151] 盛昭瀚,张军,杜建国,等. 社会科学计算实验理论与应用[M]. 上海:上海三联书店,2009.

[152] 师东海,刘亚敏. 21 世纪以来我国教育公平研究的回顾与反思[J]. 教育理论与实践,2008(28):25-28.

[153] 石娟,巫娜,刘义兵. 加拿大偏远地区乡村教师队伍建设及其借鉴[J]. 比较教育研究,2017(2):61-66.

[154] 史静寰,文雯. 清华大学本科教育学情调查报告 2010[J]. 清华大学教育研究,2012(1):4-16.

[155] 司晓宏,杨令平. 西部县域校长教师交流轮岗政策执行中的问题与对策[J]. 教育研究,2015(8):74-80.

[156] 司晓宏,杨令平. 义务教育均衡发展进程中"政府悖论"现象透视[J]. 陕西师范大学学报(哲学社会科学版),2015(4):83-88.

[157] 斯坦利·沃瑟曼,凯瑟琳·福斯特. 社会网络分析:方法与应用[M]. 陈禹,孙彩虹,译. 北京:中国人民大学出版社,2012.

[158] 宋萍萍,黎万红. 轮岗教师的共同体实践:样态及其优化[J]. 教育发展研究,2018(4):45-50.

[159] 宋婷娜,郑新蓉. 从"补工资"到"补机制":"特岗教师"工资性补助政策的实施效果[J]. 北京大学教育评论,2017(2):39-52.

[160] 孙进. 德国促进基础教育均衡发展的政策分析[J]. 教育发展研究,2012(7):68-73.

[161] 孙涛. 政府责任、财政投入与基本公共教育均等[J]. 财政研究,2015(10):26-32.

[162] 谭春辉,朱宸良,苟凡. 虚拟学术社区中科研人员合作行为影响因素研究——基于质性分析法与实证研究法相结合的视角[J]. 情报科学,2020(2):52-58,108.

[163] 陶西平,顾海良,张力,等.《每一个学生都成功法》七人谈[J]. 华东师范大学学报(教育科学版),2016(2):1-15.

[164] 陶秀秀. 留守初中生的学习自我效能感和自我接纳探讨[J]. 中小学心理健康教育,2014(20):7-10.

[165] 田宝,李灵. 学校组织气氛对教师工作倦怠的影响[J]. 心理科学,2006(1):189-193.

[166] 童星. 初中教师工作时间及其影响因素研究——基于中国教育追踪调查(CEPS)数据的分析[J]. 教师教育研究,2017(2):107-112.

[167] 汪丞,方彤. 日本教师"定期流动制"对我国区域内师资均衡发展的启示[J]. 中国教育学刊,2005(4):59-62.

[168] 汪丞. 澳大利亚中小学教师流动管理制度特色透视——以昆士兰州为例[J]. 比较教育研究,2020(4):66-74.

［169］汪丞．教师定期交流的政策困境与对策——基于政策工具的视角［J］．教师教育研究，2020(1)：20-26．

［170］汪基德，刘革．教育信息化促进基础教育均衡发展［J］．教育研究，2017(3)：110-112．

［171］汪婷玲，殷丽华，王艳玲．乡村教师流动及流失意愿的调查分析——基于云南省师宗县623位教师的调查［J］．曲靖师范学院学报，2017(5)：79-84．

［172］王昌善，贺青梅．我国县域义务教育学校教师流动制度：现状、问题与对策——基于31个省(自治区、直辖市)现行相关政策文本的分析［J］．湖南师范大学教育科学学报，2014(5)：5-12,27．

［173］王昌善，贺青梅．我国县域义务教育学校教师流动制度：应为、难为与可为［J］．湖南师范大学教育科学学报，2015(4)：75-80,86．

［174］王昌善，胡之骐．我国县域义务教育学校教师流动制度的科学设计与有效实施［J］．当代教育科学，2014(24)：24-25,46．

［175］王光明，张永健，卫倩平．教师交流轮岗政策研究——以天津市义务教育为例［J］．天津师范大学学报(社会科学版)，2017(6)：44-48．

［176］王怀宇，张静．看国外怎样谋划义务教育阶段教育平等［N］．中国教育报，2006-03-21(3)．

［177］王继新，施枫，吴秀圆．"互联网＋"教学点：新城镇化进程中的义务教育均衡发展实践［J］．中国电化教育，2016(1)：86-94．

［178］王守志．劳动经济学［M］．北京：中国劳动社会保障出版社，2006．

［179］王伟玲．基于价值链的工业数据治理：模型构建与实践指向［J］．科技管理研究，2020(21)：233-239．

［180］王艳玲．云南省县域内教师交流轮岗意愿调查：基于3115份数据的分析［J］．教师教育研究，2020(2)：95-101．

［181］王焰，张向前．我国教育公平和社会流动互动关系研究［J］．哈尔滨商业大学学报(社会科学版)，2017(2)：56-66．

［182］王永固，李晓娟．网络教学的良性互动设计［J］．远程教育杂志，2005(3)：33-36．

［183］王宇娇，林海云．云南城乡优质教育资源多元共享机制研究［J］．昆明学院学报，2018(6)：112-116．

［184］王振存，周岸．新时代家庭教育问题及应对策略［J］．中国教育科学(中英文)，2019(4)：50-58．

［185］沃建中，黄华珍，林崇德．中学生成就动机的发展特点研究［J］．心理学报，2001(2)：160-169．

［186］吴峰，王辞晓．五种不同模式下学习者在线学习动机测量比较［J］．现代远程教育研究，2016(1)：78-84,95．

［187］吴建军，聂尊辉，仇怡．海外智力回流动因及其技术外溢效应研究述评［J］．湖南科技大学学报(社会科学版)，2015(1)：107-111．

［188］吴明隆．问卷统计分析实务——SPSS操作与应用［M］．重庆：重庆大学出版社，2010．

［189］吴筱萌，雍文静，何政权，等．区域网络教研改进教师专业发展公平感的效能研究——以重庆市某区为案例［J］．现代教育技术，2015(5)：65-71．

[190] 吴璇,王宏方. 日本中小学教师流动的政策体系——基于法律演化的视角[J]. 上海教育科研,2020(4):17,48-52.

[191] 吴永军. 教育公平:当今中国基础教育发展的核心价值[J]. 教育发展研究,2012(18):1-6.

[192] 伍新春,齐亚静,臧伟伟. 中国中小学教师职业倦怠的总体特点与差异表现[J]. 华南师范大学学报(社会科学版),2019(1):37-42,189-190.

[193] 武芳,刘善槐. 乡村小规模学校如何突破教师队伍建设难题?——基于大国型、先发型、文化同源型国家的比较研究[J]. 教育学术月刊,2020(2):43-49.

[194] 夏茂林,冯文全,冯碧瑛. 日韩两国中小学教师定期流动制度比较与启示[J]. 教师教育研究,2012(3):92-96.

[195] 夏敏. 大学智力资源效能:评价与管理[J]. 教育研究,2007(12):70-72.

[196] 肖海燕,彭虹斌. 英国中小学教师流失:特征、原因及其应对策略[J]. 比较教育研究,2020(4):58-65,74.

[197] 肖武云,王晓萍,曹群英. 培训元认知策略提高学习自主性和学习成绩——实证研究[J]. 外语学刊,2011(2):109-113.

[198] 谢登斌,王昭君. 新型城镇化进程中城乡义务教育教师流动一体化机制及其构建[J]. 现代教育管理,2019(11):74-80.

[199] 谢登斌. 新型城镇化进程中义务教育教师合理流动的背离与合致[J]. 教育科学,2019(1):9-15.

[200] 谢玲平. 中学生依恋、自我接纳对学习自我效能感的影响研究[J]. 教学与管理,2015(12):83-86.

[201] 谢念湘. 美国、印度和巴西基础教育公平政策比较研究[J]. 教学与管理,2017(12):118-121.

[202] 谢晓宇. 加拿大卓越教师培养计划:目标与路径[J]. 全球教育展望,2016(10):114-120.

[203] 谢延龙. 我国教师流动制度的困境与出路[J]. 教育发展研究,2015(22):21-25.

[204] 邢俊利,葛新斌. 我国西部边远地区教师轮岗政策的执行困境与破解——基于西藏教师轮岗政策执行的调查分析[J]. 教师教育研究,2018(6):31-36.

[205] 熊才平,丁继红,葛军,等. 信息技术促进教育公平整体推进策略的转移逻辑[J]. 教育研究,2016(11):39-46.

[206] 熊才平,何向阳,吴瑞华. 论信息技术对教育发展的革命性影响[J]. 教育研究,2012(6):22-29.

[207] 熊才平,汪学均. 教育技术:研究热点及其思考[J]. 教育研究,2015(8):98-108.

[208] 熊才平,吴瑞华. 以信息技术促进教师资源配置城乡一体化[J]. 教育研究,2007(3):83-86.

[209] 熊川武,柴军应,董守生. 我国中学生学习自主性研究[J]. 教育研究,2017(5):106-112.

[210] 徐俊华,周倩,李佳慧,等. 高职护生情绪智力与学习倦怠的关系:自我接纳的中介作用[J]. 中国卫生事业管理,2018(7):542-545.

[211] 徐玉特. 校长教师交流轮岗体制机制的困境与破解[J]. 教育理论与实践,2016(4):21-25.

[212] 徐远超,徐鑫. 大学生学习性投入与在校满意度、向学/厌学的关系[J]. 中国健康心理学杂志,2017(1);50-54.

[213] 许丽英. 论教育补偿机制的构建——义务教育资源均衡配置的实现路径探讨[J]. 教育发展研究,2010(19);31-35.

[214] 薛二勇,李廷洲. 义务教育师资城乡均衡配置政策评估[J]. 教育研究,2015(8);65-73.

[215] 薛二勇. 论教育公平发展的三个基本问题[J]. 教育研究,2010(10);24-32.

[216] 薛海平. 从学校教育到影子教育:教育竞争与社会再生产[J]. 北京大学教育评论,2015(3);47-69,188-189.

[217] 薛浩,陈万明. 高校教育投入与办学效益——基于三阶段 DEA 和 Malmquist 指数分析[J].南通大学学报(社会科学版),2015(1);115-121.

[218] 薛辉,徐文彬. 国际教学评价研究:发展动态、热点与前沿——基于 WebofScience 数据库的知识图谱分析[J]. 外国中小学教育,2019(9);71-80.

[219] 严平. 均衡发展视野下的日本义务教育学校标准化研究[J]. 比较教育研究,2013(4);66-70.

[220] 颜端武,刘国晓. 近年来国外技术接受模型研究综述[J]. 现代情报,2012(2);167-177.

[221] 杨军. 西北少数民族地区师资均衡配置的现状、问题与对策[J]. 中国教育学刊,2007(7);24-27,35.

[222] 杨立军,张薇. 大学生学习投入的影响因素及其作用机制[J]. 高教发展与评估,2016(6);49-61,92-93.

[223] 杨文正,熊才平,江星玲. 优质教育信息资源配置机制的系统动力学仿真[J]. 中国电化教育,2013(2);57-65.

[224] 杨文正,张静,刘敏昆,等. 数字教育资源用户持续使用行为实证研究——基于扩展的 ECM—ISC 模型[J]. 中国电化教育,2015(11);54-61,85.

[225] 杨跃. 论教师交流制度的正义性[J]. 全球教育展望,2016(9);118-128.

[226] 杨宗凯,熊才平,吴瑞华,等. 信息技术促进基础教育公共服务均等化研究前景预判[J].中国电化教育,2015(1);70-76.

[227] 姚振. 任友群:2020 年教师政策支撑体系将更加"全方位、全领域"[EB/OL]. (2020-03-16)[2020-03-25]. http://www.moe.gov.cn/s78/A10/moe_882/202003/t20200316_431788.html.

[228] 叶忠,王海英. 教师城乡交流的成本收益分析[J]. 教育科学研究,2009(2);21-23.

[229] 尹后庆. 建立和完善公共教育服务体系的思考[J]. 教育发展研究,2009(1);22-24.

[230] 尹建锋. 城乡教师流动的空间正义及其实现[J]. 教育研究,2020(1);136-147.

[231] 勇鹏. 教育公平观:问题和对策[J]. 教育发展研究,2006(10);44-49.

[232] 于海波. 城乡教师流动改革的多维审视与路向选择[J]. 东北师大学报(哲学社会科学版),2017(2);136-141.

[233] 于海波. 城乡教师流动改革的多维审视与路向选择[J]. 东北师大学报(哲学社会科学版),2017(2);136-141.

[234] 余海波. 基于学生评教的高校教师教学能力提升[J]. 国家教育行政学院学报,2017(6);77-81.

[235] 余胜泉,汪晓凤. "互联网＋"时代的教育供给转型与变革[J]. 开放教育研究,2017 (1):29-36.

[236] 虞克凡. 移动课堂促进城乡教育均衡发展——以淮安市青浦区为例[J]. 中国教育信息化,2014(16):6-8.

[237] 约翰·D. 斯特曼. 商务动态分析法:对复杂世界的系统思考与建模[M]. 朱岩,钟永光,等译. 北京:清华大学出版社,2008:606.

[238] 袁纯清. 共生理论——兼论小型经济[M]. 北京:经济科学出版社,1998:1-30.

[239] 袁桂林. 如何防止城乡教师交流轮岗制度空转[J]. 探索与争鸣,2015(9):87-90.

[240] 袁利平. 教育缓解相对贫困的价值意蕴、行动逻辑及制度安排[J]. 教育科学,2021 (2):14-21.

[241] 袁连生,田志磊,崔世泉. 地区教育发展与教育成本分担[J]. 清华大学教育研究,2011(1):74-82.

[242] 袁振国,翟博,杨银付. 共和国教育公平之路[M]. 上海:华东师范大学出版社,2019.

[243] 曾家延,丁巧燕. 西方学习机会测评 50 年研究述评[J]. 全球教育展望,2018(1):68-82.

[244] 曾满超,丁小浩,沈华. 初中生课外补习城乡差异分析——基于甘肃、湖南和江苏 3 省的初中学生课外补习调查[J]. 教育与经济,2010(2):7-11.

[245] 翟博,孙百才. 中国基础教育均衡发展实证研究报告[J]. 教育研究,2012(5):22-30.

[246] 张夫伟,苏春景. 学生厌学的根源及改善之道——基于威廉·格拉瑟的选择理论[J]. 中国特殊教育,2014(8):46,93-96.

[247] 张刚要,安涛. 基于 TAM 的高校网络课程接受度影响因素研究[J]. 中国电化教育,2015(5):73-77.

[248] 张和平,刘永存,吴贤华,等. 家校合作对学业表现的影响——学习投入的中介作用[J]. 教育学术月刊,2020(1):3-11.

[249] 张济洲. "国家挑战计划"——英国政府改造薄弱学校的新举措[J]. 外国中小学教育,2008(10):21-24.

[250] 张济洲. 农村"特岗教师"政策实施:问题与对策[J]. 教育理论与实践,2012(7):26-28.

[251] 张家军,许娇. 城乡中小学教师交流互动的调查研究[J]. 西南大学学报(社会科学版),2019(3):82-91.

[252] 张建雷. 论教师交流轮岗的制度化[J]. 教育评论,2016(7):92-95.

[253] 张建伟,王光明. 教师交流轮岗政策实施研究——基于天津市 16 个区县的样本分析[J]. 教育理论与实践,2018(29):32-35.

[254] 张耒. 县域义务教育均衡发展政策指向及战略选择[J]. 中国教育学刊,2013(11):26-29.

[255] 张立国,葛文双. 关于"交互研究"的定量、定性分析——虚拟学习社区中交互结构研究的必然性论证[J]. 现代远距离教育,2007(4):9-12.

[256] 张茂聪,刘信阳. 县域义务教育优质均衡发展:基于内发发展理论的构想[J]. 教育研究,2015(12):67-72.

[257] 张庆辞,栾国霞,李建伟. 初中生成就动机与自尊、父母教养方式关系研究[J]. 中国健康心理学杂志,2006(6):621-662.

[258] 张绍荣,朱德全. 区域义务教育均衡发展的政策设计与路径选择[J]. 教育与经济, 2015(1):18-22,51.

[259] 张思,李勇帆. 高校教师使用 Moodle 网络教学平台影响因素研究[J]. 电化教育研究,2014(8):49-56.

[260] 张文宏,韩钰. 家庭背景影响学生知识素养的路径研究——基于 PISA2015 中国四省市数据的分析[J]. 江苏行政学院学报,2018(2):63-74.

[261] 张文兰,牟智佳. 高师院校大学生网络学习动机影响因素的实证研究[J]. 电化教育研究,2013(12):50-55,59.

[262] 张宪冰,杨桐桐,张蓓蓓. 积极心理学视角下教师职业认同的提升策略[J]. 教育理论与实践,2017(26):24-26.

[263] 张晓文,张旭. 从颁布到落地:32 份《乡村教师支持计划》文本分析[J]. 现代教育管理,2017(2):69-78.

[264] 张学军. 结构方程建模应用中的十大问题[J]. 统计与决策,2007(5):130-132.

[265] 张雅光. 城乡义务教育师资均衡配置的国际经验与启示[J]. 外国中小学教育,2017(1):8-14.

[266] 赵建华,徐旭辉,彭红光,等. 以信息化促进城乡学校协同发展的案例研究[J]. 电化教育研究,2010(11):10-18.

[267] 赵琳,等. 高等教育质量的院校类型及区域差异分析——兼论我国高等教育资源配置格局与质量格局[J]. 清华大学教育研究,2010(5):1-12.

[268] 赵兴龙,李奕. 教师走网:移动互联时代教师流动的新取向[J]. 教育研究,2016(4):89-96.

[269] 中共十九大开幕,习近平代表十八届中央委员会作报告[EB/OL]. (2017-10-18)[2018-03-15]. http://www.china.com.cn/cppcc/2017-10/18/content_41752399.htm.

[270] 钟亚妮,叶菊艳,卢乃桂. 轮岗交流教师的学习领导信念、行为与影响:基于北京市 Z 区的调查[J]. 教育发展研究,2018(4):51-58,64.

[271] 钟永光,贾晓菁,钱颖. 系统动力学[M]. 2 版. 北京:科学出版社,2013:89-98.

[272] 仲米领. 城乡义务教育教师流动政策常规变迁的问题研究[J]. 教师教育研究,2020(6):54-59.

[273] 周国斌,杨兆山. 论城乡教师交流政策的完善与落实[J]. 教育研究,2017(11):100-104.

[274] 周洪宇. 教育公平论[M]. 北京:人民教育出版社,2010:11.

[275] 朱德全,李鹏,宋乃庆. 中国义务教育均衡发展报告——基于《教育规划纲要》第三方评估的证据[J]. 华东师范大学学报(教育科学版),2017(1):63-77,121.

[276] 朱万侠,黄红涛,李肖霞. 农村薄弱校教师"同步互动混合课堂"接受度的调查与分析[J]. 电化教育研究,2018(6):67-74,106.

[277] 朱肖川. 论教学模式要素的一致性关系[J]. 重庆广播电视大学学报,2010(1):16-18.

[278] 朱肖川. 英国开放大学在线辅导的经验分析和启示[J]. 中国远程教育,2012(3):42-48,84.

[279] 祝怀新,应起翔. 哥伦比亚教育券政策述评[J]. 比较教育研究,2003(6):76-81.

[280] 祝启军. 新常态下民办高校人才流失问题的思考[J]. 江苏高教,2017(10):40-42.

后　记

　　本书是在我的博士学位论文《基于互联网的教师智力流动机制研究》基础上修改、增补而成的。我在完成博士学位论文时，心里充斥着忐忑和不安，以至于不敢正视自己的研究成果，总是认为还有很多可以完善的地方。毕业后，我终于鼓起勇气拿起它，从头至尾认真阅读，重新审视，着手进行完善。在完善书稿的过程中，我也在进一步梳理有关教育公平和教师流动的研究方向与发展趋势，不断深化自己的研究主题。

　　教育公平是社会公平的重要组成部分。而且，教育公平对于促进社会公平，缩小社会差距具有重要作用，因而成为国际社会普遍关注的教育课题。在教育公平研究中，从教师资源配置视角研究促进教育公平的策略、路径、机制、制度等，是国内外学者比较关注的焦点。"互联网＋"技术的迅速发展和普及，对教师资源配置产生了巨大的推动作用。利用新技术实施教师智力流动，向农村地区和薄弱地区学校输送教师智力资源和教师服务，对于提高农村地区和薄弱地区学校的教育质量，促进学生全面发展，实现教育公平具有重要意义。本书基于教育公平理论，结合北京市有关教师智力流动的实践数据分析，提出了"互联网＋"教师智力流动模式，实证分析了教师智力流动在实现教育公平方面的效益；结合计算仿真实验研究，优化了教师智力流动实现教育公平的路径，对教师流动决策提供了证据支撑。

　　在本书写作过程中，我的导师余胜泉教授给予了我莫大的帮助。感谢恩师多年来对我的大力栽培和悉心教导。余老师从做人、做事、做学问等方面对我言传身教，为我树立了非常好的榜样，使我领会到了研究工作中坚持不懈、努力奋进的精神。余老师一直告诫他的学生，做研究要扎根教育一线，深入教育田野，立足教育大地，不能高高在上，不能脱离实际，从教育实践中发现问题，研究成果要能解决真实的教育问题。这些对于我来说都是宝贵的精神财富，时刻指引着我做人、做事、做学问。师恩如泽，润物细无声；师心如灯，指引人生路。

　　同时，我想借本书出版之际，向我的硕士生导师熊才平教授表示缅怀与致敬。熊老师是我学术生涯的引路人，对我考博和读博起到了关键作用。每当我遇到苦难和挫折的时候，我都会想起熊老师，想起他对我的谆谆教诲，想起他给我的鼓励。熊老师在学习和研究工作上严格要求学生，一丝不苟地指导学生，而在生活和工作上对学生又是仁爱有加。

　　感谢在我学习研究过程中给予帮助和支持的每一位老师、朋友和同事。感谢你们给予我的莫大帮助，给了我很多启示，使我更加清楚、深入地认识了相关研究领域，对我开展相关研究提出了卓越见地，为我的博士论文优化提出了许多好的建议，使我得以顺利开展研究工作和论文写作。

　　感谢2016级教育学部的各位同窗好友，我们情同兄妹，亦师亦友。还记得我们共同学习，协同钻研，畅谈激辩，遨游学术的场景；还记得我们欢聚一堂，把酒言欢，相互倾诉学习、工作和生活上的苦与乐的过往。感谢与你们的相遇、相识和相知。

感谢学习元实验室的兄弟姐妹们，我们情同家人，相爱相守，相互鼓励，相互支持。你们在学术上给了我莫大的帮助，在生活上也给予我极大的支持。我们在一起的快乐与痛苦，都是浇灌我们友谊和真情的营养。

感谢浙江工业大学教育科学与技术学院的吴向明教授、王永固教授、李浩军教授对我工作和生活上的支持和帮助，使我能够安心完成自己的著作。

感谢浙江大学出版社提供的宝贵机会，让此书得以顺利出版。

浙江工业大学社会科学研究院为本书出版提供了资助，在此表示感谢。

我还要感谢我的父母和爱人，你们的包容和无私的支持让我坚持到现在，让我在困顿之际有温暖可以拥抱。

一本书的完成可以代表一座山的跨越。但是，这并不意味着结束，而是一个新的开始。在短短的人生道路上，仍需努力前行，超越自我。

徐刘杰

2022 年 9 月 9 日